I0876118

Kohlhammer

Markus Tiwald

Kommentar zur Logienquelle

Verlag W. Kohlhammer

1. Auflage 2019

Gesamtherstellung: W. Kohlhammer GmbH, Stuttgart

Print:
ISBN 978-3-17-033343-7

E-Book-Formate:
pdf: ISBN 978-3-17-033344-4
epub: ISBN 978-3-17-033345-1
mobi: ISBN 978-3-17-033346-8

Inhalt

Vorwort

Kommentare zur Logienquelle sind im deutschen Sprachraum Mangelware, in den stehenden Kommentarreihen ist es einzig der *Stuttgarter kleine Kommentar* (SKK), in dessen Œuvre D. Zeller 1984 einen gerade hundertseitigen Band veröffentlichen konnte. Die Zurückhaltung ist doppelt verständlich: Erstens ist Q ja kein Buch des Neuen Testaments und passt daher auch nicht in die Reihe der *Bibel*kommentare. Zweitens ist die Logienquelle ja nur ein Rekonstrukt und es stellt sich die berechtigte Frage, wie man einen versweisen Kommentar anhand einer unsicheren Textbasis gestalten will.

Gemäß dem *ersten Monitum* wurde dieser Kommentar zwar in Anlehnung an Kohlhammers Theologischen Kommentar zum Neuen Testamten erstellt – aber doch *extra ordinem* publiziert, da ja nicht zum „Neuen Testament" gehörig.

Dem *zweiten Monitum* trägt das Faktum Rechnung, dass Kommentare verstärkt dazu übergehen, eher die theologischen Grundlinien zu erfassen als in steinbruchartiger Einzelexegese hängen zu bleiben. Die Grundausrichtung der Reihe ThKNT will nach Eigendefinition auf „die im christlich-jüdischen Gespräch behandelten Themen, den feministisch-theologischen Diskurs sowie sozialgeschichtliche Fragestellungen"[1] fokussieren. In allen drei Punkten hat die Logienquelle Bahnbrechendes zu vermitteln: Der Bruch mit dem Judentum war – zumindest nach der hier vertretenen Lesart – noch nicht erfolgt, das soziale „Ur-Habitat" der galiläischen Jesusbewegung ist noch mit Händen zu greifen und ein gewisser Nachklang des emanzipatorischen Grundimpulses Jesu ist ebenfalls noch zu vernehmen.

Danken möchte ich in erster Linie Herrn Dr. Sebastian Weigert und Herrn Florian Specker vom Verlag Kohlhammer, die mir nicht nur die schöne Idee zu solch einem Kommentar nahegebracht haben, sondern durch ihre unkomplizierte und kompetente Hilfestellung die Arbeit zur Freude gemacht haben! Mein Dank geht auch an Kollegen Christoph Heil, der mir die Datensätze der Q-Studienausgabe zur Verfügung gestellt hat. Danken möchte ich auch meinem Lehrstuhlteam: allen voran Frau Michaela Richter für das gewissenhafte Korrekturlesen und ihre computertechnische Kompetenz; sodann Kathrin Wenzel, Markus Mähler und Lothar Junker für die intensive Literaturrecherche.

Essen, im September 2018 — Markus Tiwald

1 Vgl. die Homepage des ThKNT (abgerufen 19.7.2017): https://www.kohlhammer.de/wms/instances/KOB/appDE/nav_product.php?product=X-1008-9560-1

Teil I: Einführung zu diesem Kommentar

Vorliegender Band ist der nachgeborene Zwilling des 2016 von mir bei Kohlhammer publizierten Bandes *Die Logienquelle. Ein Lehrbuch zu Text, Kontext und Theologie der Quelle Q*. Wurde dort bereits eine umfassende Einführung in die Logienquelle geboten, so soll dieser Band nun eine Einzelauslegung zum Text selbst bieten.

Da aber beide Bände unabhängig voneinander lesbar sein sollen, bietet auch dieser Band im anschließenden Teil II die obligate Abhandlung der Einleitungsfragen: *Wann*, *wo*, *von wem* und *warum* wurde die Logienquelle verfasst und *wie* sind die Grundlinien ihrer Theologie. Dabei sollen diese Punkte *resultatorientiert* und weniger *diskursiv* abgehandelt werden: Für die intensivere Diskussion – die das Format dieses Kommentars sprengen würde – kann dann gerne auf den anderen Band rekurriert werden. Ähnliches gilt auch für die (gleich im Anschluss zur Sprache gebrachte) Frage der Textrekonstruktion: Auch hier werden prägnant die anstehenden Fragen geklärt, doch für die Detaildiskussion auf den Parallelband verwiesen.

1. Anfragen an dieses Kommentarprojekt

1.1 Die Existenz der Logienquelle

Die Zweiquellentheorie besagt, dass Mt und Lk bei der Abfassung ihrer Evangelien neben dem MkEv auf eine zweite Quelle, die Logienquelle, zurückgegriffen haben. Der Text dieser Quelle – der uns nicht als Manuskript erhalten geblieben ist –, lässt sich aus dem über den Mk-Stoff hinausgehenden identen Textbestand zwischen MtEv und LkEv rekonstruieren.[1] Auch wenn die Existenz der Logienquelle damit nur eine wissenschaftliche Theorie ist, so arbeitet doch ein Großteil der Wissenschaftler mit der Zweiquellentheorie – und damit auch mit der Annahme der Logienquelle. Neuere Untersuchungen, etwa die akribische Habilitationsschrift von H. Scherer (2016), haben ergeben, „dass das Material der Traditio duplex [sc. die postulierte Logienquelle] einen eigenständigen, über mk Jesusrede und mt Sondergut hinausgehenden, in sich sinnvoll vernetzten Entwurf sozialer Identifikationsgrößen bietet – ein Votum zugunsten der These, dass dieses Material aus einem eigenständigen, Mt und Lk gemeinsamen Dokument erwachsen ist."[2] Das deckt sich mit etlichen anderen rezenten Studien, die zur „Synoptischen Frage" oder zur Thematik der Logienquelle durchgeführt wurden. A. Lindemann kommt nach Auswertung dieser Publikationen zum Schluss,

1 Vgl. dazu Tiwald, Logienquelle, 15–32.
2 Scherer, Königsvolk, 546.

„dass sich mit der Q-Hypothese nicht nur sinnvoll arbeiten lässt, sondern dass die Q-Hypothese auch ohne komplizierte Zusatzannahmen zu einem nachvollziehbaren Bild der urchristlichen Theologie und Literaturgeschichte beiträgt."[3] – Da (bei allen berechtigten noch verbleibenden Fragen[4]) an der grundsätzlichen Annahme einer „Logienquelle" m.E. kein Weg vorbeiführt, scheint es auch legitim, einen Kommentar zu selbiger zu verfassen.

1.2 Die Frage der Textbasis

Gravierender als prinzipielle Einwände gegen die Logienquelle ist die Frage, wie man einen versweisen Kommentar verfassen kann, wenn die *materia prima*, also der Text der Logienquelle lediglich als Rekonstrukt vorhanden ist. So berechtigt dieser Einwand auch *per se* sein mag, so verunmöglicht er das Projekt eines Q-Kommentars dennoch nicht, wie folgende Ausführungen erklären mögen.

1.2.1 Critical Edition of Q

Im Jahr 2000 erschien die *Critical Edition of Q (CEQ)*, herausgegeben von J. M. Robinson, P. Hoffmann, J. S. Kloppenborg und M. Moreland als Ertrag des 1989 gegründeten *Internationalen Q-Projekts (IQP)*.[5] Dabei wurde „ein insgesamt eher ‚konservativer' Q-Text hergestellt, der frei ist von extravaganten Spekulationen."[6] In den in Verbindung mit diesem Projekt zu erstellenden *Documenta Q*-Bänden wird zu jeder fraglichen Rekonstruktion in insgesamt 32 Bänden (wovon zwölf bereits erschienen sind) die gesamte Forschungsliteratur aus drei Jahrhunderten (19. bis 21. Jh.) aufgelistet und ausgewertet.

Auch wenn die CEQ zwar eine solide Textbasis liefert, so stellt auch sie nicht das letzte Wort der Textrekonstruktion dar. „Damit ist jedoch ähnlich wie beim ‚Nestle-Aland' nur eine Momentaufnahme gegeben, und es ist damit zu rechnen, daß es wie beim ‚Standardtext' des griechischen Neuen Testaments auch beim neuen Standardtext von Q zu weiteren revidierten Auflagen kommt."[7] Ganz in diesem Sinne urteilt auch J. Robinson im Vorwort der CEQ (lxxi): „It is not to be assumed that the present critical text is a last word. ... The ... present volume ... is intended to facilitate the study of Q, and thus to stimulate this ongoing process. ... It is thus to be hoped that the refinement of the text of Q will continue unabated ..."

1.2.2 Narratologischer Zugang zur Logienquelle

Groß angelegte narratologische Studien haben gerade in letzter Zeit eindeutig widerlegt, dass die Logienquelle nur eine „Materialsammlung" und „nicht ein literarisches Dokument" gewesen sei; „ein größeres Notizbuch", das „jederzeit einen Einschub von

3 Lindemann, Logienquelle, 424.
4 Zu den bleibenden Anfragen an die Zweiquellentheorie vgl. Tiwald, Logienquelle, 15–34.
5 Zu IQP und CEQ vgl. Heil, Rekonstruktion, 133–138, und Tiwald, Logienquelle, 35–38.
6 Heil, Rekonstruktion, 137.
7 Heil, Rekonstruktion, 137f.

neuen Blättern“ zuließ, aber keine innere Ordnung besaß.[8] Es ist das große Verdienst der Habilitationsschrift von M. Labahn *Der Gekommene als Wiederkommender. Die Logienquelle als erzählte Geschichte* (2010), klar gemacht zu haben, dass „das Dokument Q ... mehr als eine zufällige Aneinanderreihung von Sprüchen“[9] darstellt, wie dies etwa beim Thomasevangelium der Fall ist, und, „dass Q eine innere Struktur – einen *plot* – hat.“[10] Auch wenn Q hauptsächlich aus Redematerial besteht, so eröffnet sich gerade in dieser „Erzählung des Redens“ ein Stück „narrativer Sinnbildung“.[11] Man darf also von einer „argumentativen Geschlossenheit des Werkes“[12] ausgehen! Gestützt auf solche Überlegungen zieht der *Mainzer Ansatz zur Metaphorik und Narratologie in der Logienquelle* (2014) im Team um R. Zimmermann nun Konsequenzen für die weitere Arbeit mit Q:[13]

> ... how exactly can one consider or work with a text, which does not exist, or to put it more precisely, which does not exist as a manuscript? ... Is there a way to analyse a text without having the exact wording? ... Here, the analysis of metaphors and narrative criticism has proven itself useful in many fields. ... Even if the Q text cannot be reconstructed with absolute certainty from the readings in Matthew and Luke, it is possible to make plausible statements about its composition.

Dieser Ansatz wird von A. Bork *Die Raumsemantik und Figurensemantik der Logienquelle* (2015) weitergeführt als:[14]

> ... ein intertextueller Zugang zum Q-Text ..., der nicht mehr danach strebt, eine Wortlautrekonstruktion des Q-Textes ... zu erarbeiten, sondern durch intertextuelle Rückschlüsse auf die von Matthäus und Lukas verwendete Quelle zulässt. Q wird also als Intertext zwischen Matthäus- und Lukasevangelium aufgefasst, ohne dass die Notwendigkeit einer wortgetreuen (Re-)Konstruktion besteht.

So hatte schon J. Kloppenborg (2000) solch einem Zugang den Weg geebnet:[15]

---

8 So noch Luz, Matthäus I, 48.

9 Labahn, Gekommene, 574. In diesem Sinne auch Kloppenborg Verbin, Excavating, 135: „... we can speak of Q as a ‚literary unity‘ ...“ Ebenso Schnelle, Einleitung 251: „Die Endfassung der Logienquelle ... lässt eine bewusste literarische Gestaltung erkennen“ und weist eine „bewusste theologische Komposition“ (a.a.O. 246) auf. Vgl. dazu auch die rezenten Studien von Labahn, Sinn, 131–173; Witetschek, Logien, 175–192; Dormeyer, Narrativität, 213–230.

10 Labahn, Gekommene, 575.

11 Labahn, Gekommene, 577.

12 Labahn, Gekommene, 119.

13 Zimmermann, Metaphorology, 4–6.

14 Bork, Raumsemantik, 26. Erfolgreich zur Anwendung gebracht wurde der *Mainzer Ansatz* bereits in den von Zimmermann und Team edierten Bänden *Metaphor, Narrative, and Parables in Q* (2014), *Puzzling the Parables of Jesus. Methods and Interpretation* (2015) sowie auch schon im *Kompendium der Gleichnisse Jesu* (2007). Aus dem Team von Zimmermann erwuchsen dann ebenfalls diesem Ansatz verpflichtete Arbeiten, wie die schon genannte Dissertation von A. Bork *Die Raumsemantik und Figurensemantik der Logienquelle* (2015) und die Habilitationsschrift von D. Roth *The Parables in Q* (2018). Vgl. dazu Roth, Parables, 41f: „... when Matthew and Luke incorporated Q into their Gospels, they did not simply pick up on the *words* of their source, but drew out a whole realm of metaphors and images as well as narratival und sociocultural elements. ... Thus, Q as a source cannot be reduced simply to the words of Q and at the same time, a specific, word-for-word reconstructed Q text is not necessarily a prerequisite for analyzing Q as a source.“

15 Kloppenborg Verbin, Excavating, 102f.

> … it must be kept in mind that there is already in the double tradition approximately 50 percent verbal agreement even if it is still sometimes necessary to decide the syntax of the sentence. For example, in Q 15:4 … This text is typical. It illustrates the fact that disagreement in vocabulary notwithstanding, the general sense of the Q text is clear.

Zu ähnlichen Resultaten kommt auch H. Scherer *Königsvolk und Gotteskinder* (2016), nämlich, „dass das Material der Traditio duplex einen eigenständigen … in sich sinnvoll vernetzten Entwurf sozialer Identifikationsgrößen bietet …"[16]

1.2.3 Konsequenzen für diesen Kommentar

Für vorliegenden Kommentar bedeutet der narratologische Zugang zur Logienquelle, dass die Sinnstruktur von Q erfasst werden kann, auch ohne einen in allen Details fixierten Text zu besitzen. Einen verlässlichen „Basistext" hat die CEQ dankenswerter Weise erstellt. Auch wenn dieser Text – nach eigenem Bekunden der Herausgeber der CEQ (s.o.) – nicht den „Originaltext" von Q darstellen kann, so bietet diese Grundlage doch ein ausreichendes *instrumentum laboris* für einen narratologischen Zugang zur Logienquelle.

Wichtig scheint dem Autor dieses Kommentars dabei eine ausgewogene Mischung von *text- und kontextorientierter Exegese* einerseits in Verbindung mit den *narratologischen Erträgen* andererseits: 1) Die Frage der Textrekonstruktion wird *nicht* völlig aufgegeben, steht aber nicht mehr dominant im Vordergrund. 2) Auch dem soziologischen Hintergrund der Logienquelle wird in diesem Kommentar ausreichend Respekt gezollt. Damit wird den beiden Kritikpunkten von H. Scherer am *Mainzer Ansatz* Rechnung getragen: 1) Dass ein völliges Abgehen vom rekonstruierten Text „die tatsächlich vorhandenen Daten mit unbewussten narrativen Eintragungen" verfremden könnte, und 2) dass sich dieser Ansatz „distanziert … von einer den kulturellen Kontext berücksichtigenden Herangehensweise an die Texte zugunsten einer narrativen, die in der Textwelt verbleibt."[17] Beiden Monita soll hier Rechnung getragen werden: 1) Die CEQ bietet eine probate Textbasis, die es erlaubt, auf langwierige Einzelrekonstruktionen und linguistische Beckmesserei zu verzichten und trotzdem den *narrativen Plot* erkennen zu können. 2) Gerade die soziokulturelle Verortung der Logienquelle im damaligen Frühjudentum darf als besonderes Anliegen des Autors gelten und wird in diesem Kommentar gewiss nicht zu kurz kommen.[18]

1.2.4 Fluidität des Textes als genuines Merkmal der Logienquelle

Nicht zu vergessen ist, dass die Logienquelle in den dreißig Jahren ihres Wachstums unterschiedliche Entwicklungsstadien durchlaufen hat.[19] Vielleicht darf man mit G. Theißen sogar annehmen, dass erste mündliche Spruchsammlungen Jesu schon zu

---

16 Scherer, Königsvolk, 546. Wertvoll sind auch kritische Anmerkungen Scherers zum *Mainzer Ansatz* (a.a.O. 129).

17 Scherer, Königsvolk, 129f.

18 Vgl. dazu die beiden Tagungsbände Tiwald (Hg.), *Q in Context 1 & 2*, sowie Tiwald, Logienquelle, 79–135.

19 Vgl. dazu Kloppenborg Verbin, Excavating, 143–153, der mit der Annahme von Wachstumsstrata innerhalb von Q auf unterschiedliche Entwicklungsstufen der Logienquelle verweist.

Lebzeiten des Meisters existierten: „Jesus schickte seine Jünger auf Wandermission. Seine Jünger mussten seine Botschaft an mehreren Orten wiederholen! Ein paar mündlich vorgegebene Texte müssen sie dazu mitgebracht haben, die sich ihnen durch Wiederholung einprägten!“[20] Bald nach dem Tod Jesu führten seine Jünger dessen Predigtpraxis fort – und modifizierten ihre Vorträge je nach Publikum.

Als die Logienquelle um 60 n. Chr. schriftlich abgefasst wurde, endete damit die Phase der oralen Fluidität keineswegs – moderne Ansätze rechnen mit dem Phänomen der *secondary orality,* also einer zur *schriftlichen* Überlieferung parallel weiterlaufenden *mündlichen* Tradition.[21] Wir dürfen nicht vergessen, dass die meisten Menschen damals Analphabeten waren und auch des Lesens Kundige zumeist auswendig rezitierten, da Schriften sehr teuer waren und aufgrund ihrer sperrigen Form auch schwer zu transportieren. Zu Recht verweist Ch. Heil darauf, dass auch nach der Verschriftlichung von Texten „nicht ... die wortwörtliche Wiederholung eines kanonischen Textes ..., sondern ... die inspirierte, emphatische Aufführung“[22] im Mittelpunkt stand. Damit wird klar: „Manche Varianten in der Textüberlieferung gehen dann nicht auf unabsichtliche Abschreibfehler oder absichtliche Redaktionen zurück, sondern auf Varianten in der *mündlichen* Überlieferung.“[23] – Der zuvor erwähnte *narratologische Zugang zur Logienquelle* ist damit nicht nur eine Verlegenheitslösung (sozusagen *faute de mieux*), sondern (bedacht mit den oben genannten Monita) vielmehr als der einzig „artgerechte“ Zugang zur Logienquelle zu betrachten.

1.2.5 Textbasis dieses Kommentars

Die griechische Textgrundlage der CEQ gilt diesem Kommentar als Richtschnur. In einigen Ausnahmen (die im Kommentar eine ausdrückliche Begründung finden) wurde eine andere griechische Textbasis zugrunde gelegt (die CEQ stellt ja keinen fertigen Text, sondern bestimmte Wahrscheinlichkeiten *pro et contra* einer Lesart zur Verfügung).

Anhand dieses griechischen Textes wurde vom Verfasser eine eigene deutsche Übersetzung erstellt.[24] Diese wurde von textkritischen Zeichen freigehalten: Erstens würden diese den Lesefluss erschweren. Zweitens stehen – nach dem oben skizzierten narrativen Ansatz – nicht detailgenaue Rekonstruktionsversuche, sondern die Sinnlinien des Textes im Fokus der Untersuchung. Drittens können allzu große Subtilitäten des griechischen Textes ohnehin in der deutschen Übersetzung nicht adäquat wiedergegeben werden.

---

20 Theißen, Entstehung, 46.

21 Vgl. Heil, Textverarbeitung, 103, unter Bezug auf ein 1982 entwickeltes Konzept von W. J. Ong, Orality, 135–137. Vgl. dazu auch Theißen, Entstehung, 41–46, der hier „primär- und sekundärmündliche Überlieferung“ unterscheidet. An neueren Beiträgen dazu: Kloppenborg, Contexts, 49–72, und Smith, Parable, 73–97.

22 Heil, Textverarbeitung, 101.

23 Heil, Textverarbeitung, 103.

24 Abgesehen davon, dass es selbstverständlich sein sollte, wenn ein Kommentar eine kritische Textbasis und eine eigene Übersetzung bietet, war auch die Übernahme der letztpublizierten deutschen Übersetzung der CEQ aus lizenzrechtlichen Gründen nicht möglich.

Der Verfasser dieses Kommentares möchte ausdrücklich darauf hinweisen, dass eine Textbasis ohne textkritische Zeichen *nicht* die *Illusion* wecken darf, wir wären im wortwörtlichen Besitz der Logienquelle. Allerdings sollte die Möglichkeit geboten werden, den Text (abseits von textkritischen Einzelanalysen) als ein *in sich stimmiges Sinnkontinuum* zu erfassen: einen Text, dessen Aussage wir – trotz aller Unsicherheiten der Rekonstruktionen – einigermaßen gut verstehen und nachvollziehen können.

2. Positionierung innerhalb der Q-Kommentare

2.1 Status Quaestionis

Ein solches Kommentarprojekt muss sich natürlich auch die Frage nach dem *aliquid novi* – dem Neuheitswert – gefallen lassen. Wie schon im Vorwort angemerkt, ist die Zahl der Kommentare zur Logienquelle im deutschen Sprachraum leicht überschaubar: Einzig D. Zeller (1984 im Stuttgarter kleinen Kommentar, SKK) hat einen solchen Kommentar verfasst – die Notwendigkeit eines *updates* leuchtet ein.[25]

Im englischsprachigen Raum gibt es diesen Mangel allerdings nicht: H. Fleddermann, hat erst 2005 *Q: A Reconstruction and Commentary* publiziert, im gleichen Jahr R. Valantasis, *The New Q: A Fresh Translation with Commentary.* Der akribische und umfangreiche Kommentar von Fleddermann stellt mit seinen fast tausend Seiten tatsächlich einen Meilenstein der Q-Forschung dar. Zwei massive Schwächen dieses monumentalen Werkes beeinträchtigen den Wert dieses *opus magnum*: Erstens vertritt Fleddermann die eigenwillige These, „that Mark knew and used Q";[26] zweitens die ebenfalls singuläre Annahme, „that the background of Q lies in gentile Christianity",[27] denn: „From start to finish Q reads like a gentile Christian gospel."[28] Während die These der Abhängigkeit des Mk von Q für den Kommentar Fleddermanns geringere Konsequenzen zeitigt, so führt ihn die Annahme, „that the author of Q was a gentile Christian writing for other gentile Christians",[29] zu einer gewissen Schieflage in der Interpretation – zumal gerade die neuere Forschung immer stärker auf die jüdische Matrix der Logienquelle verweist (s.u. *II.2.1: Q und das Frühjudentum*). Verbunden damit etwa bestreitet Fleddermann kategorisch, dass in Q noch altes Lokalkolorit der Jesusbewegung durchschimmern könnte. Für ihn sind „the characters of Q, including Jesus, ... literary figures" und damit „literary constructs",[30] die keinen Konnex mehr zum historischen Jesus oder zu dessen galiläischen Nachfolgern aufweisen. Damit aber gießt Fleddermann das Kind mit dem Bade aus: Auch wenn Q tatsächlich nicht unkritisch zum „O-Ton" Jesu verzeichnet werden darf, so geht die überwiegende Mehrheit der Forscher doch davon aus, dass Q und das MkEv „als wichtigste Zeugnisse

25 S. Schulz, *Q. Die Spruchquelle der Evangelisten* (1972) ist kein Kommentar, sondern eine theologische Annäherung an die Logienquelle anhand bestimmter Themenkreise.
26 Fleddermann, Q, 183; allerdings „Mark uses Q creatively" (ebd.).
27 Fleddermann, Q, 164.
28 Fleddermann, Q, 166.
29 Fleddermann, Q, 791.
30 Fleddermann, Q, 204 und 206.

für die Rekonstruktion des historischen Jesus"[31] zu gelten haben (s.u. *II. 2.3: Tradition und Redaktion: Das in Q bewahrte Erbe*). Darüber hinaus wendet Fleddermann den Großteil seiner Energie für Fragen der Q-Rekonstruktion auf – die eigentliche Arbeit eines „Kommentars" – nämlich die am Text entlanggehende Exegese – gerät dabei trotz der Monumentalität des Werkes ein wenig zu kurz.

Anders verhält es sich mit dem Kommentar von Valantasis. Leider verzichtet dieser Band nicht nur völlig auf Referenzen jeglicher Art (kein Verweis auf Sekundärliteratur, Fehlen jeglicher Form von Anmerkungen), sondern bietet auch keine zeitliche, örtliche und theologische Kontextuierung der Logienquelle (also keine Abklärung der „Einleitungsfragen"). Beides lässt die Auslegung dann ein wenig in der Luft hängen und etliche Interpretationen phantasievoll erscheinen.[32]

Neben den hier genannten Kommentaren gibt es allerdings auch eine Reihe von exzellenten Publikationen, die zwar dem Genus „Kommentar" nicht in *sensu stricto* zuzuordnen sind, aber dennoch viele Perikopen aus Q analysieren: Im *englischsprachigen Raum* sei hier auf die grundlegenden Arbeiten von J. Kloppenborg und Ch. Tuckett verwiesen. Beide haben über einen Zeitraum von fast vierzig Jahren intensiv zur Logienquelle geforscht und nicht nur ein immenses literarisches Œuvre geschaffen, sondern durch ihre Studien die Einschätzung der Logienquelle als ein noch immer im Frühjudentum verankertes Dokument möglich gemacht. Ihnen dankt der Autor dieses Kommentars viel und möchte sein Werk bewusst als Weiterführung ihrer Ansätze verstanden wissen. Gleiches gilt für die zahlreichen Publikationen zu Q und zur Synoptischen Frage von J. Verheyden und P. Foster, die für die Entstehung dieses Kommentars ebenfalls ausgesprochen hilfreich waren.

Im *deutschsprachigen Raum* ist an dieser Stelle zu verweisen auf die narratologische Studie von M. Labahn *Der Gekommene als Wiederkommender. Die Logienquelle als erzählte Geschichte* (2010), oder die von R. Zimmermann und seinem Team herausgebrachten Publikationen: *Kompendium der Gleichnisse Jesu* (2007; vgl. dort die Q-Gleichnisse), *Metaphor, Narrative, and Parables in Q* (2014), *Puzzling the Parables of Jesus. Methods and Interpretation* (2015); A. Bork *Die Raumsemantik und Figurensemantik der Logienquelle* (2015) und D. Roth *The Parables in Q* (2018). Besondere Erwähnung verdient hier auch die soziologisch-überlieferungsgeschichtliche Studie von H. Scherer *Königsvolk und Gotteskinder. Der Entwurf der sozialen Welt im Material der Traditio duplex* (2016) oder M. Ebner *Jesus – ein Weisheitslehrer?* (1998). Der Frage, was Mt und Lk ihrer Q-Vorlage entnommen haben und wie sie dabei vorgegangen sind, wird detailliert in den beiden Monographien von Ch. Heil *Lukas und Q* (2003) und M. Hölscher *Matthäus liest Q* (2017) nachgegangen. Eine wichtige Grundlage für diesen Kommentar stellen natürlich auch die Arbeiten von P. Hoffmann, dem „Altmeister" der Q-Forschung im deutschen Sprachraum dar. Stellvertretend für sein reiches Œuvre zu Q sei nur auf seine Mitarbeit an der *Critical Edition of Q*, seine mit Ch. Heil herausgegebene Studienausgabe zur Logienquelle und seine *Studien zur Theologie der Logienquelle* ([3]1983, Erstauflage 1972) verwiesen. Sehr wichtig war aber auch, die von Ch. Heil edierte Reihe der *Documenta*

31 Heil, Rekonstruktion, 141.

32 Vgl. dazu die Rezension von J. Verheyden: „... at times it may appear Valantasis had to stretch the text to have it say what he thinks it means", in: RBL 1 (2007), online: https://www.bookreviews.org/pdf/5177_5452.pdf (abgerufen: 22.8.2018).

Q Bände in Fragen der Q-Rekonstruktion konsultieren zu können, sowie alle anderen zahlreichen Beiträge von Ch. Heil zur Erforschung der Logienquelle.

An älterer Literatur, die hier auch eingearbeitet wurde, sei genannt: E. Sevenich-Bax *Israels Konfrontation mit dem letzten Boten der Weisheit. Form, Funktion und Interdependenz der Weisheitselemente in der Logienquelle* (1993) und D. Kosch *Die eschatologische Tora des Menschensohnes. Untersuchungen zur Rezeption der Stellung Jesu zur Tora in Q* (1989). In beiden Werken wird ein Durchgang des Q-Materials angestellt, wobei allerdings die Frage der Textrekonstruktion zumeist eine größere Rolle spielt, als die Auslegung der Passagen.

2.2 Aliquid Novi?

Der vorliegende Kommentar entstand also nicht im luftleeren Raum – allen hier zitierten „Fellow Q-bies" sei herzlich gedankt! Der Verfasser dieses Buches sieht den Neuheitswert dieses Kommentars nicht zuletzt gemäß seinem Forschungsschwerpunkt in der Frage nach dem *Parting of the Ways*, der Frage, wann sich die Wege von Judentum und Christentum geschieden haben.[33] Dieser Forschungsdiskurs hat ja in den letzten Jahren beachtlich an Dynamik gewonnen. Jüngere Publikationen erkennen vermehrt, dass das *Parting of the Ways* nicht die Angelegenheit eines bestimmten Moments der Geschichte, sondern ein sehr lange dauernder Prozess war, der nicht in allen Gemeinden zu derselben Zeit und in derselben Weise ablief.[34] Wenn man mit M. Konradt das MtEv „ohne weiteres noch im Rahmen eines innerjüdischen Differenzierungsprozesses auffassen" möchte, sodass „das Judentum den primären Lebenskontext der mt Gemeinde bildet"[35] – so gilt das *a fortiori* natürlich auch für die Logienquelle.[36] Gerade für sie ist anzunehmen – um die Worte von M. Ebner zu gebrauchen –, dass sie noch „von einer intakten jüdischen Matrix aus zu lesen und zu verstehen ist."[37] Daher wird die Logienquelle zu einem wichtigen Dokument des sich entwickelnden Christentums, das als *missing link* zwischen Jesus, dem Juden, und der späteren christlichen Kirche zu verstehen ist.

33 Vgl. dazu die beiden Monographien von M. Tiwald: *Das Frühjudentum und die Anfänge des Christentums* und *Die Logienquelle: Text, Kontext, Theologie.*

34 Vgl. Dunn, Partings, 230–259; Boyarin, Christen, 112–129; Broadhead, Ways, 354–391 (mit dem launigen Stichwort: „Parting with ‚The Parting of the Ways'"; a.a.O. 389); Harlow, Judaism, 257–278 (275: „There can be no denying that the borderlines between Judaism and Christianity were not clearcut everywhere in the early centuries of the Common Era, or that the separation between them was uneven and complex"); Becker/Reed mit dem programmatischen Titel eines einschlägigen Sammelbandes „The Ways that Never Parted" oder Frankemölle, Frühjudentum, 437, und Nicklas, Jews, passim. Für einen Forschungsüberblick vgl. Tiwald, Frühjudentum, 33–48.

35 Konradt, Matthäus, 19.

36 Vgl. dazu die intensive Diskussion bei Tiwald, Logienquelle, 94–116.

37 Ebner, Q, 98; vgl. auch 100.

Teil II: Einleitungsfragen zur Logienquelle

Bis repetita non placent – Wiederholungen sollte man meiden! Erst 2016 erschien *Die Logienquelle. Text, Kontext und Theologie der Quelle Q*. Darin hat der Verfasser dieses Kommentars eine ausführliche Abhandlung aller Einführungsfragen zur Logienquelle geboten, also zu Ort, Zeit und Kontext der Abfassung von Q. Für eine detaillierte Diskussion dieser Fragen sei auf diesen Band verwiesen. Allerdings soll vorliegender Kommentar auch ohne Kenntnis des anderen Buches lesbar sein – so wird hier ein kurzer Überblick zu den Einleitungsfragen geboten, ohne näher in die Einzeldiskussion einzutreten.

1. Zeit und Ort der Abfassung

1.1 Die Zeit der Abfassung

Als *terminus post quem* für die Abfassung von Q ist das Wirken des historischen Jesus anzusetzen, als dessen wahrscheinlichstes Todesjahr 30 n. Chr. gilt.[1] Als *terminus ante quem* muss die Abfassung des MtEv und LkEv angesehen werden (also die 80er-Jahre des 1. Jh. n. Chr.), da beiden Evangelien Q als schriftliche Quelle vorlag. Am wahrscheinlichsten ist es wohl, mit einer Abfassung in den frühen 60er-Jahren des 1. Jh. noch vor Ausbruch des Jüdischen Krieges zu rechnen. Frühdatierungsversuche in die 40er-Jahre[2] konnten sich ebenso wenig durchsetzen wie Spätdatierungen in die 70er-Jahre.[3]

---

1 Vgl. die Diskussion bei Tiwald, Frühjudentum, 89f.

2 So etwa Theißen, Lokalkolorit, 235, mit der Annahme, Q wäre vor dem Apostelkonzil (49. n. Chr.) entstanden, oder Schnelle, Einleitung, 250, mit dem Versuch, die Jüngerverfolgungen in Q 6,22 mit 1Thess 2,14–16 zu verbinden.

3 So z.B. Hoffmann, Studien, 175 und 179, und Myllykoski, History, 199: Beide wollen in Q 13,34f einen Hinweis auf die Tempelzerstörung erkennen.

1.2 Der Ort der Abfassung

Die meisten Q-Forscher optieren für Nordpalästina-Galiläa und den syrisch-palästinischen Grenzraum als Abfassungsort,[4] und orientieren sich dabei an den in der Logienquelle genannten Orten: Chorazin, Betsaida und Kafarnaum als Provinzstädte, die im westlichen bis nördlichen Sektor des Sees Gennesaret liegen, sowie Tyros und Sidon. Zwar nennen auch MtEv und LkEv diese Orte, doch haben beide Evangelien bereits ein urbanes Leserpublikum vor Augen.[5] In der Logienquelle aber verweisen diese Nennungen noch auf ursprüngliches Lokalkolorit – die Logienquelle spiegelt vor allem die „Welt der Feldarbeit oder des Haushaltes", die Gleichnisse in Q „weisen eine ländliche Perspektive auf, städtisches Leben ist nicht im Blick."[6] Auch die Missionsmethoden in Q lassen auf kleine Ortschaften schließen, etwa in Q 10 die einfache Hausmission: Diese setzt „überschaubare soziale Gebilde" voraus, denn die Ortschaft „handelt als ganze, wenn sie die Jünger aufnimmt oder abweist."[7] Auch der anschließende Staubgestus im Falle der Ablehnung ist eher auf einem kleinen Marktplatz denkbar, wo man zur ganzen Ortschaft reden konnte, als im Menschengewirr einer großen Stadt.[8]

2. Die Gemeinde hinter der Logienquelle

2.1 Q und das Frühjudentum

In der Frage, wie sehr die Logienquelle in den Traditionen des Frühjudentums verwurzelt war, ist die Forschung noch zu keinem endgültigen Konsens gekommen. Grundsätzlich lässt sich sagen: „Entsprechend einem weitgehenden aktuellen Konsens ist das Spruchevangelium Q ein judenchristliches Dokument, das die Tora voraussetzt

---

4 In diesem Sinne urteilen u.a. Schnelle, Einleitung, 250; Schröter, Entscheidung, 74; Tiwald, Wanderradikalismus, 73; Broer/Weidemann, Einleitung, 62; Tuckett, Art. Q, 732; Kloppenborg Verbin, Excavating, 214–261; Ebner, Q, 101. Vgl. den bis auf A. v. Harnack zurückgehenden Forschungsüberblick bei Kloppenborg, Bethsaida, 62f. Zuletzt hat Heil, Q-Gruppe, 163–180, dafür optiert, dass „die Q-Gruppe sich in denselben galiläischen Dörfern und Städten herausgebildet hat, in denen Jesus predigte und agierte", allerdings „die Q-Gruppe in das südliche Syrien geflohen ist, als oder bevor die Römer 67 n. Chr. Galiläa einnahmen. Demzufolge fand die Endredaktion von Q in Syrien statt" (a.a.O. 163). Da auch für Heil „die Q-Traditionen mit großer Wahrscheinlichkeit aus Galiläa stammen" (a.a.O. 171), stellt die These von einer erst in Syrien erfolgten Endabfassung eine ernsthafte Überlegung dar – zumal dort ein griechischsprachiges Leserpublikum leichter zu vermuten ist als in Galiläa.

5 Vgl. Kloppenborg, Q, 67f: „Matthew and Luke are Gospels oriented to *urban* settings." Für Lk steht die Stadtzentriertheit außer Zweifel (vgl. Hoffmann, Studien, 278–280), aber auch Mt verrät urbane Kultur, wenn er τὰς διεξόδους τῶν ὁδῶν (22,9) erwähnt, oder die „Heilige Stadt" Jerusalem (4,5) und die „Stadt des großen Königs" (5,35).

6 Schröter, Entscheidung, 74; ebenso Kloppenborg, Q, 69: „Q presents us with a rural, Galilean Jewish gospel ..." Selbst Frenschkowski, Galiläa, 536, der allerdings Jerusalem als Abfassungsort vorschlägt, muss eingestehen, „die Bildwelt der Bildworte und Gleichnisse ist ländlich."

7 Zeller, Logienquelle, 51.

8 Vgl. Tiwald, Gott, 64.

und bejaht."[9] Es lässt sich schließen, „dass die Matrix von Q völlig innerhalb des jüdischen Hauses bleibt"[10] und Q als eine Schrift von Judenchristen anzusehen ist.

Somit ist es selbstverständlich, dass Jesus die Versuchungen des Satans in Q 4,1–13 durch Tora-Zitate zurückweist, die Praxis der Pharisäer in Q 11,42 zwar kritisiert, aber die kultischen Vorschriften trotzdem nicht auflöst und in Q 16,17 die ewige Gültigkeit von Gesetz und Propheten veranschlagt.

Jesus vs. Tora?

Grundsätzlich stimmt es, „dass innerhalb der Logienquelle nicht die Tora, sondern die Botschaft und Gestalt Jesu, des Menschensohn-Kyrios, zentrale Orientierungsgröße und soteriologisches Prinzip sind",[11] doch war dies in eschatologisch motivierten Gruppierungen des Frühjudentums nichts Ungewöhnliches: In solchen Gruppierungen wurde bisweilen ein eigener Heilspartikularismus vertreten, der an apokalyptisches „Sonderwissen" dieser Gruppierung gebunden war. So etwa ist Errettung nach 1QpHab 8,2f nur möglich „durch ihren Glauben an den Lehrer der Gerechtigkeit" (ואמנתם במורה הצדק), was in gewisser Weise mit dem Glauben an Jesus und seine Botschaft korrespondiert.[12] Das Reklamieren exklusiven heilsrelavanten Sonderwissens kann auch für die Texte des 1. Henochbuches und des 4. Esrabuches festgestellt werden: „[W]isdom is mediated through an eschatological revelation possessed by the chosen. Outsiders are damned because they lack or reject the revelation that enables them properly to observe divine Law and to read the signs of the times."[13] Gewisse heilsrelevante Gestalten wie die fiktiven Figuren „Henoch" oder „Esra" offenbaren hier ein Sonderwissen, das zum unabdingbaren Kriterium der Errettung wird – unter Ausschluss anderer Gruppierungen: „The deceivers ... wrongly claim to present the right interpretation of the Tora, sometimes in opposition to the ‚true' interpretation presented by the author's hero."[14] So wird auch Jesus in Q 10,22 nicht nur zum endgültigen Offenbarungsträger, sondern auch die ihm Nachfolgenden mit privilegiertem Sonderwissen ausgestattet (vgl. Q 10,23) – wobei allerdings in der Logienquelle das restliche apokalyptische Instrumentar fehlt: Das Sonderwissen ist in Q nicht hermetisch abgeschlossen und nur wenigen Auserwählten vorbehalten, sondern heilsuniversalistisch für die Allgemeinheit bestimmt, wie Q 12,2f verdeutlicht: „Nichts ist verhüllt, was nicht enthüllt werden wird, und verborgen, was nicht erkannt werden wird. Was ich euch im Dunkeln sage, sagt im Licht, und was ihr im Ohr hört, verkündet auf den Dächern."

Damit aber wird klar: Eine Alternative zwischen Jesus und Tora tut sich in Q nicht auf! Vielmehr kann man sagen, dass in eschatologisch motivierten Gruppierungen des Frühjudentums die Vorstellung einer letztgültigen Tora-Interpretation durch einen endzeitlichen Offenbarer – wie Henoch, Esra, den „Lehrer der Gerechtigkeit" oder eben Jesus – weit verbreitet war.

---

9 Heil, Nachfolge, 111.

10 Ebner, Q, 100.

11 Schnelle, Theologie, 379, mit einem Zitat von Kosch.

12 Vgl. dazu die Diskussion und den Überblick zur einschlägigen Literatur bei Tiwald, Hebräer, 117–120 und 239–246. Die LXX übersetzt אֱמוּנָה außerhalb des Psalters fast ausschließlich mit Wörtern des Stammes πιστ- (vgl. Jepsen, Art. אמן, 342).

13 Nickelsburg, Wisdom, 89. Vgl. dazu Tiwald, Logienquelle, 97–100.

14 Nickelsburg, 1Enoch, 488. Ebenso Stuckenbruck, 1Enoch, 360.

Antijüdische Polemik in Q?

In der Q-Forschung gewinnt – gestützt auf soziologische Studien zur Textur des Frühjudentums[15] – die Ansicht immer mehr Boden, dass die Polemiken der Logienquelle gegen Pharisäer (Q 11,39–44), galiläische Städte (Q 10,13–15) und Jerusalem (Q 13,34f) sowie gegen „diese Generation" (Q 7,31–35; 11,16.29f.49–51) keinen endgültigen Bruch zwischen der Q-Gemeinde und dem Judentum erkennen lassen, sondern als Ausdruck von starken *innerjüdischen Spannungen* zu werten sind, die im pluriformen Frühjudentum häufig zu Tage traten. So kann man schließen: „In spite of the exaggerated and fiery rhetoric of Q, in particular in its final redactional phase, there is good reason to suppose that Q and its partisans identified as Israel and had other Israelites in view as they constructed the document."[16]

Heidenmission in Q?

An der Prämisse, ob Q bereits mit dem Judentum gebrochen hat oder nicht, hängt natürlich auch die Frage, ob Q schon zur Heidenmission übergegangen ist. Auch hier geht ein wachsendes Segment der Forscher zur Meinung über, dass dies noch nicht der Fall gewesen sei: „In den scharfen Gerichtsandrohungen Israel gegenüber zeigt sich ein verzweifeltes Ringen um die eigentlich angezielten Adressaten, keineswegs dagegen eine Rückschau auf vollendete Tatsachen aus dem inzwischen heidenchristlichen Milieu heraus."[17]

Am „Jerusalemer Apostelkonzil"[18] 49 n. Chr. wurde nicht nur die Heidenmission legitimiert, sondern auch das Missionsgebiet in Juden- und Heidenmission aufgeteilt (Gal 2,7–9 und Apg 15,1–29). Dies führte dazu, dass Judenchristen auch weiterhin Speisevorschriften, Sabbat und Beschneidung einhielten und damit im Verband des Judentums verblieben (vgl. Apg 21,20–24). So etwa belegen die Proteste der Pharisäer gegen die Hinrichtung des Herrenbruders Jakobus durch den Hohepriester Ananos II., einen Sadduzäer (Josephus, Ant 20,200),[19] dass streng nach dem Gesetz lebende Kreise der Urkirche den Pharisäern näher standen als die ihnen verfeindeten Sadduzäer (vgl. dazu auch Apg 21,20f!). Zumindest bis in die Zeit knapp vor dem Jüdischen Krieg muss man damit rechnen, dass in Palästina toraobservante Gruppierungen des Urchristentums gemäß den Vorgaben des „Apostelkonzils" auch weiterhin Beschneidung, Speisevorschriften und Sabbatheiligung einhielten und sich bezüglich des Missionsziels rein auf Israel konzentrierten. Die Gemeinde der Logienquelle passt perfekt in dieses Schema.[20]

---

15 Vgl. dazu: Nickelsburg, Wisdom, 73–91; Johnson, Slander, 419–441; Marshall, Apocalypticism, 8–82; Tiwald, Valeur, 115–137. So schreibt Johnson (a.a.O. 433): „The purpose for the polemic is not so much the rebuttal of the opponent as the edification of one's own school. Polemic was primarily for internal consumption" und unterstreicht den „protreptic use of polemics".

16 Kloppenborg, Parting, 142. Ähnlich Tuckett, Apocalyptic, 121; Theißen, Lokalkolorit, 233; Ebner, Q, 100; Dettwiler, Q, 253; Gnilka, Theologie, 142. – Für einen Bruch zwischen Q und Israel optieren hingegen: Verheyden, Jugement, 219; Schnelle, Einleitung, 250; Fleddermann, Q, 165; Frenschkowski, Galiläa, 557. – Zur intensiveren Diskussion vgl. Tiwald, Logienquelle, 101–111.

17 Ebner, Q, 100.

18 Zum „Jerusalemer Apostelkonzil" und zum „Antiochenischen Zwischenfall" vgl. Tiwald, Frühjudentum, 213–215.

19 Zu den Hintergründen vgl. Tiwald, Frühjudentum, 102.

20 Vgl. Kloppenborg, Q, 69: „... Q presupposed an exclusively Israelite environment where people naturally circumcised their sons, kept *kashrut*, and observed the Sabbath." Ebenso Schröter, Gesetzesverständnis, 457: „Des Weiteren wurde deutlich, daß die Q-Überlieferung die unverbrüchliche Gültigkeit des Gesetzes als einen in der Jesusüberlieferung verankerten Topos betrachtet und ... daß die konkrete Rezeption der Regelungen des νόμος im Horizont einer Tradition erfolgt, in welcher jüdische Reinheitsvorstellungen eine Rolle spielen und die sich diesbezüglich von der markinischen Aufnahme unterscheidet." Ähnlich auch Tuckett, Q, 425.

Daher sind die in Q genannten „Heiden" nur als – reichlich holzschnittartig umrissene – *Kontrastfolien* zum Unglauben in Israel zu verstehen, um das ungläubige Israel zu „beschämen": „The rhetorical strategy at work is shaming".[21] Dies bestätigt sich in den Aussagen über die „Königin des Südens" und die „Männer von Ninive" (Q 11,31f), die beim Jüngsten Gericht gegen Israel auftreten werden. Genauso wird der Glaube des Hauptmanns in Kontrast zum Unglauben Israels gesetzt: „Nicht einmal in Israel habe ich einen so großen Glauben gefunden" (Q 7,9). Das „nicht einmal" spiegelt hier noch immer die innerjüdische Perspektive wider.

2.2 Die Verfasser der Logienquelle

Wanderradikale Propheten ...

Im deutschsprachigen Raum dominiert zumeist die Vorstellung, dass hinter der Logienquelle wanderradikale Propheten stehen, die das emblematische Ethos der unmittelbaren Jesusnachfolge (Q 6,40), bestehend aus zeichenhafter Armut (Q 10,4), Heimatlosigkeit (Q 9,57f), Gewaltlosigkeit (Q 6,27–30) und eschatologischer Naherwartung (Q 10,9), als realprophetisches Zeichen ihrer unmittelbaren Naherwartung der Königsherrschaft Gottes einsetzten:[22] „Sucht hingegen seine Königsherrschaft, und dies alles wird euch dazugegeben werden" (Q 12,30), heißt es im Bildwort von den Raben und Lilien. Damit führten die Q-Missionare den emblematischen Lebensstil Jesu weiter fort (s.u. *IV: Exkurs 1.4*; *Exkurs 3.1.2* und *Exkurs 4*).

... und Dorfschreiber

Itinerante Missionare, denen es nach Q 10,4 verboten war, auch die elementarsten Vorräte zu besitzen, konnten klarerweise keine Schriftrollen und Schreibutensilien mit sich führen. Obendrein waren diese Q-Missionare wohl – ebenso wie Jesus selbst – des Lesens und Schreibens unkundig.[23] So stellte J. Kloppenborg die These auf, dass galiläische κωμογραμματεῖς (*kōmogrammateis*), also Dorfschreiber, die Logienquelle in der ihnen geläufigen Amts- und Schriftsprache Griechisch abgefasst hätten.[24] Diese These wurde von W. Arnal[25] und G. Bazzana weitergeführt.[26] Griechisch war seit der

21 Kloppenborg Verbin, Excavating, 192. In diesem Sinne auch Gnilka, Theologie, 142: „... die Ungläubigen in Israel beschämen". So auch Tuckett, Q, 425f.: „... the existence of Gentile Christians seemed only to have been appealed to by Q as part of its continuing passionate plea to the Jewish people to respond positively to the Christian message. Any ‚missionary' activity in Q seems confined to Judaism." Dazu passt auch Röm 11,11, wo Paulus mit dem Vorbild der gläubigen Heiden Israel „eifersüchtig" machen will.

22 Vgl. Hoffmann, Studien, 312–334; Zeller, Redaktionsprozesse, 101–117; Tiwald, Brücke, 523–534; ders. Wanderradikalismus, 246–257; Schnelle, Theologie, 381f; Broer/Weidemann, Einleitung, 70. Zur ausführlichen Diskussion vgl. Tiwald, Logienquelle, 117–135.

23 Vgl. dazu Heil, Analphabet, 265–291.

24 Vgl. Kloppenborg, Convention, 100; ders., Gospel, 25. Zuletzt: ders., Parting, 137: „Those responsible for the framing of Q were likely low-level scribes – the sorts of agents who, in a setting where the vast majority of the population was illiterate, routinely served to mediate the relationship between the majority of the population and various levels of bureaucracy."

25 Arnal, Scribes, 159: „... the cultivation and composition of the Q traditions was undertaken by persons with the characteristics of the village scribes (κωμογραμματεύς), that is, by rural scribes who were moderately, but not spectacularly, educated."

26 Vgl. Bazzanas Monographie *Kingdom of Bureaucracy. The Political Theology of Village Scribes in the Sayings Gospel Q*, 2015, sowie: ders., Profile. Zu „bureaucratic terminology" in der Logienquelle vgl. ders., Scribes, 134 und 148; ders., Profile, passim.

Herrschaft der Ptolemäer in ganz Palästina die gängige Verwaltungssprache. Gerade Bazzana ist es gelungen, an etlichen Stellen der Logienquelle griechische Fachtermini der bürokratischen Verwaltungssprache ausfindig zu machen.[27]

Die größtenteils in den USA und in Kanada vertretene *Dorfschreiber-These* muss die Annahme von wanderradikalen Missionaren als Erstverkündiger nicht ausschließen. Aufgrund der unmittelbaren Naherwartung der Wiederkunft Jesu bestand in den ersten dreißig Jahren nach Jesu Tod offensichtlich noch kein Bedarf, die Jesustraditionen zu verschriftlichen. Hier wurden diese Traditionen von itineranten Wandermissionaren missionarisch weiterverbreitet. Erst mit dem beginnenden Wegsterben der ersten Generation (vgl. 1Thess 4,13–18) und den immer stärker werdenden Spannungen im Vorfeld des Jüdischen Krieges (der dann 66 n. Chr. ausbrach), ist mit dem Wunsch nach Verschriftlichung der Botschaft Jesu zu rechnen. Dies erfolgte dann durch Dorfschreiber, wahrscheinlich gleich in griechischer Sprache, sodass nicht mit einer schriftlich niedergelegten Vorstufe der Logienquelle in aramäischer Sprache zu rechnen ist.[28]

2.3 Das in Q bewahrte Erbe

2.3.1 Die Logienquelle als Zeugnis alter Jesustraditionen

Gerade die *Mark-Q Overlaps*,[29] also jene Passagen, die Q und Mk parallel, doch unabhängig voneinander, überliefert haben, belegen, dass gewisse Traditionszyklen schon bald als geprägte Erzähleinheiten mündlich kursierten. „Bezüglich des Verhältnisses von Mk und Q zeigt sich, daß sie unabhängig voneinander auf einen bereits bestehenden Komplex aus mündlicher Überlieferung zurückgegriffen haben ...“[30] Die orale Performanz erlaubte eine noch heute sichtbare *individuelle Auswortung* im MkEv und in Q – bei einer doch staunenswerten *inhaltlichen Korrespondenz*.[31] Das belegt eine gewisse *Perseveranz und Tenazität* alter Jesusüberlieferungen.[32]

---

27 Zu „bureaucratic terminology“ in der Logienquelle vgl. Bazzana, Scribes, 134 und 148; ders., Profile, passim.

28 Zur kritischen Auseinandersetzung mit den Ansätzen von Casey, Approach, der mit dem Versuch einer Rückübersetzung ins Aramäische eine literarisch verfasste aramäische Vorstufe für Q veranschlagen will, vgl. Tuckett, Sayings, 290–305. So auch pointiert Schnelle, Einleitung, 252: „... die Probleme exakter Rückübersetzungen sprechen eher für eine ursprünglich in griechischer Sprache abgefasste Logienquelle, was aber eine Vorgeschichte einzelner Logien in Aramäisch nicht ausschließt.“

29 Vgl. die detaillierte Auflistung der „overlap texts“ bei Ebner, Q, 103.

30 Schröter, Erinnerung, 236 (im Original teilweise kursiv). Ebd.: „Die Versuche, eine literarische Abhängigkeit des Mk von Q zu erweisen, müssen an einer Analyse des Mk-Textes scheitern, die vielmehr aufweist, daß dieser die Logien selbständig aufgenommen und seiner Intention entsprechend redigiert hat.“ Siehe dazu auch die detaillierte Einzelanalyse bei Tuckett, Sayings, 23–50 („Mark and Q represent independen versions of common traditions“, a.a.O. 50). Gegen Fleddermann, Q, 183, der eine literarische Abhängigkeit des Mk von Q vermutet („Mark knew and used Q“).

31 Vgl. Hoffmann, Mutmaßungen, 259.

32 Vgl. Tuckett, Sayings, 76, der Q als „a distinctive stream, or ‚trajectory‘, within early Christianity“ bezeichnet.

Aber auch zum *vierten Evangelium* weist die Logienquelle Berührungspunkte auf, wie von der Forschung wiederholt konstatiert wurde.[33] Zuletzt hat M. Theobald festgestellt: „Das johanneische Christentum wurzelt sehr wahrscheinlich in der Aktivität von Wandermissionaren", es „gibt ... Affinitäten zum Wandercharismatikertum der Logienquelle ..."[34] Weitere Berührungspunkte zwischen Q und JohEv sieht Theobald in der mündlichen Überlieferung von Herrenworten: Ähnlich wie die Logienquelle bietet auch das JohEv eine Sequenzierung der Spruchüberlieferung (Kernworte werden mit Kommentarworten und Redeeinleitungen versehen und wachsen zu thematischen Kränzen zusammen).[35] Dabei gilt: „Weder der Vierte Evangelist noch auch die von ihm verarbeitete ‚Zeichenquelle' fußt unmittelbar auf dem Spruchevangelium [sc. Q]."[36] Allerdings sind es ähnliche, mündlich überlieferte, aus Palästina oder dem syrischen Raum stammende Jesustraditionen, die in der Logienquelle und im JohEv gleicherweise – doch unterschiedlich ausgestaltet – Eingang gefunden haben. Ähnlich wie die *Mark-Q Overlaps* gibt es also die *John-Q Overlaps* (wenn diese Wortprägung erlaubt ist).[37] Darüber hinaus fällt auch auf, dass im JohEv „eine *sühnechristologische Deutung* des Todes Jesu (wenn überhaupt) nur am Rande begegnet bzw. erst nachträglich eingezeichnet wurde"[38] – auch das kann als Parallele zur Logienquelle dienen.

In manchen Punkten kann sogar gezeigt werden, dass auch *Paulus* über ähnliche Theologumena verfügte wie die Logienquelle, etwa beim gewaltsamen Prophetengeschick aus 1Thess 2,15f[39] oder beim Eifersüchtig-Machen Israels durch den Glauben der Heiden in Röm 11,11.[40]

Weiters können Berührungspunkte zwischen der *Didache* und der Logienquelle ausfindig gemacht werden. Auch in der Didache begegnen Wandercharismatiker, wie Did

---

33 Tuckett, Gospel, 289, nimmt an: „[The] FG [sc. Fourth gospel] certainly seems to share a significant, and distinctive, christological trajectory with Q, even if FG may be further ‚advanced' along it." Auch Broadhead, Gospel, 301, konstatiert: „FG [sc. Fourth Gospel] and Q certainly root in the same pool of primitive Christian traditions." Vgl. dazu auch die intertextuellen Beobachtungen von Zimmermann, Johannesevangelium, 497–514.

34 Theobald, Johannes, 96. Vgl. ebenso Theobald, Q, 491: „Logienquelle und Johannesevangelium bzw. der Trägerkreis eines wichtigen Segments johanneischer Wortüberlieferung wurzeln in einem vergleichbaren Milieu, dem der Wandermissionare des syrisch-palästinischen Grenzgebiets" (Original kursiv). Diese Ähnlichkeiten werden auch beleuchtet bei Tiwald, Freedom, 125f.

35 Vgl. Theobald, Herrenworte, 555f.

36 Theobald, Q, 474 (Original teilweise kursiv).

37 Eine entsprechende Liste solcher Überschneidungen bietet Theobald, Q, 494f.

38 Theobald, Johannes, 65.

39 Vgl. dazu Konradt, Gericht, 81: „Die Affinität zwischen 1Thess 2,15f und Mt 23,29,36 ist jedenfalls frappierend und würde sich ... gut erklären, wenn in Q und 1Thess 2,15f jeweils ein im frühen Christentum verbreiteter Traditionszusammenhang rezipiert wurde." Zur Frage synoptischer Traditionen in 1Thess vgl. Tuckett, Sayings, 316–339. Zur Frage von Jesustraditionen bei Paulus vgl. Tuckett, Sayings, 340–356, und Jacobi, Jesusüberlieferung, passim.

40 Vgl. Theißen, Lokalkolorit, 235. So auch Tuckett, Q, 425f.: „... the existence of Gentile Christians seemed only to have been appealed to by Q as part of its continuing passionate plea to the Jewish people to respond positively to the Christian message. Any ‚missionary' activity in Q seems confined to Judaism." So auch die Vermutung von Kloppenborg Verbin, Excavating, 192, dass die Erwähnung von Heiden als Vorbilder in der Logienquelle zur Beschämung Israels dient („The rhetorical strategy at work is shaming"). In diesem Sinne auch Gnilka, Theologie, 142, in Bezug auf die Logienquelle: „... die Ungläubigen in Israel beschämen".

11,3–8 erkennen lässt.[41] Hinter dem in Did 8,2; 11,3; 15,3f genannten „Evangelium" als der „*regula Christi*", sind besonders die „überlieferten *Worte des Kyrios*" von Bedeutung und nicht das Kerygma von Tod und Auferstehung Jesu.[42] Die Parallelen zur Wortüberlieferung der Logienquelle (etwa der Aussendungsrede Q 10) scheint hier evident und ebenso das – im Unterschied zur Theologie des Paulus – nicht im Vordergrund stehende Kerygma von Tod und Auferstehung. Vielleicht kann man sogar das Evangelienmaterial der Didache auf eine „Logiensammlung vom Typus der synoptischen Logienquelle"[43] zurückführen.

Weitere Parallelen können im *Thomasevangelium* gefunden werden.[44] Das ThEv wurde zu Beginn des 2. Jh. verfasst und vertritt eine Frühform der späteren Gnosis. Bezüglich einer möglichen Abhängigkeit des ThEv von den Synoptikern wird man Logion für Logion gesondert analysieren müssen: Etwa die Hälfte der Logien besitzen keine direkte Parallele im NT, was auf eigene Überlieferungsstränge rückschließen lässt. In der mit der synoptischen Tradition parallel laufenden Überlieferung lassen sich bisweilen synoptische Beeinflussungen nachweisen, was sowohl aus der Kenntnis schriftlich verfasster Evangelien, aber auch aus dem Phänomen der *secondary orality*, also einer zur *schriftlichen* Überlieferung parallel weiterlaufenden *mündlichen* Tradition, erklärt werden kann (s.o. *I.1.2.4*). In jedem Fall ermöglicht uns die Existenz des ThEv einen Einblick, welche überlieferungsgeschichtlich verschlungenen und konzeptionell pluriformen Wege die frühe Jesustradition nehmen konnte. Auch wenn die Abhängigkeitsfrage des ThEv von den Synoptikern in jedem einzelnen Logion gesondert geprüft werden muss, so belegt der Text doch, dass „Spruchsammlungen" nach Art der Logienquelle im frühen Christentum kursierten.

Summa Summarum: Spuren von jesuanischer Spruchüberlieferung finden wir neben der Logienquelle auch noch im MkEv, dem JohEv, der Didache und im ThEv – alles Traditionen, die im syrischen Raum ihren Ursprung hatten.[45]

2.3.2 Das Erbe der Logienquelle

Das MkEv wurde auch nach seiner Benutzung durch Mt und Lk als eigenständiger Text weitertradiert und nicht – wie die Logienquelle – durch die beiden Großevangelien abgelöst. Das könnte zum Schluss führen, dass der Wert der Logienquelle gegenüber dem MkEv geringer einzustufen sei.[46] Wie auch immer das moderne Urteil der Exegeten zu Q ausfallen mag – interessant ist in unserem Fall, ob Mt und Lk ihre beiden Hauptquellen MkEv und Q in gleicher Weise wertschätzten:

---

41 Vgl. dazu Niederwimmer, Entwicklungsgeschichte, 70–87.

42 So Niederwimmer, Didache, 75f.

43 So Niederwimmer, Didache, 77, der dies allerdings nur als Hypothese zur Diskussion stellt.

44 Zu historischer und theologischer Verortung des ThEv vgl. Klauck, Evangelien, 142–162; Schröter, Erinnerung, 136–143; Tuckett, Sayings, 359–420; Tiwald, Wanderradikalismus, 289–296.

45 Für eine Entstehung des MkEv im syrischen Raum gibt es m. E. überzeugende Gründe. Für die Entstehung des JohEv im syrischen Raum hat Theobald, Johannes, 94–98, überzeugende Argumente beigesteuert.

46 Vgl. dazu die Problemanzeige bei Tiwald, Logienquelle, 182–184.

Für den *hinter dem MtEv stehenden Evangelisten* hat M. Konradt darauf hingewiesen, „dass Matthäus als markuskritisch, wenn nicht als antimarkinisch zu klassifizieren ist. Er ... wollte das Mk verdrängen, weil er es für ungeeignet hielt, um in seinen Gemeinden benutzt zu werden. ... Theologisch steht Matthäus Q näher als dem Mk."[47] Gerade *in puncto* Tora steht dabei die ungebrochene und volle Gesetzesobservanz – auch in Fragen der Kult- und Reinheitstora – den bedeutendsten Divergenzpunkt zwischen Mt und Mk dar: Genauso wie die Logienquelle (s.u. *III: Q 11,14–52; 16,17f*) hält nämlich auch das MtEv an der Gültigkeit der ganze Tora – inklusive der Kult- und Reinheitstora – weiterhin fest. Im Unterschied zu Q betreibt die Mt-Gemeinde mittlerweile auch beschneidungsfreie Heidenmission, doch bleibt gemäß den Beschlüssen des Apostelkonzils die Befolgung der Kaschrut für die Judenchristen der Mt-Gemeinde verpflichtend (wenn auch als dem Liebesgebot nachgeordnete „kleinere Gesetze").[48] Eine ähnliche Beobachtung wird von J. Schröter gemacht, der unterstreicht, „daß die konkrete Rezeption der Regelungen des νόμος im Horizont einer Tradition erfolgt, in welcher jüdische Reinheitsvorstellungen eine Rolle spielen und die sich diesbezüglich von der markinischen Aufnahme unterscheidet. Die konsequente Fortsetzung dieser Ansätze der Q-Überlieferung findet sich dagegen bei Matthäus, dessen Entwurf sich an vielen Stellen konzeptionell eher als Deutung der Mk-Erzählung im Lichte von Q verstehen lässt als umgekehrt."[49] Wenn man annehmen möchte, dass die Mt-Gemeinde – die wohl im syrischen Raum lag[50] – „von den wandernden Boten und Propheten des Menschensohns der palästinischen Logienquelle gegründet worden ist und weiterhin in engem Kontakt mit ihnen steht",[51] dann wird diese Verbindung noch deutlicher. Die Mt-Gemeinde wurde somit – eventuell nach Abwanderung der Q-Gemeinde aus Galiläa im Zuge des Jüdischen Krieges (s.u. *III: Q 10,13–15*) – zum theologischen Nachlassverwalter des Erbes von Q.[52]

Für den *hinter dem LkEv stehenden Evangelisten* sieht der Sachverhalt gerade umgekehrt aus: Während Mt die Heidenmission ins Judenchristentum „einkreuzt", bemüht sich Lk,

---

47 Konradt, Matthäus, 21. Anders allerdings der Ansatz von Doole, Mark, passim. Vgl. dazu jedoch die einschlägige Replik von Konradt, Gegenentwurf, 43–68 (besonders 47).

48 Zur Gesetzesthematik in der Logienquelle vgl. Tiwald, Logienquelle, 94–116. Zur Frage der Gesetzesthematik im MtEv vgl. Strotmann/Tiwald, Matthäusevangelium, 104f; Konradt, Matthäus, 15–17.21.

49 Schröter, Gesetzesverständnis, 457. Etwas zurückhaltender urteilt hier Hölscher, Matthäus, 363: „Die Debatte um die Mk- oder Q-Loyalität des Mt zeigt eines mehr als anschaulich: So wie man heute beide Aspekte im MtEv lesen kann, so konnten auch die Adressatinnen und Adressaten beides im Text wiederfinden."

50 Vgl. Konradt, Matthäus, 23: „... eher der Süden Syriens, z.B. eine Stadt wie Damaskus"; Luz, Matthäus I, 103, geht mit seiner Verortung weiter nach Norden: „eine größere syrische Stadt"; „Antiochien nicht die schlechteste Hypothese".

51 So Luz, Matthäus I, 90 (Original kursiv). Ähnlich Ebner, Q, 102 („ein Strang der Q-Trägerschaft ... in der vor-mt Gemeinde ..., deren Gründungsmissionare sie vielleicht sogar gewesen sind").

52 Da wir nach dem Jüdischen Krieg keine Spuren von judenchristlichen Gemeinden in Galiläa mehr haben, ist solch eine Abwanderung als wahrscheinlich anzunehmen (vgl. dazu Tiwald, Logienquelle, 87f). Eine Abwanderung in die von Q-Missionaren gegründete Tochtergemeinde hat dann die höchste Plausibilität (vgl. Luz, Matthäus I, 90). Somit wäre die Logienquelle keiner „*damnatio memoriae*" (so Scherer, Königsvolk, 546) anheimgefallen, sondern einer konstruktiven Weiterentwicklung!

den Heidenchristen die Unaufgebbarkeit der jüdischen Wurzeln zu verdeutlichen. Um es mit Ch. Heil zu sagen: Lk scheint „sein Werk in den Kontext der klassischen jüdischen ‚Tradition' stellen zu wollen", wobei er „in jüdischer Szenerie die Situation der heidnischen Kirche" darstellt.[53] Die Übernahme von Q wird für ihn zu einer Legitimierung aus den Quellen des Anfangs. Er versucht knapp vor der ersten Jahrhundertwende der Gefahr eines solchen Heidenchristentums zu wehren, das die eigenen jüdischen Wurzeln abstoßen möchte – Tendenzen, wie wir sie kurz darauf mit Markion auf dem „Radarschirm" der Geschichtsschreibung erfasst haben. Die Übernahme der Logienquelle wird für Lk zum Garanten der unaufgebbaren jüdischen Wurzeln des Christentums.

3. Umfang und Gliederung der Logienquelle

„Bei Lukas ist das Q-Material blockweise in den Markusrahmen eingefügt."[54] Folgt man der lk Akoluthie bei der Rekonstruktion der Logienquelle, so entsteht ein verblüffend gut gegliedertes Textstück vor unseren Augen, das einen eingängigen narrativen Duktus aufweist. Die Logienquelle war damit nicht nur ein Sammelsurium bunt zusammengewürfelter Jesusworte, sondern folgt einem narrativen Plot (s.u. *II.3.4*), in dem der mündliche Vortragsstil als lebendige Präsentation der „Botschaft vom Menschensohn" noch gut erspürbar ist. Die hier vorgeschlagene Akoluthie stützt sich auf den geringfügig überarbeiteten Grundaufbau der CEQ, die Gliederung folgt dem Schema von Hoffmann/Heil,[55] das jedoch stellenweise modifiziert und mit narratologischen Überlegungen weitergeführt wurde. Einige kleinere Änderungen wurden auch in der Akoluthie vorgenommen (s.u. *II.3.1.2*).

3.1 Abweichungen von der lk Akoluthie

3.1.1 Die Gliederung der CEQ

Die CEQ bietet an einigen wenigen Stellen Abweichungen von der lk Akoluthie, „in cases where it became clear that the Matthean rather than the Lukan order is that of Q ..."[56] Dies sind folgende Passagen:

Q 4,5–8: Die zweite und dritte Versuchungsgeschichte werden in der mt Abfolge rekonstruiert.

Q 6,27–36 (Feindesliebe, Gewaltlosigkeit, Goldene Regel, Barmherzigkeit) wurde teilweise die lk und teilweise die mt Abfolge zugrunde gelegt, da beide Evangelisten in diesem Abschnitt von starken redaktionellen Interessen geleitet waren (bei Mt die Formulierung der Antithesen, bei Lk die Ausgestaltung der Thematik Feindesliebe).

Q 11,16: Die Forderung eines Zeichens wird vor Q 11,29f (Zeichen des Jona) gestellt – der mt Abfolge Rechnung tragend.

---

53 Heil, Lukas, 364 und 366.

54 Hoffmann/Heil, Spruchquelle, 116.

55 Hoffmann/Heil, Spruchquelle, 14. Die Einzelanalysen mit den Voten der Herausgeber der CEQ finden sich bei Hoffmann, Anmerkungen, 116–144.

56 So Robinson in der CEQ, lxxxix. Vgl. dazu die Diskussion im Detail bei Robinson, Sequence, 227–232, und bei Hoffmann, Anmerkungen, 116–144.

Q 11,39-52: Die Weherufe gegen Pharisäer und Gesetzeslehrer und das Urteil der Weisheit über „diese Generation" wurden etwas umgruppiert und in einer Abfolge wiedergegeben, die sich bisweilen an Mt und bisweilen an Lk orientiert, da beide Evangelisten in dieser Passage stark redaktionell eingegriffen haben.

Q 12,33f (Vorräte im Himmel) wird in der CEQ der mt Abfolge gemäß vor Q 12,22b-31 (Sorgt euch nicht!) gesetzt – in diesem Fall ist vorliegender Kommentar trotzdem bei der lk Akoluthie verblieben (Begründung s.u. *III: Q 12,22b-34*).

In *Q 13,28f* werden V 28 und 29 zugunsten der mt Abfolge vertauscht (Weinen und Zähneknirschen erst nach der Ankündigung der von Osten und Westen Kommenden).

Q 15,4.5a.7 (Das verlorene Schaf) wird der mt Anordnung folgend nach Wehe den Verführern (Q 17,1f) positioniert.

Q 17,33 (Sein Leben finden oder verlieren) passt nach der mt Akoluthie gut nach Q 14,26f (Familie hassen und Kreuzesnachfolge).

Q 17,37 (Aas und Geier) passt – ebenfalls Mt folgend – perfekt nach Q 17,23f (Der Menschensohn kommt wie ein Blitz).

3.1.2 Abweichungen von der CEQ-Akoluthie

Vorliegender Band hat die Gliederung der CEQ grundsätzlich übernommen, weicht allerdings in einigen Punkten davon ab (zu Q 12,33f s. o.). So z.B. im Fall der dornigen Frage, wo Q 16 zu verorten ist. Denn bei der Zuordnung des in Q 16,16–18 enthaltenen Materials folgen *sowohl Mt als auch Lk* starken theologisch-redaktionellen Interessen, wodurch die Verortung der Texteinheit schwierig wird. Nach Abwägung aller *redaktioneller Interessen*[57] – die offensichtlich nicht alleine zu einer eindeutigen Entscheidung führen können – soll hier der mt Abfolge der Vorzug gegeben werden, da auch nach *narrativ-textpragmatischen Kriterien* die Logienquelle den Täufer nach dem ersten Erzählkranz (Q 3,2b–7,35; 16,16) nicht mehr erwähnt. Eine abermalige Thematisierung des Täufers gegen Ende der Logienquelle würde dem narrativen Duktus von Q zuwiderlaufen. Für die einzelnen Verse von Q 16 heißt das:

Q 16,16: Die Herausgeber der CEQ haben in einer sehr knappen Abstimmung dafür plädiert, den sogenannten „Stürmerspruch" in der lk Position zu belassen und gegen die mt

57 Eine sehr ausführliche Darstellung redaktioneller Interessen bei der Positionierung von Q 16,16 sowohl bei Mt wie auch bei Lk bietet Hölscher, Matthäus, 150–153, der – anders als dieser Kommentar – der lk Position in der Q-Rekonstruktion den Vorzug gibt: „Starke Spuren mt Redaktion lassen die Positionierung des Logions in Q 7 unwahrscheinlich werden, weniger starke Spuren für lk Redaktion erlauben es, das Logion im Kontext von Q 16 zu verorten" (ebd. 153). Anders aber Schröter, Gesetzesverständnis, 446: „Es kann somit als äußerst unwahrscheinlich bezeichnet werden, daß Lukas in 16,16–18 auf eine bereits vor ihm zusammengestellte Logiengruppe zurückgegriffen hat. Vielmehr ist die Komposition in der beschriebenen Weise auf die für ihn spezifische Verarbeitung der Gesetzesthematik zurückzuführen." Für die mt Akoluthie optiert auch Heil, Lukas, 123: „... bei Matthäus erscheint Q 16,16 als Erklärung von Q 7,28, und diese Abfolge kann als die ursprünglich in Q vorhandene angesehen werden. Die beiden sich offenbar widersprechenden Hälften von Q 7,28 ... werden nämlich durch Q 16,16 interpretiert ..." Ebenso auch Hoffmann, Anmerkungen, 139. Zu einer ausführlicheren Diskussion vgl. Tiwald, Gültigkeit, 347–363.

Anordnung nach Q 7,24–28 optiert.[58] Den oben genannten Kriterien Rechnung tragend, soll Q 16,16 in diesem Kommentar allerdings nach der mt Akoluthie verortet werden.

Q 16,17: Auch hier bleibt die Position schwer zu bestimmen, da sowohl Mt 5,18 das Wort in den Antithesen eindeutigen redaktionellen Interessen unterwirft,[59] aber auch Lk 16,17 im Kontext kompositioneller Tätigkeit zu lesen ist.[60] Vielleicht hat das Wort schon in Q im Kontext der Pharisäer- und Schriftgelehrtenpolemik gestanden, also bei Q 11,39–52, der mt Akoluthie entsprechend (nach Q 11,33/Mt 5,15 und vor Q 12,58/ Mt 5,25). Von dort hätte Mt das Wort gut als Introitus zu seinen Antithesen (Mt 5,18) und der damit verbundenen Schelte gegen Schriftgelehrte und Pharisäer („Wenn eure Gerechtigkeit nicht weit größer ist als die der Schriftgelehrten und der Pharisäer…", Mt 5,20) ausbauen können. Lk hingegen hat die Gesetzeserfüllung mit der Thematik nach dem rechten Umgang mit Besitz verbunden; es wird deutlich, dass für Lk „der Umgang mit dem Besitz als Haltung gegenüber dem νόμος interpretiert wird, an dem sich zu orientieren unmittelbare Relevanz für die Beurteilung im Endgericht besitzt."[61] Den Anstoß für diese Idee könnte er in der Logienquelle gefunden haben, wenn das Wort Q 16,17 tatsächlich den Auftakt für die Weherufe gegen Pharisäer und ihre Habgier (Q 11,39b: „Raub und Gier") dargestellt hat.

Q 16,18 könnte dann gleich an 16,17 angeschlossen haben. „Plausibel ist eine ursprüngliche Zusammengehörigkeit der Verse 17 und 18, da auch Matthäus die beiden Sprüche in Mt 5,18 und 5,32 in unmittelbarer Nachbarschaft überliefert."[62]

Q 16,13 verbleibt allerdings in der lk Akoluthie, wo es gut in den narrativen Duktus der Logienquelle passt.

3.2 Textumfang

Der hier gebotene Textumfang orientiert sich zumeist an der CEQ.[63] Von dieser wiederum wurde „ein insgesamt eher ‚konservativer' Q-Text hergestellt, der frei ist von extravaganten Spekulationen."[64] Das bedeutet, dass in der Regel nur Übereinstim-

58 Vgl. Robinson, Sequence, 230 („very close vote"), der aber gewisse Sympathien für die mt Akolutie durchschimmern lässt.

59 Vgl. Schröter, Gesetzesverständnis, 449: „Die beiden anderen Logien (Lk 16,17/Mt 5,18; Lk 16,18/ Mt 5,32) sind dagegen auch bei Matthäus in Kompositionen eingebunden, die als redaktionell zu beurteilen sind. Über ihren Ort in Q kann darum keine Aussage mehr getroffen werden."

60 Vgl. Marguerat, Règne, 125f.: „Pourquoi Luc a-t-il inséré notre séquence dans un chapitre 16 consacré … à la thématique de l'argent? … Aux yeux de l'évangéliste, une juste gestion de l'argent fait partie des priorités réclamées par la Loi." Ebenso Melzer-Keller, Jesus, 316: „Wahrscheinlich zeichnet Lukas selbst maßgeblich für die Zusammenstellung der Verse 14 bis 18 verantwortlich." Vgl. auch Fleddermann, Mark, 202: „Luke 16,17 is the middle saying of a group of three sayings on the Law (Luke 16,16–18) which were originally independent of each other and also independent of the material that precedes and follows them in Luke's gospel."

61 Schröter, Gesetzesverständnis, 446. Vgl. dazu auch Tiwald, Gültigkeit, 349f, und Hoffmann, Recht, 95: „… einen Spruch der Logienquelle, der in Lk 16,18 in isolierter Gestalt überliefert und sekundär mit weiteren Sprüchen verbunden ist [sc. Lk 16,17], in Mt 5,32 aber innerhalb der Antithesen der Bergpredigt deren antithetischer Form eingepaßt ist."

62 Melzer-Keller, Jesus, 316; Tiwald, Gültigkeit, 349f.

63 Zum Textumfang der CEQ vgl. die Diskussion bei Hoffmann, Anmerkungen, 116–144.

64 Heil, Rekonstruktion, 137.

mungen zwischen Mt und Lk über den Mk-Text hinaus als Text der Logienquelle veranschlagt wurden. Nur an zwei Stellen wurde ein Q-Text reklamiert, der keine *traditio duplex* vorzuweisen hat: *Feuer auf die Erde (Q 12,49)* und *Die verlorene Drachme (Q 15,8–10)* verbleiben ohne mt Parallele.[65] Das Wort vom Feuer könnte tatsächlich gut im Kontext von Q 12,51.53 (Nicht Frieden, sondern das Schwert) gestanden haben. Ähnliches gilt für die *Verlorene Drachme*, die auch keine Parallele bei Mt hat, doch auch für Q gut nach dem Gleichnis vom Verlorenen Schaf passen könnte.

Die beiden Texte werden in diesem Kommentar – dem Votum der CEQ folgend – für Q reklamiert. In beiden Fällen handelt es sich um Geringfügigkeiten; streicht man die beiden Perikopen aus der Logienquelle, so erleidet der Erzählduktus von Q keine Einbußen. Wichtig scheint dem Autor weniger die Detailfrage, ob diese Perikopen zu Q gehörten oder nicht, sondern dass – dem narrativen Ansatz folgend – der Erzählfluss von Q mit oder ohne diese Rekonstruktion intakt bleibt.

Abweichend von der CEQ wurde die *Perikope: Die Unterscheidung des Kairos (Q 12,54–56)* nicht für die Logienquelle reklamiert: Aufgrund der textkritisch unsicheren Lage betreffs Mt 16,2aβ-3 spricht eine gewisse Wahrscheinlichkeit dafür, dass dieser Text nicht im MtEv und somit wohl auch nicht in Q gestanden hat.[66] Die Herausgeber der CEQ haben den Text auch nur mit einer Möglichkeit von {C} für die Logienquelle veranschlagt.[67]

Ebenfalls abweichend von der CEQ wurde auch die *Perikope: Die Königsherrschaft Gottes ist mitten unter euch (Q 17,20f)* nicht für die Logienquelle reklamiert. Schon unter den Herausgebern der CEQ ist diese Stelle umstritten: P. Hoffmann urteilte mit der Wahrscheinlichkeit von {B} dagegen, während J. Robinson und J. Kloppenborg nur mit {C} dafür optierten.[68] Mit ausführlichen Begründungen haben sich Ch. Heil, H. Fleddermann und zuletzt G. Harb sehr überzeugend gegen eine Zugehörigkeit der Perikope zu Q ausgesprochen.[69]

3.3 Gliederung des Textes

Die hier vorgenommene Gliederung orientiert sich zunächst an dem Schema von Hoffmann/Heil,[70] das allerdings um Untergliederungen erweitert und in manchen

---

65 Vgl. dazu bei Hoffmann, Anmerkungen, 132 und 141.

66 Die Tatsache, dass א und B als die beiden besten Codices den Text Mt 16,2aβ-3 auslassen, deutet eher darauf hin, dass der Text ursprünglich nicht ins MtEv gehörte und damit auch nicht für Q reklamiert werden kann. So Luz, Matthäus II, 443; Konradt, Matthäus, 254; Fleddermann, Q, 650. Gründe, warum die Perikope trotzdem in Q gestanden haben könnte, nennt allerdings Müller, Wetterregeln, 171f.

67 Vgl. Hoffmann, Anmerkungen, 132.

68 Vgl. dazu Hoffmann, Anmerkungen, 141.

69 Heil, Lukas, 167: „Mit der Mehrheit der Exegeten ist anzunehmen, daß Lk 17,20f. eine lukanische Sondertradition ist ..." Fleddermann, Q, 811: „The Q discourse opened with a general saying that warned against listening to rumors (Q 17,23). Luke formulated three additional introductory verses, all redactional (Luke 17,20–22)." Siehe besonders die detaillierte Argumentation bei Harb, Rede, 69–78. Lk 17,20f findet zwei Parallelen in ThEv 3,3 und 113,1–2. Man wird aber mit Heil, Lukas, 167, dazu urteilen müssen: „Diese Parallelen sind jedoch am ehesten als gnostisierende Weiterentwicklungen der hinter Lk 17,20f. stehenden Traditionen zu sehen; auf eine Q-Vorlage deuten sie nicht."

70 Hoffmann/Heil, Spruchquelle, 14. Ähnliche Gliederungseinheiten finden sich auch bei Fleddermann, Q, X-XIII.

Punkten neu strukturiert wurde. Dafür wurden zunächst *sieben Erzählkränze* identifiziert, welche die große Grundstruktur von Q darstellen. Diese sieben Erzählkränze zerfallen wiederum in diverse *Erzähleinheiten*, die ihrerseits aus den einzelnen *Perikopen* zusammengesetzt sind.

Erzählkranz 1: Die beiden Hauptdarsteller: Johannes der Täufer und Jesus von Nazaret (Q 3,2b–7,35; 16,16)

Erzähleinheit 1: Die Botschaft des Johannes (Q 3,2b-17)

Das Auftreten des Johannes (Q 3,2b-3a)
Die Gerichtsankündigung des Johannes (Q 3,7–9)
Johannes und der nach ihm Kommende (Q 3,16b-17)

Erzähleinheit 2: Taufe und Bewährung Jesu (Q 3,21f; 4,1–13.16)

Die Taufe Jesu (Q 3,21f)
Die Versuchung Jesu in der Wüste (Q 4,1–13)
Nazara (Q 4,16)

Erzähleinheit 3: Jesu programmatische Rede (Q 6,20–49)

Seligpreisungen (Q 6,20f)
Feindesliebe (Q 6,22f)
Feindesliebe & Gewaltlosigkeit (Q 6,27f.35c-d.29f)
Goldene Regel & Barmherzigkeit (Q 6,31f.34.36)
Nicht richten (Q 6,37f)
Blinde Blindenführer (Q 6,39)
Schüler und Lehrer (Q 6,40)
Splitter und Balken (Q 6,41f)
Der Baum wird an seiner Frucht erkannt (Q 6,43–45)
Nicht nur Herr, Herr sagen (Q 6,46)
Auf Fels oder Sand gebaut (Q 6,47–49)

Erzähleinheit 4: Der Glaube des heidnischen Hauptmanns (Q 7,1.3.6b–10)

Erzähleinheit 5: Johannes und Jesus (Q 7,18–35 und 16,16)

Die Frage des Johannes (Q 7,18f.22f)
Johannes - mehr als ein Prophet (Q 7,24–28)
Stürmerspruch (Q 16,16)
Für und gegen Johannes (Q 7,29f)
Diese Generation und die Kinder der Weisheit (Q 7,31-35)

Erzählkranz 2: Die Verkündiger: Die Boten des Menschensohnes (Q 9,57–11,13)

Erzähleinheit 1: Radikale Nachfolge (Q 9,57–60)

Das Bildwort von den Füchsen und Vögeln (Q 9,57f)
Lass die Toten ihre Toten begraben! (Q 9,59f)

Erzähleinheit 2: Missionsinstruktion (Q 10,2–16)

Arbeiter für die Ernte (Q 10,2)
Wie Schafe unter Wölfen (Q 10,3)
Ausrüstungsregel: Mission in zeichenhafter Besitzlosigkeit (Q 10,4)
Hausmission und Stadtmission (Q 10,5–12)

Weherufe gegen galiläische Städte (Q 10,13–15)
Wer euch aufnimmt, nimmt mich auf (Q 10,16)

Erzähleinheit 3: Besondere Offenbarung des Sohnes (Q 10,21–24)

Weisen verborgen, Unmündigen enthüllt (Q 10,21)
Alles ist dem Sohn übergeben (Q 10,22)
Selig, die sehen, was ihr seht (Q 10,23f)

Erzähleinheit 4: Das Gebet der Jünger (Q 11,2b-4.9–13)

Das Vater-Gebet (Q 11,2b-4)
Bittet, und euch wird gegeben (Q 11,9–13)

Erzählkranz 3: Die Gegner: Dämonen und irdische Gegner (Q 11,14–52; 16,17f)

Erzähleinheit 1: Der Sieg Jesu über die Dämonen (Q 11,14–26)

Dämonenaustreibungen im Finger Gottes (Q 11,14f.17–20)
Der Stärkere, der den Starken beraubt (Q 11,21f)
Wer nicht mit mir ist (Q 11,23)
Die Rückkehr des unreinen Geistes (Q 11,24–26)

Erzähleinheit 2: Das Gericht über „diese Generation" (Q 11,16.29–32)

Das Zeichen des Jona (Q 11,16.29f)
Die Königin des Südens und die Männer von Ninive (Q 11,31f)

Erzähleinheit 3: Das Licht soll leuchten! (Q 11,33–35)

Die Lampe auf dem Leuchter (Q 11,33)
Das Licht in dir (Q 11,34f)

Erzähleinheit 4: Gegen Pharisäer und Schriftgelehrte (Q 16,17f; 11,39–52)

Kein Jota oder Häkchen des Gesetzes fällt (Q 16,17)
Verbot von Scheidung und Wiederheirat (Q 16,18)
Weherufe gegen Pharisäer (Q 11,39a.42.39b.41.43f)
Weherufe gegen Gesetzeslehrer (Q 11,46b.52.47f)
Das Urteil der Weisheit über „diese Generation" (Q 11,49–51)

Erzählkranz 4: Konsequenzen für die Gemeinde: Zuversicht trotz Bedrängnis (Q 12,2–13,21)

Erzähleinheit 1: Bekenntnis zu Jesus ohne Furcht (Q 12,2–12)

Verborgenes wird enthüllt (Q 12,2f)
Fürchtet nicht, die nur den Leib töten (Q 12,4f)
Mehr wert als Spatzen (Q 12,6f)
Das Bekenntnis zu Jesus und der endzeitliche Menschensohn (Q 12,8f)
Reden gegen den heiligen Geist (Q 12,10)
Rechtfertigung in den Synagogen (Q 12,11f)

Erzähleinheit 2: Sucht die Königsherrschaft Gottes! (Q 12,22b-34)

Sorgt euch nicht! (Q 12,22b-31)
Sammelt Vorräte im Himmel! (Q 12,33f)

Erzähleinheit 3: Das Kommen des Menschensohnes (Q 12,39–59)

Der Menschensohn kommt wie ein Dieb in der Nacht (Q 12,39f)
Der treue und der treulose Sklave (Q 12,42–46)
Feuer auf die Erde (Q 12,49)
Nicht Frieden, sondern das Schwert (Q 12,51.53)
Außergerichtliche Einigung (Q 12,58f)

Erzähleinheit 4: Gleichnisse zur Königsherrschaft Gottes (Q 13,18–21)

Das Gleichnis vom Senfkorn (Q 13,18f)
Das Gleichnis vom Sauerteig (Q 13,20f)

Erzählkranz 5: Konsequenzen für die Gegner: Gerichtsworte (Q 13,24–14,23)

A Eingelassen - Ausgesperrt (Q 13,24–29)
B Letzte werden Erste und Erste Letzte (Q 13,30)
C Gerichtswort über Jerusalem (Q 13,34f)
B Wer sich erhöht, wird erniedrigt, wer sich erniedrigt, wird erhöht (Q 14,11)
A Gastmahlsgleichnis (Q 14,16–18.21.23)

Erzählkranz 6: Anweisungen für den Endspurt: Durchhalten bis zur Parusie (Q 14,26–17,6)

Erzähleinheit 1: Kompromisslose Nachfolge (Q 14,26–17,2)

Familie hassen und Kreuzesnachfolge (Q 14,26f)
Sein Leben finden oder verlieren (Q 17,33)
Fades Salz (Q 14,34f)
Gott oder Mammon (Q 16,13)
Wehe den Verführern (Q 17,1f)

Erzähleinheit 2: Vergebung Gottes und untereinander (Q 15,4–10; 17,4)

Das verlorene Schaf (Q 15,4.5a.7)
Die verlorene Drachme (Q 15,8–10)
Siebenmal vergeben (Q 17,3f)

Erzähleinheit 3: Bäumeversetzender Glaube (Q 17,6)

Glaube wie ein Senfkorn (Q 17,6)

Erzählkranz 7: Finale – furioso ma fantastico: Das bevorstehende Ende (Q 17,23–22,30)

Erzähleinheit 1: Der Tag des Menschensohnes (Q 17,23–37; 19,12–26)

Der Menschensohn kommt wie ein Blitz (Q 17,23f)
Aas und Geier (Q 17,37)
Wie in den Tagen des Noach (Q 17,26f.30)
Mitgenommen oder zurückgelassen (Q 17,34f)
Das Gleichnis vom anvertrauten Geld (Q 19,12f.15–24.26)

Erzähleinheit 2: Schlussakkord – Die Stämme Israels richten (Q 22,28.30)

3.4 Der narrative Plot anhand der Gliederung

Eine Gliederung soll nicht nur den Aufbau des Textes übersichtlich erschließen, sondern die innere Logik einer Komposition verdeutlichen: In *sieben Erzählkränzen* werden die Themen der Logienquelle wohlkonzipiert vorgetragen und zu einem gemeinsamen Spannungsbogen verwoben. Dabei zerfallen die sieben Teile wiederum in diverse *Erzähleinheiten*, die ihrerseits aus den einzelnen *Perikopen* zusammengesetzt sind.

Die „Erzählung des Redens“ als ein Stück „narrativer Sinnbildung“[71] wird darin deutlich: Die ursprünglich einzelnen Logia sind bereits „mit einfachen literarischen Mitteln – wie etwa Stichwortverbindungen oder thematischen Assoziationen“[72] zu Themenkränzen formiert. Diese wiederum bilden eine narratologisch geschlossene Sammlung von Jesusworten mit einem durchgehenden Spannungsbogen. Es wird klar, „dass schon von der Q-Redaktion – anders als z.B. im Thomasevangelium – die Einzelsprüche bereits zu Redekompositionen mit deutlich erkennbaren thematischen Schwerpunkten zusammengestellt wurden.“[73]

3.4.1 Erzählkranz 1: Die beiden Hauptdarsteller: Johannes der Täufer und Jesus von Nazaret (Q 3,2b–7,35; 16,16)

Der *erste Erzählkranz* fokussiert auf die beiden Hauptdarsteller: Johannes der Täufer und Jesus aus Nazaret. Dabei darf es nicht verwundern, dass – nach der Theologie der Logienquelle – bereits mit Johannes der neue Äon beginnt (s.u. *III: Q 7,24-28*): Er, der nur mit Wasser tauft, kündigt den Stärkeren an, der nach ihm kommt und mit heiligem Geist und Feuer taufen wird (Q 3,16). Mit ihm als Boten des Kommenden (Q 7,27) hat der neue Äon schon begonnen. Johannes und Jesus werden in Q 7,35 als die beiden „Kinder der Weisheit“ vor Augen geführt – wie ein antithetisches Zwillingspaar (Bußfasten vs. Freude der *basileia*) rechtfertigen sie beide Gottes Weisheit: Der Abschlusssatz des gesamten ersten Teiles – „Und doch wurde die Weisheit von ihren Kindern gerechtfertigt“ (7,35) – schließt diesen ersten programmatischen Teil ab, indem er als *inclusio* noch einmal auf die beiden Hauptdarsteller einzoomt und ihre Botschaft als weisheitskonform ausweist.

Erzählkranz 1 ist tatsächlich der programmatische Anfang der Logienquelle. Hier wird in *Erzähleinheit 1: Die Botschaft des Johannes (Q 3,2b-17)* die Verkündigung des Täufers vorangestellt.

Dann rückt *Erzähleinheit 2: Taufe und Bewährung Jesu (Q 3,21f; 4,1-13.16)* den zweiten Protagonisten ins Bild: Jesus wird in seiner Beziehung zum Täufer vorgestellt, aber er überbietet den Täufer auch schon, indem er den Heiligen Geist empfängt (Q 3,21f). Mit seiner Rückkehr nach Nazaret (hier „Nazara“ genannt) löst sich Jesus vom Täufer und beginnt seine eigene Verkündigung, die in der nächsten Erzähleinheit prägnant zusammengefasst ist:

---

71 Labahn, Gekommene, 577.

72 Schröter, Entscheidung, 70.

73 Hoffmann, Anmerkungen, 117.

Erzähleinheit 3: Jesu programmatische Rede (Q 6,20–49)[74] stellt nun den zentriert angelegten Höhepunkt von Teil 1 dar (von den fünf Erzähleinheiten steht dieser Teil bewusst in der Mitte). Hier ist die Grundidee dessen geboren, was Mt später mit seiner Bergpredigt zum Zentraltext christlicher Ethik ausbauen wird. Abgeschlossen wird dieser Teil schlüssig mit der Frage „Was nennt ihr mich: Herr, Herr, und tut nicht, was ich sage?" (Q 6,46) und der Aufforderung, durch das Tun der Worte Jesu sein Haus auf Felsen und nicht auf Sand zu bauen (Q 6,47–49).

Erzähleinheit 4: Der Glaube des heidnischen Hauptmanns (Q 7,1–10) skandiert den vorgegebenen Rhythmus, an Jesu Worte zu glauben, nun weiter: Dessen exemplarischer Glaube erfüllt die Forderungen Jesu – und das sogar in Überbietung des Glaubens Israels: „Nicht einmal in Israel habe ich einen so großen Glauben gefunden" (Q 7,9). Obwohl die Q-Gemeinde noch keine Heidenmission praktizierte, steht der Hauptmann hier klug als Positivbeispiel. Erst nach Erwähnung dieses Positivbeispiels wird in der anschließenden Erzähleinheit auch ein Blick auf „diese Generation" als Negativbeispiel geworfen.

Mit *Erzähleinheit 5: Johannes und Jesus (Q 7,18–35 und 16,16)* schließt sich der Erzählbogen von Teil 1: Die beiden „Helden" treten noch einmal auf die Bühne und werden nun in ihrem wechselseitigen Beziehungsgefüge definiert: Johannes ist zwar der „Größte von Frauen Geborene", doch „der Kleinere (Jesus) ist in der Königsherrschaft Gottes größer als er" (Q 7,28). Diese Wertung der *Innenperspektive* (für die Gläubigen) wird durch die Außenperspektive (gegen diese ungläubige Generation) abgerundet: Johannes und Jesus sind beide – „im Tandem" sozusagen – „Kinder der Weisheit" (Q 7,35).

Für Teil 1 ergibt sich also ein stimmiger Erzählduktus anhand der Erzähleinheiten:[75]

A Johannes: Auftreten und Botschaft
 B Jesu Taufe und Geistempfang
  C Zentrum: Jesu programmatische Rede
 B' Der exemplarische Glaube des Hauptmanns
A' Johannes und Jesus:
 a) Jesus größer als Johannes *(Innenperspektive)*
 b) Kinder der Weisheit *(Außenperspektive)*

Negative Aspekte, also Unglaube, Verweigerung und Gericht – wie sie ansonsten für Q nicht untypisch sind – treten in Teil 1 nur subkutan auf, etwa: „Was nennt ihr mich: Herr, Herr, und tut nicht, was ich sage?" (Q 6,46) oder der Vergleich von „dieser Generation" mit launischen Kindern (Q 7,31–35). Der gläubige Hauptmann stellt erzählpragmatisch ein Positivbild vor Augen, das den Glauben Israels nicht abwertet sondern überbietet: „... nicht einmal in Israel habe ich einen so großen Glauben gefunden." In diesem ersten Erzählkranz dominieren also noch ganz die positiven Aspekte.

---

74 Zur Herkunft der Bezeichnung „programmatische Rede" vgl. die Übersicht bei Kosch, Tora, 216.

75 Die konzentrische Struktur rings um die „Programmatische Rede Jesu" ist bereits häufiger beobachtet worden, so etwa bei Fleddermann, Q, 112f und 209, sowie Scherer, Königsvolk, 77. Die hier vorgegebene Konzentrik wird Mt später im Aufbau seiner „Bergpredigt" übernehmen und weiter ausbauen (zum konzentrischen Aufbau der Bergpredigt vgl. Luz, Matthäus I, 254).

Teil 1 ist ein fulminanter Einstieg: Mit großem Strich wird das Gesamtbild der Anfänge bei Johannes, der Überbietung durch Jesus und beider kraftvolle Botschaft skizziert. Mit J. Robinson könnte man sagen:[76]

> Already it has become clear that the first major segment of Q (Q 3,2–7,35) was composed intentionally in a meaningful sequence. It is not the result of some haphazard collecting of sayings, but rather of conscious and careful editorial composition, designed to argue convincingly that John's predication of ὁ ἐρχόμενος (Q 3,16) is fulfilled by Jesus (Q 7,19).

3.4.2 Erzählkranz 2: Die Verkündiger: Die Boten des Menschensohnes (Q 9,57–11,13)

Nach dem programmatischen ersten Teil folgt der *zweite Erzählkranz*, der nun auf die Verkündiger Jesu fokussiert. Der Aufbau ist logisch: Nach der Botschaft folgt die Frage: Und wie verkündigen wir das heute? Hier rückt der Fokus von der Vergangenheit des Johannes und Jesus auf die unmittelbare Gegenwart der Verkündiger.

Interessant ist dabei, dass hier noch nicht die Konsequenzen für die *sesshafte* Q-Gemeinde angeführt werden (das erfolgt erst in Erzählkranz 4), sondern zunächst eine Instruktion für die „Arbeiter der Ernte" (Q 10,2), also die Wandermissionare, erfolgt. Im gesamten Teil 2 rücken sesshafte Q-Anhänger noch nicht in den Blick. Selbst das *Vater-Gebet* ist mit seiner Brotbitte dem Motivhorizont unsicherer Wanderexistenz verpflichtet. Das verdeutlicht die Verteilung der Gewichte in der Logienquelle: Die Naherwartung ist noch immer ungebrochen und so massiv, dass nun „alle Kräfte an die Front" der Verkündigung „geworfen" werden (vgl. das Verb ἐκβάλλω in Q 10,2), um im eschatologischen Endkampf den Sieg davonzutragen.

Daher startet dieser Teil auch mit *Erzähleinheit 1: Radikale Nachfolge (Q 9,57–60)* als klangvoller Introitus zur Kompromisslosigkeit und Zeichenhaftigkeit der Q-Boten: Die Heimatlosigkeit der Q-Missionare (*Bildwort von den Füchsen und Vögeln*) wird durch die Kontextuierung gedeutet als neue Beheimatung in der *familia Dei*: Nicht mehr der irdische Vater (*Lass die Toten ihre Toten begraben!* Q 9,60; vgl. Q 14,26), sondern Gott als Vater (vgl. Q 10,21; 11,2.13) steht nun im Mittelpunkt.

Nach dem Introitus kommt die *Erzähleinheit 2: Missionsinstruktion (Q 10,2–16)* gleich zur Sache: Die Dringlichkeit, *Arbeiter für die Ernte* zu senden, verdeutlicht die eschatologische Naherwartung – aber auch schon die beginnenden Ermüdungstendenzen aufgrund der sich verzögernden Parusie! Trotzdem ist die Zuversicht weiterhin ungebrochen, selbst *Wie Schafe unter Wölfen* reüssieren zu können. Dabei wird die Gewaltlosigkeit (neben dem Bild von Schafen im Verbot des Stockes verdeutlicht) zum Zeichen des eschatologischen Friedens, den die Missionare bei Betreten eines Hauses wünschen. Die *Ausrüstungsregel* führt die emblematische Zeichenhaftigkeit der Missionare weiter fort: Ohne Besitz und Macht – einfach auf Gott und sein anbrechendes Reich vertrauend – werden die Boten zum Realsymbol der bevorstehenden Königsherrschaft Gottes. *Hausmission und Stadtmission* werden als die beiden Missionstypen vorgestellt. Die *Weherufe gegen galiläische Städte* sind dann der erste Negativ-Akzent in der Logienquelle. Die optimistische Grundhaltung Jesu, die in Erzählkranz 1 noch spürbar ist (s.o.), trübt sich durch den anhaltenden Misserfolg der Q-Missionare langsam ein; das Ende der ausschließlichen Israelmission (wie es

76 Vgl. Robinson, Sequence, 226.

später das MtEv mit der Heidenmission ratifizieren wird) rückt hier bereits in den Horizont. Trotzdem ist das Selbstbewusstsein der Q-Missionare ungebrochen, denn *Wer euch aufnimmt, nimmt mich auf.*

Dieses besondere Selbstbewusstsein der Q-Missionare wird nun in *Erzähleinheit 3: Besondere Offenbarung des Sohnes (Q 10,21-24)* per Stichwortverbindung weitergeführt. Die erfahrene Zurückweisung führt nicht zu Entmutigung, sondern wird – apokalyptischen Mustern folgend – zum esoterischen Insider-Wissen erklärt, das *Weisen verborgen, Unmündigen enthüllt* ist. *Alles ist dem Sohn übergeben* und der Sohn hat es den Q-Boten weiter vermittelt (*Selig, die sehen, was ihr seht*).

Erzähleinheit 4: Das Gebet der Jünger (Q 11,2b-4.9-13) führt diese besondere Vertrautheit, ja „Intimität" der Jünger mit Jesus und dem Vater, weiter fort: Aufgrund dieser Vertrautheit dürfen wir Gott, unserem Vater im *Vater-Gebet* (das erst bei Mt „Vater-Unser" lautet) alle Sorgen und Nöte anvertrauen. Wer ganz im Vertrauen auf Gott und sein Reich verwurzelt ist, dem gilt: *Bittet, und euch wird gegeben.*

3.4.3 Erzählkranz 3: Die Gegner: Dämonen und irdische Gegner (Q 11,14–52; 16,17f)

Die Thematik „Ablehnung" ist bereits in Teil 2 bei den Q-Missionaren angeklungen. Der *dritte Erzählkranz* fokussiert nun auf die Gegner und zwar – ganz nach apokalyptischen Mustern – zunächst auf *überirdische* und dann erst auf *irdische* Widersacher.

Erzähleinheit 1: Der Sieg Jesu über die Dämonen (Q 11,14-26) macht klar, dass Jesus *Dämonenaustreibungen im Finger Gottes* bewirkt und damit die Königsherrschaft Gottes schon angebrochen ist. Jesus ist damit *Der Stärkere, der den Starken beraubt*, er besiegt den Satan als den bisherigen Herrscher dieser Welt (Q 4,5f und 11,18; vgl. Joh 12,31; 16,11). Mit *Wer nicht mit mir ist, ist gegen mich* wird die Entscheidung der Menschen eingefordert – im eschatologischen Entscheidungskampf Gott/Jesus gegen Satan müssen die Menschen Position beziehen. Die *Rückkehr des unreinen Geistes* schärft dabei ein, dass diese Haltung immer wieder erneuert werden muss – Ermüdungserscheinungen bedingt durch die Verzögerung der Parusie wird hier schon paränetisch gegengesteuert.

Erzähleinheit 2: Das Gericht über „diese Generation" (Q 11,16.29-32) widmet sich nun den irdischen Widersachern, denen nur *Das Zeichen des Jona* (gemeint ist die Buß- und Umkehrpredigt) zuteilwird. Mit der *Königin des Südens und den Männern von Ninive* rücken bereits die „Zeugen der Anklage" ins Bild; ihr Glaube ist vorbildlich – doch im Kontrast zum Unglauben „dieser Generation" stehend.

Mit *Erzähleinheit 3: Das Licht soll leuchten! (Q 11,33-35)* werden zwei Mahnungen (*Die Lampe auf dem Leuchter* und *Das Licht in dir*) ausgesprochen an jene, die das „Licht" der Botschaft Jesu und seiner Boten nicht annehmen wollen.

Die *Erzähleinheit 4: Gegen Pharisäer und Schriftgelehrte (Q 11,39-52; 16,17f)* knüpft mit Stichwortverbindung an den vorangegangenen Passus an: Das „Licht" der vorangehenden Verse wird nun – gut frühjüdisch – in der Tora gesehen:[77] *Kein Jota oder Häkchen des Gesetzes fällt.* Daran angeschlossen folgt nun eine längere Polemik gegen

77 Dass die Tora/das Wort Gottes auch als „Licht" bezeichnet werden konnte, belegen Ps 119,105; Weish 18,4 (νόμου φῶς); TestLev 14,4; u.a. Zur Lichtmetaphorik als Bild für die Tora im Frühjudentum und bei den Rabbinen vgl. Deines, Gerechtigkeit, 225–229.

Pharisäer und Schriftgelehrte. Diese startet zunächst mit der Frage nach der Ehescheidung, in der ja schon der historische Jesus – durchaus in Einklang mit strengeren Auslegungstraditionen des Frühjudentums – die gängigen laxen Scheidungsregeln kritisiert hatte. Eine als heuchlerische Scheinmoral wahrgenommene Gesetzesauslegung wird dann in den *Weherufen gegen Pharisäer* und den *Weherufen gegen Gesetzeslehrer* weitergeführt, die zwar verzehnten und Lasten schnüren, doch die Barmherzigkeit und den Eintritt in die Königsherrschaft Gottes auslassen. Hier erfolgt eine Auseinandersetzung mit den „theologischen" Gegnern der Logienquelle. Von den vermeintlich „Weisen" – den Pharisäern und Gesetzeslehrern – geht es per Stichwortassoziation weiter zum *Urteil der Weisheit über „diese Generation"*: In der Tradition deuteronomistischer Theologie stehend, wird der halsstarrige Unglaube *aller Generationen* gegen Gottes Propheten verdeutlicht – eine Wurfparabel, in die nun auch Jesus und die Q-Boten einbezogen werden und diese in eine Linie mit den biblischen Propheten rückt. *„Diese Generation"* ist dabei die eschatologische Generation, an der sich exemplarisch der Unglaube *aller Generationen* und das daraus resultierende Gericht erfüllt.

3.4.4 Erzählkranz 4: Konsequenzen für die Gemeinde: Zuversicht trotz Bedrängnis (Q 12,2–13,21)

Trotz – oder gerade wegen – des Unglaubens der Gegner in Teil 3 fokussiert nun der *vierte Erzählkranz* auf die *Zuversicht trotz Bedrängnis* und formuliert damit die Konsequenzen für die Q-Gemeinde.

Erzähleinheit 1: Bekenntnis zu Jesus ohne Furcht (Q 12,2–12) stellt nicht nur eine Mahnung zu mehr Vertrauen dar, sondern begründet dies auch ausdrücklich: *Verborgenes wird enthüllt* und daher wird auch die Botschaft Jesu ihren Siegeszug antreten. Da der Sieg gewiss ist, soll man auch *jene nicht fürchten, die nur den Leib töten.* Denn der himmlische Vater sorgt für die Seinen (*Mehr wert als Spatzen*). Wer sich *zu Jesus bekennt, zu dem wird sich auch der endzeitliche Menschensohn bekennen.* Das *Reden gegen den heiligen Geist* wird dann als Ablehnung der Q-Botschaft verstanden und liegt auf einer Linie mit der *Rechtfertigung in den Synagogen*, wo die Q-Missionare den Fragen der Ortsbewohner Rede und Antwort stehen müssen.

Nachdem Einheit 1 die *Außenperspektive* der „Zuversicht trotz Bedrängnis" in Form des mutigen Bekenntnisses vor dem Menschen thematisiert hat, bietet nun *Erzähleinheit 2: Sucht die Königsherrschaft Gottes! (Q 12,33f.22b–34)* die dazugehörige *Innenperspektive*: Die beiden Perikopen *Sorgt euch nicht!* und *Sammelt Vorräte im Himmel!* geben den Gläubigen Mut, die neue „Q-Perspektive" zu übernehmen. Das Bildwort von den frechen Raben und den sorglosen Lilien ist dabei ein ganz besonderes „Highlight" der Logienquelle!

Nach *Außen- und Innenperspektive* bietet nun *Erzähleinheit 3: Das Kommen des Menschensohnes (Q 12,39–59)* gewissermaßen die *kosmisch-eschatologische Perspektive*, die das kleine Tun der Menschen in den großen Kontext der bevorstehenden endzeitlichen Umwälzungen einbindet. Wenn der *Menschensohn wie ein Dieb in der Nacht kommt*, dann werden in den eschatologischen Umwälzungen neue Maßstäbe gesetzt und neu definiert werden, welches *Der treue und der treulose Sklave* sind. *Feuer auf die Erde zu werfen* ist Jesus gekommen – noch brennt es nicht so recht, aber am Gerichtstag wird das anders sein! Für die Gegenwart aber ist noch nicht die Erlösung, noch *Nicht Frieden, sondern das Schwert* angesagt. Das Wort der *Außergerichtlichen Einigung* mag auf den ersten Blick erratisch wirken, doch fokussiert das Wort nicht auf irdische Versöhnungsbereitschaft, sondern evoziert das eschatologische Gerichtsszenario: Bevor Gott als der Richter im Eschaton kommt, sollen die Menschen ihre „Schulden" beglichen haben – sprich: den der Botschaft Jesu geschuldeten Glauben leben; denn am Gerichtstag wird es zu spät sein.

Mit *Erzähleinheit 4: Gleichnisse zur Königsherrschaft Gottes (Q 13,18–21)* klingt dann die Passage in zwei positiven und Hoffnung stiftenden Bildern aus. *Das Gleichnis vom Senfkorn* und *Das Gleichnis vom Sauerteig* skandieren beide den gleichen Rhythmus: kleiner Anfang – große Wirkung. So klein auch die Chancen für den Anbruch der Königsherrschaft Gottes wirken mögen, so konsequent und unaufhaltsam wird am Ende doch alles von dieser Dynamik erfasst werden.

3.4.5 Erzählkranz 5: Konsequenzen für die Gegner: Gerichtsworte (Q 13,24–14,23)

Nachdem Erzählkranz 4 die Konsequenzen für die Q-Gemeinde thematisiert hat, konfrontiert der *fünfte Erzählkranz* nun die Gegner mit den Konsequenzen ihres Unglaubens. Die Komposition weist eine konzentrische Ringstruktur auf, im Mittelpunkt steht das Gerichtswort über Jerusalem. Palindromisch wird das Jerusalemwort flankiert von den beiden pointierten Logien *Erste werden Letzte und Letzte Erste // Wer sich erhöht, wird erniedrigt, wer sich erniedrigt, wird erhöht* und dann von den beiden größeren Erzähleinheiten *Eingelassen – Ausgesperrt* und dem *Gastmahlsgleichnis.* Es ergibt sich also die Struktur:

A Eingelassen – Ausgesperrt
  B Erste werden Letzte und Letzte Erste
    C Gerichtswort über Jerusalem
  B Wer sich erhöht, wird erniedrigt, wer sich erniedrigt, wird erhöht
A Gastmahlsgleichnis

Dabei zerfällt die Einheit *Eingelassen – Ausgesperrt (Q 13,24–29)* in zwei Teile: *Ich kenne euch nicht!* und *Viele werden von Osten und Westen kommen.* Die beiden Perikopen skandieren genauso wie der Paralleltext vom Gastmahl dieselben Aspekte: 1) die Verweigerung der Erstgeladenen und 2) die Neuordnung der Gästeliste (die von Osten und Westen // die von den Wegen draußen). Dabei rückt zunächst noch nicht die Heidenmission in den Blick, sondern lediglich eine Umwertung der bisherigen Rangordnung, nämlich, dass nun *Erste Letzte werden und Letzte Erste* und dass *Wer sich erhöht, erniedrigt wird und wer sich erniedrigt, erhöht wird.* Für Q bedeutet das: Bisher Fernstehende wie Zöllner, Sünder und Unmündige (vgl. Q 7,29.34; 10,21) bekommen nun die Plätze, die vorher die „Frommen" (Pharisäer, Schriftgelehrte, Weise, vgl. Q 10,21; 11,39–52) für sich reklamiert hatten.

3.4.6 Erzählkranz 6: Anweisungen für den Endspurt: Durchhalten bis zur Parusie (Q 14,26–17,6)

Der *sechste Erzählkranz* geht nun in den „Landeanflug" Richtung Eschaton:

Mit ebenso eindringlichen wie konkreten Anweisungen wird in *Erzähleinheit 1* die *Kompromisslose Nachfolge (Q 14,26–17,2)* eingefordert. Dabei sind die Perikopen *Familie hassen und Kreuzesnachfolge, Sein Leben finden oder verlieren, Fades Salz, Gott oder Mammon* zwar nur lose aneinandergereiht, doch sehr gut zueinander passend: Kompromisslos soll man sich – gleich einem „Endspurt“ – für seinen Glauben mit allen Konsequenzen entscheiden. *Wehe den Verführern* warnt dann bereits vor innergemeindlichen Verwerfungen: Allen Versuchungen zum Trotz gilt es jetzt „auf den letzten Metern“ nicht schwach zu werden. Hier schimmern schon Ermüdungserscheinungen aufgrund der Parusieverzögerung durch, gegen die diese Erzähleinheit noch einmal ausdrücklich zu Konsequenz und Durchhaltevermögen aufruft.

Auch die *Erzähleinheit 2: Vergebung Gottes und untereinander (Q 15,4–10; 17,4)* zeichnet bereits eine sich langsam etablierende Gemeinde, die sich der Frage stellen muss, wie man mit Sünde und Schuld umgeht. *Das verlorene Schaf* und *Die verlorene Drachme* rücken zunächst den Blick auf die Vergebung Gottes – die dann allerdings (wie schon im Vater-Gebet verdeutlicht) auch zur innergemeindlichen Praxis werden muss (*Siebenmal vergeben*). Das Wort macht auch angesichts einer sich verzögernden Parusie Mut, trotz allen Ungenügens und bereits erfahrenen Scheiterns zuversichtlich zu bleiben.

Erzähleinheit 3: Bäumeversetzender Glaube (Q 17,6) schließt den Erzählkranz 6: Durchhalten bis zur Parusie mit dem Aufruf zum Glauben, der Bäume versetzen kann, ab.

3.4.7 Erzählkranz 7: Finale – furioso ma fantastico: Das bevorstehende Ende (Q 17,23–22,30)

Hat der vorangehende Erzählkranz noch „Durchhalteparolen“ für den „Endspurt“ und Ermüdungserscheinungen angesichts der sich hinzögernden Parusie thematisiert, so bietet *Erzählkranz 7* nun ein *Finale – furioso ma fantastico*: Das bevorstehende Ende wird ausgemalt – furchtbar für die Ungläubigen, doch fantastisch für die Gläubigen.

Erzähleinheit 1: Der Tag des Menschensohnes (Q 17,23–37; 19,12–26) malt nun pastos aus, was kommen wird: *Der Menschensohn kommt wie ein Blitz*, der unübersehbar über den Himmel stahlt. Wie das *Aas die Geier anzieht*, so werden die Sünder das Strafgericht Gottes anziehen. *Wie in den Tagen des Noach*, wo niemand etwas vorausahnte, wird ganz unerwartet der Tag des Menschensohnes über die Menschheit hereinbrechen wie die Sintflut. Dann wird die Scheidung erfolgen zwischen Gerechten und Ungerechten (*Mitgenommen oder zurückgelassen*) und Gott wird „Abrechnung“ (συναίρει λόγον, Q 19,15) mit den Menschen halten (*Das Gleichnis vom anvertrauten Geld*).

Hat Erzähleinheit 1 den Blick eher auf das Strafgericht gegen die Ungläubigen gerichtet, so tritt in *Erzähleinheit 2: Schlussakkord – Die Stämme Israels richten (Q 22,28.30)* das Gericht aus dem Blickwinkel der Gläubigen in den Fokus: Die Nachfolger Jesu werden nun – allen Schmähungen zum Trotz – nicht nur in ihrem Recht bestätigt werden, sondern auch im Namen Gottes das Endgericht durchführen.

3.5 Der narrative Plot anhand Etappen der Heilszeit

Neben der inhaltlich-thematischen Gliederung lässt sich auch ein narrativer Plot anhand der *Etappen der Heilszeit* ausmachen, wie M. Ebner festgestellt hat:[78]

78 Ebner, Q, 90f.

I. Vergangenheit
Erzählkranz 1: Johannes und Jesus (Q 3,2b–7,35; 16,16)
II. Gegenwart
Erzählkranz 2: Die Verkündiger der Logienquelle (Q 9,57–11,13)
Erzählkranz 3: Die Gegner der Logienquelle (Q 11,14–52; 16,17f)
Erzählkranz 4: Konsequenzen für die Gemeinde (Q 12,2–13,21)
Erzählkranz 5: Konsequenzen für die Gegner (Q 13,24–14,23)
III. Zukunft
Erzählkranz 6: Anweisungen für den Endspurt (Q 14,26–17,21)
Erzählkranz 7: Finale furioso ma fantastico (Q 17,23–22,30)

Damit wird klar: In der „Erzählung des Redens" als einem Stück „narrativer Sinnbildung"[79] wird im *Rückblick* in die Vergangenheit und im *Vorausblick* in die Zukunft die Gegenwart sinnstiftend gedeutet.

3.6 Mündlicher Vortrag und Verschriftlichung

Gerade anhand dieser Gliederung lässt sich noch gut erkennen, wie mündlicher Vortrag und Verschriftlichung miteinander interagierten. Die jeweiligen *Erzähleinheiten* könnten auch gut als einzelne Geschichten an unterschiedlichen Tagen erzählt werden. Gut vorstellbar ist, dass ein Wanderprophet sagte: „Heute will ich euch einmal erzählen, was die Botschaft des Johannes war" – und dann folgt Q 3,2b-17. Oder: „Erzähle uns mal, wie das Verhältnis von Jesus zu Johannes war" – und es folgt Q 7,18–35. Oder: „Was ist denn die Botschaft Jesu?" – und es folgt Jesu programmatische Rede (Q 6,20–49). Oder: „Wie wird es denn am Tag des Menschensohnes zugehen?" – und man hört Q 17,23–22,30.

Ob die einzelnen *Erzähleinheiten* schon auf mündlicher Ebene zu größeren *Erzählkränzen* zusammengebunden waren, lässt sich zwar nicht sicher sagen – doch steht dies zu vermuten. Der jetzige Aufbau der Logienquelle verrät in seiner Struktur zwar schon eine gewisse schriftstellerische Systematik (Themenkränze), allerdings schimmert dabei noch der orale Vortragsstil durch. Das Gliederungsprinzip ist eingängig: Zuerst ein fulminanter Erzählkranz, der mit großem Strich die Botschaft von Johannes und Jesus, den beiden „Kindern der Weisheit", skizziert, wobei jedoch Jesus Johannes überbietet. Gerade bei diesem Teil treten schon biographische Rahmenlinien hervor (Auftreten des Johannes, Taufe Jesu, Nazaret, Hauptmann von Kafarnaum) – man ist ein wenig an den biographischen Spannungsbogen des späteren MkEv erinnert. Trotzdem bleibt der mündliche Vortragsstil erkennbar, etwa in der *programmatischen Rede Jesu*, der späteren Bergpredigt. Man kann sich gut vorstellen, dass ein Dorfschreiber einen Q-Missionar an unterschiedlichen Tagen zu unterschiedlichen Themenkränzen befragt hat und dann dessen Erzählungen strukturierte: Zuerst die Botschaft (Johannes und Jesus), dann die Verkündiger mit ihrem selbstgewählten Ethos der Jesusnachfolge, dann die Gegner, die Konsequenzen für die Q-Gemeinde, die Gerichtsworte für die Nichtgläubigen, Unterweisungen für den Endspurt und das Finale im Endgericht.

So einleuchtend die redaktionelle Anordnung der einzelnen Erzählkränze auch ist, so stark schimmert doch der mündliche Vortragsstil hinter der Komposition durch.

---

79 Labahn, Gekommene, 577.

Der Erzählbogen, der das ganze Werk zusammenbindet, ist zwar auch schon ansatzhaft chronologisch (besonders Erzählkranz 1), aber zumeist doch noch thematisch: *Chronologisch* ist der Ablauf, beginnend mit Johannes, in Jesus einen Höhepunkt findend mit dem Fluchtpunkt des eschatologischen Gerichts. *Thematisch* aber ist die Themenzusammenstellung der gesamten Erzählkränze:

1) Die beiden Hauptdarsteller
2) Die Verkündiger
3) Die Gegner
4) Konsequenzen für die Q-Gemeinde
5) Konsequenzen für die Gegner
6) Anweisungen für den Endspurt
7) Finale

Wir befinden uns hier also mitten am Kreuzungspunkt zwischen oraler und mündlicher Traditionsweitergabe.

Teil III: Kommentar zur Logienquelle

Titel und Anfang von Q?

Die CEQ zieht – gemäß dem Votum von J. M. Robinson[1] – die Möglichkeit in Betracht, dass am Anfang der Logienquelle (also Q 3,0) die Überschrift „Die Worte Jesu" gestanden haben könnte. Leider muss ein solcher Titel Konjektur bleiben, der keine textliche Basis für sich reklamieren kann.[2] Ähnlich wie bei den kanonischen Evangelien (bei denen die Überschriften „Evangelium nach Matthäus/Markus/etc." ja erst aus dem 2. Jh. stammen) wissen wir auch bei der Logienquelle nicht, ob das Werk überhaupt einen Titel getragen hat – und wenn ja, wie dieser gelautet hat.[3]

Erzählkranz 1: Die beiden Hauptdarsteller: Johannes und Jesus (Q 3,2b–7,35; 16,16)

Wie oben schon angemerkt ist *Erzählkranz 1* als Ringkomposition gestaltet, mit der programmatischen Rede Jesu im Zentrum:

A Johannes: Auftreten und Botschaft
  B Jesu Taufe und Geistempfang
    C Zentrum: Jesu programmatische Rede
  B' Der exemplarische Glaube des Hauptmanns
A' Johannes und Jesus:
  a) Jesus größer als Johannes *(Innenperspektive)*
  b) Kinder der Weisheit *(Außenperspektive)*

Damit ist klar, dass „der Einsatz bei Johannes dem Täufer eigentlich ein Einstieg bei der Hauptfigur Jesus selbst ist ... Die Figur des Täufers agiert referentiell: sie verweist von sich selbst weg auf die eigentliche Hauptfigur hin."[4] Die gesamte Komposition von *Erzählkranz 1* läuft auf ihr Zentrum, die *programmatische Rede Jesu*, zu und findet ihren Abschluss in der Überbietung des Täufers durch Jesus. Andererseits aber trägt

---

1 Vgl. Hoffmann, Anmerkungen, 117.

2 Vgl. die Diskussion bei Labahn, Gekommene, 187.

3 Ganz in diesem Sinne verzichten Zeller, Logienquelle, 17, und Fleddermann, Q, 210, in ihrer Rekonstruktion komplett auf eine Überschrift. So urteilt auch Hoffmann, Anmerkungen, 117: „Nicht auszuschließen ist, dass Q mit dem Bericht vom Auftreten des Johannes begann [sc. und somit gar keine Überschrift trug]."

4 Labahn, Gekommene, 187.

Johannes in der Logienquelle noch nicht jene dienend-depotenzierte Valeur wie in den späteren Evangelien – etwa „bei Lukas hat die Verkündigung der Gottesherrschaft nicht schon mit Johannes, sondern erst mit Jesus begonnen (vgl. 4,43; 8,1; 9,2.60)“,[5] oder „Johannes ist für Matthäus der Vorläufer (vgl. 3,11).“[6] Für die Logienquelle aber ist Johannes „mehr als ein Prophet“ (Q 7,26), „sodass die Tauftätigkeit des Johannes bereits eine Zeitenwende einläutet, welche mittels der literarischen Inszenierung von Q vollzogen werden soll.“[7]. In der *basileia* ist Jesus zwar „größer als er“ (Q 7,28), doch mit Johannes beginnt bereits die Königsherrschaft Gottes (s.u. *III: Q 7,18-35 und 16,16)*. Johannes und Jesus werden dann folgerichtig auch als die beiden „Kinder der Weisheit“ in Q 7,31–35 dargestellt, die im „Paarlauf“ unterschiedliche Aufgaben erfüllen, aber gemeinsam von der Weisheit bestätigt werden. Von der Aktantenanalyse der Logienquelle her handelt es sich beim Täufer „um die einzige aktiv und in der Gegenwart handelnde Figur, die abgesehen von Jesus mit ihrem Namen eingeführt wird.“[8] Allerdings ist auch nicht zu übersehen, dass Johannes nach Abschluss von *Erzählkranz 1* keine weitere Erwähnung mehr findet. Schon hier zeigt sich die Brückenfunktion der Logienquelle zwischen der Erinnerung an den historischen Jesus, der zunächst ein Schüler des Täufers war, (s.u. *III: Q 3,21f*) und der christozentristischen Deutung der späteren Evangelien.

Erzähleinheit 1: Die Botschaft des Johannes (Q 3,2b-17)

[2b] … Johannes … [3a] … das ganze Umland des Jordan (Gen 13,10f).

Das Auftreten des Johannes (Q 3,2b-3a)

Die Logienquelle beginnt also mit dem Auftreten des Johannes. Auch wenn sich der erste Satz in Q nicht vollständig rekonstruieren lässt, wird doch hier die Tätigkeit des Täufers (so Lk 3,3) resp. dessen Einzugsgebiet (so Mt 3,5) im „ganzen Umland des Jordan“ verortet.[9] Schon hier wird deutlich, dass die Logienquelle keinesfalls nur lose aneinandergereihte, frei flottierende und situationsabgehobene Einzelsprüche Jesu – etwa nach Art des Thomasevangeliums – bietet.[10] Die Logienquelle besaß schon einen geographischen und chronologischen Spannungsbogen. Chronologisch beginnt sie wie das MkEv mit Johannes dem Täufer und endet – anders als Mk – mit dem Ausblick auf das kommende Gericht (Q 22). Geographisch sind bestimmte Orte mit bestimmten Zeiten verbunden: Die Botschaft des Johannes beginnt im *Umland des Jordan*, während die Verkündigung

5 Wolter, Lukasevangelium, 554
6 Konradt, Matthäus, 47.
7 Bork, Raumsemantik, 247. Zur theologischen Verortung des Täufers in Q siehe Tiwald, Logienquelle, 156–158.
8 Bork, Raumsemantik, 246.
9 Fleddermann, Q, 211f, will hingegen „das ganze Umland des Jordan“ als *minor agreement* werten und damit nicht für Q veranschlagen; hier wirkt die ohnehin sehr vorsichtige Rekonstruktion der CEQ überzeugender.
10 So noch die Sichtweise bei Luz, Matthäus I, 48, der in Q lediglich eine „Materialsammlung“ und „nicht ein literarisches Dokument“, „ein größeres Notizbuch“, das „jederzeit einen Einschub von neuen Blättern“ zuließ, sehen möchte. Im Unterschied dazu sei das MkEv bereits „ein festgebundener Codex (oder eine Buchrolle?) und damit ein literarisches Werk“ gewesen.

Jesu weitergeht nach *Nazaret* (Q 4,16) und *Kafarnaum* (Q 7), das Tätigkeitsfeld der aktuellen Missionare dann *Chorazin, Betsaida, Kafarnaum, Tyrus, Sidon* (Q 10,13–15) und *Jerusalem* (Q 13,34) in den Blick nimmt, während das Eschaton die *Throne des Gerichts* (Q 22) in Aussicht stellt. Geographischer und chronologischer Spannungsbogen stehen also in narratologischer Interferenz; bestimmten Zeitabschnitten sind bestimmte Ort zugewiesen. Die Funktion der Ortsangaben geht dabei „über jene als lokaldeiktische Mittel hinaus“[11] – wenn man auch nicht wie A. Bork behaupten sollte, dass „angesichts der ersten topographischen Angabe in Q, dem Jordan, ... eine konkrete Verortung nicht intendiert ist.“[12] Die *traditio duplex* (also die Parallelen zwischen Q und Mk) lässt keinen Zweifel daran, dass sich hier alte Lokalisierungen unabhängig voneinander erhalten haben. Anders als Mk 1,5 ist in Q allerdings nicht die Rede vom „ganzen judäischen Land und die Jerusalemer alle“, sondern dort ist das „ganze Umland des Jordans“ eine wörtliche Wiedergabe von Gen 13,10 (πᾶσαν τὴν περίχωρον τοῦ Ιορδάνου). Recht hat Bork damit, dass die Toponyme „von fundamentaler Bedeutung für die Aussageabsicht von Q“ sind, da es sich um Bezüge zum Alten Testament handelt; der „Ortsname steht daher metonymisch für ein Ereignis der Vergangenheit, welches nun in ... Beziehung zur Gegenwart gesetzt wird.“[13] Bei unserer Perikope ist dies die Erinnerung an Gen 13,10f, wobei πᾶσαν τὴν περίχωρον τοῦ Ιορδάνου wohl „die Region unmittelbar nördlich des Toten Meers“[14] meinen dürfte. Dass mit der Notiz „Umland des Jordans“ tatsächlich die Wüste gemeint ist, wird allerdings erst aus Q 7,24 („Was seid ihr hinausgegangen in die Wüste um es zu sehen?“), der Predigt Jesu über den Täufer, klar. Wichtiger als die genaue *geografische Lokalisierung* ist hier allerdings die *bibeltheologische Lokalisierung*: Das Zitieren von biblischen Traditionen schafft für die im Judentum verwurzelte Q-Gemeinde einen „emotional anchorage“[15] und bestätigt die ungebrochene Verbundenheit der Logienquelle mit den Traditionen Israels. Das Heilsgeschehen, das nun beginnt, setzt das Heilsgeschehen des biblischen Gottesvolkes weiter fort und vollendet es.

Die Gerichtsankündigung des Johannes (Q 3,7–9)

7 Er sagte zu den Volksmengen, die kamen, um getauft zu werden: Viperngezücht! Wer hat euch gezeigt, dass ihr vor dem kommenden Zorn fliehen könnt? 8 Bringt also Frucht, die der Umkehr entspricht, und meint nicht, bei euch sagen zu können: Wir haben Abraham als Vater. Denn ich sage euch: Gott kann aus diesen Steinen dem Abraham Kinder erwecken. 9 Schon ist aber die Axt an die Wurzel der Bäume gelegt; jeder Baum nun, der nicht gute Frucht bringt, wird umgehauen und ins Feuer geworfen.

---

11 Bork, Raumsemantik, 83.

12 Bork, Raumsemantik, 83. Die von Scherer, Königsvolk, 129f, am Ansatz von Bork geübte Kritik („Bork distanziert sich von einer den kulturellen Kontext berücksichtigenden Herangehensweise an die Texte zugunsten einer narrativen, die in der Textwelt verbleibt“) trifft hier zu.

13 Bork, Raumsemantik, 84.

14 Jericke, Ortsangaben, 106, mit der Begründung, „da sich Abraham und Lot in der Gegend Bet-El und Ai befinden (Gen 13,3), Lot von dort nach Osten auf die Jordanebene schaut und anschließend dorthin aufbricht.“

15 Der soziolinguistische Ausdruck „emotional anchorage“ wurde von Malina/Rohrbaugh, John, 5, verwendet, um Sprachmuster zu klassifizieren, die Vertrautheit nach innen und Abgrenzung nach außen („anti-language“) erlauben, also Zugehörigkeit zu einer Gruppe demonstrieren.

D. Zeller hat die Worte des Täufers dem biblischen Genus der prophetischen Umkehrpredigt zugeordnet, bestehend aus *Anklage* (Schimpfwort und rhetorischer Frage), *Mahnung* und *Warnung* (Imperativ und Vetitiv) und *Ansage des nahen Gerichts in einem Bild.*[16] Die dabei zur Anwendung kommenden Motive sind tatsächlich „idealtypisch mit einem legitimen biblischen Propheten“[17] verbunden, wie die Ansage von Gottes *Zorn* und die Aufforderung zur *Umkehr.* Die Rede vom *„Zorn“ (gemeint ist der Zorn Gottes)* als Metapher für das Strafgericht Gottes an den Sündern ist in der jüdischen Bibel fest verankert, war im Frühjudentum weit verbreitet und findet sich auch im NT.[18] Im Unterschied zu atl Propheten verkündet Johannes aber „eine apokalyptische Position, die den biblischen Propheten mit ihren innerweltlichen Gerichten noch fremd ist“[19] – auch hier ist Johannes „mehr als ein Prophet“ (Q 7,26), da mit ihm die Zeitenwende bereits ihren Auftakt genommen hat. Allerdings ist auch schon in der frühjüdischen Apokalyptik die Rede vom *Zorn Gottes* mit dem *endzeitlichen* Strafgericht verbunden, etwa in 1Hen 62,12 („Zorn des Herrn der Geister“). In 1Hen 62,5 wird – als interessante Parallele zum *setting* in Q – das endzeitliche Strafgericht an den „Menschensohn“ übergeben, der „auf dem Thron der Herrlichkeit“ sitzen wird. Ähnlich hat auch Johannes den nach ihm kommenden „Feuertäufer“ (Q 3,16) als endzeitlichen Richter angekündigt – jene Gestalt, die dann von der Q-Gemeinde mit dem Menschensohn Jesus identifiziert wird. Einmal mehr wird klar, dass die Logienquelle noch ganz „von einer intakten jüdischen Matrix aus zu lesen und zu verstehen ist.“[20]

Historisch ist wohl korrekt, dass die Logienquelle die Umkehrpredigt des Täufers an die „Volksmassen“ (ὄχλοις) adressiert und nicht wie bei Mt an die „Pharisäer und Sadduzäer“.[21] Das Wort ἔχιδνα bezeichnet speziell die Giftschlange – ein Wort, das gerne auch metaphorisch für trügerische Menschen verwendet wird.[22] Die Invektive des Täufers

16 Vgl. Zeller, Logienquelle, 19.

17 Scherer, Königsvolk, 219, vgl. auch die Aufzählung der Motive ebd.

18 Zur Thematik des Zorngerichts Gottes vgl. Konradt, Gericht, 57–93; dort auch die schier endlose Aufzählung von atl und frühjüdischen Belegstellen. Für das NT sind zu nennen: Lk, 21,23; Joh 3,36; Röm 1,18; 2,5; 9,22; 12,19; 1Thess 2,16; Kol 3,6; Eph 5,6; Offb 6,16 („Zorn des Lammes“); 11,18; 15,1.7; 16,1; u.ö. Dabei kann „Zorn“ auch – wie in Q 3,7 – alleinstehend und ohne die Determinierung „Gottes“ gebraucht werden (vgl. Lk 21,23; Röm 12,19); es handelte sich um eine geprägte Wendung für das Endgericht Gottes. Wiederholt betont Konradt (a.a.O. 65f und 81) Berührungspunkte zwischen Q-Traditionen (etwa der Täuferpredigt oder dem *gewaltsamen Prophetengeschick*, s.u. *III: Q 11,47*) und Ansätzen der paulinischen Theologie. Offensichtlich haben Elemente der Täuferpredigt traditionsgeschichtlich später ihren Eingang in die paulinische Missionsverkündigung gefunden, wurden aber christologisch weitergeführt, indem nun Jesus als Retter aus dem Zorn präsentiert wird (a.a.O. 65f). Interessant ist, dass auch in 1Thess 1,10 genauso wie in Q 3,7 die Abbreviatur „kommender Zorn“ (ohne „Gottes“) für das endzeitliche Strafgericht verwendet wird (Paulus gebraucht allerdings ἐκ τῆς ὀργῆς τῆς ἐρχομένης, wobei in Q wohl die Rede war von ἀπὸ τῆς μελλούσης ὀργῆς).

19 Scherer, Königsvolk, 219.

20 Ebner, Q, 98; vgl. 100.

21 Vgl. Konradt, Matthäus, 48–50. Dies entspringt der theologischen Tendenz des Mt, die jüdische Obrigkeit in ihrem Unglauben vom einfachen Volk abzuheben (etwa: Mt 9,32–34; 12,22–24; 16,21; 21,9.15f.23–26.45f; 27,20).

22 Vgl. Liddell/Scott, Lexicon, 748. Die Frage von Bovon, Lukas I, 172, „Geht das Bild von Steinen ... zurück ... auf ein aramäisches Wortspiel zwischen Steinen (אַבְנַיָּא) und Söhnen (בְּנַיָּא) oder auf eine Anspielung auf Jes 51,1–2?“ muss offenbleiben und ist für den Aussageduktus nicht von Relevanz.

schlägt die Tonart an: Ihr seid falsche, berechnende Menschen, die mit der Abrahamskindschaft spekulieren und so hoffen, „dem kommenden Zorn" zu entfliehen. Diese falschen Hoffnungen macht der Täufer schon mit seiner Anrede „Viperngezücht" zunichte, welche die Bosheit und Verlogenheit der Angeredeten schonungslos ins Visier nimmt. Die Abrahamskindschaft beruft sich dabei auf jüdisches Erwählungsdenken: Gemäß biblisch-alttestamentlichen Vorstellungen würde Gott sein Strafgericht an den Feinden des Volkes Israel vollziehen (vgl. Jes 13 gegen Babel; Ez 30,3f gegen Ägypten und Kusch). „Die älteste Konzeption eines Endgerichts im Judentum erwartet ein endzeitliches Strafgericht an den *Feinden Israels* ... Doch schon in Jes 65/66 und bei Maleachi findet sich auch eine ‚gerichtliche' Scheidung innerhalb Israel zwischen Gerechten und Sündern."[23] Ausgelöst durch die immer stärker werdende Hellenisierung ab dem 2. Jh. v. Chr., stiegen die sozialen und religiösen Spannungen *innerhalb* des Judentums und führten in der Apokalyptik zur Verlegung der Demarkationslinie zwischen Gerechten und Ungerechten von *außerhalb* des Volkes Israel *innerhalb* des Volkes hinein. Verfeindete jüdische Gruppierungen sprachen einander die Rechtgläubigkeit ab und rivalisierten um die „richtige" Auslegung der Tora.[24] Das Auftreten des Täufers kann *kontextplausibel* perfekt in die Gemengelage des Frühjudentums eingepasst werden. Die Berufung auf Abraham (resp. die Stammväter Abraham, Isaak und Jakob) und das Hoffen auf seine Fürbitte kommen zum Ausdruck in Jos Ant 11,169; 4Esr 3,15; TestLev 15,4; TestAss 7,7; vgl. auch Philon Praem 166 und TestAbr A 14. Gleichzeitig wird aber auch vor falschem Vertrauen auf die Stammväter angesichts des Endgerichts gewarnt, etwa in 2Bar 85,12 (allerdings im Kontrast zu 2Bar 14,7!); 4Esr 7,102–115; 2Hen 53,1; vgl. auch LAB 33,5.[25] Besonders augenfällig ist die Parallele zu 2Hen 53:[26]

> [1] Denn nun, meine Kinder, sollt ihr nicht sprechen: „Unser Vater ist mit Gott, und er wird für uns eintreten [und] wird uns herausbitten aus den Sünden." [2] Es gibt dort keinen Helfer auch nur für einen einzigen Menschen, der gesündigt hat. Seht, wie ich alle Werke jedes

---

23 Hieke, Ende, 37 (ebenso: 20f). Vgl. dazu auch Tiwald, Weisheit, 88f.

24 Vgl. dazu Tiwald, Frühjudentum, 117–160 und 257–266.

25 Scherer, Königsvolk, 148–153, hat grundsätzlich Recht, wenn sie unterstreicht, dass „sich in den zeitgenössischen jüdischen Quellen eine solche Sicht kaum belegen lässt, die Errettung im Endgericht explizit mit Abrahamskindschaft in Verbindung brächte" (ebd. 149). Wenn sie allerdings darauf hinweist, dass es auch im Frühjudentum etliche Belege gibt, die vor solch einer Sichtweise warnen (ebd. 150), dann muss es solche Vorstellungen wohl auch gegeben haben. Dabei bedenkt Scherer den motivisch vorgeprägten Rahmen dieser Aussagen zu wenig, nämlich miteinander konkurrierende – sich aber auch gegenseitig beeinflussende und durchdringende – Konzeptionen zwischen der Verdammung der *Feinde von außen* und einer *Scheidung innerhalb Israels*. Tatsächlich konnten beide Traditionen *nebeneinander* stehen, wie die gegenläufigen Tendenzen in 2Bar 85,12 vs. 2Bar 14,7 oder 4Esr 3,15; vs. 4Esr 7,102–115 anschaulich belegen. Die Hoffnung auf Abraham im Endgericht war kein dogmatisch fixiertes Theologumenon, sondern eine fluide Motivik. Es war nicht *informativ-definitiv*, sondern diente sondern *performativ* der troststiftenden Heilsvergewisserung in Krisenzeiten – wobei Hand in Hand damit die Warnung erfolgte, mit diesem Trost kein Schindluder im Sinne einer automatisierten Heilsgewissheit zu treiben. Zur Einpassung der Kinder Abrahams aus der Täuferrede in den frühjüdischen Kontext vgl. Baierl, Nachkommen, passim.

26 Das 2Hen (auch „slawisches" Henochbuch) wurde ursprünglich auf Griechisch verfasst und weist Parallelen zur hellenistisch-jüdischen Philosophie und zu Philon auf. „Vor dem Hintergrund der Hinweise auf eine funktionierende Opferpraxis erscheint eine Datierung der Grundschrift in die Zeit vor 70 n. Chr. plausibel" (Ego, Art. Henoch/Henochliteratur, WiBiLex).

Menschen niedergeschrieben habe, bevor sie getan waren, und niederschreibe, was vollbracht wird unter allen Menschen in Ewigkeit.

Die Zusage der Erwählung Israels darf nicht zu einem falschen Heilsautomatismus führen – eine prinzipielle Abrogation der Heilsverheißungen, „dass das erwählte Volk Abrahams dem Zorn verfällt",[27] tritt damit aber nicht in den Blick. Die Kritik an einem heilsautomatistischen Missbrauch von grundsätzlich auch weiterhin akzeptierten Heilsverheißungen war ein Spezifikum der atl Propheten (Am 3,2 und 9,7–10 gegen falsches Erwählungsdenken; Hos 6,6; Am 5,22–25 und Jer 7,4–23 gegen einen heilsautomatistischen Tempelkult). Ganz in dieser Linie steht auch der Täufer. Der Sohn eines Tempelpriesters (wenn wir Lk 1,5 glauben dürfen), etabliert mit der Taufe einen alternativ zu den Sühneriten des Tempels stehenden Umkehrgestus. Weder Tempel noch Abrahamskindschaft vermögen zu retten, wenn sie nicht zu einer „Frucht, die der Umkehr entspricht", führen (vgl. auch 2Hen 53,2, wo auch auf die „Werke" verwiesen wird). Ganz auf dieser Linie ist dann auch die spätere Tempelkritik Jesu (s.u. *III: Q 13,34f*) zu verstehen; es ist gut möglich, dass Jesus diese Sichtweise von seinem Lehrer Johannes übernommen hat (s.u. *III: Q 7,24–28*).

Johannes und der nach ihm Kommende (Q 3,16b-17)

16b Ich allerdings taufe euch in Wasser; der aber nach mir kommt, ist stärker als ich, ich bin nicht würdig, ihm seine Sandalen zu tragen. Er selbst wird euch in heiligem Geist und Feuer taufen. 17 Seine Worfelschaufel ist in seiner Hand, und er wird seinen Dreschplatz reinigen und den Weizen in seine Scheune einsammeln, die Spreu aber wird er in unauslöschlichem Feuer verbrennen.

Das Bild von unfruchtbaren Bäumen, die ausgehauen und verbrannt werden (Q 3,9), wird nun weitergeführt im Bild der fruchtlosen Spreu, die nach dem Dreschen zurückbleibt und ebenfalls ins Feuer geworfen wird. Zwischen den beiden „Feuerzeichen" steht als Kontrastbild das „Wasserzeichen" der Taufe. Die Metaphorik ist eingängig: Das Feuer ist Bild des Gerichts, das aufgrund der mangelnden „Frucht der Umkehr" (verdeutlicht im unfruchtbaren Baum und der fruchtlosen Spreu) über die Menschen kommen wird. „Feuer" als Bild für das Gericht ist in AT, Frühjudentum und NT reich belegt,[28] gerade bei Mt wird es „ein stehendes Motiv der Gerichtsdarstellung (5,22; 7,19; 13.40.42.50; 18,8f; 25,41) ..."[29] Neben der vorgeprägten Gerichtsmetaphorik würde das Bild vom Feuer auch gut zur Elija-Typologie passen, wie 1Kön 18,38; 2Kön 1,10–12; 2,5 und besonders Sir 48,1–3 belegen. Allerdings ist umstritten, ob schon der Täufer die Elija-Typologie bediente[30] oder erst die spätere Evangelientradition (Mk

---

27 So Zeller, Logienquelle, 19.

28 Für das AT: Dtn 4,24; Jes 66,16; Jer 21,12; Joel 2,3; Nah 1,6; Zef 1,18; 3,8; Dan 7,10; für das Frühjudentum: Jub 1,23; 1QS 4,21; für das NT: Mk 9,43.48; Joh 15,6; 1Kor 3,15; 2Thess 1,8; Hebr 12,26–29; Jud 1,7; 2 Petr 3,7; Offb 18,8; 20,9 u.ö.

29 Konradt, Matthäus, 50.

30 Dafür könnte die Ortswahl des Täufers sprechen, da nach 2Kön 2,1–11 Elija bei Jericho am Jordan in den Himmel entrückt wurde. Nach Mal 3,23 erwartete man Elija, der ja nicht gestorben, sondern nur in den Himmel entrückt war, für die Endzeit als eschatologische Mittlerfigur. Ob die Kleidung des Täufers (Mk 1,6) an 2Kön 1,8 anspielt, bleibt aber fraglich; auch Josephus berichtet in Vita 11 vom Einsiedler Banus, der „Kleider aus Baumrinde" trug und „wildwachsende Kräuter" aß.

9,12f; Lk 1,17). In der Logienquelle jedenfalls ist die Parallele Johannes/Elija noch nicht präsent!

Der Täufer kündigt *einen nach ihm kommenden „Stärkeren“* an, der die Feuertaufe – also das Gericht – vollziehen wird. Umstritten ist, ob der Täufer damit Gott selbst oder eine eschatologische Richtergestalt meinte. Der „Starke“ ist ein dem AT geläufiger Gottesname (z.B.: Ijob 9,19; Jes 49,26; 60,16), und das Ährenausklopfen, Worfeln und Spreu verbrennen sind Bilder für Gottes Gericht (Jes 27,12f; Jer 13,24; 15,7; Mal 3,19). Allerdings ist in Q nicht vom „Starken“, sondern nur von einem „Stärkeren“ die Rede und der Anthropomorphismus vom Tragen der Sandalen wäre für Gott schwer nachvollziehbar.[31] Im Frühjudentum war die Erwartung verbreitet, dass in der Endzeit eine von Gott eingesetzte Mittlerfigur im Namen Gottes das Endgericht halten würde. In Dan 7,13f; 1Hen 62,5; 69,27–29; 4Esr 13,3–13.25–40 wird die Funktion des endzeitlichen Richters mit der Figur des „Menschensohns“ bedacht (s.u. *Exkurs 1: Königsherrschaft Gottes, Entmachtung des Satans, Kommen des Menschensohns*). Es ist gut möglich, dass der Täufer diese frühjüdischen Erwartungen teilte – eventuell identifizierte auch er schon den nach ihm kommenden „Stärkeren“ mit dem „Menschensohn“. Der historische Jesus jedenfalls hat diese Bezeichnung verwendet, um auf den nach ihm kommenden Richter zu verweisen, wie Q 12,8f//Mk 8,38 unabhängig voneinander belegen. Beide Stellen zeigen, „daß Jesus mit dem Menschensohn *eine andere Person als sich selbst* gemeint hat.“[32] Eine gewisse Wahrscheinlichkeit spricht wohl dafür, dass der vom Täufer angesagte „Stärkere“ (Q 3,16, vgl. auch 11,22) den von Jesus angekündigten endzeitlichen „Menschensohn“-Richter bezeichnete. Jesus hätte somit die Ankündigung des „Menschensohn“-Richters vom Täufer übernommen, allerdings die Rettung der Verlorenen durch die Gottesherrschaft zeitlich und sachlich davorgesetzt. Allerdings bringt Jesus sich in Q 12,8f//Mk 8,38 mit dem von ihm erwarteten endzeitlichen „Menschensohn“-Richter in enge Verbindung: Wer Jesu Worten keinen Glauben schenkt, wird im endzeitlichen Gericht vor dem Menschensohn keinen Bestand haben. Dies lieferte den Haftpunkt für eine spätere *Identifizierung Jesu mit dem endzeitlichen Menschensohn* (Q 11,30; 12,40; 17,24). Diese – für die Logienquelle dann so bedeutsame Deutung Jesu (s.u. *IV: Exkurs 1.4*) – ist ein Brückenglied zwischen dem Frühjudentum und der späteren Christologie – vermittelt durch den Täufer.

Offen allerdings bleibt die Frage, ob der angekündigte Stärkere nur als *Feuertäufer* oder als *Täufer mit heiligem Geist und Feuer* zu werten ist. D. Zeller meint dazu: „Der historische Johannes wird nur den Feuertäufer und den Worfler verkündet ... haben.“[33] Dem ist entgegenzuhalten, dass es auch schon in AT und Frühjudentum Traditionen gibt, welche eine Geisttaufe für die Endzeit erwarteten: Ez 36,25–27; Joel 3,1–5; Jub 1,23; 1QS 4,21. Dabei ist in Ez und 1QS bereits eine Verbindung von Wasserreinigung und Geistausgießung gegeben, im Jubiläenbuch nur die Verbindung von eschatologischer Reinigung und heiligem Geist. Deswegen scheint es sinnvoll, dass nicht erst Q sondern bereits der historische Täufer schon von einer Taufe „in heiligem Geist und Feuer“ gesprochen hat. Das wird auch vom gesamten Duktus der Täuferrede

---

31 So der überzeugende Beweisgang bei Theißen/Merz, Jesus, 189. Anders aber Backhaus, Art. Täufer, 249, der nach allen Kriterien „am ehesten JHWH selbst“ als Feuerrichter identifizieren möchte.

32 Becker, Jesus, 252 (kursiv MT). Zum „Menschensohn“ vgl. Tiwald, Logienquelle, 151–155.

33 Zeller, Logienquelle, 20.

nahegelegt, denn auch im Bildwort vom Sammeln des Weizens in der Scheune verdeutlicht sich – genauso wie in der Geisttaufe – ein Heilszuspruch: „Jenseits des Gerichts wartet auf die Geretteten das Heil – die finstere Predigt des Täufers dient der Bewahrung und Wiederherstellung Israels.“[34] Auch beim Täufer geht es nicht um Vernichtung, sondern um den Ausblick auf das Heil, wenn auch mit drastisch zugespitzten – doch *performativ* zu verstehenden – Gerichtsbildern!

Auch schon die *Taufe des Johannes* ist damit „ein *Sakrament, das Sündenvergebung vermittelt*, wobei Reue und Umkehrbereitschaft ... demonstriert wurden, und der Wille zu nachfolgenden guten Werken (‚Früchte der Umkehr‘: Q) vorausgesetzt waren. ‚Magisch‘ – durch bloßen Vollzug – wirkt sie demnach nicht. Sie stellte jedoch ein außergewöhnliches Gnadenangebot dar, weil sie angesichts des unmittelbar drohenden Gerichts Sündern den Zugang zum Heil ermöglichte ...“[35] Diese Deutung von Theißen/Merz gibt am Treffendsten die Intention des Täufers wieder. Die *sündenvergebende* Kraft der Taufe wird ausdrücklich in Mk 1,4//Lk 3,3 erwähnt – Mt 3,1f tilgt die Phrase „zur Vergebung der Sünden“ bei der Johannestaufe, um sie (gegen seine Mk-Vorlage) in Mt 26,28 beim letzten Abendmahl dem Blut Jesu zuzuschreiben! Die für das Frühchristentum „tendenzspröde“[36] Behauptung der sündenvergebenden Wirkung der Johannestaufe war wohl kaum eine christliche Erfindung. Interessant ist, dass auch Josephus in Ant 18,117 von der Sündenvergebung durch die Johannestaufe berichtet, allerdings aus seiner Sicht ein „Missverständnis“, denn die Johannestaufe habe „nicht als Abbitte für ihre Sünden“ (μὴ ἐπί τινων ἁμαρτάδων παραιτήσει) gedient, sondern „für die Reinheit des Körpers, sowie ja die Seele bereits durch Gerechtigkeit gereinigt wurde“ (ἀλλ᾽ ἐφ᾽ ἁγνείᾳ τοῦ σώματος ἅτε δὴ καὶ τῆς ψυχῆς δικαιοσύνῃ προεκκεκαθαρμένης). Diese Deutung steht aber eher essenischen Reinigungspraktiken nahe, für die der aus priesterlicher Familie stammende Josephus Sympathien empfand.[37] Dass der Priestersohn Johannes (so man Lk 1,5 glauben will), einen vom Tempelkult abweichenden Ritus zur Sündenvergebung offeriert, ist allerdings bemerkenswert. Johannes reiht sich damit jedoch nahtlos ein in den breiten Strom tempelkritischer Tendenzen im Frühjudentum:[38] Die Unreinheit der Tempelpriester wird besonders kritisiert in TestMos 5,5 und 6,1,81, ebenso in Jub 23,21b; PsSal 2,3–5; Bell 4,323; 2Bar 10,18 und (dem erst wesentlich späteren) TgJes 28,1. Der Qumrangemeinde galt der Jerusalemer Tempel gar als entweiht; etliche Kreise hofften auf den wahren, eschatologischen Tempel, der bereits bei Gott im Himmel existierte (4Q174; Jub 1,29; 4Esr 10,46–55 und 1Hen 90,28–29). Ähnlich wie schon Hos 6,6; Am 5,21–24; Jer 7,4 kritisierte der Täufer wohl ein falsches Vertrauen auf den „Heilsautomatismus“ des Tempel-

---

34 Theißen/Merz, Jesus, 188. Vgl. a.a.O. 191: „Die reine Feuertaufe ist eine Rekonstruktion ohne Anhalt in den Quellen ... Q dürfte die Predigt des Täufers am ehesten bewahrt haben: Sein eigenes Wirken, das Gerichtsansage und Heilsangebot verband, soll der göttliche Bevollmächtigte überbietend einlösen, indem er das Endgericht (die Taufe mit Feuer) vollzieht und den Geist über die mit der Johannestaufe Versiegelten ausgießt.“

35 Theißen/Merz, Jesus, 190 (kursiv im Original).

36 Vgl. Theißen/Merz, Jesus, 118.

37 Vgl. dazu Tiwald, Frühjudentum, 183f. Wenn Josephus eine Gruppierung bevorzugt, dann sind es die Essener (Bell 2,119–161; Ant 15,371–379; 18,17). Die scheinbare Nähe zu den Pharisäern ausdrückende Notiz in Vita 12 bezieht sich nur auf die *politische* Orientierung dieser Gruppe, also Josephus’ Teilhabe an der Widerstandsbewegung.

38 Vgl. dazu Tiwald, Frühjudentum, 271–276.

kults – genauso wie er ein „heilsautomatistisches" Missverständnis der Abrahamskindschaft anprangert. Weder Tempelkult noch Abrahamskindschaft wird beim Täufer grundsätzlich in Frage gestellt, doch gewisse Zerrformen einer falschen Heilsgewissheit (gerade bei moralischem Ungenügen) zurückgewiesen. Die tempelkritischen Akzente des Täufers wurden später bei Jesus weitergeführt, freilich auch hier ohne grundsätzliche Abrogation des Tempelkultes *per se* (s.u. *III: Q 13,34f*).

Erzähleinheit 2: Taufe und Bewährung Jesu (Q 3,21f; 4,1–13.16)

Die Taufe Jesu (Q 3,21f)

21 … Jesus getauft …, öffnete sich der Himmel …, 22 und … der Geist … auf ihn; … Sohn …

Mit *Erzähleinheit 2* richtet sich nun der Blick von Johannes auf Jesus. Umstritten ist, ob die Logienquelle überhaupt eine Taufgeschichte enthielt. An textimmanenten Kriterien kann man kleinere Übereinstimmungen von Mt und Lk gegen Mk ins Treffen führen, etwa wenn statt des Verbs σχίζω („aufreißen", Mk 1,10) das Verb ἀνοίγω („sich öffnen", Mt 3,16//Lk 3,21) verwendet wird. Fraglich ist, ob man diese Übereinstimmungen nicht auch als eigenständige Redaktionstätigkeit der beiden Seitenreferenten zur Verbesserung des Mk-Textes werten sollte.[39] Textpragmatisch legt sich allerdings nahe, dass es ein Bindeglied zwischen der Predigt es Täufers und der Versuchungsgeschichte Jesu gegeben haben muss. Vom narrativen Duktus der Logienquelle wird Jesus als der vom Täufer angekündigte „Stärkere" identifiziert, der als Menschensohn Träger des Geistes Gottes ist. Dafür spricht auch der Anschluss in Q 4,1, wo Jesus „vom Geist" in die Wüste geführt wird. Wahrscheinlich betonte schon eine kleine Notiz in Q den Geistempfang Jesu, der ihn nun als den von Johannes erwarteten „Stärkeren" ausweist.

Die Versuchung Jesu in der Wüste (Q 4,1–13)

1 Jesus aber wurde vom Geist in die Wüste hinaufgeführt, 2 um vom Teufel versucht zu werden. Und er aß vierzig Tage nichts, … er wurde hungrig.
3 Und der Teufel sagte ihm: Wenn du Gottes Sohn bist, sage, dass diese Steine Brote werden sollen. 4 Doch es antwortet ihm Jesus: Geschrieben steht: *Nicht von Brot alleine lebt der Mensch* (Dtn 8,3).
9 Der Teufel nahm ihn mit nach Jerusalem und stellte ihn auf die Zinne des Heiligtums und sagte ihm: Wenn du Gottes Sohn bist, wirf dich hinab. 10 Denn geschrieben steht: *Seinen Engeln wird er deinetwegen befehlen* (Ps 91,11), 11 und *auf Händen werden sie dich tragen, damit du deinen Fuß nicht an einen Stein stößt* (Ps 91,12). 12 Doch Jesus antwortete und sagte ihm: Geschrieben steht: *Du sollst den Herrn, deinen Gott, nicht versuchen* (Dtn 6,16).
5 Und der Teufel nahm ihn mit auf einen sehr hohen Berg und zeigte ihm alle die Königreiche der Welt und ihre Pracht, 6 und er sagte ihm: Das alles werde

39 So Fleddermann, Q, 233–235, der dafür optiert, dass es in Q *keine* Tauferzählung gegeben habe. Vgl. die Diskussion der Argumente dort. Auch Zeller, Logienquelle, 21, kommt ohne Q-Taufgeschichte aus. Positive narratologische Argumente für die Existenz einer Taufnotiz in Q bringt Labahn, Gekommene, 140–145; dort auch ein ausführlicher Überblick zu einschlägiger Literatur.

ich dir geben, [7] wenn du mich anbetest. [8] Doch Jesus antwortete und sagte ihm: Geschrieben steht: *Den Herrn, deinen Gott, sollst du* anbeten *und ihm* allein *dienen* (Dtn 6,13a = 10,20a).
[13] Da verließ der Teufel ihn.

Mit der Versuchungsgeschichte Jesu befinden wir uns wieder im gesicherten Q-Bestand.[40] Lediglich die *Abfolge* der zweiten und dritten Versuchung divergiert bei Mt und Lk. „Hier ist die Überlegung viel wahrscheinlicher, daß Lk die Reihe der Versuchungen in Jerusalem enden lassen wollte“[41] – der lk Jerusalem-Zentrismus ist hinlänglich bekannt. Die Parallele bei Mk 1,12f berichtet interessanterweise auch vom Geist, der Jesus in die Wüste „treibt“ (ἐκβάλλει), vom vierzigtägigen Aufenthalt dort und von der Versuchung durch Satan. Die Logienquelle hat diese Versuchung allerdings nun in drei Versuchungen nebst drei Antworten Jesu narrativ ausgefaltet (eine der wenigen Stellen, an der Q narrativ „bunter“ ist als das MkEv).

Geographisch verwundert zunächst die Notiz, dass Jesus „in die Wüste hinaufgeführt wurde“, da doch die Tätigkeit des Täufers nach Q 7,24 auch in der Wüste verortet wird (während Q 3,3 nur „das ganze Umland des Jordan“ als Einzugsgebiet des Täufers nennt). Von Galiläa gesehen (wo Q 7,24 handelt) ist die Taufstätte des Johannes in der „Wüste“ gelegen, da der Jordan knapp nördlich des Toten Meeres nur einen schmalen Vegetationsstreifen in die Wüste zeichnet (vgl. das Bild vom Schilfrohr in Q 7,24). Aus der tief eingeschnittenen Jordansenke hingegen steigt man dann steil „hinauf“ in die Judäische Wüste, in der die Versuchungsgeschichte Jesu lokalisiert wird.

Die *Wüste* ist in atl Traditionen sowohl als Ort der *Gottesoffenbarung* (Ex 3,1–4,17; 19) wie auch als Stätte der *Gottesferne* (Dtn 8,15; Lev 16,10; vgl. auch Q 11,24) konnotiert.[42] Beide Topoi fließen zusammen in der Sichtweise, dass sich Jesus an einem für die Geschichte Israels so zentralen Ort bewähren muss. In Jesus erfüllt sich also gewissermaßen das Geschick seines Volkes; das vierzigtägige Fasten Jesu verweist auf die vierzig Jahre der Wüstenwanderung (vgl. schon Hebr 3,5–10).[43] Israel, der aus Ägypten berufene „Sohn Gottes“ (Hos 11,1) hat in der Wüste versagt, Jesus, der „Sohn Gottes“ (Q 4,9) erfüllt den Willen Gottes. Das Bild von der *Wüste als Ort der geläuterten Wiederholung der Geschichte Israels* begegnet auch bei anderen Zeitgenossen Jesu: Die Damaskusschrift spricht in 6,5 vom Ausziehen aus dem Land Juda in das Land Damaskus, eine Parallele zu Am 5,27, mit dem die Qumraniten ihre Niederlassung in der Wüste rechtfertigten.[44] Ein Prophet namens Theudas wird in Ant 20,97 erwähnt (vgl. Apg 5,36f, dort aber zeitlich falsch eingeordnet), der während der Zeit des Cuspius

---

40 Vgl. hier und im Folgenden die Untersuchungen zur Q-Versuchungsgeschichte bei Tuckett, Sayings, 153–181.

41 Luz, Matthäus I, 220. Zum Jerusalem-Zentrismus des Lk vgl. Wasserberg, Mitte, 119–123 und 361. Lk stilisiert Jerusalem zum einzigen Zentrum der nachösterlichen Jesusbewegung (Apg 1,4). In konzentrischen Kreisen breitet sich das Heil dann von dort aus, beginnend „in Jerusalem und in ganz Judäa und Samarien und bis an die Grenzen der Erde“ (Apg 1,8). Vgl. dazu Stellen wie Lk 9,31.51; 13,33; 24,33.47.52; Apg 1,4.8; 5,28; 6,7; 8,1.14.27.

42 Zur Bedeutung der „Wüste“ in Q vgl. Bork, Raumsemantik, 154–156 und 248, sowie Labahn, Gekommene, 466–473.

43 Labahn, Gekommene, 468, listet im Detail die teilweise wörtlichen Anknüpfungspunkte zwischen Dtn 8LXX und Q 4 auf.

44 Vgl. Stökl Ben Ezra, Qumran, 280.

Fadus (44–46 n. Chr.) auftrat und durch sein Wort die Fluten des Jordan teilen und in Umkehrung der Landnahme unter Josua (vgl. Jos 3) das Volk durch den Jordan hindurch zurück in die Wüste führen wollte. Vielleicht wollte auch der Täufer mit seinem bewussten Gang in die Wüste (vgl. Q 7,24!) ein entsprechendes Zeichen zur Restitution der Heilsgeschichte Israels setzen. Somit könnte man von einer „Symbolik der Wüste als Ort der Buße und des eschatologischen Neuanfangs“[45] sprechen.

Der starke *Bezug auf die Traditionen des jüdischen Volkes* wird nicht nur deutlich in Bezug auf die Wüstenwanderung Israels, sondern auch in den starken *Schriftbezügen*, die den Grundrhythmus dieser Perikope skandieren: Jesus weist alle Versuchungen des Teufels durch ein Zitat aus dem Buch Deuteronomium (der Zusammenfassung der „Tora“ schlechthin![46]) zurück. Dabei wird alleine in unserer Perikope viermal die stehend-klassische Einleitungsformel γέγραπται, „geschrieben steht“, verwendet, mit der man ein nachfolgendes Schriftzitat einzuleiten pflegte. Das griechische γέγραπται gibt dabei schon in der LXX das hebräische כָּתוּב, *katuv*, wieder und wird auch im NT unzählige Male verwendet (in Q ansonsten noch in 7,26; s.u. *IV: Exkurs 2: Der Schriftgebrauch der Logienquelle*). Hier wird deutlich, dass die Logienquelle noch voll und ganz in den Heilstraditionen des Volkes Israel verhaftet ist. Wie selbstverständlich rezitiert der hier gezeichnete Jesus diese Traditionen und weist damit die Versuchungen des Teufels (auch seine sinnentstellende „Falschzitation“ in V 10f) zurück. „Die auffälligste Beobachtung bei allen alttestamentlichen Bezügen ist die, dass Q Jesus in enge Verbindung mit dem Hauptgebot der Tora bringt und damit ... als den ‚wahren Israeliten‘ darstellt ..., der die Tora in idealer Weise erfüllt.“[47]

Historisch wird man – nicht zuletzt aufgrund der unabhängigen *traditio duplex* bei Q und Mk – davon ausgehen müssen, dass Jesus nach seiner Taufe nicht gleich zu predigen begann, sondern zunächst eine Zeit der Besinnung und Selbstfindung durchlebte. Auch Flavius Josephus berichtet davon, dass er vor seinem öffentlichen Engagement (πολιτεύεσθαι) drei Jahre in der Wüste beim Einsiedler Banus verbracht habe, der – fast wie der Täufer – „Kleider aus Baumrinde“ trug, „wildwachsende Kräuter“ aß und regelmäßige Waschungen vollzog (Vita 11f). Wenn – wie oft vermutet – Jesus nicht nur von Johannes getauft wurde, sondern auch ein Schüler des Täufers war,[48] dann ließe sich die Wüstenzeit Jesu als Phase der Neuorientierung deuten, nach der Jesus einen anderen Weg als der Täufer einschlug: Die innere Krise wäre dann mit dem Wort „Versuchung“ zum Ausdruck gebracht. Wahrscheinlich hat es in dieser Zeit auch eine „Schlüsselerfahrung“ Jesu gegeben – manche Forscher verweisen gerne auf Lk 10,18, den Satanssturz (s.u. *IV: Exkurs 1*). Ein (wie auch immer geartetes) Schlüsselerlebnis führte Jesus zur Annahme, dass die Königsherrschaft Gottes bereits angebrochen und die Macht des Satans zum Ende gekommen sei (vgl. Q 10,9; 11,20.21f; 16,16;

45 Bovon, Lukas I, 376. Auf die narratologische Spannung zwischen der Wüste als Ort der Dämonen und im Gegensatz dazu als Ort des Neuanfangs hat Labahn, Gekommene, 469f, verwiesen.

46 Vgl. Braulik, Deuteronomium, 14f: „Nach [Dtn] 6,4–9 ... soll der Israelit in der Familie wie in der Öffentlichkeit das Dtn ständig rezitieren und es die kommende Generation mit den Wiederholungsmethoden der Schule auswendiglernen lassen.“

47 Hieke, Schriftgelehrsamkeit, 66. Damit wollen die Q-Missionare „Jesu Verhalten und die eigene Lehre und Praxis als vollkommen übereinstimmend mit dem Hauptgebot der Tora darstellen ...“ (ebd.).

48 Vgl. die Diskussion bei Tiwald, Frühjudentum, 202.

Mk 3,27; Joh 12,31f; 16,11; s.u. zu Q 10,9). Dies ließ ihn „die Gerichtsangst des Täufers durch die Heilsgewissheit seiner Verkündigung“[49] ablösen. Vor Jesu Verkündigungstätigkeit zeichnen Q und Mk übereinstimmend das Ringen Jesu mit Satan, an dessen Ende dann die Gewissheit vom Anbruch der Königsherrschaft Gottes auf Erden stand (vgl. auch Q 10,21–23).

Dieses Ringen mit dem Teufel wird nun *in mythologischen Bildern verdichtet*. Dabei stellen die drei Versuchungen des *Besitzes* (Steine zu Brot), des *Geschätzt-Werdens* (Bewunderung durch ein spektakuläres Schauwunder in Form eines Sprungs von der Tempelzinne[50]) und der *Macht* (alle Reiche dieser Welt besitzen) tiefenpsychologisch gesehen die *Ur-Sehnsüchte* des Menschen schlechthin dar.[51] Nicht nur dieser Inhalt, sondern auch die Dreizahl verdeutlichen den archetypischen und umfassenden Gehalt der Versuchung Jesu: „Der dreimalige Vollzug einer Handlung bzw. der dreimalige Vorgang eines Geschehens läßt sie als vollständig, abgeschlossen, endgültig erscheinen.“[52] Dass Jesus vierzig Tage nichts gegessen habe, ist eine Anspielung an Ex 34,28, wo von Moses gesagt wird, dass er während seines vierzigtägigen Aufenthalts am Sinai „kein Brot gegessen und kein Wasser getrunken“ habe.

Theologisch bietet die gesamte Perikope Q 4,1–13 also den Aufweis, dass Jesus der von Gott eingesetzte Bevollmächtigte ist, der in Erfüllung der Heilserwartungen der jüdischen Bibel den Willen Gottes vollzieht. Jesus erweist sich damit als „Sohn Gottes“: Auch wenn dieser christologische Titel in Q erst spärlich (Q 4,3.9; vgl. 10,22) und hier auch nur in der Anfrage des Teufels („Wenn du Gottes Sohn bist“) vorkommt, so wird gerade darin die Zentralität dieser Perikope deutlich. Schon in Q war der Titel „Sohn Gottes“ mit der Tauf- und Versuchungsgeschichte verbunden, wie auch die Parallelüberlieferung bei Mk 1,11 belegt.

16 … Nazara … Nazara (Q 4,16)

Leider lässt sich an dieser Stelle der Q-Text nicht mehr rekonstruieren. Sicher allerdings ist, dass hier der Ausdruck *Nazara* (Ναζαρά) gestanden hat, wie Mt 4,13 und Lk 4,16 übereinstimmend berichten. Da dieser Ausdruck ansonsten im gesamten NT einzigartig ist, muss der Begriff aus der Logienquelle stammen – der Heimatort Jesu wird ansonsten mit Ναζαρέτ, *Nazaret* (Mk 1,9; Mt 2,23; Joh 1,45f) oder Ναζαρέθ, *Nazareth* (Mt 21,11; Lk 1,26; 2,4.39.51; Apg 10,38) wiedergegeben.[53]

So unbedeutend diese kurze Notiz auch scheint, so bedeutend ist ihre Funktion doch für den narrativen Progress der Logienquelle:[54] Jesus wechselt den Ort, er ver-

49 So Theißen/Merz, Jesus, 197.

50 Vgl. die Deutung bei Luz, Matthäus I, 226.

51 So eine interessante tiefenpsychologische Deutung von Zulehner, Ordenschristen,29–41, bes. 37. Der Wille zu *Besitz* – *Sexualität* – *Macht* wurde von Siegmund Freud und Alfred Adler hinlänglich verdeutlicht. In allen drei spiegeln sich Ursehnsüchte des Menschen wieder. Bei Philon, VitMos 1,28–33 wird betont, dass Moses den Versuchungen der Gaumenlust, der sexuellen Lust, einem luxuriösen Lebensstil und dem Machtmissbrauch widerstanden habe.

52 Delling, Art. τρεῖς, 221.

53 Vgl. Kloppenborg, Bethsaida, 64 (besonders Anm. 7). Skeptisch allerdings Labahn, Gekommene, 477–480.

54 „Some form of transitional phrase“ fordert vor allem Kloppenborg, Parallels, 22. Labahn, Gekommene, 480, will hier eher einen narrativen *gap* sehen, der den Übergang verdeutlicht.

lässt die Wüste und kehrt in seine galiläische Heimat zurück. Mit dem Ortswechsel ist für Jesus auch eine theologische Neupositionierung gegeben: Die nun anbrechende Königsherrschaft Gottes (s.u. *IV: Exkurs 1*) führt dazu, dass Jesus nun die Heils- und Erlösungszusage Gottes – und nicht das Feuergericht wie der Täufer – in den Vordergrund rückt. Passte die karge Wüste zur Gerichtspredigt des Täufers, so geht Jesus nun in die bewohnten Gebiete zurück. Kamen die Menschen zum Täufer in die Wüste (vgl. Q 7,24), so wird nun Jesus zum guten Hirten, der wie in Q 15,4–7 dem verlorenen Schaf nachgeht.

Erzähleinheit 3: Jesu programmatische Rede (Q 6,20–49)

Die *programmatische Rede* Jesu ist jener Text, der später bei Mt zur „Bergpredigt" ausgebaut wurde. Die Grundlage dieses Textes aber stammt aus Q – spätestens hier hat die Logienquelle Weltliteratur geschrieben! Gemäß Lk 6,17 hatte Jesus diese Rede ἐπὶ τόπου πεδινοῦ, „auf einem ebenen Platz" gehalten, was zur Bezeichnung „lukanische Feldrede" (als Pendant zur matthäischen „Bergpredigt") führte. Wo allerdings Q diese Rede verortete, wissen wir nicht.[55] Möglich wäre, dass die Erwähnung von *Nazara* in Q 4,16 schon die Verortung für die folgende Rede bot. Wahrscheinlicher aber ist, dass mit der Erwähnung von *Nazara* der Zyklus Taufe und Versuchung abgeschlossen wurde durch die Notiz der Rückkehr Jesu in seine Heimat. Die *programmatische Rede* wäre dann auch gut möglich ohne Ortsangabe – eben programmatisch, ohne Bindung an einen konkreten Ort, einfach die grundsätzliche Botschaft Jesu wiedergebend. Als solche haben jedenfalls auch Mt und Lk den Text verstanden, den beide Evangelisten unabhängig voneinander als zentrale Verkündigung der Botschaft Jesu überliefern. Hier bietet die Logienquelle „hochkarätiges und für das Christentum profilbildendes Gut ..."[56]

Seligpreisungen (Q 6,20–23)

20 Und als er seine Augen zu seinen Jüngern erhob, sagte er:
Selig die Armen, denn euer ist die Königsherrschaft Gottes.
21 Selig die Hungernden, denn ihr werdet gesättigt werden.
Selig die Trauernden, denn ihr werdet getröstet werden (Jes 61,1f).
22 Selig seid ihr, wenn sie euch schmähen und verfolgen und alles Böse gegen euch sagen wegen des Menschensohnes. 23 Freut euch und jubelt, denn euer Lohn im Himmel ist groß; denn so verfolgten sie die Propheten vor euch.

Der Introitus zur *programmatischen Rede* Jesu ist ebenso fulminant wie lyrisch: Das hier gewählte Genus ist der *Makarismus*, die Seligpreisung, eine stehende Redewendung des AT. Dabei wird das einleitende „selig", אַשְׁרֵי, *'ašre*, in der LXX durchgehend mit μακάριος, *makarios* (bzw. im Plural μακάριοι, *makarioi*) wedergegeben.[57] Danach

---

55 Kosch, Tora, 222–231, und Sevenich-Bax, Konfrontation, 68, erörtern, ob nicht schon in Q eine Erwähnung des Berges vorkommt. Doch dies ist wahrscheinlich mt Redaktion, die Jesus als neuen Moses porträtiert, der seine „programmatische Rede" – analog zum Sinai – auch auf einem Berg hält.

56 Ebner, Q, 86.

57 Steinberg, Art. Seligpreisung (AT), WiBiLex.

wird eine „kurze Nennung der glückselig zu Preisenden + Begründung in Form einer Heilsverheißung“[58] geboten. Makarismen begegnen in AT und Frühjudentum in unterschiedlichen Kontexten. In *weisheitlichen* Texten beleuchten sie gemäß dem Tun-Ergehen-Zusammenhang Wohlergehen als Folge gottgefälligen menschlichen Handelns (vgl. Ps 1,1–6; Sir 14,1f.20–27; 25,8f) und sind hier auf die Gegenwart und das Diesseits ausgerichtet. In *apokalyptischer* Theologie rückt mit dem Makarismus allerdings das eschatologische Geschick in den Blick und die Vorstellung, dass Gott am Ende der Zeit eine Umkehrung der machtpolitischen Verhältnisse bewirken werde (vgl. 1Hen 58,2f). Gerade in der Logienquelle ist dieser Interpretationsstrang besonders ausgeprägt: Gott hat eine besondere Option für die Armen, sie sind die vorrangigen Erben der Königsherrschaft Gottes (s.u. *IV: Exkurs 3.1: Gottes Option für die Armen*). Es ist textpragmatisch also kein Wunder, dass der Introitus für die *programmatische Rede Jesu* mit dem Blick auf die Armen, Hungernden und Trauernden beginnt.

Während Mt 5,3–12 acht Seligpreisungen bietet, finden sich bei Lk 6,20–23 nur vier, was auch dem Q-Befund entsprechen dürfte. Auffallend ist, dass die ersten drei Seligpreisungen alle mit dem griechischen Buchstaben *Pi* anlauten (πτωχοί, *ptochoi*, „Arme“ – πεινῶντες, *peinōntes*, „Hungernde“ – πενθοῦντες, *penthountes*, „Trauernde“). Eine alliterative wie auch stichometrische Rhythmik ist hier bereits im griechischen Q Text gegeben. Die vierte Seligpreisung fällt aus diesem Rahmen. Zumeist werden die ersten drei Seligpreisungen auf den historischen Jesus zurückgeführt: Menschen in Not (Armen, Hungernden, Trauernden) wird die eschatologische Umkehrung ihrer Verhältnisse zugesagt.[59] In der vierten Seligpreisung hingegen reflektiert die Logienquelle bereits das *gewaltsame Prophetengeschick*, welches in Q den Misserfolg der ersten Missionare theologisch deutete und damit nachjesuanische Gemeindebildung darstellt (s.u. *IV: Exkurs 3.2: Das „gewaltsame Prophetengeschick“*).

Hier handelt es sich um *real* Arme und Hungernde, nicht wie bei Mt 5,3.6 um die „Armen *dem Geist nach*“, oder die „Hungernden und Dürstenden *nach Gerechtigkeit*“. Allerdings schwingt auch schon in der Logienquelle bei „arm“ die Konnotation „demütig“ mit – beide Ausdrücke waren im Frühjudentum eng miteinander verbunden (s.u. *IV: Exkurs 3.1: Gottes Option für die Armen*). Dies deckt sich gut mit den „Unmündigen“ (νήπιοι) in Q 10,21, denen Gottes besondere Offenbarung zuteil wird. Das kindliche Gottvertrauen der Armen auf die Vorsehung Gottes begegnet weiters in dem Bildwort von sorglosen Raben und unbeschwerten Lilien (Q 12,22b-31). Die „Sanftmütigen“ (πραεῖς) werden zwar erst durch Mt 5,5 eingefügt, doch deckt sich dieser Aspekt der Gewaltlosigkeit mit dem Grundgehalt der Q-Seligpreisungen (vgl. den anschließenden Vers Q 6,27f).

Feindesliebe & Gewaltlosigkeit (Q 6,27f.35c-d. 29f)

27 Liebt eure Feinde, 28 und betet für die, die euch verfolgen, 35c damit ihr Söhne eures Vaters werdet, denn er lässt seine Sonne aufgehen über Böse und Gute, und er lässt regnen über Gerechte und Ungerechte. 29 Wer dich auf die eine Wange schlägt, dem halte auch die andere hin, und dem, der mit dir vor Gericht gehen und dein Untergewand nehmen will, dem lass auch dein Obergewand. Mt 5,41 Und wer dich zwingt, eine Meile mit ihm zu gehen, mit dem geh zwei.

58 Konradt, Matthäus, 67.
59 Vgl. Konradt, Matthäus, 67.

[30] Dem, der dich bittet, gib; und von dem, der sich leiht, fordere das Deine nicht zurück.

Per Stichwortverbindung schließt hier an die *Seligpreisung der Verfolgten* das *Logion über Feindesliebe und Gebet für die Verfolger* an. Dieser Text, der keine Parallele im MkEv besitzt, wurde später zu einem der profiliertesten Texte des Christentums erklärt (zu Recht), ja sogar zur *differentia specifica* christlicher Ethik (zu Unrecht, da bereits im Frühjudentum vorfindbar, s.u.). Die Überlieferung kann mit hoher Wahrscheinlichkeit auf den historischen Jesus zurückgeführt werden.[60]

Die Logienquelle bietet mehrere Hinweise auf Feindesliebe und Gewaltlosigkeit: In der *Missionsinstruktion* werden die Q-Boten ausgesendet „wie Schafe inmitten von Wölfen" (Q 10,3) und aufgefordert, keinen Stock (der in der Antike weniger als Gehbehelf, sondern als Waffe diente, Q 10,4) mit sich zu führen. Die besondere Friedfertigkeit wird zum emblematischen Zeichen für die Jesusbewegung. Hinter dieser Vorstellung steht die Überzeugung apokalyptisch geprägter Kreise, dass in der Endzeit inmitten des Zerbrechens aller menschlicher Strukturen und apokalyptischer Gewaltszenarien der eschatologische Gottesfriede aufblühen würde (s.u. *IV: Exkurs 4: Apokalyptische Muster in Q*). In vielen frühjüdischen Gruppierungen galt der Gottesfriede allerdings nur für die Anhänger der *eigenen* Gefolgschaft (vgl. Tob 4,13; Sir 13,15–118; Jub 36,4.8, 46,1; CD 6,20f; s.u. *IV: Exkurs 4.3*).[61] Jesu Heilsoptimismus führt zu einem inklusiven Verhalten, das moralisch (vgl. Q 7,34; 15,4–10) und rituell (vgl. Q 7,22f) Unreine und sogar die Feinde *inkludiert* und nicht – wie etwa in Qumran – *exkludiert* (vgl. 1QS 1,9f: „zu lieben alle Licht-Söhne ... und zu hassen alle Finsternis-Söhne"; ebenso 1QS 1,3f; 9,21–23). Haftpunkt dieses Heilsoptimismus ist die Vaterschaft Gottes, der für alle seine Kinder sorgt („Sonne aufgehen lassen über Böse und Gute") und mit Anbruch seines Reichs ein neues Heilsangebot *an alle* ergehen lässt (s.u. *IV: Exkurs 1*).

Im Frühjudentum gibt es allerdings auch schon Ansätze, die auf Feindesliebe hindeuten: Philon, Virt 116–118; QuaestEx 2,11 sowie TestSim 4,4; TestSeb 8,4–6; TestJos 17.[62] Aber auch schon im AT (Ex 23,4f; Lev 19,17f und Spr 24,27; 25,21f) begegnen Texte, die in eine ähnliche Richtung denken lassen. Die Vorstellung, dass Gott als König „barmherzig, langmütig und reich an Gnade" ist sowie „gütig zu allen", begegnet schon in Ps 145,9. Das Bild, dass Gott seine Sonne auch über Bösewichten aufgehen lässt, findet sich etwa zeitglich zur Logienquelle bei Seneca in Ben 4,26,1: „‚Wenn du die Götter', heißt es, ‚nachahmst, dann erweise auch undankbaren Menschen Wohltaten; denn auch Verbrechern geht die Sonne auf, auch den Seeräubern stehen die Meere offen.'"[63] Ähnliche Traditionen haben auch bei Paulus in Röm 12,19–21 Eingang gefunden.[64] Letztlich kann

60 Vgl. Wolter, Lukasevangelium, 255f. Dort auch Hinweise auf Ansätze zur Feindesliebe in der klassischen Gräzität. Zu den Ansätzen der Feindesliebe im Frühjudentum s.u.

61 Vgl. Konradt, Matthäus, 97.

62 Vgl. Konradt, Matthäus, 97. Bei den TestXII müsste man allerdings fragen, wieweit der ursprüngliche frühjüdische Bestand ging und wo die späteren christlichen Interpolationen einsetzten.

63 *„Si deos" inquit „imitaris, da et ingratis beneficia; nam et sceleratis sol oritur, et piratis patent maria."*

64 Jacobi, Jesusüberlieferung, 55–85, hat aufgezeigt, wie die Q-Traditionen von Feindesliebe und Gewaltverzicht auch in anderen Kreisen des Urchristentums rezipiert und weitergeführt wurden.

man sagen: Die Feindesliebe Jesu und seiner Nachfolger in Q ist eine aus dem frühjüdischen Kontext herauswachsende *kontextplausible*, wenn auch recht *individuell-akzentuierte und zugespitzte* Weiterführung vorgegebener Muster.

Der *Wangenschlag* stellte eine ultimative Kränkung der Ehre dar (Ijob 16,10; Klgl 3,30; 1Kön 22,24; 1Chr 18,23; vgl. auch Jes 50,6f).[65] Der *Mantel*, den man über dem leichten Untergewand trug, war zumeist der vorletzte Besitz, den man einem Menschen nehmen konnte, bevor man ihm auch noch „das letzte Hemd" auszog. Besitzlose Tagelöhner benötigten den Mantel, um sich darin nachts statt mit einer Decke zuzudecken (Ex 22,25f; Dtn 24,12f). Wangenschlag und Mantelraub verdeutlichen ultimative Demütigung und ultimative Beraubung. Dass man beidem nicht widerstehen soll, hat seinen Haftpunkt in der eschatologischen Erwartung der Königsherrschaft Gottes, die nun für neues Recht sorgen wird. Der Gewaltverzicht wird damit zu einem realprophetischen Zeichen, das auf die bevorstehende „Kontrastgesellschaft Gottes"[66] verweist. Keinesfalls aber spiegelt sich in der Gewaltlosigkeit eine die Unterdrückung rechtfertigende und prolongierende „Sklavenmoral", wie sie F. Nietzsche am Christentum kritisiert. Ganz im Gegenteil: Der Ansatz Jesu und der Logienquelle ist ein kreativer und eigenständiger Umgang mit der in Palästina vorfindbaren Situation der Entrechtung und Unterdrückung durch die jeweiligen Fremdherrscher (bzw. durch deren Marionettenherrscher).[67] Diese Situation kommt gerade im *Zwingen zu einer Meile* zum Ausdruck: Das hier verwendete Verb ἀγγαρεύω, *angareuō*, meint eigentlich eine Zwangsrekrutierung zum Frondienst (so Mt 27,32//Mk 15,21 für das erzwungene Kreuztragen durch Simon von Kyrene).

Ein anderer Horizont wird mit V 30 aufgetan: Waren zuvor mit Wangenschlag, Mantelraub und Frondienst, aber auch in den Seligpreisungen nur Arme und Rechtlose angesprochen, so weitet sich nun der Blick auf die Besitzenden, die Ausleihenden und Gebenden. Auch hier allerdings ist das gleiche Prinzip federführend: der *Verzicht auf die Reziprozität* (als negatives Kontrastbild vgl. Sir 20,15). Für Lukas wird dieser Vers später Teil seiner groß angelegten Thematik des Besitzausgleiches zwischen Armen und Reichen, die sein ganzes Doppelwerk durchzieht.[68] In Q allerdings ist die Aussage noch ganz realprophetisch der Erwartung einer Kontrastgesellschaft im Königreich Gottes geschuldet.

Goldene Regel & Barmherzigkeit (Q 6,31f.34.36)

31 Und wie ihr wollt, dass euch die Menschen tun, so tut ihr ihnen. 32 Wenn ihr die liebt, die euch lieben, welchen Lohn habt ihr? Tun dasselbe nicht auch die Zöllner? 34 Und wenn ihr denen leiht, von denen ihr hofft, es zurückzubekommen, welchen Lohn habt ihr? Tun dasselbe nicht auch die Heiden? 36 Seid barmherzig, wie euer Vater barmherzig ist.

65 Zur Frage der Motivik des Wangenschlages und des Mantelraubs vgl. die Ausführungen bei Scherer, Königsvolk, 337–340.

66 So Lohfink, Jesus, 181.

67 Zu den soziopolitischen Gegebenheiten in Palästina um die Zeitenwende vgl. Tiwald, Frühjudentum, 237–256.

68 Vgl. dazu Tiwald, Wanderradikalismus, 195–202. Ebenso bezeichnet Tuckett, Luke, 95, das LkEv als „the social gospel, with a bias towards the poor", und Klauck, Armut, 160, befindet: „Kaum ein zweites Thema beherrscht das lukanische Doppelwerk in dem Maße wie die Frage, was der Christ mit seinem Besitz anfangen soll."

Anders als die Thematik der Feindesliebe, war die „Goldene Regel“ in der Antike weit verbreitet – sowohl in der positiven (zu handeln, wie man selbst behandelt sein möchte) wie auch in der negativen Fassung (zu unterlassen was man selbst nicht erleiden will).[69] In frühjüdischer Literatur begegnet der Gedanke in Tob 4,15; TestSeb 5,3; TestNaph 1,6; Arist 207; Philon Hyp (= Eusebius PraepEv) 8,7,6. Die späteren Rabbinen sahen in der Goldenen Regel „die ganze Gesetzeslehre, alles andere ist nur die Erläuterung“ (bShab 31a).

Generell kann man im Unterschied zur Feindesliebe bei der Goldenen Regel den Gedanken der Reziprozität erkennen. Allerdings ist dies nicht der Druckpunkt der Aussage in Q: Durch die Kontextuierung mit der Feindesliebe davor und danach („nicht richten“), besonders aber durch V 34, wird klar, dass es gerade nicht darum geht, darauf zu spekulieren, das investierte Engagement wieder zurück zu erhalten. „Unabhängig davon, wie der andere sich tatsächlich verhält bzw. verhalten hat, soll man alles, von dem man *will*, dass man es von anderen erfährt, auch ihnen zukommen lassen.“[70] Es geht also um eine Grundhaltung, die aus dem Liebesgebot erwächst. Einen Konnex zwischen Goldener Regel und Liebesgebot (im Sinne der Verbindung von Nächstenliebe und Selbstliebe) findet sich auch in Lev 19,18; Sir 31,15; Did 1,2.

Das Motiv der Nachahmung der Barmherzigkeit Gottes kommt bereits in Arist 207–210 zum Tragen, hier auch verknüpft mit einer zugespitzten Form der Goldenen Regel:

> 207 ... dann blickte er den nächsten an und sagte: „Was ist die Lehre der Weisheit?“ Der gab zur Antwort: „Wie du nichts Schlechtes erleiden, sondern an allen Gütern teilhaben willst, – wenn du so gegen die Untergebenen handelst und die Missetäter – wie die anständigen Leute – milde zurechtweist. Denn auch Gott führt alle Menschen mit Milde.“ 208 Bedenkst du nun dieses alles, (dann) wirst du Barmherzigkeit üben, denn auch Gott ist barmherzig! ... 210 Wie nämlich Gott der ganzen Welt Gutes erweist, so dürftest auch du ohne Fehl sein, wenn du ihn imitierst.

Auch hier werden die *Goldene Regel*, Gottes Tätigkeit als *Schöpfer* und seine *Barmherzigkeit* miteinander verbunden und daraus der Auftrag abgeleitet, dass die Menschen ähnlich handeln müssen. Die gleichen Topoi begegnen in Q 6: *Goldene Regel* (V 31) – Gott, der als *Schöpfer* seine Sonne aufgehen lässt über Böse und Gute“ (V 35) – Imitieren von Gottes *Barmherzigkeit* durch den Menschen (V 36).

Der Verweis „Tun dasselbe nicht auch die Heiden?“ ist dem Blickwinkel aus innerjüdischer Perspektive geschuldet. Auch in Q 12,30 („Denn all dies suchen die Heiden“) werden Nicht-Juden als negative Kontrastfolie zum rechten Handeln gesetzt. In Q 7,9 hingegen („nicht einmal in Israel habe ich einen so großen Glauben gefunden“) widerspiegelt das Staunen Jesu über den Glauben des heidnischen Hauptmannes, wie ungewöhnlich solch eine Haltung in den Augen eines frommen Juden erscheint.[71] Hier wird deutlich, wie sehr die Logienquelle noch innerjüdischen Denkmustern verhaftet war.

Nicht richten (Q 6,37f)

37 Richtet nicht, dann werdet ihr nicht gerichtet; denn mit dem Urteil, mit dem ihr richtet, werdet ihr gerichtet werden, 38 und mit dem Maß, mit dem ihr zumesst, wird euch zugemessen werden.

69 Vgl. den Überblick bei Wolter, Lukasevangelium, 257f.
70 So zu Recht Konradt, Matthäus, 122.
71 Vgl. Arnal, Q, 138.

Diese Verse führen die Aussage der Goldenen Regel weiter und verbinden sie mit dem *ius talionis* (vgl. Ex 21,24f; Lev 24,19f; Dtn 19,21; frühjüdisch: Jub 4,31f; 11Q19 61,12). Von der Kontextuierung allerdings ist klar, dass die Vergeltung („dann werdet ihr nicht gerichtet") in Q nicht auf *menschliches*, sondern auf *göttliches* Handeln abzielt: Der Motivationshorizont ist nicht innerweltliche Forensik, sondern das eschatologische Gericht. Hier wie auch bei den Seligpreisungen kommt das *passivum divinum* zur Anwendung: Der hinter der Passivformulierung stehende Aktant ist Gott selbst, der aber – um den Gottesnamen nicht zu verunehren – ungenannt bleibt. Auch in Jak 4,11f ist die Tradition erhalten geblieben, dass nur Gott der Richter ist (vgl. auch TestGad 4,2f). Als Weiterführung der in Q vorgenommenen eschatologischen Neukontextuierung wird später Mt 5,38 in den Antithesen das Talionsgesetz kritisch gegen die Feindesliebe positionieren.

Die Thematik, großzügig zu Verzeihen in Verbindung mit dem guten Schöpfer- und Vatergott (V 31–36), begegnet in Q ganz besonders prominent im Vater-Gebet Jesu (Q 11,2–4; weiters vgl. Q 17,3f). Die Praxis Jesu, Sündern und am Rand Stehenden das Erbarmen Gottes zuzusprechen, hat mit seiner Erwartung zu tun, dass Gott nun im Eschaton die prälapsarische Unversehrtheit der Menschen wiederherstellen würde (s.u. *IV: Exkurs 1.4*). Dieses Gnadengeschenk Gottes muss der Mensch aber an seine Mitmenschen weitergeben – in Form von großzügiger Sündenvergebung an den Nächsten (vgl. dazu auch die Sonderguttradition Mt 18,23–35, die diese Grundhaltung verdeutlicht). Eine gewisse Parallele zum Maßspruch gibt es in mSot 1,7: „Mit dem Maß, mit dem der Mensch misst, misst man ihm."[72]

39 Kann etwa ein Blinder einen Blinden führen? Werden nicht beide in eine Grube fallen? Blinde Blindenführer (Q 6,39)

40 Der Schüler ist nicht mehr als der Lehrer; es genügt dem Schüler, dass er wie sein Lehrer wird. Schüler und Lehrer (Q 6,40)

Die Position der beiden Logien Q 6,39 und 40 ist umstritten: „Denn Lk 6,39 unterbricht zusammen mit 6,40 den ursprünglichen Zusammenhang vom Verbot des Richtens (Q 6,37f) mit dem Spruch vom Splitter und Balken (Q 6,41f), der in Mt 7,1–5 erhalten ist."[73] Tatsächlich ist Lk hier stark von eigenen redaktionellen Interessen geleitet, sodass gilt: „Über die ursprüngliche Position beider Sprüche in Q lässt sich nur spekulieren."[74]

Trotz des Bruchs in der Thematik ist aber ein gemeinsamer textpragmatischer Duktus gegeben, frei nach dem Motto *„du bist nicht besser als die anderen"* (V 36: Barmherzigkeit üben, da wir selbst Barmherzigkeit benötigen, V 37: nicht richten, da wir selbst gerichtet werden, V 41f: Splitter und Balken). Will man den Abschnitt so

72 Vgl. dazu Ebner, Weisheitslehrer, 85–90.

73 Hoffmann, Anmerkungen, 122.

74 Hoffmann, Anmerkungen, 122. Vgl. auch ebd.: „Dass Lukas hier in den Q-Text eingegriffen hat, zeigen seine Erweiterungen in 6,37b.c.38a.b, die das Verbot des Richtens thematisch mit dem vorangehenden Text verbinden (großzügiger Umgang mit Schuldnern und Bedürftigen), sowie auch der redaktionelle Neueinsatz in Lk 6,39a." Ähnlich Fleddermann, Q, 295. Anders aber Ebner, Weisheitslehrer, 319–321, und Scherer, Königsvolk, 319, die hier die richtige Q-Position und mt Redaktion vermuten.

übertiteln, dann passt auch die Mahnung, kein blinder Blindenführer zu sein und sich nicht über den Meister zu erheben, in diesen Kontext. Waren die beiden Logia schon in Q hier platziert, so war gewiss auch die Stichwortassoziation Blinder – Splitter im Auge mit verantwortlich für die Position. Gemäß lk Akoluthie bilden die beiden Logia eine Einheit: Wenn der Schüler nicht auf den Lehrer schaut, wird er zu einem blinden Blindenführer: Jesus selbst ist der Lehrer.[75] Bei Mt 15,14 wird das Wort polemisch gegen die Pharisäer gemünzt.[76]

Die Topik vom blinden Blindenführer war in der Umwelt des NT weit verbreitet.[77] Ähnliche Traditionen finden sich auch in Röm 2,19–22. Die Aussage „Es genügt dem Schüler/Knecht, dass er ist wie sein Lehrer" ist als stehende Phrase auch bei den späteren Rabbinen anzutreffen.[78]

Splitter und Balken (Q 6,41f)

41 Was aber siehst du den Splitter im Auge deines Bruders, den Balken aber in deinem Auge bemerkst du nicht? 42 Wie wirst du deinem Bruder sagen: Lass mich den Splitter aus deinem Auge herausziehen, und siehe, der Balken ist in deinem Auge? Heuchler, ziehe zuerst aus deinem Auge den Balken, und dann wirst du klar sehen, um den Splitter im Auge deines Bruders herauszuziehen.

Mit dem Wort vom Splitter und Balken wird der Faden von Q 6,39f – *Barmherzigkeit erweisen, wenn man selbst Barmherzigkeit benötigt* – weitergesponnen – nun allerdings gegen Heuchelei und Überheblichkeit gerichtet (und damit gut zu den blinden Blindenführern und überheblichen Schülern passend!).[79]

Der verwendete Vergleich von Splitter und Balken im Auge ist hyperbolisch: Die Bildlichkeit „bezieht ihre Kraft aus dem Kontrast zwischen dem denkbaren Vorkommen eines Splitters im Auge und der undenkbaren Vorstellung, dass ein ganzer Stützbalken unbemerkt im Auge stecken könnte."[80] Auch wenn das Bild übertrieben wirken mag, so war es jedoch im späteren rabbinischen Judentum geläufig (vgl. bBB 15b; bAr 16b), wobei der Splitter im Vergleich zum Balken als Bild der Geringfügigkeit diente (vgl. bHor 3b: ein Splitter ist nur ein geringer Teil eines großen Balkens).[81] Auch in ThEv 26 ist eine Parallele überliefert, dort allerdings in einfache Aussagesätze umgewandelt und ohne die Spitze gegen die Heuchelei.

Der Baum wird an seiner Frucht erkannt (Q 6,43–45)

43 Es gibt keinen guten Baum, der faule Frucht bringt, und andererseits keinen faulen Baum, der gute Frucht bringt. 44 Denn an der Frucht wird der Baum erkannt. Sammelt man etwa von Dornensträuchern Feigen oder von Disteln Weintrauben? 45a Der gute Mensch bringt aus dem guten Schatz Gutes hervor, 45b und

75 Vgl. dazu Kern, Größenwahn, 68–75.

76 Vgl. dazu Ebner, Weisheitslehrer, 327.

77 Vgl. die Aufzählung bei Wolter, Lukasevangelium, 262: Xenophon Mem. 1,3,4; Dio Chrysostomos Or. 62,7; Philon Virt 7; Sent. Pythagoreorum 40; Diogenes Laertius 5,82; Horaz, Ep. 1,1,-1–7; Sextus Empiricus, Math. 11,235. Vgl. dazu auch Kern, Absturzgefahr, 61–67.

78 Vgl. die Belege bei Billerbeck, Kommentar I, 577f. Zu rabbinischen Parallelen vgl. auch Kern, Größenwahn, 68–75.

79 Vgl. hier und im Folgenden Leonhardt-Balzer, Sehschwäche, 76–80.

80 Leonhardt-Balzer, Sehschwäche, 77.

81 Vgl. die Belege bei Billerbeck, Kommentar I, 446f: bBB 15b; bArach 16b.

der böse Mensch bringt aus dem bösen Schatz Böses hervor; [45c] denn aus dem Überfluss des Herzens redet sein Mund.

Mit dieser Perikope geht die *programmatische Rede* in den „Landeanflug“: Gleich einem Epimythion in einer Fabel folgt auf die Rede selbst nun die nachgestellte Handlungsanweisung in drei Teilen, wobei alle Teile auf das Tun der Lehren Jesu fokussieren:

1. Der Baum wird an seiner Frucht erkannt – so sollen die Jünger die programmatische Rede nun durch ihre Taten Frucht bringen lassen.
2. Daher soll man nicht nur „Herr, Herr“ sagen, sondern auch tun, was Jesus sagt.
3. Denn jeder, der Jesu Worte hört und tut, hat sein Haus auf Fels gebaut. Wer Jesu Wort hört und nicht tut, hat sein Haus auf Sand gebaut.

Die Rede vom Fruchtbringen begegnet schon in der Täuferpredigt (Q 3,8f: „Bringt also Frucht, die der Umkehr entspricht, ... jeder Baum nun, der nicht gute Frucht bringt, wird umgehauen und ins Feuer geworfen“). Damit greift die *programmatische Rede* die Täuferpredigt auf und führt sie auf Jesus bezogen weiter. Es geht also zunächst nicht um eine weisheitliche „Antwort auf das Problem: Wie erkenne ich, wonach ich einen Menschen bewerten kann?“,[82] sondern um die Aufforderung, die gute „Frucht, die der Umkehr entspricht“ hervorzubringen. Die im Bildwort genannten Früchte sind biblisch definiert: Weinstock und Feige sind Inbegriff der Fruchtbarkeit und des Wohlergehens (1Kön 5,5; 1Makk 14,9; vgl. Num 20,5; Dtn 8,8), Dornen und Disteln das Urbild der Unfruchtbarkeit (Jes 5.6; 7,23–25; 32,13).[83]

Die Gliederung[84] folgt einer sukzessiven Logik in fünf Schritten: *Erstens* ein verneinter doppelter antithetischer Parallelismus (guter Baum – schlechte Frucht; fauler Baum – gute Frucht), dem *zweitens* eine Begründung folgt (Baum wird an Frucht erkannt). Dann folgt *drittens* ein weiterer doppelter antithetischer Parallelismus (Dornensträucher – Feigen; Disteln – Weintrauben), diesmal aber als rhetorische Frage. In einem *vierten Schritt* wird in V 45 das Bildwort – nicht ohne Bruch – ethisierend auf den Menschen umgelegt. Noch stärker wird der Bruch im *fünften Schritt* in der abschließenden Notiz V 45c, indem die zunächst als Aufforderung zum richtigen Handeln gedachten Bilder nun auf das „Reden“ des Menschen bezogen werden. Dies wirkt wie ein gewisser Fremdkörper, da ja im anschließenden V 46 bereits wieder vom richtigen „Tun“ die Rede ist. Vielleicht ist es gerade diese Verschiebung, die dazu geführt hat, dass Mt 7,15–20 das Logion in den Kontext der Erkennung von Falschpropheten einbauen konnte. Allerdings hat man auch in Q schon den Eindruck, dass hier ein gewisses *Extempore* von Predigern vorlag, die ihre Aufforderung, den Worten Jesu Folge zu leisten, mit weisheitlichen Sentenzen untermalten (vgl. Sir 27,6 und 21,26).

[46] Was nennt ihr mich: Herr, Herr, und tut nicht, was ich sage?

Nicht nur Herr, Herr sagen (Q 6,46)

Auch an dieser Stelle wird klar, dass der Abschluss der *programmatischen Rede* von pädagogischen Überlegungen der Q-Prediger – und weniger von Jesu eigener Verkündigung – getragen sind: Mit der Bezeichnung „Herr“ (κύριος, *kyrios*) ist bereits „ein

82 So aber Scherer, Königsvolk, 354, und ähnlich Starnitzke, Früchten, 82.
83 Vgl. Ebner, Weisheitslehrer, 282f.
84 Vgl. dazu hier und im Folgenden Starnitzke, Früchten, 81–91.

christologisch spezifischer Sinn der Herrenanrede anzunehmen",[85] den die Q-Gemeinde Jesus beimisst. Allerdings ist der Kyrios-Titel in Q noch recht fluide und wird für Gott (4,8.12; 10,2.21; 13,35) und Jesus (6,46; 7,6; 9,59; 13,25) gemeinsam verwendet. Während Q 9,59 und 13,25 eher allgemeine Bedeutung aufweisen, lässt sich für Q 6,46 und 7,6 doch schon ein deutliches Bekenntnis zur Autorität Jesu erkennen.

Ähnlich wie Jak 2,14–26 einen Glauben ohne Taten kritisiert, wird auch hier von den Nachfolgern Jesu ein entsprechendes Tun eingefordert. Interessant ist die Überlegung von M. Wolter, ob nicht ein hyperpaulinisches Missverständnis der Worte aus Röm 10,9.13 (Rettung durch Anrufung Jesu als Kyrios) zu einer solchen Kritik eines Glaubens ohne Werke beigetragen habe.

Auf Fels oder Sand gebaut (Q 6,47–49)

47 Jeder, der meine Worte hört und sie tut, 48 ist einem Menschen gleich, der sein Haus auf dem Felsen baute; und der Regen ging nieder, und die Flüsse kamen, und die Winde wehten und prallten auf jenes Haus, doch es stürzte nicht ein, denn sein Fundament war auf den Felsen gegründet. 49 Und jeder, der meine Worte hört und sie nicht tut, gleicht einem Menschen, der sein Haus auf den Sand baute; und der Regen ging nieder, und die Flüsse kamen, und die Winde bliesen und stießen gegen jenes Haus, und sofort stürzte es ein, und sein Einsturz war groß.

„Jeder, der meine Worte hört ..." fasst die gesamte programmatische Rede zusammen und schließt sie mit der Handlungsanweisung „... und sie tut ..." ab. Grundaussage des einprägsamen Bildes vom Hausbau ist, „dass man das Gehörte im Anschluss auch tatsächlich zum Maßstab des eigenen Handelns macht und ein entsprechendes Tun folgt (vgl. Jer 11,4–6; Ez 33,31f; Sir 3,1; Test Hiob 4,2; Jak 1,22–25 sowie Röm 2,13)."[86]

Die Rede vom Fundament eines Hauses konnte im Frühjudentum für das rechte Verhalten eines Menschen verwendet werden, so etwa in 1Hen:

> 1Hen 94 [6] Wehe denen, die Ungerechtigkeit und Unrecht aufrichten. [7] Wehe denen, die ihre Häuser mit Sünde bauen, denn sie werden aus all ihren Fundamenten gerissen werden ...

> 1Hen 99 [13] Wehe euch, die ihr eure Häuser durch die Schwerarbeit anderer baut und (deren) gesamtes Baumaterial Ziegel und Steine der Sünde (sind); ... [14] Wehe euch, die ihr den Grundstein und das ewige Erbteil der Väter verachtet ...

Interessant ist, dass bereits 1Hen sowohl die Metaphorik vom *eingerissenen Fundament* wie auch die vom *verworfenen Grundstein* kennt und mit einem ungerechten Lebensstil verbindet.[87] Während der Q-Traditionsstrang nur das Bild vom nicht tragenden Fundament erwähnt, kennt der mk Traditionsstrang einzig das Bild vom verworfenen Eckstein (Mk 12,10). Auch hier wird deutlich, dass frühchristliche Erzähltraditionen anhand von frühjüdischen Vorlagen wuchsen und ausgestaltet wurden. In der Wurfparabel der Topik vom *guten, tragenden Fundament* stehen 1Kor 3,9–13 und Röm 15,20 (in Weiterführung ebenso: Eph 2,20; 1Tim 3,15; 2Tim 2,19). Baumetaphorik im weiteren Sinne findet sich in 1Petr 2,5.

85 Labahn, Gekommene, 295. Vgl. Zeller, Logienquelle, 35.
86 Konradt, Matthäus, 129.
87 Vgl. dazu Stuckenbruck, 1Enoch, 420–422.

Der Aufbau der Erzählung folgt dem doppelt dargebotenen Dreischritt von „Exposition (Bau), Komplikation (Unwetter) und Auflösung (Schadensaufnahme)."[88] Ob hinter diesen Worten besonderes Expertenwissen (etwa von Jesus als Bauarbeiter oder besondere Bauanleitungen[89]) steht, muss offenbleiben, es könnte sich einfach auch um das handeln, was man „gesunden Hausverstand" nennt. Das, was solcher Menschenverstand gebietet, wird nun übertagen auf das Konsequenzen-Ziehen aus Jesu Lehre.

Die Sichtweise, im Hören und Tun der *Worte Jesu* das Fundament zu entdecken, stellt keine Relativierung der *Tora* dar.[90] Wenn U. Schnelle anmerkt: „Deutlich ist auf jeden Fall, dass innerhalb der Logienquelle nicht die Tora, sondern die Botschaft und Gestalt Jesu, des Menschensohn-Kyrios, zentrale Orientierungsgröße und soteriologisches Prinzip sind",[91] so stimmt das nur bedingt. Im Frühjudentum war das Reklamieren eines eschatologischen Sonderwissens, dessen Kenntnis exklusive Heilsrelevanz besaß, weit verbreitet. So heißt es in 1QpHab 2,1–10:

> 1 ... [Seine Deutung bezieht sich auf die] Verräter mit dem Mann 2 der Lüge, denn sie haben nic[ht gehört auf die Worte] des Anweisers der Gerechtigkeit aus dem Mund 3 Gottes. Und auf die Verrä[ter am Bund], dem neuen, denn sie haben sich [nic]ht 4 als gläubig bewährt im Bund Gottes [und entweihten] den Nam[en] Seiner Heiligkeit. 5 Und wahrlich – die Deutung des Wortes bezieht sich [auf alle die Verr]äter am Ende 6 der Tage. Sie sind Gewalt[täter am Bun]de, die nicht glauben 7, wenn sie all das hören, was da ko[mmen wird über] die letzte Generation aus dem Mund 8 des Priesters, dem Gott in [sein Herz Wisse]n gegeben hat, zu deuten all [d]ie 9 Worte Seiner Propheten, [durch d]ie Gott aufgezählt hat 10 all das, was über Sein Volk kommt und [Sein Land ...]

Die „Verräter am neuen Bund" sind jene, die nicht auf den Anweiser der Gerechtigkeit gehört haben. Ähnliches gilt auch für 1QpHab 8,1–3:

> 1 Seine Deutung (geht) auf alle die Täter der Torah im Haus Judah, welche 2 Gott erretten wird aus dem Haus des Gerichts wegen ihres Bemühens und (wegen) ihrer Treue 3 zum Anweiser der Gerechtigkeit [sc. Lehrer der Gerechtigkeit] ...

Die Treue zum Lehrer der Gerechtigkeit wird hier zum *exklusiven Kriterium* der Erlösung, ähnlich wie die Logienquelle das für Jesus veranschlagt. Im Frühjudentum gingen Weisheitstheologie und apokalyptische Muster ein Bündnis miteinander ein und führen zur Erwartung einer von Gott gesandten eschatologischen Offenbarung, durch die „eschatological wisdom about God's Law"[92] verkündet wird: „[W]isdom is mediated through an eschatological revelation possessed by the chosen. Outsiders are damned because they lack or reject the revelation that enables them properly to observe divine Law and to read the signs of the times."[93] So auch in 1Hen 104:

> 10 Und nun kenne ich dieses Geheimnis, daß die Sünder das Wort der Wahrheit vielfach verdrehen und übertreten, böse Reden führen, lügen, große Werke schaffen und Bücher über

88 Vgl. hier und im Folgenden Mayordomo, Neubauten, 92–99, hier 92.

89 Wenn der Brotberuf Jesu – genauso wie der von Josef – nach Mk 6,3 (vgl. Mt 13,55) τέκτων (*tektōn*, Bauhandwerker) war, dann könnte man dies vermuten. Allerdings waren solche Bilder auch Gemeingut: Mayordomo, Neubauten, 94, verweist auf Vitruvs *De architectura*, wo der Wert des soliden Fundaments eingeschärft wird.

90 Vgl. dazu besonders die ausführliche Diskussion bei Tiwald, Logienquelle, 95–100.

91 Schnelle, Theologie, 379, mit einem Zitat von Kosch.

92 Nickelsburg, Wisdom, 78.

93 Nickelsburg, Wisdom, 89.

ihre Reden verfassen. [11] Aber wenn sie all meine Reden richtig in ihren Sprachen niederschreiben und nichts verdrehen und nichts auslassen von meinen Worten, sondern alles richtig niederschreiben, alles, was ich zuvor über sie gesagt habe, [12] so kenne ich ein anderes Geheimnis, daß den Gerechten und Weisen die Bücher zur Freude, zur Rechtschaffenheit und vieler Weisheit gegeben werden.

Glücklicherweise finden sich in Q nur vereinzelte apokalyptische Muster – die Logienquelle als Ganzes geht nicht davon aus, dass es ein exklusives Sonderwissen gibt, das nur wenigen zuteilwird (s.u. *IV: Exkurs 4: Apokalyptische Muster in Q*). Die Exklusivität bezieht sich nicht auf das Wissen, sondern auf die Akzeptanz der Botschaft Jesu. Damit aber ist noch nicht ein – oftmals postulierter und wie auch immer gearteter – „Bruch" mit „dem Judentum" eingeleitet, sondern eine eigene, couragierte Positionierung innerhalb des pluriformen Frühjudentums.

Erzähleinheit 4: Der Glaube des heidnischen Hauptmanns (Q 7,1–9)

Der Glaube des heidnischen Hauptmanns (Q 7,1.3.6bc. 7–9)

[1] Und es geschah, als er diese Worte vollendet hatte, ging er nach Kafarnaum hinein. [3] Ein Hauptmann kam zu ihm und bat ihn und sagte: Mein Bursche ist krank. Und er sagt ihm: Ich soll kommen und ihn heilen? [6b.c] Und der Hauptmann antwortete und sprach: Herr, ich bin nicht würdig, dass du unter mein Dach eingehst, [7] aber sage es mit einem Wort, und mein Bursche soll geheilt werden. [8] Denn auch ich bin ein Mensch unter einer Autorität und habe unter mir Soldaten, und ich sage diesem: Geh, und er geht, und einem anderen: Komm, und er kommt, und meinem Sklaven: Tu dies, und er tut es. [9] Als aber Jesus das hörte, staunte er und sagte denen, die ihm folgten: Ich sage euch, nicht einmal in Israel habe ich einen so großen Glauben gefunden.

Mit Erzähleinheit 4 beginnt einer neuer Abschnitt, der allerdings nicht zufällig hier positioniert ist: Der heidnische Hauptmann erfüllt beispielhaft alles das, was Jesus in seiner *programmatischen Rede* gefordert hat – er lässt sich in bedingungslosem Glauben auf Jesus ein. Interessant ist, dass die Logienquelle hier schon biographische (mit der Nennung von Kafarnaum) und narrative Elemente aufweist. Hier wird klar, dass die anfängliche „Spruchsammlung" in manchen Bereichen bereits den Weg der späteren Evangelien eingeschlagen hat.

Kafarnaum ist durch Überlieferungen außerhalb der Q-Tradition als „operative Basis"[94] Jesu bekannt (Mk 1,21; 2,1; 9,33; Mt 4,13; Joh 2,12) – eine gewisse Kontextplausibilität spricht also für die Authentizität der Tradition. Wenn Kafarnaum allerdings in Lk 4,31 als πόλις, „Stadt" bezeichnet wird, so ist das stark übertrieben: Im Unterschied zu Sepphoris, Tiberias, und Magdala fehlte dem Ort jegliche öffentliche Architektur, wie Agora, Verwaltungsgebäude, Gymnasium, Theater und Amphitheater, Tempel und Stadtmauern.[95] Die dortige Zollstation (Mk 2,14) war durch die Grenze zwischen dem Galiläa von Herodes Antipas (zu dem Kafarnaum gehörte) und dem Gebiet des Philip-

94 Vgl. Ebner, Stadt, 15f.

95 Vgl. Zangenberg, Galiläer, 146–147; Ebner, Stadt, 16 und 44–85; Kloppenborg, Q, 76–79.

pus notwendig. Wahrscheinlich erklärt diese Grenzposition auch die Anwesenheit eines ἑκατόνταρχος (wörtlich: „Hundertschaftsführer"). Häufig wird der Ausdruck mit „Zenturio" übersetzt, doch ist völlig auszuschließen, dass im Gebiet des Herodes Antipas römische Soldaten stationiert waren. Wahrscheinlich handelt es sich hier um einen Hauptmann von nichtjüdischen Söldnertruppen, die Herodes Antipas angeheuert hatte (vgl. Josephus Ant 18,113f).[96] Dass der Hauptmann Heide ist, erschließt sich allerdings erst aus dem Schlusssatz in V 9 (1Makk 3,55 berichtet auch von jüdischen „Hundertschaftsführern"). Das spätere LkEv wird in Lk 7,5 aus dem Hauptmann einen Gottesfürchtigen machen, der in Kafarnaum die Synagoge habe erbauen lassen. Dieses Thema ist klarerweise der lk Vorliebe für Gottesfürchtige geschuldet, der Hauptmann wird ähnlich wie Kornelius in Apg 10,1f stilisiert (vgl. Apg 13,16.26.50; 16,14; 17,4.17; 18,7). Interessant ist die außersynoptische Parallele in Joh 4,46b-53, die *Heilung des Sohnes eines Königlichen in Kafarnaum*, ebenfalls eine Fernheilung, die „unverkennbar auf denselben Ursprung zurück[geht] wie ihre synoptischen Seitenstücke."[97] Wir haben hier also alte Jesusüberlieferung vorliegen, die in verschiedenen Formen „auskristallisieren" konnte.

Der Hauptmann wendet sich an Jesus, da sein παῖς, *pais* (so Mt 8,6), erkrankt ist. Das Wort παῖς umfasst einen großen Bedeutungsspielraum, es kann sowohl den Knaben im Sinne eines leiblichem Sohnes (so die Tradition in Joh 4,46: υἱός) wie auch den Diener (so Lk 7,3: δοῦλος, Sklave) oder auch den „Burschen" eines Hauptmanns bezeichnen. M. Konradt verweist darauf, dass Mt 17,18 παῖς für den leiblichen Sohn verwendet, und optiert daher auch an unserer Stelle für die Übersetzung mit „Sohn".[98] Allerdings nimmt Mt 17,18 die Perspektive des Erzählers ein – man sollte dort besser mit „Knabe", nicht mit „Sohn" übersetzen (in der Perspektive des Vaters wird auch dort der Sohn als υἱός tituliert; Mt 17,15). Tatsächlich begegnet sonst nie im NT ὁ παῖς μου als Bezeichnung eines leiblichen Sohnes. Daher ist es wohl sinnvoller, hier vom „Burschen" (im Sinne eines dienenden Soldaten) des Hauptmanns zu sprechen.

Richtig beobachtet hat Konradt, dass die Antwort Jesu auf das Ersuchen des Hauptmanns mit ἐγὼ ἐλθὼν θεραπεύσω αὐτόν nicht als Angebot Jesu („Ich will kommen und ihn heilen"), sondern als skeptische Frage zu übersetzen ist: „Ich soll kommen und ihn heilen?"[99] Philologisch ergibt sich das aus dem prononciert an den Anfang gestellten Personalpronomen der 1. Person Singular, das im Griechischen sonst nicht nötig wäre, wenn nicht eine besondere Emphase anzeigt ist – und Satzzeichen, die einen Aussage- von einem Fragesatz unterschieden, gab es in den ältesten Handschriften noch nicht. Die anfängliche Weigerung Jesu ist kontextplausibel: Ein frommer

96 Vgl. Luz, Matthäus II, 14; Bovon, Lukas I, 348.

97 Wolter, Lukasevangelium, 269. Der in Joh 4,46 verwendete Ausdruck βασιλικός, also „Königlicher", meint nach Josephus Ant 17,266.270.281 (hier stets im Plural) einen Angehörigen von nichtjüdischen Söldnertruppen des gerade verstorbenen Herodes des Großen. Herodes Antipas – in dessen Diensten unser Hauptmann stand – war zwar nur Tetrarch und nicht König, doch bezeichnet ihn auch Mk 6,14 als König.

98 Vgl. Konradt, Matthäus, 134.

99 Vgl. Konradt, Matthäus, 134.

Jude (und das war Jesus) durfte das Haus eines Heiden nicht betreten.[100] Konradt allerdings mutmaßt, dass das Zurückweisungsmotiv noch nicht in Q gestanden habe, da es bei der Parallelgeschichte nach Lk und Joh fehlt, doch bei Mt 15,21–28 Ähnliches begegnet („Ich bin nur zu den verlorenen Schafen des Hauses Israel gesandt"). Wahrscheinlicher aber ist, dass nicht Mt die Weigerung eingefügt hat, sondern dass diese bei Lk und Joh wegretuschiert wurde – wohl um interessierte heidnische Leser des Evangeliums nicht zu verprellen. Denn auch gemäß der lk Darstellung wie auch nach Joh 4,50f betritt Jesus das Haus des Hauptmanns *nicht*! Daher muss Lk 7,6 eine zweite Gesandtschaft einführen, was erzählerisch „nicht besonders gut gelungen"[101] und klarerweise sekundär ist.

Der Hauptmann ist sich der Zumutung bewusst, die es für einen Juden bedeuten würde, sein Haus zu betreten. Deswegen seine Aussage: „Herr, ich bin nicht würdig, dass du unter mein Dach eingehst." Diese Aussage würde keinen Sinn machen, wenn der Hauptmann nicht um die jüdischen Reinheitsvorschriften wüsste – auch von daher ist es wahrscheinlich, dass die skeptische Rückfrage Jesu bereits in Q gestanden hat. Nach Sicht des Hauptmannes ist es aber auch nicht notwendig, dass Jesus in sein Haus kommt: „Sage es mit einem Wort, und mein Bursche soll geheilt werden." Seine Zuversicht gründet auf der Erfahrung militärischer Autorität und Befehlsgewalt. Der hier verwendete Ausdruck ἐξουσία, *exousia*, „Vollmacht/Befehlsgewalt/Autorität", wird von ihm auf das Verhältnis Jesu gegenüber den Dämonen übertragen: Wenn Jesus diesen als der von Gott Bevollmächtigte befiehlt, dann müssen sie gehorchen. Damit vertraut der Hauptmann nicht nur auf Jesu Wunderkraft, sondern erkennt damit auch die „Universalität des von Gott durch Jesus gewirkten Heils"[102] an. Das macht den Unterschied zum weniger großen Glauben in Israel. Der Satz „Nicht einmal in Israel habe ich einen so großen Glauben gefunden" wertet den Glauben der Juden nicht ab, sondern ist ganz im Gegenteil aus einer *innerjüdischen* Perspektive gesprochen: Von einem Heiden hätte Jesus so etwas gar nicht erwartet. Allerdings bietet der Vers auch eine Prolepse: Erst später werden wir vom Unglauben der jüdischen Bevölkerung in Chorazin, Betsaida und Kafarnaum erfahren (Q 10,13–15). Auch dort wird der jüdische Unglaube mit heidnischer Umkehrwilligkeit (Tyrus und Sidon – wenn auch im Irrealis) verglichen.

Textpragmatisch ist der „Hauptmann von Kafarnaum" daher strategisch klug als *Probe aufs Exempel* direkt im Anschluss an die programmatische Rede positioniert. Der Hauptmann gleicht dem klugen Hausbauer, der auf Fels gebaut hat. Pädagogisch klug ist aber auch, dass nun nicht ein negatives Beispiel zur Verdeutlichung des Bauens auf Sand folgt, sondern der positive Duktus des ersten Erzählkranzes mit einem Vergleich von Johannes und Jesus abgeschlossen wird. Die negativ-pessimistischen Aspekte hebt die Logienquelle für später auf.

---

100 Nach mOhol 18,7 sind die Wohnungen der Nichtjuden unrein. Dass diese Vorschrift auch schon für das Frühjudentum galt, belegt Apg 10,28, wo Petrus erklärt: „Ihr wisst, daß es einem Juden nicht erlaubt ist, mit einem Nichtjuden zu verkehren oder sein Haus zu betreten" (vgl. auch Apg 11,3). Ähnlich Joh 18,28, wo die Mitglieder des Hohen Rates das Prätorium nicht betreten, um nicht unrein zu werden.

101 Wolter, Lukasevangelium, 272.

102 Konradt, Matthäus, 136.

Erzähleinheit 5: Johannes und Jesus (Q 7,18–35 und 16,16)

Die letzte Erzähleinheit des ersten Erzählkranzes schließt den Reigen der Thematik *Die beiden Hauptdarsteller - Johannes der Täufer und Jesus von Nazaret*. War schon von Anfang an deutlich geworden, dass Jesus Johannes überbietet, so kommt dies in der nun abschließenden *Synkrisis* noch einmal vollmundig zum Tragen. Haben sich die Wege von Johannes und Jesus in der Erzählpragmatik von Q nach Taufe, Geistempfang und Wüstenzeit Jesu getrennt, so werden nun beide wieder zusammengeführt - um Jesus als den erwarteten „Kommenden" (vgl. den Bogen von Q 3,16 zu Q 7,19) ins Bild zu setzen.[103]

Die Frage des Johannes (Q 7,18f.22f)

18 Und als Johannes von all dem hörte, schickte er und sagte ihm durch seine Jünger: 19 Bist du der Kommende oder sollen wir einen anderen erwarten? 22 Und er antwortete und sagte ihnen: Geht und berichtet Johannes, was ihr hört und seht: Blinde sehen wieder, und Lahme gehen umher, Aussätzige werden rein, und Taube hören, und Tote werden erweckt, und Arme bekommen eine gute Botschaft (Jes 26,19; 29,18f; 35,5f; 42,7.18; 61,1). 23 Und selig ist, wer nicht Anstoß nimmt an mir.

Die Meinungen scheiden sich in der Frage, ob diese Perikope historische Reminiszenzen an eine reale Anfrage des Täufers bewahrt habe oder einfach eine spätere Gemeindebildung sei. K. Backhaus urteilt wohl richtig, wenn er befindet: „Nicht ein letztes Wort des Täufers klingt hier an, sondern der erste, noch tastende Versuch, die Täuferfigur in die Jesustradition - die Jesusgestalt in die Täuferbotschaft - zu integrieren."[104] Für diese Sichtweise spricht der große theologisch-schriftgestützte Aufwand, der hier getrieben wird.

Denn in der Antwort Jesu kommt ein Mischzitat zur Anwendung, das verschiedene Aussagen des Jesajabuches kompiliert:[105] Totenauferweckung (Jes 26,19), Heilung von Tauben, Blinden und Lahmen, das „Frohbotschaften" (εὐαγγελίζω, *euangelizō*, „frohbotschaften"/„eine gute Botschaft verkünden") der Armen (Jes 61,1LXX) sowie die Befreiung der Armen (Jes 29,18f; 35,5f; 42,7.18) – s.u. *IV: Exkurs 2: Der Schriftgebrauch der Logienquelle.* Wir haben Hinweise, dass die Erwartung eines endzeitlichen Heilsbringers im Frühjudentum mit Texten des Jesajabuchs verbunden wurde, etwa 11Q13, einem Text der Qumrangemeinde, der von Maier mit 75–25 v. Chr. datiert wird.[106] Hier wird Melchisedek als erwarteter Freudenbote und eschatologischer Heilsbringer mit den Worten von Jes 61,1f und 52,7 gefeiert. In den qumranischen Hodajot hingegen wird der Lehrer der Gerechtigkeit, also die Zentralfigur der Qumraniten, mit solchen Zügen bedacht (1QH 23,15). Der Evangelist Lk wird später diese Jes-Referenz zu einem seiner Zentraltexte ausbauen, der Antrittsrede Jesu in Nazaret (Lk 4,17–21).[107] Eine gewisse Wahrscheinlichkeit spricht dafür, dass sowohl die Qumrangemeinde wie auch die Logienquelle auf ähnliche

---

103 Vgl. Ebner, Q, 89.
104 Backhaus, Art. Täufer, 252.
105 Vgl. dazu Tiwald, Logienquelle, 160f.
106 Vgl. Maier, Texte I, 361. Vgl. dazu auch Kühschelm, Antrittsrede, 167f.
107 Zu diesem Text vgl. Kühschelm, Antrittsrede, passim.

Florilegien über den endzeitlichen Heilsboten zurückgriffen, was man als „ongoing interpretative trajectories in late Second Temple Judaism“[108] bezeichnen kann. So etwa heißt es in 4Q521 Frg. 2 + 4: 2,1.4.8.12f:

> 1 … der Himmel und die Erde werden hören auf Seinen Gesalbten … 4 Findet ihr nicht darin den Herrn, … 8 dass er Gebundene löst, blinde (Augen) öffnet, G[ebeugte] aufrichtet? 12 Dann heilt Er Durchbohrte und Tote belebt Er, Armen(/Demütigen) verkündet Er (Gutes), 13 und [Niedrig]e wird Er sät[tigen, Ver]lassene wird Er leiten und Hungernde rei[ch machen].

Der Text spricht über den Messias, wie aus 2,1 deutlich wird. In Frageform („Findet ihr nicht darin den Herrn, dass …“) – ähnlich wie die Anfrage des Täufers – werden dann die *Erkennungszeichen der Endzeit* aufgeführt: Zu diesen gehört ganz wesentlich die Heilung der Kranken (vgl. auch 2Bar 73,2).[109] Maier veranschlagt für die Entstehung des Qumran-Textes das erste Jh. v. Chr.,[110] der Text kommt damit als unmittelbarer Vergleichstext zur Logienquelle in Frage. Eine gewisse Wahrscheinlichkeit spricht also dafür, dass bereits die Q-Theologen Jesus nach Art frühjüdischer Florilegien als den kommenden Heilsbringer stilisierten. Mit Johannes und seiner – wohl unhistorischen – Anfrage wird damit zum Ausdruck gebracht, dass Jesus der von Johannes angekündigte „Kommende“ (Q 3,16b) ist.

Die Frage nach dem „Kommenden“ ergibt sich aus der Theologie des Johannes, der den nach ihm kommenden Feuer- und Geisttäufer angekündigt hatte (s.o. *III: Q 3,16b-17* und s.u. *IV: Exkurs 1.4*). Allerdings erwartete auch Jesus selbst noch einen nach ihm kommenden „Menschensohn“ (s.u. *IV: Exkurs 1*). Damit ist klar, es handelt „sich in Q 7,18–23 eindeutig um ein Apophthegma, dessen erzählerische Pragmatik weniger auf Faktualität ausgerichtet sein dürfte, als vielmehr das Täufer-Jesus-Verhältnis zu reflektieren sucht.“[111] – Nicht ein historisches Faktum wird uns hier berichtet, sondern eine Verarbeitung der Beziehung Johannes-Jesus, wobei in haggadischer Weise theologische Aussagen in Form einer Erzählung verfestigt wurden. Ziel ist es herauszustellen, dass Jesus gemäß der Theologie der Logienquelle mit dem von Johannes erwarteten „Kommenden“ identifiziert wird.[112] Dabei fällt auf, dass das Summarium Q 7,22 „nicht im eigentlichen Sinne als Antwort auf die Täuferanfrage fungiert, sondern als pointiertes Schlusswort eine Wirklichkeitsdeutung liefert.“[113]

Q 7,22 hat auch die Reihenfolge aus Jes 61,1LXX (Frohbotschaft für die Armen und Blindenheilung) bewusst umgedreht und die Frohbotschaft für die Armen als Höhepunkt an den pointierten letzten Platz gestellt, wie M. Hölscher gezeigt hat: „Mit Jesu Seligpreisung der Armen (Q 6,20) wurde die Forderung des Katalogs in

108 So Brooke, Traditions, 581, der eine detaillierte Untersuchung zu „Isaiah 35 and 61 in 4Q521 and Q“ bietet. Vgl. dazu auch Hölscher, Matthäus, 96 und 101f.

109 Vgl. Konradt, Matthäus, 179.

110 Vgl. Maier, Texte II, 683.

111 Hölscher, Matthäus, 94. Auf ein weiteres erzähltechnisches „gap“ hat Labahn, Gekommene, 311, verwiesen: „Ein offenes Problem ist, von woher der Täufer seine Frage an Jesus richtet.“ – Auch hier wird klar, wie fiktional die Begebenheit ist. Erst Mt 11,2 füllt die Lücke: Johannes fragt aus dem Gefängnis an.

112 Vgl. Wolter, Lukasevangelium, 279.

113 Hölscher, Matthäus, 95.

Q 7,22 also bereits durch Jesu Wirken eingeholt."[114] Daher wird auch klar, dass Q nur eines der Wunder Jesu – die Fernheilung des Dieners des Hauptmanns – beschreiben muss: Nicht auf den Wundern *per se*, sondern auf der Heilszusage des jetzt bereits gekommenen Heilsbringers Jesus ruht der Blick![115] Dabei wird Jesus in Q noch nicht – wie der Heilsbringer in 4Q512 – als „Messias" bezeichnet,[116] sondern als der erwartete „Menschensohn". Damit werden – wie Hölscher weiter ausführt – „zwei Konzepte gleichsam harmonisiert, indem der Figur Johannes und seiner apokalyptischen Gerichtspredigt, in der auch die Figur des Kommenden ihren Platz hat, ein zweites Konzept als Korrektiv nachgestellt wird."[117] Am Ende von *Erzählkranz 1* wird das Konzept des Täufers (= Ankündigung des kommenden Stärkeren) in das Konzept Jesu (= Jesus als Bote der Königsherrschaft Gottes) dergestalt integriert, dass Jesus nun als der von Johannes erwartete Kommende (= der „Menschensohn") gezeichnet wird, in dem sich die Erwartung der Königsherrschaft Gottes erfüllt (ein Aspekt, der in Q 16,16 weitergeführt wird). Das immerhin ist eine beachtliche theologische Leistung der Logienquelle – die damit eine Steilvorlage für die späteren Synoptiker bildete!

Ein Makarismus in Q 7,23 rundet die Perikope ab: „Selig ist, wer nicht Anstoß nimmt an mir" verdeutlicht gerade jene Heilsrelevanz, die Jesus zuvor implizit zugesprochen wurde. Während *Erzählkranz 1* noch einen grundsätzlich positiven Grundtenor aufweist, werden die negativen Implikationen von Q 7,23 („Anstoß nehmen") erst im weiteren Verlauf der Logienquelle verdeutlicht werden: Erste Anklänge treten

114 Hölscher, Matthäus, 103. Wenn Hölscher allerdings befindet: „Wenngleich Q sich einer eindeutigen Antwort auf die Frage enthält, ob Jesus der von Johannes angekündigte Kommende ist, ist sie für die Adressatinnen und Adressaten des Spruchevangeliums durch die narrative Anlage von Q 3–7 und die Einspielung des Verses Q 7,22 wenigstens naheliegend" (ebd.), dann greift das etwas zu kurz. Denn *expressis verbis* ausformuliert wird die Identifikation auch schon des irdischen Jesus mit dem Menschensohn bereits in Q 7,33; 9,58; u.ö. (vgl. dazu Tiwald, Logienquelle, 151–155). Das scheint Hölscher, Matthäus, 106, anders zu sehen: „Wenn der Vers keine eindeutige Antwort auf die Täuferanfrage gibt, mag das genau daran liegen, dass der Kommende in Zukunft eben noch erscheinen kann und in der apokalyptischen Konzeption des Spruchevangeliums auch erscheinen soll, nämlich als kommender Menschensohn ..." Hölscher rechnet hier mit einer „Zwischenebene der Heilszeit" im Zeitraum „zwischen johanneischer Gerichtsansage und wirklich stattfindendem Gericht" (ebd.). Doch wird dieses aufwändige Schema der imminenten Naherwartung in Q wohl kaum gerecht.

115 Die Wunder allerdings dienen auch in der Logienquelle dazu, die Funktion Jesu als Heilsbringer zu untermauern, wie Dormeyer, Narrativität, 213–230, gezeigt hat, der auf den engen Konnex zwischen der Verkündigung der *basileia* und den Wundern Jesu verweist: „Die Wundertraditionen von Q, dem Markusevangelium und dem Sondergut von Matthäus, Lukas und Johannes verlaufen unabhängig voneinander. ... Diese Breite legt nahe, dass die Tradition von der Wundervollmacht Jesu und seiner Schüler als Realisierung der Herrschaft Gottes auf die vorösterliche Zeit zurückgeht." Vgl. dazu auch die Monographie von M. Hüneburg, *Jesus als Wundertäter in der Logienquelle: Ein Beitrag zur Christologie von Q* (2001).

116 Maier, Texte II, 683, verweist darauf, dass an dieser Stelle auch die Rede von zwei „Messiassen" sein könnte – dies wären dann das gesalbte Priesteroberhaupt (Hohepriester) und das gesalbte Laienoberhaupt (König) in der Endzeit. Vgl. dazu Maier, Messias, 605–612. In 4Q254 Frg. 2 werden die beiden Gesalbten als „die beiden Ölsöhne" (Sach 4,14) bezeichnet. Die Konzeption eines „Messias" war in der damaligen Zeit noch recht fluide. Vgl. dazu Tiwald, Logienquelle, 163–166.

117 Hölscher, Matthäus, 105.

bereits in der Erwähnung der ungläubigen Generation in Q 7,31–35 auf, dann in den Weherufen gegen galiläische Städte (Q 10,13–15) und finden ihren prominentesten Platz in Erzählkranz 3 (Q 11,14–52; 16,17f), der Auseinandersetzung mit den Gegnern.

Johannes – mehr als ein Prophet (Q 7,24–28)

[24] Nachdem diese aber weggegangen waren, begann er zu den Volksmengen über Johannes zu sagen: Was seid ihr hinausgegangen in die Wüste um es zu sehen? Ein Schilfrohr vom Wind geschüttelt? [25] Oder was seid ihr hinausgegangen zu sehen? Einen Menschen in weiche Gewänder gekleidet? Siehe, die weiche Gewänder tragen, sind in den Palästen der Könige. [26] Oder was seid ihr hinausgegangen zu sehen? Einen Propheten? Ja, ich sage euch, und mehr als einen Propheten. [27] Dieser ist es, über den geschrieben steht: *Siehe, ich sende meinen Boten vor deinem Angesicht her,* der bereiten wird deinen Weg vor dir (Ex 23,20; Mal 3,1). [28] Ich sage euch: Nicht ist erweckt worden unter den von Frauen Geborenen ein größerer als Johannes. Der Kleinere aber ist in der Königsherrschaft Gottes größer als er.

Ganz auf der Linie der theologischen Ausführungen von Q 7,18–23 wird nun der Faden weitergesponnen und die *Relation Johannes – Jesus* gemäß der Theologie der Logienquelle vertieft: Hier wird Johannes nun endgültig zum Vorläufer Jesu „depotenziert". Für diesen weiteren Schritt wird – genauso wie in Q 7,18–23 – wiederum die Autorität der Schrift bemüht: Mit wörtlichem Zitat aus Ex 23,20, weitergeführt mit einer Mischanspielung mit Mal 3,1, heißt es in Q 7,27: „Siehe, ich sende meinen Boten vor deinem Angesicht her, der bereiten wird deinen Weg vor dir" (s.u. *IV: Exkurs 2: Der Schriftgebrauch der Logienquelle*).

Ist das Bemühen, Johannes Jesus unterzuordnen, klar zu fassen, so auch die Tendenz, den einzigartigen Wert des Täufers zu verdeutlichen. Dazu dient eine Reihe von Aussagen: Die beiden Negativ-Bilder vom *Schilfrohr* und den *Menschen in weichen Gewändern* werden in den beiden Positiv-Bildern vom *Propheten* und *mehr als ein Prophet* kontrastiert. Seine Aufgipfelung findet das „Täufer-Enkomion" in der Aussage: „Nicht ist erweckt worden unter den von Frauen Geborenen ein größerer als Johannes."

Das Bild vom *Schilfrohr* spiegelt Lokalkolorit wider:[118] Die Ufer des Sees Genesaret und des Jordan sind mit Schilf bewachsen, sodass das Bild vom Schwanken eines solchen Rohres im Wind allgemein vertraut war. Die Schilfrohr-Metapher begegnet auch in 1Kön 14,15 als Bild für Unbeständigkeit und war auch außerbiblisch verbreitet: Bei Lukian von Samosata warnt Lycinus den Hermotius, er werde „wie ein Schilfrohr am Gestade eines Sees, das jeder Windstoß beugt und der leiseste Lufthauch hin und her wiegt", wenn „du nicht das Vermögen besitzest, richtig zu urteilen und das Wahre vom Falschen zu unterscheiden" (Hermotius 67). Die Grundaussage in der Logienquelle ist somit: „Johannes ist ein standfester Prediger mit autoritativer Predigt."[119] Ob in diesem Bild eine versteckte Polemik gegen Herodes Agrippa, der auf einige seiner Münzen das Schilfrohr schlagen ließ, mitenthalten ist, lässt sich nicht mehr sicher sagen. Die Parallelisierung mit den „Menschen in weichen Gewändern in den Palästen der Könige" könnte dies nahelegen. Herodes Antipas war zwar nur Tetrarch, doch wird er in Mk 6,14.22.26f „König"

---

118 Vgl. dazu Theißen, Lokalkolorit, 26–44; Labahn, Gekommene, 438; Hölscher, Matthäus, 159–166.

119 Labahn, Gekommene, 312.

genannt und selbst Josephus (Bell 2,215) nennt seine Tetrarchie „Königreich“. In jedem Fall aber rückt die „Königsherrschaft *Gottes*“ mit V 28b in den Blick. Das von Johannes vorbereitete und mit Jesus gekommene Gottesreich stellt einen Kontrast dar zu all den äußerlich noblen („weiche Gewänder“) doch innerlich rückgratlosen („Schilfrohr“) Menschen, deren Herrschaft nun von Gottes Königsherrschaft abgelöst wird. Dass der Täufer sich nicht gescheut hat, Herodes Antipas auch offen wegen seiner moralischen Rückgratlosigkeit zu kritisieren, wissen wir zwar nicht aus der Logienquelle, doch durch Josephus Ant 18,116–119 und Mk 6,17–29parr.[120]

Der so gelobte Johannes wird dann als Größter „unter den von Frauen Geborenen“ bezeichnet: „Die Formulierung ‚von einer Frau geboren‘ bzw. ‚von Frauen geboren‘ findet sich auch anderswo als metonymische Umschreibung für ‚Mensch‘ (vgl. Ijob 14,1; 15,14; 25,4; 1QS 11,21; 1QH 5,14; 21,16.23; 23,12f; Gal 4,4 ...).“[121] Die Formulierung ἐν γεννητοῖς γυναικῶν, „in (= unter) den von Frauen geborenen“, wird nun aber mit ἐν τῇ βασιλείᾳ τοῦ θεοῦ, „in der Königsherrschaft Gottes“ kontrastiert. Der dann folgende Komparativ ὁ δὲ μικρότερος („aber der *Kleinere*“) wird zumeist als Superlativ („aber der *Kleinste*“) übersetzt.[122] Das ist tatsächlich eine Möglichkeit, denn „[i]n der Volkssprache kann der Superlativ durch den Komparativ ersetzt werden ...“[123] Der Sinn wäre dann, dass Johannes noch nicht Teil der Heilswende ist. So etwa urteilt Wolter in seinem Lk-Kommentar: „Johannes wird damit de facto aus dem Reich Gottes ausgeschlossen, bzw. es ist vorausgesetzt, dass er ihm nicht angehört.“[124] Für das LkEv ist das tatsächlich die korrekte Interpretationsweise, wie Lk 4,43; 7,28; 8,1 und 9,2.60 verdeutlichen. Für die Logienquelle ergibt sich aber ein anderes Verständnis: Schon der Introitus der Logienquelle kündigt mit der Täuferpredigt (Q 3,2b-17) die Heilswende an, die dann von Jesus weitergeführt und vollendet wird: Für Q ist Jesus der vom Täufer angekündigte „Stärkere“ (s.u. *IV: Exkurs 1.4*). Der „Paarlauf“ zwischen Johannes und Jesus wird auch in Q 7,31–35 zum Ausdruck gebracht, wo Johannes und Jesus gemeinsam als die beiden „Kinder der Weisheit“ vor Augen geführt werden (hier ist noch nicht - wie in Mt 11,19 - die Rede davon, dass Jesus die personifizierte Weisheit wäre). Damit legt sich nahe, den Ausdruck ὁ μικρότερος tatsächlich als Komparativ („der Kleinere“) zu übersetzen und auf Jesus zu beziehen:[125] Jesus ist gegenüber Johannes nur „der Kleinere“, da er Schüler des Täufers war (s.u. *IV: Exkurs 1.4*) und auch erst später auftrat. Doch in Bezug auf die Königsherrschaft Gottes ist er größer als Johannes. Damit wird nicht nur der Paradigmenwechsel, den Jesus selbst gegenüber seinem früheren Lehrer vorgenommen hat (s.u. *IV: Exkurs 1.4*), verdeutlicht, sondern auch der Erzählduktus der Logienquelle untermauert: Jesus und Johannes sind die beiden Boten der Endzeit, wobei Jesus aber der „Größere“ (vgl. den von

---

120 Noch stärker wird die Kritik an den „Königen und Großen“ in ThEv 78, dort allerdings schon mit gnostischen Anklängen: „Weshalb sei ihr hinausgegangen aufs Land? Um ein Schilfrohr zu sehen, das vom Wind bewegt wird, und um einen Menschen zu sehen, der weiche Kleidung trägt wie eure Könige und eure Vornehmen? Sie tragen weiche Kleidung und werden die Wahrheit nicht erkennen können.“

121 Wolter, Lukasevangelium, 283.

122 So z. B. Wolter, Lukasevangelium, 283. Auch Hölscher, Matthäus, 172, lässt eine gewisse Präferenz für den Superlativ erkennen.

123 Blass/Debrunner/Rehkopf, Grammatik, 47 (§60).

124 Wolter, Lukasevangelium, 283 und 554.

125 So der Vorschlag von Schröter, Gesetzesverständnis, 447. Ebenso entscheidet Scherer, Königsvolk, 480f, zugunsten der komparativen Lesart.

Johannes erwarteten „Stärkeren“) ist. Der Täufer ist damit auch schon Teil der Königsherrschaft Gottes – wenn auch nur als der Wegbereiter für Jesus.[126]

Stürmerspruch (Q 16,16)

16 Das Gesetz und die Propheten bis Johannes. Von da an setzt sich die Königsherrschaft Gottes gewaltsam durch (bzw.: erleidet die Königsherrschaft Gottes Gewalt), und Gewalttäter rauben sie.

Wenn es überhaupt einen Ort in der Logienquelle gibt, wo der sperrige Vers Q 16,16 sinngemäß seinen Platz finden kann, dann ist es nun unmittelbar hier im Anschluss an Q 7,28: Die Stichworte *Relation Johannes – Jesus* und *Königsherrschaft Gottes* sowie die Frage, *wie die Botschaft von Johannes und die von Jesus verkündete Königsherrschaft Gottes zusammenpassen*, werden nun weitergeführt und die damit verbundenen Fragen beantwortet. In gewisser Weise zielt der gesamte Absatz Q 7,18–28 auf die Klimax in Q 16,16 ab. Damit entscheidet dieser Kommentar zugunsten der mt Akoluthie, auch wenn das nicht unumstritten ist (s.o. *I.3.1.2: Abweichungen von der CEQ-Akoluthie*). Das Logion Q 16,16 deutet nun im Anschluss an die Aussage, dass Jesus in der Königsherrschaft Gottes der Größere ist, die Funktion des Johannes: Mit ihm beginnt bereits die Heilswende: Der Ausdruck ἕως Ἰωάννου, „bis Johannes“, ist damit so zu verstehen, dass Johannes bereits Teil der Königsherrschaft Gottes ist (s.o. *III: Q 7,24-28*).

Dieser Vers, der in der Forschung den fantasievollen Namen „Stürmerspruch“ erhalten hat, gilt als „eines der dunkelsten Worte des Evangeliums“[127] – als die *crux interpretum* schlechthin. Zumeist wird dieses Wort auf den historischen Jesus selbst zurückgeführt[128] – wofür tatsächlich einiges spricht: Typisch für den historischen Jesus ist die Ansicht, dass zunächst mit dem Täufer und weitergeführt in seiner eigenen Botschaft von der Königsherrschaft Gottes das Eschaton angebrochen ist. Ebenso typisch für Jesus ist die mit der Nennung der Königsherrschaft Gottes verbundene *Gewalt- und Insistenzmetaphorik*.[129] Diese zeigt sich in Bildern wie dem Binden des Starken und Rauben seines Hausrats (Q 11,21f//Mk 3,27), dem ungerechten Verwalter (Lk 16,1–8), den frechen Raben (Q 12,24), dem unverschämt bittenden Freund (Lk 11,5–8), der Witwe und dem Richter (Lk 18,1–8; besonders V. 5), dem Wort vom Feuerwerfen auf die Erde (Q 12,49), dem Wort vom Bringen des Schwertes (Q 12,51), dem Bild von der Entzweiung in den Familien (Q 12,52), dem Hassen von Vater und Mutter (Q 14,26), dem Eunuchenspruch (Mt 19,12), den Menschenfischern (Mk 1,17) oder in den Gleichnissen wie dem Schatz im Acker und dem Perlenkaufmann (Mt 13,44–

126 Dass in Q auch schon Johannes Teil der Königsherrschaft Gottes ist, wird vertreten von Schröter, Gesetzesverständnis, 447; Heil, Lukas, 126; Verheyden, Violators, 409. Ebenso Ebner, Q, 104, der von „*zwei Helden* des Anfangs“ spricht, wobei „der Täufer keineswegs nur als Vorbote und Ankündiger wie in den kanonischen Evangelien [fungiert].“ Vgl. auch Tuckett, Q, 137: „Within the context of Q ... it would seem that John must definitely be included in the new era.“

127 Schmid, Matthäus, 192. Vgl. ebenso Tuckett, Q, 135: „The problems of this verse are legion and the debate it has engendered is enormous.“

128 Vgl. dazu die Diskussion bei Theißen/Merz, Jesus, 123 und 502f, und Theißen, Gewalttäter, passim. Zum Stürmerspruch gibt es auch eine Fassung in Justin Dial 51,3, welche mit der hier rekonstruierten Q-Fassung fast identisch ist.

129 Vgl. dazu Theißen/Merz, Jesus, 503, Theißen, Gewalttäter, passim, und Labahn, Gekommene, 196 und 449.

46), aber auch in den kraftvollen Exorzismen Jesu.[130] Sie ist auch präsent in der lk Formulierung von Q 13,24: ἀγωνίζεσθε εἰσελθεῖν διὰ τῆς στενῆς θύρας – „Kämpfet darum, durch die enge Türe hineinzugehen." Das dort verwendete ἀγωνίζομαι gibt Sinn und Metaphorik von βιάζεται recht gut wieder.[131]

In der jesuanischen Gewalt- und Insistenzmetaphorik kommt das unbedingte Vertrauen Jesu zum Ausdruck, dass die Macht Satans nun gebrochen ist und nichts den Anbruch der Königsherrschaft Gottes mehr aufhalten wird (s.u. *IV: Exkurs 1.4*). Der gleiche Optimismus spricht auch aus der jesuanischen Formulierung des Stürmerspruches:[132] *Ab Johannes setzt sich die Königsherrschaft Gottes gewaltsam durch.* Das hier auf die Königsherrschaft Gottes bezogene Verb βιάζομαι kann sowohl *medial* („sich gewaltsam durchsetzen") wie auch *passiv* („Gewalt erleiden") verstanden werden.[133] Das mediale Verständnis interpretiert den Vers *in bonam partem* (zugunsten der Königsherrschaft Gottes), die passive Übersetzung *in malam partem* (zuungunsten der Königsherrschaft Gottes). Die dann erwähnten „Gewalttäter" (βιασταί) sind bei der Lesart *in bonam partem* Jesus und seine Jünger, die durch ihr couragiertes Auftreten das Gottesreich „rauben".[134] Bei einer Interpretation *in malam partem* wären die „Gewalttäter" aber die Widersacher der *basileia*, die dazu beitragen, dass die Königsherrschaft Gottes durch sie „Gewalt erleidet".

Für den *historischen Jesus* ist mit hoher Wahrscheinlichkeit die positive Sichtweise anzunehmen: Aus seinem Heilsoptimismus kommt er zum Schluss, dass entschiedenes und schnelles Handeln das Gottesreich wie eine Siegesbeute gewinnen („rauben") kann – man vergleiche nur in Q 11,21f das „Berauben des Starken" (s.u. *III: Q 11,21f*). Auch wenn *Lk 16,16* das Wort stark redaktionell überformt hat, so bleibt doch bei ihm der positive Grundduktus erhalten: „Von da an wird die Königsherrschaft Gottes als Frohbotschaft verkündet und jeder drängt sich gewaltsam hinein." In der Fassung von *Mt 11,12* wird das Logion allerdings *in malam partem* interpretiert: Durch die Kontextuierung mit den launischen Kindern (Mt 11,16–19) und den Weherufen gegen die ungläubigen Städte Chorazin, Betsaida und Kafarnaum (Mt 11,20–24) wird bereits das erste Scheitern der Mission in Galiläa verarbeitet, vielleicht hat Mt hier auch schon „die jüdischen Autoritäten im Blick."[135]

Wie in der *Logienquelle* Q 16,16 zu verstehen ist, hängt naturgemäß stark davon ab, wo man die Position des Logions verortet. Folgt man der in diesem Kommentar vorgenommenen Anordnung (= mt Akoluthie), so legt sich eine Deutung *in malam partem* nahe: Die anschließenden Logia „Für und gegen Johannes" (Q 7,29f) sowie „Die launischen Kinder

---

130 Vgl. dazu Häfner, Gewalt, 47.

131 Vgl. Bovon, Lukas III, 100.

132 Etwas anders die Deutung bei Theißen, Gewalttäter, der „weder ausschließlich eine Deutung in bonam partem noch in malam partem" (194) bietet, sondern beide Deutungen im Sinne einer „Selbststigmatisierung" (183) kombiniert: „Eine diskriminierte Minorität bekennt sich demonstrativ zu ihrer Außenseiterrolle" (200). Ähnlich Heil, Lukas, 127.

133 Siehe die Untersuchung bei Häfner, Gewalt, 26–37.

134 Vgl. Theißen/Merz, Jesus, 339; Häfner, Gewalt, 51; Heil, Lukas, 127.

135 So die Deutung von Konradt, Matthäus, 182. Anders Häfner, Gewalt, 48, der in Mt 11,13 (der Weissagung der Propheten) „das wichtigste Argument gegen die Interpretation *in malam partem*" erkennen möchte. Allerdings belegt gerade das *gewaltsame Prophetengeschick* (s.u. *III: Q 11,49–51* und *IV: Exkurs 3.2*), dass Israel alle wahren Propheten verfolgt hat. Für Mt scheint daher eine Interpretation *in malam partem* wahrscheinlicher.

am Marktplatz“ (Q 7,31–35) machen dies eindeutig klar.[136] Gerade in Verbindung mit dem *gewaltsamen Prophetengeschick* (s.u. *III: Q 11,49–51* und *IV: Exkurs 3.2*) wird deutlich, dass alle wahren Propheten in Israel verfolgt wurden. Im Stürmerspruch der Logienquelle mischen sich in den jesuanischen Optimismus bereits die ersten herben Noten des Misserfolgs und des Scheiterns. Die gesamte Logienquelle wird schließlich gerahmt von der Gerichtsankündigung des Täufers bis hin zum Endgericht in Q 22.

Trotz dieser Eintrübung des jesuanischen Optimismus bleibt die Logienquelle zumindest ihrer positiven Sichtweise des jüdischen Gesetzes treu (zur Tora s.u. *III: Q 11,39–52; 16,17f*): „Das Gesetz und die Propheten bis Johannes“ bedeutet nicht, dass es jetzt zu einer Ablöse gekommen sei, sondern zu einer neuen Phase in der Interpretation von „Gesetz und Propheten“ (zur prinzipiellen weiteren Gültigkeit der Tora für Q s.o. *I.2.1* und s.u. *III: Q 16,17*). Im Frühjudentum war die Vorstellung verbreitet, dass in *eschatologischer* Zeit die *protologisch* fixierte Grundbedeutung der Tora wiederhergestellt würde. Dabei wird die Grundbedeutung der Tora gerne mit der Schöpfungsordnung gleichgesetzt. Deren Verständnis aber war durch den Sündenfall und die Sünden der nachfolgenden Generationen defizient geworden. Gemäß der Urzeit-Endzeit-Relation würde dann im Eschaton nicht nur die paradiesische Heiligkeit der Welt wiederhergestellt, sondern auch die eigentliche Bedeutung der Tora restituiert werden.[137] So wird in der Zehnwochenapokalypse des 1Hen für das Eschaton „siebenfache Unterweisung über seine [sc. Gottes] Schöpfung“ (93,10b) erwartet. Hier geht es darum, „daß in der Zehnwochenapokalypse mit dem eschatologischen Erwählungshandeln eine unmittelbare, das heißt nicht im Rückgriff auf die schriftlich fixierte Tora gewonnene, eschatologische Belehrung verbunden ist, welche die wahre Ordnung der Schöpfung aufdeckt ...“[138] Das Eschaton stellt den ursprünglichen, protologischen Master-Plan Gottes wieder her und führt die Welt in ihre von Gott seit Anfang an

136 Anders Labahn, Gekommene, 196 und 449, der auch für Q die positive Deutung vertritt, und zwar die „Umwertung des Gewalttäters zum Modell des Nachfolgers“ (196).

137 Die Tora wird in Sir 24 mit der Weisheit Gottes identifiziert, die bereits präexistent bei der Welterschaffung zugegen war (vgl. Spr 8,22–31), um später als „Gesetz, das uns Mose gab“ konkrete Gestalt anzunehmen (Sir 24,8–11.23). Bei Philon, VitMos 2,37 wird die Welterschaffung als „Ursprung der Gesetze“ bezeichnet – die sinaitische Tora ist lediglich eine spätere Auswortung der „ungeschriebenen Gesetzgebung“). Gemäß CD 2,2–10, 1QH 9 (früher 1QH 1),7–14 und 4Q180 wurde diese Ordnung des Kosmos bereits präexistent vor der Erschaffung der Welt festgesetzt. Im Eschaton schließlich (das für die Qumraniten bereits angebrochen war) wird diese Schöpfungsordnung, die bislang nur als „Mysterium“ (1QH 9,13) wenigen Eingeweihten offenbar war, für alle sichtbar enthüllt werden. Damit ist die eschatologische Ordnung nichts anderes als die endzeitliche Wiederherstellung der protologischen Ordnung (vgl. dazu Lange, Weisheit, 215–220 und 297). So sieht dies auch Paulus in Röm 11,25; 1Kor 2,7 und 15,51, wenn er den Begriff „Mysterium“ als den „vor allen Zeiten vorausbestimmten“ Heilsplan Gottes deutet, der jetzt im Eschaton offenbar wird. Vgl. hier und im Folgenden Tiwald, Art. Gesetz, 295–298.

138 Merklein, Gottesherrschaft, 104. Ebenso: Heil, Nachfolge, 131–333. Hiermit ist eine „revelatory instruction received by the specially elect community“ gemeint, also ein typisch apokalyptisches Sonderwissen, das den Auserwählten zuteilwird (Stuckenbruck, 1Enoch, 57). Vgl. auch Nickelsburg, 1Enoch, 448: „The elect are chosen, first of all, to be the recipients of wisdom and knowledge. In the context of the Epistle, this means a particular understanding of the divine law, other esoteric information about the cosmos, and the eschatological message of the coming judgement.“

intendierte Ordnung zurück. Für Jesus sind es nun die „Gewalttäter“, die jetzt couragiert die Gunst der eschatologischen Stunde nützen und die Königsherrschaft Gottes erobern – für Q aber sind die „Gewalttäter“ jene, die dieser eschatologisch-bindenden Deutung keinen Glauben schenken.

Für und gegen Johannes (Q 7,29f)

29 Denn Johannes kam zu euch, ... die Zöllner und ... reagierten positiv, 30 aber die religiösen Autoritäten lehnten ihn ab.

Ob diese beiden Verse in Q gestanden haben, ist ausgesprochen fraglich, da es zwischen Mt 21,32 und Lk 7,29f keine wörtliche Übereinstimmung gibt.[139] Eine inhaltliche Parallele – über Mk hinausgehend – besteht allerdings in der Aussage, dass die Zöllner (Zöllner und Huren in Mt 21,32) den Umkehrruf des Täufers angenommen haben, während die religiösen Autoritäten (Hohepriester und Älteste in Mt 21,22; Pharisäer und Schriftgelehrte in Lk 7,29) sich seiner Botschaft verschlossen haben. Solch eine Notiz könnte also gut den Übergang zum Unglauben „dieser Generation“ gebildet haben, auch wenn die Rekonstruktion hypothetisch bleibt.

Diese Generation und die Kinder der Weisheit (Q 7,31–35)

31 Wem soll ich diese Generation vergleichen, und wem ist sie gleich? 32 Sie ist gleich Kindern, auf den Marktplätzen sitzend, die den andern zurufen und sagen: Wir haben für euch auf der Flöte gespielt, und ihr habt nicht getanzt, wir haben Klagelieder gesungen, und ihr habt nicht geweint. 33 Es kam nämlich Johannes, er aß nicht und trank nicht, und ihr sagt: Er hat einen Dämon. 34 Es kam der Menschensohn, er aß und trank, und ihr sagt: Siehe der Mensch (= Schau dir den da an!), ein Fresser und Weinsäufer, ein Freund der Zöllner und Sünder. 35 Und doch wurde die Weisheit von ihren Kindern gerechtfertigt.

Das Bild evoziert in der polaren Gegenüberstellung von Freudenfest (symbolisiert durch Flötenspielen und Tanzen) und Trauerritual (Klagelieder und Weinen) das ganze Spektrum von möglichen „Spielangeboten“ für Kinder.[140] Doch keines davon wird genützt! Ab V 33 werden diese Bilder auf Johannes (nicht essen und trinken) und Jesus (Essen und Trinken) bezogen und jeweils wieder paarig mit der darauf folgenden Ablehnung (vom Dämon besessen – Fresser und Weinsäufer) verbunden. Kritisiert wird dabei die starre Haltung der Menschen: „Sie sind festgelegt in ihren Vorstellungen. Sie wissen, wer einen Dämon hat und wer ein Fresser und Weinsäufer ist – und mit ihrem fest gefügten Wissen verschließen sie sich vor der Begegnung.“[141]

Die Rede von *„dieser Generation“* als Widerpart Jesu begegnet in der Logienquelle wiederholt: Q 7,31; 11,29–32 und 11,50f. In Verbindung mit dem Topos vom *gewaltsamen Prophetengeschick* (s.u. *IV: Exkurs 3.2*) wird die Rede von „dieser Generation“ zu einer der tragenden Sinnlinien der Logienquelle.[142] Allerdings wäre es nun wenig ratsam, hinter „dieser Generation“ eine bestimmte Gruppe von jüdischen Gegenspielern ausfindig zu machen, da sich die Rede von „dieser Generation“ stehenden frühjü-

---

139 „In der Q-Forschung wird von den meisten Autoren die Zugehörigkeit ... für unwahrscheinlich gehalten“ (Hoffmann, Anmerkungen, 123). Ebenso Fleddermann, Q, 362.

140 Zur narrativen Analyse vgl. Müller, Spiel, 100–110.

141 Müller, Spiel, 109.

142 Vgl. dazu und im Folgenden Tiwald, Valeur, 133–137.

disch-apokalyptischen Patterns verdankt (s.u. *III: Q 11,16.29-32*). Die Vorstellung, dass vor dem Anbruch der Herrlichkeit Gottes in der Endzeit erst eine Phase umfassenden Glaubensabfalles und abgrundtiefer Bosheit stehen würde, zählt zu den stehenden Mustern frühjüdischer Apokalyptik. Wie in s.u. *IV: Exkurs 4.1* ausgeführt, müssen sich die Frommen gemäß solchen Vorstellungen in den kataklystischen Endzeitszenarien (vgl. dazu auch die böse Generation in Jub 23,14 oder in 1QpHab 2,1–10) erst bewähren, wenn ihnen danach das ewige Heil zuteilwerden soll. Letztlich haben diese Text eine *Trostfunktion*: Der eigene Misserfolg wird vor dem Hintergrund bereits fixierter eschatologischer Abläufe erklärbar – ja sogar als vorherbestimmter Teil des Heilsplanes Gottes deutbar. Ähnlich wie unsere Perikope thematisiert schon Jes 57,4 den Spott der Ungerechten gegen den Gerechten in der Art von ungezogenen, die Zunge herausstreckenden Kindern: „Seid ihr nicht Kinder des Untergangs, Samen der Gesetzlosigkeit (σπέρμα ἄνομον)?“ fragt der Autor.

In unserer Perikope wird bereits der Misserfolg der beiden „Kinder der Weisheit“ – Johannes und Jesus – als den eschatologischen Gegebenheiten konform dargestellt. Bemerkenswert ist, dass die Logienquelle hier noch nicht – wie später Mt 11,19 – Jesus als personifizierte Weisheit darstellt, die „durch ihre Taten“ gerechtfertigt wird, sondern Johannes und Jesus noch zwillingshaft miteinander verbindet. Dennoch kommt es noch einmal zu einer Synkrisis, die den Abschluss des ganzen *ersten Erzählkranzes Johannes und Jesus* darstellt: Johannes der strenge Bußprophet, Jesus der freudvolle Verkünder der Königsherrschaft Gottes.

Die pointierte Zuschreibung *Fresser und Weinsäufer* korrespondiert mit der reichlich belegten Mahlpraxis Jesu, die „gattungsinvariant“ in Wundertraditionen (vgl. Mk 6,35–44), Erzählstoff (vgl. Lk 19,5), Wortüberlieferung (vgl. Q 7,34; 13,29; 24,16–23; Lk 14,15), Passionsberichten (Mk 14,18; Joh 13,2) und Briefliteratur (1Kor 11,23–25) festgehalten wurde. Für Jesus waren zeichenhaft inszenierte Festmähler emblematische Prolepsen des bevorstehenden eschatologischen Festmahles, wie es Jes 25,6 angekündigt hatte. Seine Mähler sind – ähnlich wie seine Wunderheilungen, Sündenvergebungen und Gleichnisse (als Wortereignisse) – realprophetische „Kostproben“ der bevorstehenden Königsherrschaft Gottes. Ähnlich wie Johannes mit seinem Bußfasten auf das bevorstehende Feuergericht verwies, hatten die Festmähler Jesu Verweischarakter. Die Synkrisis *Johannes - Jesus* verdeutlicht hier am Ende des ersten Erzählkranzes noch einmal, wie eng die beiden „Kinder der Weisheit“ verwoben waren – auch wenn ihr Weg danach in eine je andere Richtung weiterlief. Nach diesem ersten Erzählkranz wird der Täufer (zumindest nach der hier vorgenommenen Gliederung) in Q keine weitere Erwähnung mehr finden – der folgende Text zoomt nun ganz auf die Jünger Jesu ein.

Erzählkranz 2: Die Verkündiger: Die Boten des Menschensohnes (Q 9,57–11,13)

Mit Erzählkranz 2 beginnt ein neuer Abschnitt in Q. Hatte Erzählkranz 1 Johannes und Jesus mit ihrer je eigenen Botschaft dargestellt, so springt Erzählkranz 2 nun in die Gegenwart und thematisiert die hinter Q stehenden Verkündiger der Botschaft. Bemerkenswert ist dabei, dass Erzählkranz 2 noch nicht auf das Leben der *sesshaften* Gemeinde fokussiert (das geschieht erst in Erzählkranz 4), sondern die *Wandermissio-*

nare der Logienquelle vor Augen hat. Selbst das *Vater-Gebet* ist mit seiner Brotbitte dem Motivhorizont unsicherer Wanderexistenz verpflichtet. Das verdeutlicht den hohen Stellenwert, den solche Wanderpropheten in der Q-Gemeinde besaßen, aber auch die ungebrochene Naherwartung, die als Motivationshorizont dieser prophetisch-radikalen Lebensweise genannt wird (Q 10,9).

Erzähleinheit 1: Radikale Nachfolge (Q 9,57–60)

Es ist ein fulminanter doppelter Introitus, mit dem die Radikalität der Nachfolge Jesu verdeutlicht wird: emblematische Heimatlosigkeit (Bildwort von den Füchsen und Vögeln) und Familienlosigkeit (Tote ihre Toten begraben lassen). Mit diesem Auftakt werden der Ernst, aber auch die zeichenhafte Größe der Nachfolge Jesu verdeutlicht. Wahrscheinlich verstand schon der historische Jesus selbst seinen gesamten Lebensstil als ein realprophetisches Zeichen der im Anbruch befindlichen Königsherrschaft Gottes: Seine *Heimatlosigkeit* (Q 9,57) und sein unstetes *Wanderleben* (Q 10: Wandermission ohne Besitz) deuten auf die neue Heimat hin, die Gott in seinem kommenden Reich schaffen wird. Jesu *Familienlosigkeit* (Q 9,59; 14,26; vgl. auch Mk 3,33–35; 10,29f) wird zum Realsymbol der neuen *familia Dei*, die Gott im Eschaton schaffen wird (zum apokalyptischen Muster des Zerbrechens der irdischen Familienbande s.u. *IV: Exkurs 4.1.3*). Die *Besitzlosigkeit* Jesu (Q 6,20; 10,4) fasst das unbedingte Gottvertrauen ins Bild, dass der himmlische Vater in der *basileia* für die Seinen sorgen wird (vgl. das Bildwort von den Raben und Lilien, das mit der Aussage schließt: „Sucht hingegen seine Königsherrschaft, und dies alles wird euch dazugegeben werden“, Q 12,31). Auch Jesu *Gewaltlosigkeit* (Q 6,29; 10,3) demonstriert die zeichenhafte Hoffnung, dass nun der eschatologische Gottesfriede mit seinem Reich anbrechen werde.

Jesus selbst wird damit den alttestamentlichen Propheten gleich, die ihre Verkündigung auch durch realprophetische Zeichenhandlungen untermalten. Gattungskritisch handelt es sich dabei um ein אות (*ʾot*), das zeichenhaft eine *bestehende Wirklichkeit in Erinnerung ruft oder eine noch nicht eingetroffene, aber unmittelbar bevorstehende Wirklichkeit symbolisch vorwegnimmt.*[143] Dieses emblematische Verhalten passt perfekt zu dem, was wir auch ansonsten von Jesus wissen: Seine *Gleichnisse* werden zum Worterеignis, in dem das Gottesreich in performativer Rede schon präsent ist, seine *Mahlpraxis* lässt ein kleines Stück des Festmahles der *basileia* schon jetzt verkosten, seine *Wunderheilungen* und *Sündenvergebungen* nehmen die endzeitliche Rückführung des Menschen in seine prälapsarische Integrität bereits vorweg.

Am deutlichsten ist diese realprophetische Radikalität Jesu in der Logienquelle erhalten geblieben. Die Vermutung legt sich daher nahe, dass die galiläischen Jesusjünger der Logienquelle diesem emblematischen Lebens- und Missionsstil treu blieben. In der Q-Forschung wird diese zeichenhafte Nachfolge gerne mit der Vorstellung

143 Vgl. die Definition nach Helfmeyer, Art. אות, 183. So etwa nimmt Hosea eine Dirne zur Frau (Hos 1,2–9) und Ezechiel macht sich öffentlich unrein, indem er sein Brot auf Menschenkot backt (Ez 4,12). Beide verweisen damit auf die Unreinheit des Volkes, das JHWH verlassen hat. Ebenso Jeremia, der mit einem Jochholz am Nacken herumgeht, um auf das bevorstehende Exilsgeschick des Volkes zu verweisen (Jer 27,2).

verbunden, dass die Q-Missionare „wanderradikale Propheten" waren, die den Lebensstil ihres Meisters weiterführten.[144]

Das Bildwort von den Füchsen und Vögeln (Q 9,57f)

[57] Und jemand sagte ihm: Ich werde dir nachfolgen, wohin du auch gehst. [58] Und Jesus sagte ihm: Die Füchse haben Höhlen und die Vögel des Himmels Nester, der Menschensohn aber hat nichts, wohin er seinen Kopf legen könnte.

Mit dem Stichwort ἀκολουθήσω σοι – „ich werde dir nachfolgen" – wird hier die thematische Vorgabe für die Beschreibung des Jüngerseins geboten. Metonymisch wird der Ausdruck „seinen Kopf legen" zu einem Heimat- und Ruheplatz – analog zu den „Höhlen" der Füchse und den „Nestern" der Vögel.

Das Bildwort von Füchsen und Vögeln besitzt eine Parallele in ThEv 86. Ähnliche Texte finden sich auch in der paganen Antike:

> *Plutarch, Tib. Gracch. 9:* ... Tiberius, der für ein schönes und gerechtes Ziel kämpfte mit einer Gewalt des Wortes, die eine schlechtere Sache hätte adeln können, war gewaltig und unüberwindlich, wenn er, umdrängt vom Volk, auf der Rednerbühne stand und von den Armen sprach: „Die wilden Tiere, welche in Italien hausen, haben ihre Höhle, jedes weiß, wo es sich hinlegen, wohin es sich verkriechen kann – die Männer aber, die für Italien kämpfen und sterben, sie haben nichts außer Luft und Licht. Heimatlos, gehetzt irren sie mit Frau und Kind durch das Land. ... Herren der Welt werden sie genannt und haben nicht eine Scholle Landes zu eigen."

> *Epiktet, Vom Kynismus 47:* Seht auf mich, ich bin ohne Haus, ohne Vaterstadt, ohne Besitz, ohne Sklaven. Ich schlafe auf dem Boden, habe weder Frau noch Kind noch ein Häuschen, sondern nur die Erde, über mir den Himmel und einen schäbigen Mantel.

Heimatlosigkeit um eines besonderen Engagements willen wurde auch in der paganen Antike verstanden. Im Unterschied zu den Freiheitskämpfern für Italien und kynischen Wanderphilosophen ist der Motivationshorizont Jesu allerdings in der Verkündigung der nahenden Königsherrschaft Gottes zu sehen.[145]

Lass die Toten ihre Toten begraben! (Q 9,59f)

[59] Ein anderer aber sagte ihm: Herr, gestatte mir, zuvor wegzugehen und meinen Vater zu begraben. [60] Er aber sagte ihm: Folge mir, und lass die Toten ihre Toten begraben.

Besonders schockierend wirkt das Verbot Jesu, den eigenen Vater begraben zu dürfen – das Gebot, die Toten zu begraben, gehörte in der jüdischen Antike zu den obersten Geboten der Pietät (Tob 1,17–19; 2,3–8; Philon, Jos 22–25; Josephus, Ap 2,205; mBer 3,1) und als Sohnespflicht (Gen 25,9; 35,29). Es besteht ein großer Kon-

---

144 Vgl. die intensive Diskussion zur Frage des „Wanderradikalismus" bei Tiwald, Freedom, 111–131; ders., Wanderradikalismus; ders. Logienquelle, 117–128. Die Vorstellung geht zurück auf G. Theißen, *Wanderradikalismus. Literatursoziologische Aspekte der Überlieferung von Worten Jesu im Urchristentum* (Erstpublikation 1973), und P. Hoffmann, *Studien zur Theologie der Logienquelle* (Erstauflage 1972), in der dritten Auflage 312–334.

145 Die These, dass Jesus oder die Q-Missionare bei Kynikern Anleihe genommen hätten, ist zurückzuweisen. Vgl. dazu die intensive Diskussion bei Tuckett, Cynic, 349–376; Theißen, Wandercharismatiker, 104; Hengel, Hellenisierung, 69; Tiwald, Logienquelle, 130–135.

sens, dass die Aussage im Kern auf den historischen Jesus zurückgeht,[146] da die Urkirche kaum eine solch radikale Aussage erfunden hätte. Allerdings gab es auch im AT schon bestimmte Fälle, wo dem Herrn geweihte Personen (Lev 21,11: Hohepriester; Num 6,6f: Nasiräer) beim Tod von Vater und Mutter aufgrund von Reinheitsnormen dem Begräbnis fern bleiben mussten. Bei Jesus stehen hinter dem Verbot allerdings keine kultischen Reinheitsnormen, sondern ein zeichenhaftes Realsymbol der *basileia* (s.o.). Ähnlich wie in 1Kön 19,20, wo Elija den Elischa in die Nachfolge ruft, wird die absolute Priorität dieses Rufes betont (auch wenn Elija die Verabschiedung - anders als Jesus - erlaubt). Auch Ezechiel und Jeremia verweigern die Totenklage (Ez 24,16–24; Jer 16,5–7) als realsymbolische Zeichenhandlung für das bevorstehende Exilsgeschick Judas. Ähnlich wird auch für Jesus das Nicht-Begraben der Toten zu einer Zeichenhandlung für die bevorstehende Königsherrschaft Gottes. Das Oxymoron „Lass die Toten ihre Toten begraben" drückt dabei gut Jesu ursprüngliche Intention aus: Wer keinen Zugang zur *basileia* findet, der ist tot (vgl. Q 17,33).[147]

Erzähleinheit 2: Missionsinstruktion (Q 10,2–16)

Mit der Missionsinstruktion wird nun die Thematik „Nachfolge" weiter ausgeführt. Waren die beiden Bildworte nur der Introitus, um den Ernst und die Radikalität der Jüngerschaft Jesu zu verdeutlichen, so erfolgt nun eine dezidierte Missionsinstruktion. Diese Zielsetzung hat später Mt übernommen: Mit Mt 9,37 (= Q 10,2 und dem davorgespannten V 9,36) beginnt beim ersten Evangelisten die Jüngerrede (Mt 9,36–11,1).

Die Missionsinstruktion ist als Material der Jesusüberlieferung besonders bemerkenswert, da wir hier eine *Dreifach-Überlieferung* in Q 10,2–16/Mk 6,7–11/ThEv 14bc.55.73.86 besitzen.[148] Es ergibt sich in der Beziehung zwischen Q und MkEv „das Bild eines Traditionsstromes innerhalb des frühen Christentums, an welchem die ... Schriften in je verschiedener Weise partizipieren, ohne daß dabei eine literarische Vermittlung anzunehmen wäre."[149] Bezüglich des ThEv hat Schröter gezeigt, „daß es einen eigenen Entwicklungsstrang repräsentiert, der allerdings zum Teil von der synoptischen Tradition beeinflußt ist. Die Logien 14,4 und 5 wiesen einen solchen Einfluß eindeutig auf, wogegen in Log. 86 und 73 ein Rückgriff auf mündliche Tradition ohne solche Beeinflussung wahrscheinlicher erschien."[150]

Aber auch *innersynoptisch hat die Missionsinstruktion eine bereite Rezeption* erfahren: Das LkEv belässt die Dublette der beiden Hauptquellen, wobei sich Lk 9,1–5 stärker an Mk 6,7–11 orientiert, während Lk 10,1–12 eher dem Q-Text folgt. Lk 22,35–38 referiert noch einmal auf den Text der Aussendungsrede, der Text wird beim *Auctor ad Theophilum* also als

146 Vgl. die Diskussion und den Forschungsüberblick bei Heil, Nachfolge, 122.
147 Vgl. Heil, Nachfolge, 124.
148 Vgl. dazu Schröter, Erinnerung, 144–239, und Tiwald, Wanderradikalismus, passim. Zur Frage der Abhängigkeit des ThEv von den Synoptikern s.o. *II.2.3.1.*
149 Schröter, Erinnerung, 236.
150 Schröter, Erinnerung, 237.

Triplette geführt.[151] Dabei modifiziert Lk 22 die Radikalität der ersten beiden Aussendungen – das *Ethos der radikalen Jesusnachfolge*, wie es noch in Q zu finden ist, weicht im dritten Evangelium der *Ethik des innergemeindlichen Besitzausgleichs* und dem geschwisterlichen Teilen.[152] Die ursprüngliche Radikalität der Jesusnachfolge, wie sie in der Aussendungsrede zum Ausdruck kommt (s.o. *II.2.2.1*; s.u. *IV: Exkurs 1.4*; *IV: Exkurs 3.1.2* und *IV: Exkurs 4*), weicht auch bei den anderen beiden Synoptikern einer gewissen Pragmatik: Mk 6,8f macht bei der Wanderausrüstung bereits Zugeständnisse – Stock und Sandalen werden erlaubt), Mt 10,9 hingegen verwandelt den strengen *Besitz*verzicht bereits in einen *Erwerbs*verzicht.[153] Die Tendenz, dass der Missionar kein Geld für seine Arbeit nehmen soll, begegnet später auch in Did 11,6 (vgl. 12,5) und erklärt sich aus dem Missbrauch des Unterhaltsprivilegs für Wandermissionare, wie es Lukian von Samosata in Peregr. 13 und 16 anprangert. Dieses alte Ethos der Besitz- bzw. Erwerbslosigkeit scheint sogar noch hinter 2Kor 11,7; 12,13 (vgl. 1Kor 9,12–15) zu stecken, wo man Paulus vorwirft, sein eigenes Geld verdient und besessen zu haben.[154]

An der Dreifach-Überlieferung und der Art und Weise, wie sich die späteren Synoptiker (und Paulus!) an diesen Texten „abarbeiteten", wird deutlich, dass es sich hier um alte Jesusüberlieferung handelt, hinter der man eine historische Aussendung der Jünger durch Jesus selbst und die daraus resultierende Missionspraxis der späteren Q-Missionare erkennen darf.[155] Wenn Jesus tatsächlich davon überzeugt war, dass die Königsherrschaft Gottes unmittelbar und drängend bevorsteht, dann musste er die kurze Zeit nützen und auch seine Jünger als Boten der *basileia* aussenden. Kontextplausibel ist die Historizität einer solchen Aussendung allemal – man vergleiche dazu auch das wohl authentische Jesuswort in Q 10,16 („Wer euch aufnimmt, nimmt mich

---

151 Vgl. dazu Tiwald, Wanderradikalismus, 191–202. Lk 9,1 thematisiert mit der Aussendung der Zwölf die Israelmission, Lk 10,1, mit der Aussendung der Zweiundsiebzig in Anlehnung an die Septuaginta (vgl. Arist 50 und 307, sowie Num 11,24–27) die Heidenmission. Lk 22,35–38 hingegen verbindet die Zeit Jesu mit der Zeit der Kirche.

152 Vgl. dazu Tiwald, Nichterfüllung, 105–119. Zur Frage des Besitzausgleichs bei Lk siehe Tuckett, Luke, 95–106, und Klauck, Armut, 160–194.

153 Vgl. dazu Tiwald, Wanderradikalismus, 175–191. Mt 10,9 ersetzt das aus Q stammende βαστάζω (mit sich tragen) durch κτάομαι (sich erwerben): Der Missionar soll unentgeltlich arbeiten und durch die Missionstätigkeit kein Geld erwerben, wie auch Mt 10,8 befindet: „Umsonst habt ihr empfangen, umsonst sollt ihr geben." Daher ersetzt Mt 10,10 auch μισθός (Lohn) durch τροφή (Nahrung).

154 Mit οὕτως καὶ ὁ κύριος διέταξεν τοῖς τὸ εὐαγγέλιον καταγγέλλουσιν ἐκ τοῦ εὐαγγελίου ζῆν (1Kor 9,14) wird klar, dass es sich hier um ein *Gebot*, nicht um eine Vergünstigung des Kyrios handelt, dass alle, die das Evangelium verkündigen, vom Evangelium leben *müssen*. Vgl. dazu Theißen, Lebensunterhalt, 216f.

155 Schröter, Erinnerung, 238f, bleibt skeptisch, dass die Missionsinstruktion einen Haftpunkt beim historischen Jesus hätte. Vielmehr seien diese Texte „von Q ... im Blick auf die nachösterliche Missionspraxis radikalisiert" worden. Stimmiger aber scheint es, dass ein ursprünglich jesuanisches Ethos in Q noch bewahrt, doch bei den Synoptikern mit Blick auf die sesshafte Existenz bereits „entschärft" wurde. Die Ablöse von Wandermissionaren durch ortsansässige Bischofe und Diakone kann *par excellence* in Did 11,1–12 und 15,1f nachgezeichnet werden (vgl. dazu Tiwald, Logienquelle, 117–128). Recht zu geben ist Schröter allerdings darin, dass die jesuanische Jüngeraussendung nicht mit der Einsetzung des Zwölferkreises verbunden war und der Aposteltitel nachösterlichen Datums ist (vgl. dazu Tiwald, Entwicklungslinien, 102–110).

auf, und wer mich aufnimmt, nimmt den auf, der mich gesandt hat"), das sich auch in Mk 9,37 und Joh 13,20 erhalten hat (s.u. die Diskussion zu *III: Q 10,16*).

2 Er sagte seinen Jüngern: Zwar ist die Ernte groß, die Arbeiter aber sind wenige; bittet also den Herrn der Ernte, dass er Arbeiter in seine Ernte sende.

Arbeiter für die Ernte (Q 10,2)

Q 10,2 findet in ThEv 73 eine Parallele – dort allerdings nicht kontextuell an eine Missionsinstruktion gebunden. Eventuell kursierte dieses Logion frei und wurde erst im Q-Kontext mit der Missionsinstruktion verbunden. Ob sich dadurch und aufgrund des „eschatologischen Verständnisses der Verkündigungstätigkeit der Jünger"eine jesuanische Ursprünglichkeit des Wortes untermauern lässt, muss offen bleiben[156] – möglich wäre es, da ja auch der historische Jesus seine Jünger aussandte (s.o.). In der Logienquelle wird allerdings schon ein gewisser *Generationenwechsel* deutlich: Es ist nur zu gut verständlich, dass sich die radikale und kompromisslose Jesus-Nachfolge nicht des Zulaufs der Massen erfreute. Auch wenn für Q die unmittelbare Naherwartung noch immer ungebrochen ist, so führt die fortschreitende Parusieverzögerung bereits zu gewissen Ermüdungserscheinungen. Die spätere Didache erwähnt in 13,1 bereits Wanderpropheten, die wieder sesshaft werden wollen. Und Did 15,1f berichtet von der Ablösung der „Propheten und Lehrer" durch ortsgebundene „Bischöfe und Diakone". Aber auch in Q sind solche Ermüdungserscheinungen bereits festzustellen (vgl. 12,49; 17,1) – die Gemeinde muss um Arbeiter für die Ernte beten, da es auch hier schon „Nachwuchsmangel" bei den Missionaren gab.

Gerne wird darauf verwiesen, dass das *Bild von der Ernte* Vorstellungen des Endgerichts evoziere.[157] Die Erntemetaphorik ist zwar grundsätzlich mit dem Gericht verbunden, wie Joel 4,13; Jer 51,33 (= LXX 28,33); Jes 27,12; Mi 4,12; 4Esr 4,28f; 9,17; 2Bar 70,2 belegen. Doch in der LXX gibt das hier verwendete Wort für „Ernte" (θερισμός) nur in Jes 18,5 das Endgericht wieder – in anderen Belegen ist die normale Erntearbeit gemeint (LXX: Gen 8,22; 30,14; Ex 23,16; 34,22; Lev 19,9; 23,10.22; Jos 3,15; Ri 15,1; 1Sam 12,17; 2Sam 21,9f; u.ö.). Aber auch aus einem anderen Grund ist das Bild des Endgerichts hier fehl am Platz: Die Erntearbeiter sind im Falle der Gerichtsmetaphorik zumeist die Engel Gottes – hier allerdings sind es die Q-Missionare. Also legt sich ein anderer Motivationshorizont nahe: G. Bazzana hat darauf hingewiesen, dass in zeitgleichen griechischen Dokumentarpapyri aus Ägypten mit dem Wort ἐκβάλλω (eigentlich: „hinauswerfen", hier für „aussenden") die Vorstellung verbunden war, in dringenden Notsituationen Arbeiter zu gemeindienstlichen Agrar-Arbeitseinsätzen zu verpflichten.[158] Das Bild evoziert damit weniger das Endgericht, sondern die dringend zu erfüllende gemeindienstliche Aufgabe des Einbringens der Ernte. Das wiederum passt gut zur Erntemetaphorik in Jes 27,12, wo die ver-

156 So die Vermutung von Luz, Matthäus II, 80. Vgl. dazu besonders auch Heil, Missionsinstruktion, 25–55.

157 So etwa Hauck, Art. θερισμός, 133; Hoffmann, Studien, 289; Luz, Matthäus II, 81. Vgl. dazu die neue Untersuchung von Zimmermann, Bitte, 114f, der zu Recht befindet: „Das Ernte-Bild bleibt also ambivalent." Ebenso Heil, Missionsinstruktion, 43: „... in Q 10,2 wird es [sc. das Bild der Ernte] allerdings als Metapher für die Mission vor dem Gericht verwendet."

158 Vgl. Bazzana, Scribes, 138: „... to perform liturgical work linked to agriculture." Vgl. a.a.O. 139: „The use of ἐκβάλλω to indicate a harvest in urgent need of a larger workforce makes most sense if we think that the authors of Q were people acquainted with the specific terminology of liturgies."

sprengten „Söhne Israels“ aus allen Gegenden gesammelt werden. Das Wort kann also gut auf die Missions- und Sammlungstätigkeit der Q-Boten angesichts der anbrechenden Königsherrschaft Gottes verweisen. Allerdings: Vom Ende der Logienquelle her werden die Q-Missionare auch mit dem Endgericht in Verbindung gebracht, wenn sie „auf Thronen sitzen und die zwölf Stämme Israels richten“ (Q 22,30). In der unmittelbaren Naherwartung der Logienquelle müssen sich beide Bilder aber nicht ausschließen. So urteilt R. Zimmermann zu Recht: „Die Ernte ist Bild für die Jesus-Endzeit..., die Arbeiter sind folglich die Jünger Jesu, die als prophetische Wandercharismatiker ausgesandt werden ...“[159] Der Ausdruck „Herr der Ernte“ (κύριος τοῦ θερισμοῦ) ist vorher weder in jüdischer Literatur noch in der Profangräzität belegt. Es handelt sich um eine „kühne Metapher“,[160] die hier von Q geprägt wurde.

Wie Schafe unter Wölfen (Q 10,3)

3 Geht! Siehe, ich sende euch wie Schafe inmitten von Wölfen.

In der klassischen Gräzität wird das Bild von Schafen unter Wölfen von Homer, Ilias 22,263, als Ausdruck unüberbrückbarer, feindschaftlicher Gegensätze gebraucht (vgl. auch Sir 13,17). In alttestamentlicher Bildsprache ist mit den Schafen das Volk Israel gemeint, das von Gott geweidet wird (Ps 79,13; 80,1). Daher wird in 1Hen 89,55 (vgl. 4Esr 5,18.23) mit dem Bild von „Schafen unter Wölfen (bzw. wilden Tieren)“ das Bild von Israel unter den Heiden evoziert. U. Luz möchte daraus schließen, dass es eine „Verfremdung des Bildes, die schockiert“, sei, wenn die Logienquelle, die ja noch keine Heidenmission betreibt, das nicht-Jesus-gläubige Israel mit „Wölfen“ assoziiert.[161] Allerdings – so monodimensional verläuft die Metaphorik nicht! Gerade 1Hen 89,52–60 berichtet davon, dass auch böse Schafe die von Gott gesandten Schafe getötet hätten und gibt damit das Theologumenon vom *gewaltsamen Prophetengeschick* (s.u. *IV: Exkurs 3.2*) wieder, das ja gerade in Q eines der sinnstiftenden Vorstellungsmuster darstellt. Somit konnte die Polarität von sanftmütigen Verfolgten versus gewalttätigen Verfolgern im Bild von „Schafen unter Wölfen“ auch für Spannungen innerhalb von Israel verwendet werden. Wie real die Verfolgungssituation der Q-Missionare durch Nicht-Jesusgläubige-Juden tatsächlich war, darüber gehen die Meinungen der Forscher auseinander (s.u. die Diskussion zu *III: Q 11,49–51*).

Ausrüstungsregel: Mission in zeichenhafter Besitzlosigkeit (Q 10,4)

4 Tragt

nicht Geldbeutel,	A^1	Reisevorräte
nicht Proviantsack,	A^2	
nicht Sandalen,	B^1	Reiseausrüstung
auch nicht Stock,	B^2	

und niemanden grüßt unterwegs (2Kön 4,29).

159 Zimmermann, Bitte, 115.
160 So Zimmermann, Bitte, 115.
161 So Luz, Matthäus II, 109.

In einem doppeltem Zweizeiler werden nun Vorschriften für die Ausrüstung der Boten erteilt: Der erste Zweizeiler thematisiert die Reisevorräte (Geldbeutel und Proviantsack), der zweite Zweizeiler die Reiseausrüstung (Sandalen und Stock). Dabei fällt auf, dass diese – eigentlich selbstverständlichen – Reiseutensilien untersagt werden. M. Sato hat den Ausdruck geprägt, dass man in Zusammenhang mit Q 10,4 besser von „Abrüstung" als von „Ausrüstung" sprechen sollte.[162] Diese Formulierung ist nicht nur launig, sie richtet den Blick genau auf den springenden Punkt: Hier geht es nicht nur um Vermeidung von überflüssigem Reiseballast oder unnötigem Luxus, sondern um eine emblematische eschatologische Zeichenhandlung, die das volle Gottvertrauen der Missionare unterstreicht![163] Es handelt ich hier um ein realprophetisches Zeichen der nahenden Königsherrschaft Gottes (s.o. *III: Erzähleinheit 1: Radikale Nachfolge: Q 9,57–60*), wie es auch in Q 12,22b-31 zum Ausdruck kommt: Wie die sorglosen Raben und unbekümmerten Lilien sollen die Jünger Jesu voll und ganz auf den himmlischen Vater vertrauen: „Sucht Gottes Königsherrschaft und alles andere wird euch dazugegeben werden!" – In der augenfälligen Unterbietung selbst des Mindestmaßes an existenziell notwendigen Ausrüstungsgegenständen werden die Q-Missionare zum sprechenden prophetischen Zeichen: „Die als ‚Wanderradikalismus' etikettierte absolute Bedürfnislosigkeit war Zeichen der nahenden Gottesherrschaft."[164] Da das Motiv der emblematischen Armut zutiefst mit dem Ethos Jesu selbst verbunden war (s.o. *III: Erzähleinheit 1: Radikale Nachfolge: Q 9,57–60* und s.u. *IV: Exkurs 3.1.2: Jesu Option für die Armen*), ist anzunehmen, dass diese Missionspraxis auf den historischen Jesus selbst zurückgeht.[165] In der späteren Didache wird dann für die Besitzlosigkeit und das Wanderleben der Missionare der Ausdruck τρόποι κυρίου, *tropoi kyriou*, „die dem Herrn entsprechenden Verhaltensweisen" (Did 11,8) geprägt.

Eine „Unterbietung" der Armut wird etwa im *Verzicht der Sandalen* deutlich: „Bloßfüßigkeit" galt im Orient als Inbegriff des Elends.[166] Auffällig ist, dass bereits die Parallelüberlieferung in Mk 6,9 Sandalen an den Füßen zugesteht – zu skandalös (und wohl auch auf längeren Reisen außerhalb Palästinas impraktikabel) schien dieses Gebot zu sein!

---

162 Sato, Q, 311, so auch übernommen bei Luz, Matthäus II, 97, Anm. 52.

163 So zu Recht schon Hoffmann, Studien, 315: „Alle Deutungen, die diesem Befund nicht Rechnung tragen und die Ausstattung der Boten einer normalen Reiseausrüstung gleichsetzen, sie etwa verharmlosend als Ausdruck frommer Armut oder apostolischer Einfachheit verstehen wollen, verfehlen von vornherein die Aussageintention des Textes." Mit etlichen Belegen für solche „Verharmlosungen" ebd., Anm. 11.

164 Gnilka, Theologie, 141. Ebenso Heil, Missionsinstruktion, 51f.

165 Vgl. Heil, Missionsinstruktion, 45, der dazu urteilt: „Die ‚Kontrasthandlungen' in Q 10,4 liegen im heimat-, familien-, besitz- und schutzlosen Ethos Jesu begründet und sollen die anbrechende Wirklichkeit der βασιλεία τοῦ θεοῦ anzeigen."

166 Vgl. den „verlorenen Sohn" in Lk 15,22. Weitere Belege bei Billerbeck I, 569.

Der *Verzicht auf Vorratstasche und Stock* ist insofern bemerkenswert, da dies die typische Ausrüstung eines kynischen Wanderphilosophen darstellte.[167] So beschreibt Epiktet (50–130 n. Chr.) die Überlegungen eines Mannes, der beschließt, seine Armut als kynisches Philosophentum zu verkaufen:

> *Vom Kynismus 9*: Einen schäbigen Mantel trage ich schon jetzt und werde es auch dann tun, auf einem harten Lager schlafe ich schon jetzt und werde es auch dann tun. Ein Lederränzlein und einen Stock werde ich mir zulegen, werde anfangen bettelnd herumzuziehen und die Leute, die mir begegnen, zu beschimpfen

Vorratstasche und Stock werden hier als die Attribute des Kynikers (nebst der Beschimpfung der saturierten Spießbürger) beschrieben. Dem aber hält Epiktet das Ethos eines wahren Kynikers entgegen:

> *Vom Kynismus 23*: Zweitens darf sich der wahre Kyniker ... nicht damit begnügen, sondern er muss wissen, dass er als Bote von Zeus zu den Menschen gesandt ist, um ihnen zu zeigen, dass sie über Gut und Böse im Irrtum befangen sind ...

> *Vom Kynismus 47*: Seht auf mich, ich bin ohne Haus, ohne Vaterstadt, ohne Besitz, ohne Sklave. Ich schlafe auf dem Boden, habe weder Frau noch Kind noch ein Häuschen, sondern nur die Erde, über mir den Himmel und einen schäbigen Mantel.

Die Ähnlichkeiten zu den Q-Missionaren ist auffällig: Armut, Heimatlosigkeit und Familienlosigkeit werden auch bei den Kynikern zu zeichenhaften Realsymbolen eines alternativen Lebensstils. Auch der (wahre) Kyniker weiß sich „als Bote von Zeus zu den Menschen gesandt". Gleich modernen „Aktionskünstlern" verweisen Q-Missionare wie auch kynische Philosophen mit ihrem spektakulären Lebensstil auf eine tiefere Realität – eine interessante *religionspsychologische Parallele*! Eine direkte Abhängigkeit der Q-Wanderpropheten von kynischen Idealen – oder gar die Rede von „jüdischen Kynikern" – geht allerdings völlig an der Sache vorbei:[168] *Erstens*, weil in Q 10,4 Tasche und Stock ja verboten statt vorgeschrieben werden. Und *zweitens*, weil der Motivationshintergrund für den jeweiligen Lebensstil ein anderer war: Während sich Kyniker rein innerweltlich definierten und ihr provokantes Verhalten als „moral education of

---

167 Mantel, ein Stock und Vorratstasche waren seit Diogenes, dem historisch schwer fassbaren Schüler des Antisthenes (450–370 v.Chr.), zur klassischen Ausrüstung eines Kynikers geworden. So wird der Stock bereits bei Epiktet *Vom Kynismus* 57 als „Szepter des Diogenes" bezeichnet, und noch Augustinus kann in *De civitate Dei* 14,20 als die beiden herausstechenden Merkmale kynischer Bekleidung den Mantel (*pallium*) und den Stock (*clava*) nennen: „ ... Et nunc uidemus adhuc esse philosophos Cynicos; hi enim sunt, qui non solum amiciuntur pallio, uerum etiam clauam ferunt ..." Dazu Goulet-Cazé, Cynisme, 2738: „Sous l'Empire comme à l'époque hellénistique, on reconnaît le Cynique à son accoutrement inséparable de sa philosophie. Depuis Diogène, cet accoutrement est devenu traditionnel ..." Ebenso Tiwald, Wanderradikalismus, 138–150.

168 So behauptet von: Crossan, Jesus, 553, und Lang, Jesus, 63. Vgl. dazu die Diskussion bei Tuckett, Cynic, 375; Theißen, Wandercharismatiker, 104; Hengel, Hellenisierung, 69. Siehe auch die ausführliche Erörterung bei Tiwald, Logienquelle, 130–135. Zuletzt erschienen dazu: Goulet-Cazé, Kynismus, 156: „Zwar ist Jesus hart in dem, was er äußert, ... aber er lässt nicht die Bissigkeit der Kyniker, noch ihren Sarkasmus, noch ihren übersteigert kritischen Geist laut werden. ... Er ist ein Jude, der mit Juden spricht, ... der den Ton der großen jüdischen Propheten aufnehmen kann, aber keineswegs den der griechischen Philosophie, wären sie auch Kyniker."

mankind“[169] betrachten, ist dem Ethos Jesu und der ihm nachfolgenden Q-Boten die eschatologische Naherwartung der Königsherrschaft Gottes zu eigen.

Der *Stock* war nicht primär Stütze beim Gehen, sondern Selbstverteidigung bei Überfällen von Menschen oder wilden Tieren.[170] Der Verzicht auf den Stock ist also der emblematischen Friedfertigkeit der Q-Boten geschuldet: Schutz- und wehrlos – wie die „Schafe inmitten von Wölfen“ (Q 10,3), wie Boten, die im Streit die andere Wange hinhalten (Q 6,29) – werden sie zu realsymbolischen Zeichen des nun anbrechenden Friedensreichs (s.u. *IV: Exkurs 4.2: Der eschatologische Gottesfriede*).

Wahrscheinlich hat sich das alte wanderradikale Ethos im syrischen Raum noch bis in das 2. und 3. Jh. n. Chr. erhalten.[171] Die *Didache* verordnet in 11,5, dass Wanderapostel nur zwei Tage am gleichen Ort verweilen dürfen und „nichts mitnehmen außer Brot“ (11,6), doch keinesfalls Geld (11,12). *Lukian von Samosata* (um 120 – 180 n. Chr.) erzählt in *De morte Peregrini* 11–16 von christlichen Wanderpropheten, die von den sesshaften Gemeindemitgliedern versorgt wurden – was der Scharlatan Peregrinos reichlich ausgenutzt habe.[172] Im 3. Jh. berichten dann die *pseudoklementinischen Briefe Ad Virgines*[173] von Wanderasketen, die im syrischen Raum operierten und das alte Ethos der Itineranz und der Familienlosigkeit weiterführten – hier allerdings nicht mehr zeichenhaft, sondern als asketische Tugend. Gleichfalls ins 3. Jh. datieren die in Ostsyrien entstandenen apokryphen Thomasakten, in denen Thomas als wandernder Enkratit gezeichnet wird (vgl. ThAct 30.39.42.62.68). Trotz aller Weiterentwicklungen belegt die hohe „Tenazität“ (Zähigkeit) der Traditionen und ihre „Tendenzsprödigkeit“ (Widerständigkeit) gegenüber bürgerlich-sesshaften Werten, dass Heimatlosigkeit und Armut zumindest im palästinisch-syrischen Raum lange Zeit als die Nachfolge der „Lebensweise des Herrn“ (vgl. die τρόποι κυρίου, *tropoi kyriou*, „die dem Herrn entsprechenden Verhaltensweisen“ in Did 11,8) weit verbreitet waren. Ähnliche Traditionen haben sich ja auch im mk Überlieferungsstrang erhalten, wenn auch bereits abgeschwächt und dem sesshaften Gemeindeleben adaptiert: Bereits Mk (in den mit Q parallel laufenden Überlieferungssträngen), aber dann noch stärker Mt und Lk, verorten diese Texte als Reminiszenz einer mittlerweile überholten Etappe der eigenen Geschichte.[174]

Zum Grußverbot s.u. *III: Q 10,5-12.*

---

169 Billerbeck, Cynicism, 162.

170 Vgl. Hoffmann, Studien, 313f. So auch Luz, Matthäus II, 96, Anm. 49.

171 Vgl. dazu und im Folgenden: Tiwald, Wanderradikalismus, 299–310.

172 Auf die Parallele zwischen Lukians Peregrinos und den Wanderpropheten der Didache haben bereits aufmerksam gemacht: Schöllgen, Didache 56, und Wengst, Didache, 38.

173 Hier sind nicht die ansonsten viel bekannteren Schriften der *Homilien* und *Recognitiones* gemeint, sondern zwei weniger bekannte Briefe, die sich an ehelos lebende Wanderasketen und Wanderasketinnen wenden. Vgl. Einleitung und Text bei Duensing, Briefe, 166–188.

174 Vgl. dazu besonders Tiwald, Wanderradikalismus, 175–203, und ders. Nichterfüllung, passim, wo diese Adaptationsprozesse an der Aussendungsrede exemplifiziert werden: Während hinter Q 10,3–10 noch eine aktuell gelebte Praxis steht, *historisiert* Mk 6,7 die Aussendungsrede bereits zu einem einmaligen Ereignis der Vergangenheit. Mt 10,9 hingegen verwandelt die *Besitzverzichtsregel* zum *Erwerbsverzicht*, indem er μὴ βαστάζετε („tragt nicht mit euch“) aus Q 10,4 durch μὴ κτήσησθε („erwerbt euch nicht“) ersetzt. Lk hingegen widerruft die reale Armut in 22,35–38 und münzt das *Ethos der Besitzlosigkeit* in eine *Ethik des Besitzausgleichs zwischen arm und reich* um.

Hausmission und Stadtmission (Q 10,5–12)

[5] In welches Haus ihr auch geht, sagt zuerst: Friede diesem Haus! [6] Und wenn dort ein Sohn des Friedens ist, komme euer Friede auf ihn; wenn aber nicht, kehre euer Friede zu euch zurück. [7] Bleibt in diesem Haus, esst und trinkt, was sie haben, denn der Arbeiter ist seines Lohnes wert. Wechselt nicht von Haus zu Haus.
[8] Und in welche Stadt ihr auch hineingeht, und sie nehmen euch auf, [9] heilt die Kranken in ihr und sagt ihnen: Nahe ist euch die Königsherrschaft Gottes. [10] In welche Stadt ihr auch hineingeht, und sie nehmen euch nicht auf, geht weg aus jener Stadt, [11] und schüttelt den Staub eurer Füße ab. [12] Ich sage euch: Sodom wird es an jenem Tag erträglicher ergehen als jener Stadt.

Der Text beginnt mit der Hausmission, um danach zur Stadtmission überzugehen. Das entspricht wohl den praktischen Gegebenheiten, zuerst in einem Haus Fuß zu fassen und von dort ausgehend die gesamte „Stadt" zu missionieren. Allerdings scheint es sich bei diesen „Städten" um „überschaubare soziale Gebilde" gehandelt zu haben, denn die Ortschaft „handelt als ganze, wenn sie die Jünger aufnimmt oder abweist."[175] Auch der anschließende Staubgestus im Falle der Ablehnung ist eher auf einem kleinen Marktplatz denkbar, wo man zur ganzen Ortschaft reden konnte, als im Menschengewirr einer großen Stadt.[176] Die Verkündigungsmethode in Q 12,3 „Was ich euch im Dunkeln sage, sagt im Licht, und was ihr im Ohr hört, verkündet auf den Dächern" ist ebenfalls nur in einer überschaubaren Ansiedlung möglich, da ein Rufer auf dem Dach einer Großstadt kaum wahrgenommen würde. Die gesamte Missionsinstruktion atmet also rurales Flair: Im überschaubaren nordpalästinisch-syrischen Raum hatte man überall Verwandte und Bekannte, bei denen man Aufnahme finden konnte. Nur hier war besitzlose Itineranz möglich – Paulus entwickelte auf seinen Missionsreisen in urbanes Territorium ein anderes Konzept und verdiente sein eigenes Geld.[177] Man kann sich die Q-Anhänger also als rurales „network of localized groups"[178] vorstellen.

Wie emblematisch das gesamte Auftreten der Q-Boten war, wird gleich zu Beginn der Hausmission verdeutlicht: Der Verzicht auf einen Stock als Waffe, die Wehrlosigkeit von „Schafen inmitten von Wölfen" (Q 10,3), die im Streit die andere Wange hinhalten (Q 6,29) und der ostentative Friedensgruß beim Betreten eines Hauses werden zu realsymbolischen Zeichen des nun anbrechenden eschatologischen Gottesfriedens in der Königsherrschaft Gottes (s.u. *IV: Exkurs 4.2: Der eschatologische Gottesfriede*). Am Anfang der Verkündigung steht also gar keine *Wort*verkündigung, sondern das *„Predigen durch Zeichen"*: Der ganze Missionar wird zu einer prophetischen Botschaft! Dieser eschatologische Friede wird dabei sogar als eine Art dinghaft-materielle Größe imaginiert, der auf einen „Sohn des Friedens" niedersteigt – bzw. im Falle der Nicht-Aufnahme „kehre euer Friede zu euch zurück". Daher darf der Friedensgruß der

175 Zeller, Logienquelle, 51.

176 Vgl. Tiwald, Gott, 64.

177 Vgl. dazu Theißen, Lebensunterhalt, passim. Ebenso Kloppenborg, Gospel, 22: „‚Itinerancy' [sc. of Q missionaries] should not be imagined on the model of Paul's journeys; it would have looked more like morning walks." Dazu auch Tiwald, Wanderradikalismus, 258–265.

178 Kloppenborg, Gospel, 22. Am besten stellt man sich vor: „The Q people ... may have flourished in a network of villages" (ders., Convention, 86).

Missionare auch nicht beliebig bei Begegnungen unterwegs „verschwendet“ werden („und niemanden grüßt unterwegs“, V 4). Umso wirkmächtiger ist der Gruß dann, wenn er beim Betreten eines Hauses gesprochen wird („sagt zuerst: Friede diesem Haus“). Konsequent entfaltet dieser Friede dann seine Wirkung, indem er zur Heilung der Kranken und zum Anbruch der Königsherrschaft Gottes führt. Der Auftrag: „Sagt ihnen: Nahe ist euch die Königsherrschaft Gottes“ wird damit zum Zentralsatz der gesamten Perikope, in dem sich das *primum movens* der Wanderboten spiegelt. Eine gewisse Parallele zum Grußverbot findet sich auch in 2Kön 4,29, wo der Prophet Elischa seinen Diener Gehasi voranschickt mit den Worten: „Gürte dich, nimm meinen Stab in die Hand und mach dich auf den Weg! Wenn du jemand begegnest, so grüß ihn nicht; und wenn dich jemand grüßt, so antworte ihm nicht!“ – Da die gegenseitige Begrüßung viel Zeit in Anspruch nehmen konnte, sollte Gehasi an allen Passanten vorübereilen.[179] Das Grußverbot verdeutlicht also die eschatologische Eile der Boten. Die – für orientalische Verhältnisse unhöfliche – Hast der Boten wird damit selbst zum realprophetischen Zeichen der nahenden und alles andere als nebensächlich zurückdrängenden Königsherrschaft Gottes.[180]

In Lk 10,7f wird gleich zweimal – bei Hausmission wie auch bei Stadtmission – die Erlaubnis gegeben, „esst und trinkt, was sie haben“ (V 7a) und „esst das euch Vorgesetzte“ (V 8b). Interessanterweise fehlen *beide* Aussagen im MtEv; da aber V 7b – „der Arbeiter ist seines Lohnes (bei Mt: Nahrung[181]) wert“ – unzweifelhaft in Q gestanden hat, muss es wohl auch irgendeine Form des Unterhaltsprivilegs in Q 10,7a gegeben haben. Wahrscheinlich hat dann Lk bei der Stadtmission die Formulierung der Hausmission übernommen. Anders als die CEQ wird hier also die zweite Essensaufforderung für Q gestrichen.[182] Sollte sich in der Essensaufforderung die Erlaubnis verbergen, auch nicht koschere Speisen zu sich nehmen zu dürfen, wie wiederholt vermutet wurde?[183] Wenn die Q-Missionare noch keine Heidenmission betrieben, dann ist nicht anzunehmen, dass in ihrer Gastunterkunft unkoschere Speisen aufgetischt wurden.[184] Wahrscheinlicher ist, dass die Aufforderung zum Essen in V 7a einfach nur das meint, was V 7b sagt: „der Arbeiter ist seines Lohnes wert“ und darf sich daher verpflegen lassen. Die Boten dürfen bei Tisch herzhaft zulangen, da sie ja als Missionare fleißig

179 So Hentschel, 2Könige, 20. Vgl. dazu ebenso: Billerbeck, Kommentar II, 166.

180 So betont Zeller, Logienquelle, 49: „Solche Unhöflichkeit in den Augen eines Orientalen erregte Aufmerksamkeit: Diese Boten müssen in der nächsten Stadt eine dringliche Aufgabe haben, daß sie nicht einmal zu einem kleinen Schwatz verweilen können.“ Billerbeck, Kommentar I, 380f, belegt ausführlich, für wie unhöflich die Verweigerung des Grußes im Judentum galt.

181 Mt ersetzt das für Q wohl ursprüngliche μισθός („Lohn“) durch τροφή („Nahrung“), um das Missverständnis zu vermeiden, der Missionar hätte ein Anrecht auf finanzielle Entlohnung. Ganz in dieser Linie stehen das dreifache Verbot von Gold-, Silber- und Kupfergeld in 19,9, die Aufforderung „Umsonst habt ihr empfangen, umsonst sollt ihr geben“ (10,8) und die Änderung der *Besitzverzichtsregel* zum *Erwerbsverzicht*, indem Mt 10,9 μὴ βαστάζετε („tragt nicht mit euch“) aus Q 10,4 durch μὴ κτήσησθε („erwerbt euch nicht“) ersetzt. Diese Tendenzen nehmen schon das Ansinnen der späteren Didache (etwa 11,6.12), den Missionar nicht mit Geld zu entlohnen, vorweg.

182 So der überzeugende Beweisgang bei Fleddermann, Q, 411–416.

183 So die Vermutung bei Theißen, Reinheitslogion, 242; Ebner, Weisheitslehrer, 247; Scherer, Königsvolk, 196.

184 Diese Möglichkeit wird von Ebner, Weisheitslehrer, 247, in Betracht gezogen.

dafür gearbeitet haben. Der darauffolgende Imperativ „Wechselt nicht von Haus zu Haus“ stellt dann wohl schon einschränkend fest, dass man nicht aufgrund besserer Verpflegung kulinarisches „house-hopping“ betreiben soll.

Der Staubgestus im Falle der Ablehnung ist ebenfalls als zeichenhaft-prophetische Handlung zu verstehen – auch hier tritt die Nähe der im Kommen begriffenen Königsherrschaft Gottes in den Blick. Während diese allerdings für die Gläubigen Heilung und Frieden bewirkt, wird den Ungläubigen das Gericht angekündigt – schlimmer noch, als es Sodom ergangen ist. Das Abschütteln des Staubes „basiert auf einer a-minore-ad-maius-Logik: Die so Handelnden demonstrieren, dass sie selbst mit so etwas Unbedeutendem und Unschuldigem wie mit dem Staub einer Stadt nicht mehr zu tun haben wollen – um wieviel weniger mit deren Bewohnern!“[185] Die Gerichtsthematik wird nun in den folgenden Versen weitergeführt.

Weherufe gegen galiläische Städte (Q 10,13–15)

13 Wehe dir, Chorazin! Wehe dir, Betsaida! Denn wenn in Tyrus und Sidon die Wunder geschehen wären, die bei euch geschehen sind, längst wären sie in Sack und Asche umgekehrt. 14 Doch Tyrus und Sidon wird es erträglicher ergehen im Gericht als euch. 15 Und du, Kafarnaum, wirst du etwa zum Himmel erhöht werden? Bis zum Hades wirst du hinabsteigen (Jes 14,13.15).

Weherufe begegnen wiederholt in der Logienquelle (Q 10,13; 11,42.43.44.46.47.52). In alttestamentlicher und frühjüdischer Literatur war dieses Genus weit verbreitet, um rivalisierende innerjüdische Gruppierungen zu kritisieren. Ein definitiver Bruch zwischen der Q-Gemeinde und Israel ist darin also noch nicht enthalten, es handelt sich eher um eine apokalyptisch zugespitzte Mahn- und Bußrede (zum Genus der Weherufe s.u. *III: Weherufe gegen Pharisäer, Q 11,42.39b.41.43f*). Das Genus dieser Weherufe ist *protreptischer-performativer* Natur, sie wollen *konnotativ* den Gläubigen Mut machen und für die eigene Sache werben, nicht aber *denotativ* eine reale Verdammung über die Ungläubigen aussprechen.[186]

Allerdings zeichnet sich hier schon das spätere Scheitern der Israel-Mission in Nordpalästina ab. Alle drei genannten Orte, Chorazin, Betsaida und Kafarnaum, liegen am nordwestlichen Rand des Sees Gennesaret und waren das Kerngebiet von Jesu Verkündigungstätigkeit:[187] Betsaida ist nach Joh 1,44 der Heimatort von Petrus, Andreas und Philippus. Kafarnaum wird in Mk 1,29 – abweichend von Joh 1,44 – als Heimatstadt des Petrus und Andreas bezeichnet. Nach Mk 1,21; 2,1; 9,33; Mt 4,13; Joh 2,12 scheint Jesus in Kafarnaum eine Art „operative Basis“ besessen zu haben.[188] Aller Wahrscheinlichkeit nach handelt es sich hier um das Kerngebiet der Q-Gruppierung

185 Wolter, Lukasevangelium, 335.

186 Vgl. dazu Tiwald, Valeur, 115–137. Zur Polemik als *boundary marker* innerhalb des Frühjudentums siehe die Studien von Nickelsburg, Wisdom, 73–91; Johnson, Slander, 419–441; Marshall, Apocalypticism, 68–82.

187 Zu archäologischen Daten betreffs der hier genannten Orte vgl. Kloppenborg, Bethsaida, 61–90, und Tiwald, Logienquelle, 84–87. Zum sogenannten „Petrushaus“ in Kafarnaum vgl. Broadhead, Ways, 341, und Zangenberg, Silence, 104–107. Selbst wenn die Tradition authentisch sein sollte, ist jedoch nicht mit einer durchgehenden Linie von Judenchristen bis in byzantinische Zeit zu rechnen.

188 Vgl. Ebner, Stadt, 15f.

(s.o. *II.1.2*). Es steht anzunehmen, dass sich auch nach Jesu Auferstehung eine Gruppe von Jesusjüngern weiterhin in Galiläa aufgehalten hat.[189] Allerdings scheint diese Präsenz spätestens nach dem Zweiten Jüdischen Krieg – wenn nicht sogar schon nach dem Ersten Jüdischen Krieg – abgebrochen zu sein. Der Hinweis des Eusebius (HE 3,5,2–3) und Epiphanius (Pan. 29,7,7–8; 30,2,7; de mensuribus 15), dass die Christen aus Jerusalem vor dem Ersten Jüdischen Krieg nach Pella flohen, könnte auch eine Parallele in Galiläa gefunden haben.[190] Immerhin haben wir auch bei Josephus Bell 2,279//Ant 20,256 Hinweise, dass viele Juden Palästina unter Gessius Florus (64–66 CE) knapp vor Ausbruch des Krieges verließen. Auch noch während der Belagerung von Jerusalem erlaubte Titus den Fluchtwilligen, die Stadt zu verlassen (Bell 5,422). Auch Lk 21,20–21 belegt solche Fluchttendenzen. Apg 19,3 wiederum zeigt Täuferjünger in Ephesus, wo wir auch den Verfasser der Offenbarung, der wohl palästinische Wurzeln hatte, verorten können; wahrscheinlich hatten diese Palästina im Zuge des Ersten Jüdischen Krieges verlassen.[191] Wenn obendrein bei Justin Apol 1,31,6 erwähnt wird, dass Bar Kochba – wohl aufgrund rivalisierender Messiasansprüche – die Christen verfolgen ließ, so scheint vieles für eine Abwanderung der Q-Gemeinden aus Galiläa im Zuge der beiden Jüdischen Kriege zu sprechen. Eine gewisse Wahrscheinlichkeit spricht dafür, dass die Q-Gemeinde in der von Q-Missionaren gegründeten Mt-Gemeinde Zuflucht fand (s.o. *II.2.3.2*). Aufgrund des sich bereits abzeichnenden Scheiterns der Israelmission mischen sich nun in den Optimismus Jesu (s.u. *IV: Exkurs 1*) die wesentlich bittereren Noten der Gerichtsdrohung.

Sozusagen *en passant* erfahren wir hier von den Wundern, die Jesus an diesen Orten gewirkt hat. Eigentlich hat die Logienquelle bisher nur von *einem* Wunder erzählt, der Heilung des Burschen des heidnischen Hauptmanns in Kafarnaum (Q 7,1–9). Allerdings bietet das Summarium in Q 7,22 („Blinde sehen wieder, und Lahme gehen umher, Aussätzige werden rein, und Taube hören, und Tote werden erweckt, und Arme bekommen eine gute Botschaft") einen ähnlichen Überblick, und auch Q 11,14f.17–20 erzählt von Dämonenaustreibungen.[192] Obwohl Q größtenteils nur aus „Logien", also Sprüchen besteht und wenig narratives Material zu bieten hat (gerade Q 7,1–9 stellt hier eine Ausnahme dar), bestätigt sich doch auch hier das Bild von Jesus als Wundertäter, wie wir es aus den Synoptikern, aber auch durch außerbiblische Zeugnisse kennen.[193]

---

189 Vgl. dazu Moreland, Provenience, 55: „It is difficult to imagine that all Galilean people who were part of a Jewish Jesus group immediately left the Galilee after his death in Jerusalem." Das lk Doppelwerk mit seinem hinlänglich bekannten Jerusalem-Zentrismus wird der historischen Situation nicht gerecht, wenn es die Urgemeinde einzig in Jerusalem verorten möchte. Man vergleiche die anderslautenden Informationen aus Mk 16,7 und Mt 28,7 (ausgelassen bei Lk!), sowie in Joh 21. Mt 28,16–20 verortet den universalen Missionsauftrag in Galiläa und nicht in Jerusalem.

190 Zur Pella-Notiz vgl. Frenschkowski, Galiläa, 551–552, und die rezente Diskussion bei Bourgel, Move, 107–138. So rechnet auch Heil, Q-Gruppe, 163, mit einer Flucht der Q-Gemeinde nach Syrien bereits bevor die Römer Galiläa im Ersten Jüdischen Krieg eroberten.

191 Vgl. Stowasser, Nikolaiten, 223; Backhaus, Vision, 17.

192 Vgl. dazu Robinson, Sequence, 226.

193 Man denke hier nur an Josephus Ant 18,63 (zum Quellenwert des Testimonium Flavianum vgl. Tiwald, Frühjudentum, 87f); Lukian von Samosata, Peregr. 11 (Jesus als „Magus"); bSan 43a (wo die Wundertaten als „Zauberei" bezeichnet werden).

Wer euch aufnimmt, nimmt mich auf (Q 10,16)

[16] Wer euch aufnimmt, nimmt mich auf, und wer mich aufnimmt, nimmt den auf, der mich gesandt hat.

Die oben deutlich werdende Ablehnung der Q-Missionare kontrastiert mit dem hohen Sendungsbewusstsein derselben. Q 10,16 stellt damit eine gewisse narrative Scharnierfunktion zwischen *Erzähleinheit 2: Missionsinstruktion (Q 10,2–16)* und *Erzähleinheit 3: Besondere Offenbarung des Sohnes (Q 10,21–24)* dar: Die ausgesandten Boten werden zwar von den Menschen geschmäht, doch von Gott bestätigt. Die Exklusivität, mit der die Q-Boten die göttliche Autorität ihrer Botschaft und den Jesus-Zentrismus ihrer Auslegung unterstreichen, hat dazu geführt, bereits einen Bruch zwischen Q-Gemeinde und Judentum erkennen zu wollen.[194] Allerdings gab es in apokalyptisch orientierten Kreisen des Frühjudentums etliche divergierende Gruppierungen, die mit je gruppeneigenen Sondertraditionen und Referenzfiguren ihre eigene Position vertraten. Eine starke Parallele ergibt sich hier zum „Anweiser der Gerechtigkeit" der Qumrangemeinde. So etwa heißt es in 1QpHab 2,1–10, der Interpretation („Pescher") zu Hab 1,5:

> 1 ... [Seine Deutung bezieht sich auf die] Verräter mit dem Mann 2 der Lüge, denn sie haben nic[ht gehört auf die Worte] des Anweisers der Gerechtigkeit aus dem Mund 3 Gottes. Und auf die Verrä[ter am Bund], dem neuen, denn sie haben sich [nic]ht 4 als gläubig bewährt im Bund Gottes [und entweihten] den Nam[en] Seiner Heiligkeit. 5 Und wahrlich – [(leer)] die Deutung des Wortes bezieht sich [auf alle die Verr]äter am Ende 6 der Tage. Sie sind Gewalttät[er am Bun]de, die nicht glauben 7, wenn sie all das hören, was da ko[mmen wird über] die letzte Generation aus dem Mund 8 des Priesters, dem Gott in [sein Herz Wisse]n gegeben hat, zu deuten all [d]ie 9 Worte Seiner Propheten, [durch d]ie Gott aufgezählt hat 10 all das, was über Sein Volk kommt und [Sein Land. ...]

Die Worte des „Anweisers der Gerechtigkeit" sind Worte „aus dem Mund Gottes". Nur dem Anweiser der Gerechtigkeit ist es gegeben, die Worte der Propheten und die Heilsgeschichte richtig zu deuten. Wer nicht auf ihn hört, wird zum „Gewalttäter am Bunde".[195]

Zum Wort Q 10,16 liegen mit Mk 9,37 und Joh 13,20 gewisse Parallelen vor. „Die verschiedenen Fassungen gehen wahrscheinlich auf ein authentisches Jesus-Wort zurück, das sie [sc. Q, Mk und Joh] unabhängig voneinander übernommen haben."[196] Vielleicht stellt dieses Wort eine Erinnerung an eine reale Aussendung der Jünger durch Jesus selbst dar (s.o. die Diskussion zu *III: Q 10,2–16*).

---

194 Vgl. Schnelle, Einleitung, 250 und 264, mit der Bemerkung, dass in Q „die Tora keine wesentliche Rolle spielt ...." Vgl. dazu die Diskussion bei Tiwald, Logienquelle, 95–100.

195 Zum Anweiser der Gerechtigkeit vgl. Maier, Torah, 35–59, und Tiwald, Frühjudentum, 150–152.

196 Heil, Missionsinstruktion, 47. Ebenso Theobald, Herrenworte, 148: „Alles in allem dürfte die joh. Gemeinde den Zugang zu den Aussendungsüberlieferungen nicht über Q, sondern über andere, mündliche Kanäle erhalten haben." Dass in Mk 9,37 von Kindern und nicht von Missionaren die Rede ist, spricht nicht gegen eine Authentizität. Wenn man bedenkt, dass die Q-Missionare sich in dem unmittelbar folgenden Logion auch als „Unmündige" (Q 10,21) bezeichnen konnten, legt sich solch eine Parallele sogar nahe. Das Wort von der Verführung der „Kleinen", das in Mk 9,42 fast unmittelbar anschließt, hat dann auch in Q 17,1f eine Parallele.

Erzähleinheit 3: Besondere Offenbarung des Sohnes (Q 10,21–24)

Erzähleinheit 3 schließt am vorangehenden Text („Wer euch aufnimmt, nimmt mich auf, und wer mich aufnimmt, nimmt den auf, der mich gesandt hat") unmittelbar an und fokussiert nun auf die besondere Legitimierung der Boten. Wie wir bei Q 10,16 schon gesehen haben, gab es in apokalyptisch orientierten Kreisen des Frühjudentums divergierende Gruppierungen, die mit je gruppeneigenen Sondertraditionen und offenbarungsrelevanten Referenzfiguren ihre eigene Position untermauerten. Dies wird nun in Q 10,21 weitergeführt.

Weisen verborgen, Unmündigen enthüllt (Q 10,21)

21 In jener Zeit sagte er: Ich preise dich, Vater, Herr des Himmels und der Erde, denn du hast dies vor Weisen und Klugen verborgen und es Unmündigen enthüllt. Ja, Vater, denn so war es wohlgefällig vor dir.

Im sogenannten „eschatologischen Jubelruf Jesu" kommt scheinbar exklusives, also apokalyptisch-enthülltes Wissen zum Tragen (s.u. *IV: Exkurs 4: Apokalyptische Muster in Q*): Was Weisen und Klugen verborgen ist, wird Unmündigen enthüllt. In apokalyptisch orientierten Kreisen des Frühjudentums wurde für die Endzeit eine besondere Aufdeckung des bereits in der Urzeit prälapsarisch fixierten Gotteswillens erwartet, dessen Kenntnis der Menschheit zwischenzeitlich durch den Sündenfall verloren gegangen war. Dabei wird die Tora mit der Schöpfungsordnung identifiziert (s.o. *III: Q 16,16*). Diesem Konzept folgt etwa die Zehnwochenapokalypse des 1Hen, wo für das Eschaton „siebenfache Unterweisung über seine [sc. Gottes] Schöpfung" (93,10b) erwartet wird. Ebenso spricht der qumranische Text Musar leMevin (4QInstruction) in 4Q418 Frg. 69 2,10 von den „Erwählten der Weisheit". Diesen Erwählten wird im Eschaton „siebenfache Weisheit und Erkenntnis" zuteil, wie 4Q212 (= 4QEn^{g} ar) Frg. 1c 2,12f, das aramäischen Fragment von 1Hen 93,9–10; 91,11–17, befindet. Analog dazu wird in Musar leMevin wiederholt angesprochen, dass den Erwählten das „Mysterium des Gewordenen" offenbar wird,[197] die endzeitliche Einsicht in Gottes Heilsplan.[198] Das findet eine Parallele in 4Esr 14,44–46, wo dem Seher zusätzlich zu den Büchern der jüdischen Bibel 70 weitere Bücher diktiert werden, welche die richtige Deutung des Gotteswillens für die Endzeit proponieren.[199] Hier nehmen esoterische Sondergruppen des Frühjudentums für sich in Anspruch, den eschatologisch-bindenden Sinn der Tora nicht nur aus dem Pentateuch, sondern aus gruppenspezifischen Sonderüberlieferungen zu erschließen.[200] Solch eine Gruppierung – inmitten anderer frühjüdischer Formationen – waren auch die ersten Jesusanhänger.

---

197 Vgl. Stuckenbruck, 1Enoch, 127: „Thus elsewhere in *Musar*, although revelatory knowledge called ‚the mystery of being' has been disclosed to the addressee (4Q416 2 iii 17–18) and although there are some who already understand it (4Q418 123 ii 4), he is nevertheless exhorted to investigate, observe, meditate on and understand it (4Q416 2 i 5; 2 iii 14; 4Q417 2 i 2, 18, 25; 4Q418 43–45 i 4 – ‚your mysteries')."

198 Vgl. dazu Lange, Weisheit, 109–120. Dieses Wissen kommt dabei dem Anweiser der Gerechtigkeit zu, der damit zu einer Art „Offenbarungsmittler" (Lange, Weisheit, 107) wird.

199 Vgl. Nickelsburg, Wisdom, 81.

200 Vgl. Hogan, Meanings, 551: „... the wise can find *tôrâ* (in the sense of divine instruction) in esoteric books – presumably texts that were eventually excluded from the Jewish canon of Scripture."

Auf textpragmatischer Ebene fällt allerdings auf, dass diese Aussagen in Q 10,21 nicht im Sinne eines realen *esoterischen* Sonderwissens zu verstehen sind, sondern als Bewältigung des Unglaubens der „Weisen und Klugen", also der einflussreichen Kreise in Israel.[201] Es ist immerhin ein Grundmuster in Q, dass die Botschaft an *ganz* Israel gerichtet ist und nicht nur an ein kleines esoterisches Konventikel. So heißt es ja schon in Q 12,2f, dass man das Verhüllte enthüllen und die Botschaft Jesu „auf den Dächern" verkünden soll.

Die Kritik an rivalisierenden innerjüdischen Gruppierungen, die dem eigenen Anspruch nicht nachkommen, konnte dabei harsch ausfallen, wie das 1. Henochbuch belegt:

> 1Hen 99 [2] Weh euch, die die Worte der Wahrheit verdrehen und das ewige Gesetz übertreten und sich selbst für unfehlbar halten – auf Erden werden sie niedergetreten werden.

> 1Hen 104 [10] Und nun kenne ich dieses Geheimnis, daß die Sünder das Wort der Wahrheit vielfach verdrehen und übertreten, böse Reden führen, lügen, große Werke schaffen und Bücher über ihre Reden verfassen. [11] Aber wenn sie all meine Reden richtig ... niederschreiben, ... [12] so kenne ich ein anderes Geheimnis, daß den Gerechten und Weisen die Bücher zur Freude ... gegeben werden. [13] Und ihnen werden die Bücher gegeben werden, und sie werden daran glauben und sich über sie freuen, und alle Gerechten, die aus ihnen alle Pfade der Rechtschaffenheit kennengelernt haben, werden sich freuen.

So wie in Q 10,21 die „Weisen und Klugen" kritisiert werden, wird in 1Hen 99,2 gegen jene polemisiert, die „sich selbst für unfehlbar halten". Von diesen heißt es in 1Hen 98,3, dass es ihnen es an „Lehre und Weisheit" fehlt, denn auf die wirklich Weisen haben sie nicht gehört (98,9). Nach 1Hen 104 wird klar, dass die inkriminierten „Sünder" aus den religiösen Eliten stammen, denn sie sind es, die „das Wort der Wahrheit vielfach verdrehen und übertreten, böse Reden führen, lügen, große Werke schaffen und Bücher über ihre Reden verfassen". Diese Polemik erinnert ein wenig an die Kritik an den Pharisäern und Schriftgelehrten in Q 11,39–52.

Alles ist dem Sohn übergeben (Q 10,22)

22 Alles wurde mir von meinem Vater übergeben, und niemand kennt den Sohn außer der Vater, noch kennt jemand den Vater außer der Sohn und der, dem es der Sohn enthüllen will.

Die zunächst negativ gefasste besondere Offenbarung („Weisen und Klugen verborgen") wird nun positiv ausformuliert, indem das besondere und einzigartige Verhältnis zwischen „Vater" und „Sohn" thematisiert wird.

Der Titel „Sohn Gottes" bzw. das absolut gesetzte „Sohn":[202] Q 10,22 ist eine der wenigen Stellen der Logienquelle, die an die Höhen paulinischer Theologie heranreicht (vgl. Röm 8,3; Gal 4,4). Schon in Q 4,3.9 war in der Versuchungsgeschichte die Anrede des Teufels an Jesus mit „Wenn du Gottes Sohn bist ..." zum Tragen gekommen. Hier allerdings wird der Sohnestitel absolut gesetzt und ist auch schon theologisch mit

201 In diesem Sinne auch Tuckett, Apocalyptic, 113f.

202 Zwischen dem Sohn-Gottes-Titel und dem absolut gesetzten „Sohn" sollte man religionsgeschichtlich nicht trennen. So zu Recht Luz, Matthäus II, 208f. Das absolut gesetzte „Sohn" begegnet sonst noch in Mk 13,32 (//Mt 24,36); 1Kor 15,28; sowie im Hebräerbrief und im JohEv.

der Heilsexklusivität Jesu aufgeladen. Die Bezeichnung *Sohn Gottes*[203] konnte im AT zunächst als *Relationsbegriff* eine Zugehörigkeit zu Gott bezeichnen (die zum Himmel gehörenden *Engel*: Gen 6,3; Ijob 1,6; 2,1; 38,7; Ps 89,7; *Israel* ist Gottes erstgeborener Sohn: Ex 4,22; Hos 11,1; Jer 31,9.20; der *König*: 2Sam 7,14; Ps 2,7; der *Weise*: Sir 4,10; der *vorbildlich Leidende*: Weish 2,13.18; die *Friedenstifter*: Mt 5,9). Von dort aus konnte der Begriff als einzigartiges Naheverhältnis zwischen Jesus und seinem himmlischen Vater weiterentwickelt werden, als Inbegriff der „denkbar innigsten Zugehörigkeit Jesu zu Gott".[204] Bei Paulus wird diese Entwicklung zum ersten Mal und besonders deutlich greifbar: schon in 1Thess 1,10, dann 1Kor 1,9; 15,28; 2Kor 1,19; Gal 1,16; 2,20; 4,4 und schließlich in Röm 1,3f.9; 8,3.32. M. Theobald urteilt zum Entstehen der christologischen Sohn-Gottes-Prädikation: „Wenn die ‚Sohn-Gottes'-Metapher nicht nur bei Paulus, sondern auch in den Christologien der vier Evangelien schon sehr zeitig einen hervorragenden Platz erlangt hat, um im Verlauf der Theologiegeschichte zum maßgeblichen Christusprädikat zu avancieren, dann zeigt das mit aller Deutlichkeit, daß man die Metapher bei der Versprachlichung des Geheimnisses Jesu schon sehr bald für unverzichtbar gehalten hat."[205] Den frühesten außerpaulinischen Beleg dazu finden wir in der Logienquelle. Hier wird deutlich, dass es trotz pluriformer Gruppierungen im beginnenden Christentum ähnliche theologische Entfaltungen gab, die – wenn auch mit unterschiedlicher Geschwindigkeit und anderer Akzentsetzung – doch an einem gemeinsamen Entwicklungsstrang partizipierten.[206]

Eng mit dem Sohnestitel verbunden ist auch die *Vater-Metaphorik für Gott*, die in der Logienquelle einen prominenten Raum einnimmt (Q 6,27.36; 10,21.22; 11,2.13; 12,6.30). Diese Metaphorik ist durch das AT vorgegeben (Hos 11,1–11; Ps 89,27; Jer 3,4.9; 31,20; Sir 51,10; u.ö.). Die Vater-Metaphorik für Gott war schon beim historischen Jesus ausgeprägt, in Mk 14,36 hat sich die *aramäische Abba-Anrede Jesu* für seinen himmlischen Vater erhalten, die auch bei Paulus (Röm 8,15; Gal 4,6) sichtbar wird. Dieser Sprachgebrauch des historischen Jesus legte die Grundlage dafür, dass dem Vater-Sohn-Verhältnis Jesu nachösterlich eine ganz besondere Qualität zugemessen wurde. So etwa unterscheidet spätere Theologie zwischen der Vater-Anrede Jesu („mein Vater") und der Anrede der Jünger („euer Vater"): besonders Joh 20,17, aber auch Mk 11,25parr; Mt 23,9; Lk 22,29; 24,49; Joh 15,15; u.ö.[207] Diese Unterscheidung beginnt bereits in der Logienquelle – am prominentesten in dieser Perikope.

Mit dem „alles", das dem Sohn vom Vater übergeben wurde, sind die eschatologischen Geheimnisse gemeint.[208] Interessant ist dann die Frage, ob in Q 10,21f *esoterisches Sonderwissen* zum Tragen kommt. Ein bestimmtes Wesensmerkmal der Apokalyptik ist nämlich,

---

203 Vgl. dazu im Folgenden: Gnilka, Markus I, 60–64; Theobald, Sohn, 119–141; Kremer, Art. Sohn Gottes, 3–71.

204 Theobald, Sohn, 125.

205 Theobald, Sohn, 140.

206 Trotz der Pluralität des beginnenden Christentums sollte man also nicht von divergierenden „Christentümern" sprechen – vgl. dazu die Diskussion bei Tiwald, Frühjudentum, 50f, und Tiwald, Pluralität, passim.

207 Man sollte aber nicht so weit gehen wie Theißen/Merz, Jesus, 458, die diese Unterscheidung schon beim historischen Jesus verorten wollen: Schließlich weiß das Vater-Gebet Jesu (Q 11,2) von einer solchen Trennung nichts (in Q stand wohl auch nur die Anrede mit „Vater" ohne „unser", doch auch die Anrede „unser Vater" in Mt 6,9 ist inklusiv).

208 Vgl. Luz, Matthäus II, 211.

dass Gott nur einer kleinen, elitären Gruppe seine Geheimnisse offenbart, die anderen verborgen bleiben.[209] Diese Vorstellung leuchtet zwar hier ansatzweise auf, ist aber ansonsten in Q nicht präsent. Ja, Q 12,2f behauptet sogar das völlige Gegenteil: „Nichts ist verhüllt, was nicht enthüllt werden wird, und verborgen, was nicht erkannt werden wird. Was ich euch im Dunkeln sage, sagt im Licht, und was ihr im Ohr hört, verkündet auf den Dächern." Die Logienquelle versteht sich als Dokument, das an *ganz* Israel gerichtet ist und *ganz* Israel für die Botschaft Jesu gewinnen möchte. Eine esoterische Sondergruppe, die sich – wie die Qumran-Gemeinde – vom Rest Israels abschottete, möchte die Q-Gemeinde nicht sein. Die esoterisch anmutenden Formulierungen („Weisen und Klugen verborgen"; „niemand kennt ... den Vater außer der Sohn und der, dem es der Sohn enthüllen will") geben hier also keinen *informativen* Exklusivismus wieder, sondern sind ein *performatives* Sprachspiel, um die Besonderheit der Offenbarung herauszustellen, die hochmütigen „Weisen" verschlossen und demütigen „Unmündigen" zugänglich ist. Nicht esoterische Abgeschlossenheit, sondern paränetische Verstehensbedingungen werden hier ausgeführt. Obendrein enthält der Text eine Trostfunktion für die verachteten „Unmündigen" – sie sind die wahrhaft Auserwählten!

Selig, die sehen, was ihr seht (Q 10,23f)

23 Selig die Augen, die sehen, was ihr seht. 24 Denn ich sage euch: Viele Propheten und Könige wünschten zu sehen, was ihr seht, und sahen es nicht, und zu hören, was ihr hört, und hörten es nicht.

Die Trostfunktion der beiden vorangegangenen Verse wird nun in einem *Makarismus* aufgegipfelt (zum Genus der Seligpreisungen s.o. *III: Q 6,20–23*): Die „Unmündigen" aus V 21, die von den „Weisen und Klugen" verachtet werden, sind Teilhaber jener Offenbarung, auf die „Propheten und Könige" gehofft haben. Kontrastierend zu der Ablehnung, welche die Q-Boten in Chorazin, Betsaida und Kafarnaum (Q 10,13–15) erfahren, wird nun der besondere Wert dieser Botschaft hervorgehoben. Dabei wird die Gegenwart als eschatologische Heilszeit qualifiziert.[210] So heißt es in PsSal 17,44: „Wohl denen (μακάριοι, *wörtlich*: selig), die leben in jenen Tagen, in der Versammlung der Stämme zu sehen das Glück Israels, das Gott schaffen wird" (vgl. auch PsSal 18,6f). Die Formulierung „Könige und Propheten" kommt als stehende Wendung in ApkAbr 25,5; Philon Ebr 143; 2Makk 2,13 vor – wobei Q allerdings die Propheten vor den Königen nennt: Beide waren „Gesalbte", der König zur politischen, der Prophet zur geistlichen Leitung des Volkes,[211] doch die Logienquelle reiht –gemäß der ihr eigenen Wertschätzung des Prophetischen (s.u. *IV: Exkurs: 3.2*) – die Propheten noch vor den Königen. Neben den Aspekt, das eigene Wirklichkeitsverständnis als korrekt herauszustellen, „tritt das Postulat einer heilsgeschichtlichen Kontinuität: Das Heil, dessen Ohren- und Augenzeugen die Jünger werden, ist nichts anderes als die Erfüllung der Hoffnung von Israels Königen und Propheten."[212]

---

209 Vgl. Tuckett, Apocalyptic, 113 („the idea of the revelation and mediation of divine secrets"). Ebenso Luz, Matthäus II, 207: „Für die Apokalyptiker sind die Weisheit und die Geheimnisse der Zukunft verborgen (vgl. äthHen 42) und werden durch den Seher (z.B. äthHen 103,2) den wenigen Weisen offenbart (4Esra 12,36–38; 14,26; sBar 46,2–5; 48,3)."

210 Vgl. im Folgenden Wolter, Lukasevangelium, 389.

211 Vgl. Maier, Torah, 49.

212 Wolter, Lukasevangelium, 390.

Erzähleinheit 4: Das vertrauensvolle Gebet der Jünger (Q 11,2b-4.9–13)

Das vertrauensvolle Gebet der Jünger führt nun die „Intimität" zwischen dem himmlischen Vater und seinen Kindern weiter fort. Stichwortgeber ist dabei die Vater-Anrede für Gott: Wer Gott Vater nennt, der darf zu ihm vertrauensvoll beten und alles von ihm erhoffen.

Das Vater-Gebet (Q 11,2b-4)

2 Wenn ihr betet, sagt:
Vater,
geheiligt werde der Name dein.
Es komme die Königsherrschaft dein. — *basileia*-Bitte
3 Unser Brot, das für den kommenden Tag, gib uns heute. — Brotbitte
4 Und erlasse uns unsere Schulden,
wie auch wir sie unseren Schuldnern erlassen haben.
Und führe uns nicht in Versuchung. — Sündenbitte

Leider bietet die Logienquelle keine situative Verortung des Vater-Gebets. Aus Mk 1,35; 6,46 wissen wir, dass Jesus wiederholt betete; und Mk 11,24; Mt 6,5; Lk 11,1 machen klar, dass Jesus auch seinen Jüngern Anweisungen zum Beten gab. Nur in Lk 11,1 ist überliefert, dass auch der Täufer seinen Jüngern das Beten lehrte. Das Vater-Gebet wird zumeist auf den historischen Jesus selbst zurückgeführt. Dafür sprechen die Vater-Anrede (zur jesuanischen Vater-Metaphorik für Gott s.o. *III: Q 10,22*), die zentrale Bitte um den Anbruch des Königtums Gottes (s.u. *IV: Exkurs 1*), die Brotbitte als Reflex des heimatlosen Wanderlebens Jesu (s.o. *III: Q 9,57f*) und die Nähe zu frühjüdischen Gebetstraditionen (s.u.).

Im Text der Logienquelle haben wir eine etwas kürzere Fassung, als sie später bei Mt überliefert ist. Als *Anrede* stand in der Logienquelle wohl das reine „Vater" und noch nicht „unser Vater", wie es Mt 6,9 belegt. Sodann zerfällt der Text in *drei Bitten*: Eine doppelte Bitte zum Anbruch der *basileia*, eine einfache *Brotbitte* und wiederum eine doppelte Bitte betreffs menschlicher *Sünden* (bzw. Versuchung). Die Bitte zum Erlass der eigenen Sünden ist dabei an die Kondition geknüpft, dass auch der Beter seinen Schuldnern bereits vergeben hat.

Die *Gottesanrede als „Vater"* ist *im Frühjudentum* weit bezeugt (Sir 23,1.4; Tob 13,4; 3Makk 6,3.8; ApokrEz Frg. 3; 4Q372 Frg. 1 16; 4Q460 Frg. 5 1,5; u.ö.).[213] Analog zur Verwendung des aramäischen Wortes „Abba" in Mk 14,36; Röm 8,15; Gal 4,6 wird man auch hier diese Anrede als aramäische Urform annehmen können. Dabei ist „Abba" ein *vokativischer status emphaticus*. Die These, dass es sich bei „Abba" um ein kleinkindliches Kosewort handelt, ist widerlegt.[214]

Die *basileia-Bitte*: An erster Stelle steht nun die doppelte Bitte an Gott, seine Königsherrschaft anbrechen zu lassen. Die beiden Glieder der ersten Doppelbitte sind rhythmisch durch das auslautende „dein" aneinander gekoppelt. Strittig ist dabei die Frage,

213 Vgl. dazu Konradt, Matthäus, 104.
214 Vgl. dazu Konradt, Matthäus, 105.

wie die Bitte „geheiligt werde der Name dein" interpretiert werden soll. Nach Ez 36,22f; 38,23; 39,7 *heiligt Gott selbst seinen Namen*, indem er sich vor der ganzen Welt als wirkmächtiger Herr erweist. Nach Jes 29,23; Dtn 32,51 (vgl. ebenso Ex 20,7; Lev 22,32; 1Hen 61,12) werden jedoch *die Menschen dazu aufgerufen, den Gottesnamen zu heiligen*. Wahrscheinlich ist die erste Deutung – Gott möge seinen Namen vor der ganze Welt durch sein mächtiges Handeln heiligen, formuliert im *passivum divinum* – der ursprüngliche Gedanke hinter dem Vater-Gebet Jesu: Jesus geht davon aus, dass die Entmachtung des Satans bereits erfolgt ist und der endgültige Anbruch der Königsherrschaft Gottes auf Erden nur mehr eine Frage der Zeit ist (s.u. *IV: Exkurs 1*). Ähnlich wird die Königsherrschaft Gottes auch in den qumranischen Sabbatopferliedern (4Q400–407) als im Himmel bereits präsent besungen, wobei die Gemeinde der Qumraniten in der Sabbatfeier proleptisch an der himmlischen Liturgie partizipiert.[215] „Die eschatologische Erwartung der Gottesherrschaft auf Erden hat ihren Grund in der präsentischen kultischen Feier der Königsherrschaft Gottes im Himmel!"[216] Für Jesus aber ist die Königsherrschaft Gottes nicht durch kultische Riten vermittelt, sondern durch das Brechen der Satansmacht in Wunderheilungen und Sündenvergebungen. Die doppelte erste Bitte des Vater-Gebets ist somit synonym zu verstehen: Gott möge durch sein machtvolles Heilswirken seinen Namen heiligen und seinem Reich zum vollen Durchbruch verhelfen. Allerdings schließt dies auch die andere Sichtweise nicht aus, nämlich, dass die Menschen, welche sich auf die Botschaft von der schon angebrochenen Königsherrschaft Gottes einlassen, durch ihren Glauben und ein entsprechendes soziales Handeln zur Heiligung des Gottesnamens beitragen.

Dabei ist die *Heiligung des Gottesnamens* ein stehender Topos des Frühjudentums:

> 1Hen 39 [12] Dich preisen die, die nicht schlafen, und sie sehen vor deiner Herrlichkeit und preisen, verherrlichen und erheben (dich), indem sie sprechen: „Heilig, heilig, heilig ist der Herr der Geister – er erfüllt die Erde mit Geistern!" [13] Und hier sahen meine Augen all die, die nicht schlafen; sie standen vor ihm, priesen (ihn) und sprachen: „Gepriesen seist du, und gepriesen sei der Name des Herrn immer und ewig."

> 1Hen 61 [12] Alle werden ihn preisen ... jeder Geist des Lichtes, der deinen gepriesenen Namen preisen, verherrlichen, erhöhen und heiligen kann, ... [13] Denn die Barmherzigkeit des Herrn der Geister ist groß, und er ist langmütig ...

Die *Keduscha*[217] (also die „Heiligung Gottes") wird hier zum Zentralstück der himmlischen Liturgie: In 1Hen 61,12 wird der Name Gottes geheiligt durch die „Geister des

---

215 Vgl. dazu Schwemer, Königsherrschaft, 45–118. „Die Sabbatlieder sind höchstwahrscheinlich in essenischen Kreisen zwischen 150–50 v. Chr. entstanden..." (a.a.O. 60).

216 Schwemer, Königsherrschaft, 117.

217 Im heutigen Judentum bildet die *Keduscha* (תְּפִילַּת קְדוּשָּׁה, „Gebet der Heiligung") traditionell den dritten Teil der *Amida* (Achtzehnbittengebet) und besteht im Kern aus dem *Trishagion*, der dreimaligen „heilig"-Attribution Gottes nach Jes 6,3. Die *Keduscha* – im allgemeinen Sinne von „Heiligung Gottes" und nicht im Sinne des heutigen Gebets – kann bereits zur Zeit Jesu nachgewiesen werden. Im Gegensatz dazu kann das *Kaddisch-Gebet* – anders als oft zu lesen (so z.B. Konradt, Matthäus, 105) – nicht in die Zeit vor 70 n. Chr. datiert werden. Vgl. Lehnardt, Art. Kaddisch-Gebet, WiBiLex: „Trotz zahlreicher Versuche, das ‚aramäische' Kaddisch aufgrund einiger traditionsgeschichtlich zu erklärenden Übereinstimmungen

Lichtes". Im Vergleichstext 39,12f ist zwar nicht von der Heiligung selbst die Rede, nur vom Preisen des Namens des Herrn, allerdings in Verbindung mit dem Trishagion, der dreimaligen „heilig"-Attribution Gottes (vgl. Jes 6,3). Die Keduscha ist auch in 11Q5 26,9–16 belegt:

> [9] Groß und heilig ist JHWH, allerheiligst auf Geschlecht um Geschlecht, vor Ihm kommt [10] Herrlichkeit einher, hinter Ihm viel Wasser und Getose, Gnade und Wahrheit flankieren ihn vorn, Wahrheit, [11] Recht und Gerechtigkeit sind Seines Thrones Sockel. Da Er Licht und Dunkelheit scheidet, Morgenrot bereitet kundigen [12] Sinnes, sehen es Seine Engel und jubeln, denn Er zeigt ihnen, was sie nicht gewußt, [13] da mit Fruchterträgen Er Berge krönt [(leer)] als gute Speise für alles Lebendige: Gepriesen, der da gemacht hat [16] (die) Erde durch Seine Kraft, mit Seiner Weisheit den Weltkreis gesetzt, mit Seinem Verständnis die Himmel gespannt, und herausgeführt ...

Dieser Text stellt eine wichtige Verbindung zum Vater-Gebet (wie übrigens auch zu Q 6,27f.35c) dar. In beiden Texten werden die Schlüsselwörter *Gott als Schöpfervater, der für seine Kreatur sorgt* und die *Barmherzigkeit* miteinander verbunden. Dass Gott als liebender Vater und Schöpfer seine Kinder mit Speise versorgt, begegnet neben der Brotbitte im Vaterunser auch in Q 10,7 („Der Arbeiter ist seines Lohnes wert!" – als Unterhaltsprivileg für Missionare) und Q 12,29f („Sorgt euch also nicht, indem ihr sagt: Was sollen wir essen? Oder: Was sollen wir trinken? ... denn euer Vater weiß, dass ihr das alles braucht"). Nun tritt allerdings auch noch die *Barmherzigkeit* als Attribut des fürsorglichen Schöpfervaters hinzu. Barmherzigkeit ist präsent in 11Q5 26,10 im Ausdruck „Gnade", aber noch stärker in 11Q5 24,10f:

> [10] Denk an mich und vergiß mich nicht und bring mich nicht in allzu große Härten (ואל תביאני בקשות ממני), [11] laß meine Jugendsünde fern sein von mir und meiner Vergehen werde mir nicht gedacht.

Wie der Text 1Hen 61,12f (s.o.) belegt, konnte schon im Frühjudentum die Heiligung Gottes in Verbindung mit Gottes Barmherzigkeit gebracht werden. Dabei färbt die Sphäre der göttlichen Heiligkeit auf den unheiligen Menschen ab und reinigt ihn von Sünde.

Alle Elemente des jesuanischen Vater-Gebets waren bereits im Frühjudentum in einem motivischen Cluster miteinander verbunden: Gott als *liebender Schöpfer-Vater*, der für seine Kinder sorgt, indem er seine *Heiligkeit* auch auf die Erde ausdehnt und damit zur *Vergebung der Sünden* führt, der aber auch leiblich auf seine Kinder schaut und ihnen *Brot und Lebensunterhalt* gewährt. Hier erweist sich das jesuanische Vater-Gebet als Inbegriff frühjüdischen Betens (*kontextplausible Passgenauigkeit*). Von Jesus werden diese vorgegebenen Motive aber in neuer Weise ausgerichtet (*kontextplausible Individualität*): Weil nun die Macht des Satans gebrochen ist (s.u. *IV: Exkurs 1*), wird

---

(Königsreichs- und Friedensbitte) zu einem Vorläufer des in unterschiedlichen griechischen Fassungen überlieferten Vaterunser zu machen, dürfte das Kaddisch in seinen heute vorliegenden Versionen nicht früher als in der amoräischen Zeit (3.-5. Jh.) entstanden sein. In der frühen rabbinischen Literatur wird das Kaddisch nur in Midrasch Sifre Devarim § 306 erwähnt. Sprachlich ist es in Hebräisch und in einem Aramäisch verfasst, welches sich am ehesten mit dem Aramäischen des Targum Onkelos bzw. des Targum Jonatan zu den Propheten und Schriften vergleichen lässt. Für diese Targumim nimmt man heute – trotz eines nicht näher zu bestimmenden Kerns aus Palästina – babylonische Herkunft an." Ebenso Lehnardt, Geschichte, 30–46, besonders 43f.

der bisherige „Herrscher dieser Welt“ (Q 4,5f und 11,18; Joh 12,31; 16,11) hinausgeworfen und die Herrschaft Gottes bricht auch hier auf Erden an. Dass Gott nicht zögern möge, diesen bereits in Gang gekommenen Anbruch seiner Königsherrschaft auch auf Erden möglichst bald sichtbar zu machen und mit seiner Heiligkeit alle Sünde und alles Leid hinwegzunehmen – darum betet Jesus hier. Das heutige „Vater-Unser“ ist also keine nostalgische, längst veraltete und unverständliche „Nationalhymne“ des Christentums, sondern Brennglas und Innbegriff jesuanischen Hoffens und christlicher Gotteskindschaft.

Brotbitte: Wörtlich heißt es hier: „Unser Brot, das ἐπιούσιος, gib uns heute.“ Das Wort ἐπιούσιος, *epiousios*, begegnet im Neuen Testament nur hier (also Mt 6,11//Lk 11,3) und ist auch in der gesamten antiken Gräzität hier zum ersten Mal belegt. Wiederholt aber findet sich die Formulierung τῇ ἐπιούσῃ (ἡμέρᾳ) „am kommenden Tag“ (so in Apg 7,26; 16,11; 20,15; 21,18; Josephus Ant 12,215; vgl. auch Apg 23,11). „Unser Brot, das ἐπιούσιος“, könnte dann am ehesten „Unser Brot, das für den kommenden Tag“ heißen.[218] Hierin spiegelt sich ein gewisses Lokalkolorit der ersten Jesus-Missionare wieder: Wandernde Boten, die nach Q 10,4 weder Geld noch Proviantsack mit sich führten, beten zu Gott, um am nächsten Tag nicht hungern zu müssen. So belegt Mk 2,23 die Situation, dass Jesus und seine Jünger mit krachenden Mägen unterwegs sind und das nach Dtn 23,26 erlaubte Ährenraufen praktizieren müssen. Gleich den Raben in Q 12,22b-31 sollen die Jünger in solch einer Situation ganz auf Gott vertrauen. Die Aufforderung „Sorgt euch also nicht, indem ihr sagt: Was sollen wir essen? ... euer Vater weiß doch, dass ihr das alles braucht. Sucht hingegen seine Königsherrschaft, und dies alles wird euch dazugegeben werden“ wird damit zum Kontext der Brotbitte: Vatermetaphorik für Gott, Sorge um den Anbruch der Königsherrschaft Gottes und Versorgung mit Nahrung sind die gemeinsamen Motive beider Stellen. Trotz eines gewissen Lokalkolorits ist die Brotbitte des Vater-Gebets jedoch *nicht nur* für die wandernden Missionare verfasst, sondern gibt das grundsätzliche Gottvertrauen von Betern wieder,[219] dass er liebende Vatergott seine Geschöpfe erhält und ernährt (vgl. dazu Ps 104,14f; 136,25; 145;15; 147,9; PsSal 5,9–11).

Sündenbitte: Dass sowohl die Vaterliebe Gottes wie auch die Heiligkeit Gottes im Frühjudentum motivisch mit Sündenvergebung und Barmherzigkeit verbunden waren, haben wir oben schon erörtert. Interessant ist aber, dass Jesus die Sündenvergebung durch Gott konditioniert durch die Bereitschaft, auch den eigenen Schuldnern zu vergeben. Diese Grundhaltung geht auch aus Texten wie Mk 11,25; Mt 6,14; 18,23–35; Lk 6,37; Kol 3,13 deutlich hervor und belegt eine bereits im Frühjudentum nachweisbare Reziprozität. So heißt es in Sir 28,2: „Vergib deinem Nächsten das Unrecht, dann werden dir, wenn du bittest, deine Sünden vergeben!“ (vgl. ebenso TestSeb 5,3; 8,1–3; mYom 8,9).[220]

---

218 Vgl. die Diskussion bei Wolter, Lukasevangelium, 407f; Konradt, Matthäus, 107; Luz, Matthäus I, 449–452; Labahn, Gekommene, 196f.

219 Das sehen Luz, Matthäus I, 452; Konradt, Matthäus, 107; Wolter, Lukasevangelium, 408, ganz richtig.

220 Vgl. dazu Wolter, Lukasevangelium, 408.

Seltsam wirkt auf den heutigen Leser die Bitte, dass *Gott uns nicht in Versuchung führen möge.*[221] Bereits der Jakobusbrief, in dem sich alte judenchristliche Traditionen erhalten haben, ventiliert – wahrscheinlich schon Bezug nehmend auf das Herrengebet – solche Fragen in 1,13f: „Keiner, der in Versuchung gerät, soll sagen: Ich werde von Gott in Versuchung geführt. Denn Gott kann nicht in die Versuchung kommen, Böses zu tun, und er führt auch selbst niemand in Versuchung. Jeder wird von seiner eigenen Begierde, die ihn lockt und fängt, in Versuchung geführt." Allerdings ist mit dem Wort πειρασμός, („Versuchung", „Prüfung") nicht die Versuchung zum Bösen gemeint, sondern die frühjüdische Vorstellung, dass Gott Menschen in Situationen der Prüfung und Bewährung stellt (Weish 3,5; Apg 20,19; Jak 1,2; 2Petr 2,9).[222] Der Beter ersucht den liebenden Vatergott also, ihm allzu schwere Prüfungen zu ersparen. Hinter der Bitte „Und führe uns nicht in Versuchung" steht das Wissen, dass Menschen unter der Last des Lebens auch zerbrechen können. Diese Vorstellung ist auch in Qumran zu finden. So heißt es in 11Q5 24,10f „bring mich nicht in allzu große Härten, laß meine Jugendsünde fern sein von mir und meiner Vergehen werde mir nicht gedacht" (volles Textzitat s.o.).[223] In der Sphäre der Heiligkeit, die Gott mit seinem Reich nun anbrechen lässt, ist Vergebung der Sünden möglich, aber auch das Hoffen, dass der gute Vatergott uns allzu schwere Bewährungsproben erspart.[224]

Bittet, und euch wird gegeben: Q 11,9–13

9 Ich sage euch: Bittet, und euch wird gegeben werden, sucht, und ihr werdet finden, klopft an, und euch wird geöffnet werden. 10 Denn jeder, der bittet, empfängt, und der, der sucht, findet, und dem, der anklopft, wird geöffnet werden. 11 Wer von euch ist ein Mensch, der, wenn sein Sohn ihn um Brot bittet, ihm etwa einen Stein gäbe? 12 Oder auch, wenn er um einen Fisch bittet, ihm

221 Vgl. dazu Gielen, Versuchung, 201–216. Der Text lautet tatsächlich „Und führe uns nicht in Versuchung" – alternative Übersetzung wie z.B. „Lass uns nicht in Versuchung geraten" etc. gehen am Textbefund vorbei (a.a.O. 201f), selbst wenn man – reichlich hypothetische – aramäische Rückübersetzungen unternehmen möchte (a.a.O. 202f).

222 Vgl. dazu Gielen, Versuchung, 205f; Gerber, Bitten, 119–125; Wolter, Lukasevangelium, 409 und 178f. Auch Hieke, Schriftgelehrsamkeit, 64, unterstreicht: „Gott erprobt den Glauben und die Treue einzelner (Abraham: Gen 22,1; Ijob) und des Volkes (Dtn 8,2.16; Ex 15,25; 16,4) ..." Zu weiteren Belegstellen für die „Erprobung durch Gott" im AT vgl. Braulik, Erprobung, passim.

223 Ähnlich auch 1Kor 10,13: „Noch ist keine Versuchung über euch gekommen, die den Menschen überfordert. Gott ist treu; er wird nicht zulassen, dass ihr über eure Kraft hinaus versucht werdet. Er wird euch mit der Versuchung auch einen Ausweg schaffen, sodass ihr sie bestehen könnt." – Vgl. dazu Gielen, Versuchung, 212f.

224 Ein weiterer hier nicht näher zu behandelnder Aspekt ist ohne Frage die „Allursächlichkeit Gottes" (Gielen, Versuchung, 216), die alles, was geschieht, bei Gott verankert sieht: So nimmt auch Ijob 2,10 sowohl das Gute wie auch das Böse von Gott an, und nach Q 12,6 fällt kein Spatz vom Himmel „ohne Zutun eures Vaters." Dahinter steht aber in der gesamten Logienquelle und besonders im Vater-Gebet das Wissen, dass der liebende Vater-Gott uns das Böse ersparen werde und *alle* Fäden dieser Welt in der Hand hält. – Eine nicht durch den Urtext gedeckte textliche „Vereinfachung" (etwa „Führe uns in der Versuchung") würde der existenziellen Not des Beters und seines unbedingten Hoffens auf den liebenden Vater-Gott nicht gerecht – es wäre eine unsachgemäße Simplifizierung. Vgl. Söding, Vaterunser, passim.

etwa eine Schlange gäbe? [13] Wenn nun ihr, die ihr böse seid, es versteht, euren Kindern gute Gaben zu geben, um wieviel mehr wird der Vater vom Himmel her denen Gutes geben, die ihn bitten.

Die Thematik des vertrauensvollen kindlichen Betens wird nun fortgesetzt. Dazu werden zunächst 1) drei synthetische Parallelismen (bitten - suchen - anklopfen) bemüht, 2) dann ein doppeltes Bildwort (Bitte um Brot - Bitte um Fisch) und 3) schließlich ein *argumentum a comparatione* (wenn nun ihr - um wieviel mehr) zum Schluss.[225]

Bitten - suchen - anklopfen: Alle drei Verben beschreiben eine Handlung, bei der ein bestimmter Erfolg erhofft wird; sie sind daher als Variationen zum Verb „bitten" aufzufassen.[226] Dabei stehen alle drei Verba im Imperativ (der Imperativ Präsens hat obendrein iterative Funktion: „bittet immer wieder!"), was als direkte Aufforderung an den Hörer eine Ermutigung zum entsprechenden Handeln bewirkt. Der jeweilige Nachsatz ist dann im Futur gehalten und beschreibt eine direkte Konsequenz (wird gegeben werden - werdet finden - wird geöffnet werden). Während V 9 eine Handlungsaufforderung darstellt, begründet V 10 diese auch mit praktischen Erfahrungswerten: „Jeder, der bittet, empfängt!" Die dreimalige Repetition ist der rhetorischen *Regel de tri* geschuldet, die vereindringlichend-emphatische Funktion besitzt. In der Doppelung von V 9 (Aufforderung) und V 10 (Vergewisserung) erhält die Aussage große performative Überzeugungskraft. Die Motivik dieser Verse ist bereits in Jer 29,12f und Jes 55,6 vorzufinden.

Wer von euch...? leitet in V 11 und 12 zwei rhetorische Fragen ein, die insinuativ die Antwort „natürlich keiner von uns" nahelegen. V 13 wertet dann die Antworten in einem Schluss *a minori ad maius* aus: Wenn schon böse Menschen so handeln, um wieviel mehr wird dann der himmlische Vater Gutes geben. Brot und Fisch tragen hier noch keinen besonderen Symbolcharakter (vgl. Joh 21,9–13). Wenn bei Lk 11,11f Fisch und Ei erwähnt werden, so zeigt dies einfach die Variationsbreite des mündlichen Vortrags - man wählt Lebensmittel des täglichen Bedarfs.[227] Im Aramäischen stellt die Gegenüberstellung Fisch (נונא, *nuna*) - Schlange (תנינא, *tanina*) vielleicht ein Wortspiel dar.[228] Doch auch der griechische Text folgt einer eigenen Rhythmik, „die Worte enden im Griechischen jeweils mit den gleichen Lauten ...: ἄρτον/λίθον (*arton/lithon* - Brot/Stein) und ἰχθύν/ὄφιν (*ichthyn/ophin* - i und y sind im Griechischen gleichlautend - Fisch/Schlange)."[229] Die kontrastierende Gegenüberstellung „ihr, die ihr böse seid" mit dem guten himmlischen Vater ist hyperbolisch und bildhafter Überzeichnung geschuldet. Nicht eine anthropologische Wesensaussage ist hier intendiert, sondern die rhetorische Verstärkung des *argumentum a comparatione*.

In der Formulierung, dass „der Vater vom Himmel her denen Gutes (ἀγαθά) geben wird, die ihn bitten", schwingen Vorstellungen mit, wie sie auch in Jak 1,17 belegt sind. Bei Lk ist hier bereits von der Gabe des Heiligen Geistes die Rede. Federführend

225 Vgl. dazu Wolter, Lukasevangelium, 414.

226 Vgl. hier und im Folgenden Konradt, Matthäus, 120.

227 Vgl. Gerber, Bitten, 122: „In Galiläa sind Brot und Fisch die typische Nahrung auch der einfachen Leute (vgl. Mk 6,30ff parr ...)."

228 So die Vermutung von Ebner, Weisheitslehrer, 305.

229 Gerber, Bitten, 120.

ist wohl die Erfahrung, dass Gott eben *nicht jedes* Gebet direkt erhört, aber für den Menschen grundsätzlich sorgt. Im Unterschied zur eschatologischen Heilsgewissheit Jesu ist bereits in Q (und noch mehr bei Lk) eine weisheitlich-spiritualisierende „Entschärfung" feststellbar. Trotzdem kommt das unmittelbare Gottvertrauen in den liebenden himmlischen Vater noch immer deutlich zum Tragen. Mit dieser unerschütterlichen Hoffnung findet der *Erzählkranz 2* sein stimmiges Ende.

Erzählkranz 3: Die Gegner: Dämonen und „diese Generation" (Q 11,14–52; 16,17f)

Mit *Erzählkranz 3* wird ein neues Kapitel aufgetan: Nach der programmatischen Vorstellung der Botschaft Jesu und des Täufers in *Erzählkranz 1* und der Darstellung der Verkündiger der Q-Botschaft in *Erzählkranz 2* rücken erst jetzt in *Erzählkranz 3* die Gegner der Q-Botschaft in den Blick. Während bislang ein positiver Grundduktus die Logienquelle trug, mischen sich nun auch die bitteren Noten der Ablehnung und des Scheiterns in die Darstellung. Als „Gegner" werden zunächst die überirdischen Mächte (*Erzähleinheit 1: Der Sieg Jesu über die Dämonen*) thematisiert, sodann in der Rede von „dieser Generation" apokalyptische Motive von endzeitlichen Widersachern bedient (*Erzähleinheit 2: Das Gericht über „diese Generation"*), dann Mahnungen angesprochen (*Erzähleinheit 3: Das Licht soll leuchten!*), bevor letztlich real-irdische Gegner in *Erzähleinheit 4: Gegen Pharisäer und Schriftgelehrte* thematisiert werden.

Erzähleinheit 1: Der Sieg Jesu über die Dämonen (Q 11,14–26)

Der Auftakt ist positiv: Jesu Sieg über die Dämonen. Doch anstelle auf diese Wunderhandlung mit Glauben zu reagieren, äußern „einige" Bedenken. Das liefert die Steilvorlage zu folgender Unterweisung.

Dämonenaustreibungen im Finger Gottes: Q 11,14f.17–20

14 Und er trieb einen stummen Dämon aus. Und als der Dämon ausgetrieben worden war, begann der Stumme zu sprechen. Und die Volksmenge staunte.
15 Einige aber sagten: Mit Beelzebul, dem Herrscher der Dämonen, treibt er die
Dämonen aus! 17 Er aber, der ihre Gedanken kannte, sagte ihnen: Jedes Königreich, das in sich geteilt ist, wird zur Wüste, und jedes Haus, das in sich geteilt
ist, wird nicht bestehen bleiben. 18 Und wenn der Satan in sich geteilt ist, wie
wird seine Königsherrschaft bestehen bleiben? 19 Und wenn ich mit Beelzebul
die Dämonen austreibe, mit wem treiben eure Söhne sie aus? Darum werden sie
eure Richter sein. 20 Wenn ich aber mit dem Finger Gottes (wörtlich: im Finger Gottes) die Dämonen austreibe, dann ist die Königsherrschaft Gottes schon zu euch gekommen.

Da Q nur wenig narratives Material besitzt, berichten nur einige Stellen von den Wundern Jesu (neben dieser Stelle vgl. den heidnischen Hauptmann in Q 7,1–9; das Summarium in Q 7,22 und den Vorwurf in Q 10,13). Auch bei der hier vorliegenden Perikope erfahren wir vom Exorzismus nur in einem knappen narrativen Rahmenvers

(V 14), der den Auftakt für das folgende Streitgespräch liefert, in dem Jesus unterstellt wird, mit Hilfe von Beelzebul die Dämonen auszutreiben.

Die Perikope besitzt eine markante Parallele in Mk 3,22–27, die von Lk 11,14–22 mit der Q-Fassung verschmolzen wurde, während Mt 9,32–34 und 12,22–30 die Dublette erhält, wenn auch in einer stark redaktionell gestalteten Mischfassung.[230] Fernere Parallelen finden sich in Joh 7,20; 8,48; 10,20, wo Jesus vorgeworfen wird, von einem Dämon besessen zu sein.

Beelzebul: Das hier verwendete Βεελζεβούλ leitet sich von 2Kön 1,2.6 ab, wo mit בעל זבוב (*baal zebub*, „Herr der Fliegen“) eine Verballhornung des Gottes von Ekron gegeben ist. Die Formulierung hat wohl ursprünglich בעל זבול (*baal zebul*, „Herr des Hauses“, wohl im Sinne von „Herr des Tempels“) geheißen, daher auch die griechische Form Βεελζεβούλ in den Evangelien und bei 2Kön 1,2^{Symm}.[231] Die fremden Götter wurden in Israel zu Dämonen depotenziert – so fungiert auch hier „Beelzebul“ als „Herrscher der Dämonen“. Dabei schwingt hier auch noch ein ursprüngliches Wissen um die Grundbedeutung „Herr des Hauses“ mit, wenn von der geteilten Herrschaft im „Haus“ die Rede ist.[232] Als Herrscher dieser Welt wird nach Q 4,5f und 11,18 (vgl. Joh 12,31; 16,11) noch der Satan bezeichnet, der in unserer Perikope ja mit Beelzebul identifiziert wird. Für Jesus aber ist die Entmachtung Satans im Himmel bereits geschehen und der Anbruch der Königsherrschaft Gottes schon verwirklicht (s.u. *IV: Exkurs 1*). Auch wenn der Satanssturz bereits im Himmel Wirklichkeit ist, so muss sich dieser Prozess erst langsam auf Erden durchsetzen: Es sind somit die letzten „Rückzugsgefechte“ des Satans, gegen den Jesus nun als Bote des Gottesreichs auftritt. Daher kann Jesus auch behaupten: „Wenn ich aber mit dem Finger Gottes die Dämonen austreibe, dann ist die Königsherrschaft Gottes schon zu euch gekommen.“ Die Exorzismen und Wunderheilungen Jesu werden hier zum realsymbolischen Zeichen der bereits gebrochenen Satansmacht. Dieser Gedanke steckt auch hinter der Vorstellung der „Königsherrschaft des Satans“, die in V 18 erwähnt wird, deren Äon nun aber durch den Anbruch der „Königsherrschaft Gottes“ ein Ende findet. G. Bazzana hat nachgewiesen, dass das in Q 11,20 für den Anbruch der *basileia* zum Einsatz kommende Wort ἔφθασεν (von φθάνω, „ankommen“) in Dokumentarpapyri das Eintreffen von Wohltaten der Herrscher bezeichnet.[233] Wie eine „Wohltat“ löst nun die Herrschaft Gottes die Macht des Satans ab.

Der hier vorgegebene Beweisgang ist doppelt gestaffelt: Zunächst wird in V 17f klar gemacht, dass Dämonenaustreibungen durch Satan widersinnig sind, da der Satan sich dadurch selbst bekämpfen würde. V 19 ist dann „nicht eigentlich eine Widerlegung des Vorwurfs, sondern eine Demaskierung der Voreingenommenheit von Jesu Kritikern.“[234]

---

230 Zur detaillierten Analyse vgl. Fleddermann, Q, 476–479. Der Beelzebulstreit ist weitgehend als Doppelüberlieferung und damit als Q anerkannt. Vgl. dazu Schröter, Erinnerung, 240–252. Die starken sprachlichen Übereinstimmungen von Mt und Lk gegen Mk legen solch einen Schluss nahe.

231 Vgl. dazu Wolter, Lukasevangelium, 416, und Schröter, Erinnerung, 253f.

232 So zu Recht Schröter, Erinnerung, 254.

233 Vgl. dazu im Folgenden Bazzana, Scribes, 139–141. Das Wort φθάνω begegnet hier einmal in Verbindung mit φιλανθρωπία („Menschenfreundlichkeit“; vgl. die rettende Menschenliebe Gottes in Tit 3,4) und einmal mit εὐεργεσία („Wohltätigkeit“; vgl. 1Tim 6,2; Apg 4,9).

234 Wolter, Lukasevangelium, 418. Exorzismen haben wir im Frühjudentum ansonsten nur in 1QGen Apocr 20,28f, und bei Josephus Ant 8,46–48 belegt.

Mit der Formulierung vom *Finger Gottes* wird alttestamentliche Redeweise über Gott aufgegriffen (Ex 8,15; 31,18; Dtn 9,10; vgl. Ps 8,4). „... the *finger of God* indicates the presence of God, his creative power and his involvement in human affairs."[235] Gott in seiner schöpferischen Kreativität und Menschenliebe ist hier am Werk, wenn der Satan durch Jesus, seinen Boten der Gottesherrschaft, ausgetrieben wird (s.u. *IV: Exkurs 1*).[236]

Der Stärkere, der den Starken beraubt (Q 11,21f)

[21] Ein Starker kann nicht beraubt werden, [22] wenn aber ein Stärkerer ihn besiegt, wird er beraubt.

Die Bildrede vom Starken, der von einem Stärkeren besiegt wird, besitzt eine Parallele in Mk 3,27. In der mk Version ist die Rede von einem Einbrecher in das Haus eines starken Mannes. Der Dieb muss den Besitzer erst fesseln, bevor der den Hausrat plündern kann. Während Mt 12,29 mit Mk 3,7 nahezu übereinstimmt, bietet Lk 11,21f eine Textgestalt, bei der nicht klar ist, ob sie auf Q oder die lk Redaktion zurückzuführen ist. Das Hauptargument für eine Zurechnung zu Q ist allerdings die identische Platzierung im Anschluss an die „Dämonenaustreibungen mit dem Finger (Mt: Geist) Gottes" bei Mt und Lk.[237]

Zur Verdeutlichung des Anbruchs der Königsherrschaft Gottes wird bei Jesus gerne zu Bildern einer eigentümlichen *Gewalt- und Insistenzmetaphorik* (s.u. *IV: Exkurs 4.1.4*) gegriffen. Diese Motivik ist apokalyptischer Sprachweise geschuldet – ohne dass Jesus damit schon apokalyptische Vorstellungen *in sensu stricto* übernommen hätte (s.u. *IV: Exkurs 4*). Die Vorstellung hinter diesem Spruch ist, dass der Satan Herrscher dieser Welt (Q 4,5f und 11,18; vgl. Joh 12,31; 16,11) ist. Durch den Sturz des Satans bricht nun die Königsherrschaft Gottes an, welche die „Königsherrschaft des Satans" ablöst (s.o. *III: Q 11,18-20*; zur gesamten Thematik s.u. *IV: Exkurs 1*). Gott selbst ist nun der Stärkere der in das Haus des Satans (also diese Welt) eindringt und den bisherigen Hausherrn (Satan) überwältigt und ihn der Herrschaft beraubt. Hierbei stellt sich die Frage: Ist Gott selbst mit dem Stärkeren gemeint oder Jesus? Die konkrete Motivik unserer Perikope verdankt sich Jes 49,24f (vgl. auch PsSal 5,3):[238]

> Jes 49 [24] Wird einem Starken die Beute entrissen und kann der Gefangene eines Gerechten entkommen? [25] So spricht der HERR: Auch einem Starken entreißt man den Gefangenen und einem Mächtigen entkommt seine Beute. Ich selbst will mit deinem Gegner streiten, ich selbst will deine Kinder retten.

> PsSal 5 [1] Herr Gott, ich will deinen Namen preisen unter Jubel inmitten derer, die deine gerechten Urteile kennen, [2] denn du bist gut und barmherzig, die Zuflucht des Armen; wenn ich zu dir rufe, so antworte mir nicht mit Schweigen. [3] Denn keiner nimmt Beute von einem mächtigen Mann, und wer kann nehmen von allem, was du geschaffen, wenn du nichts gibst?

In beiden Texten ist klarerweise von Gott selbst die Rede, der seinen Kindern zu Hilfe eilt. Der Stärkere ist zunächst Gott selbst. Allerdings bleiben diese Bilder in

---

235 Klingbeil, Finger, 415.

236 Vgl. Schröter, Erinnerung, 255f.

237 Zur Rekonstruktion dieser beiden Verse für Q vgl. Hoffmann, Anmerkungen, 125f; Fleddermann, Q, 484–488; Schröter, Erinnerung, 261–263.

238 Vgl. Schröter, Erinnerung, 263.

einer gewissen metaphorischen Fluidität – schon der Täufer hatte den „Stärkeren" als Feuer- und Geisttäufer angekündigt, den Jesus (und vielleicht schon der Täufer selbst) mit dem Menschensohn identifizierte (s.u. *IV: Exkurs 1.4*). Jesus selbst setzt sich dann mit dem Menschensohn in unmittelbare Verbindung, wenn er die Annahme seiner eigenen Predigt an das Bestehen vor dem Urteil des kommenden Menschensohns knüpft (Q 12,8f//Mk 8,38). Er selbst wird auch in unserer Perikope zum Aktanten der *basileia* auf Erden, wenn er „im Finger Gottes" (Q 11,20) Dämonen austreibt. Einen weiteren Anhaltspunkt beim historischen Jesus bietet auch Q 16,16, der „Stürmerspruch" (s.u. *IV: Exkurs 4.1.4*). Hier nimmt Jesus für sich in Anspruch, jener „Gewalttäter" zu sein, der das Gottesreich „raubt", so wie er hier den „Starken" besiegt und beraubt. In der Autorität Gottes („Finger Gottes") wird Jesus zum irdischen „Vollzugsberechtigten" Gottes, der mit seinen Exorzismen und Wunderheilungen hier auf Erden den im Himmel bereits vollzogenen Sieg über Satan vorantreibt.

Was schon für den irdischen Jesus gilt, muss *a fortiori* auch für die Logienquelle gelten; diese identifiziert ja Jesus schon mit dem endzeitlichen Menschensohn. Was M. Wolter über die lk Christologie sagt, gilt betreffs unserer Perikope auch schon für Q: Einerseits „kann man nur von Gott sagen, dass er dem Satan überlegen ist. Für die lk Christologie gehört beides jedoch unauflöslich zusammen, denn Jesus wirkt als Repräsentant Gottes."[239] Für die Logienquelle ist schon Jesus dieser „Stärkere", so wie ja auch die Ankündigung des „Stärkeren" durch den Täufer in Q bereits auf Jesus bezogen wird.

Die Perikope vom Berauben des Stärkeren findet auch eine Parallele in ThEv 35. Somit „läßt sich aus dem Vorkommen in Mk, Q, und EvThom schließen, daß das Bildwort in verschiedene Rezeptionsvorgänge eingebunden werden konnte ..."[240] Die Mehrfachbezeugung in ganz unterschiedlichen Kontexten, die Passgenauigkeit zum Anliegen des historischen Jesus wie auch die Sperrigkeit des Inhalts (Jesus als räuberischer Gewalttäter) sprechen für authentische Jesusüberlieferung, die sich hier in der Logienquelle erhalten hat.

Wer nicht mit mir ist (Q 11,23)

23 Wer nicht mit mir ist, ist gegen mich, und wer nicht mit mir zusammenführt, zerstreut.

Dieses Logion schloss schon in Q an die Perikope vom Berauben des Stärkeren an, da Mt und Lk es übereinstimmend hier lokalisieren. Ursprünglich könnte es sich auch um ein frei flottierendes Diktum Jesu gehalten haben, allerdings passt das Wort thematisch hier bestens. In der eschatologischen Sichtweise Jesu ist nun die Zeit der Entscheidung gekommen: Der Satan ist im Himmel gestürzt, Jesus führt durch sein Wirken „im Finger Gottes" als irdischer Beauftragter Gottes den endgültigen Sieg der Königsherrschaft Gottes auf Erden herbei (Q 11,20). Dies bedeutet, dass die Menschen nun in der Zeit der eschatologischen Krisis stehen – sie müssen sich entscheiden, welcher Partei sie angehören wollen, Neutralität gibt es nicht.

---

239 Wolter, Lukasevangelium, 420.
240 Schröter, Erinnerung, 263.

Das Logion ist seiner Form nach ein doppelter antithetischer Parallelismus, der die adversativen Paare *mit mir - gegen mich*, sowie *zusammenführen - zerstreuen* gegenübergestellt. Die Doppelung hat dabei vereindringlichende Funktion. Das Wort „zusammenführen“ erinnert dabei stark an die eschatologische Sammlung Israels: In der Endzeit würde Gott sein Volk sammeln und wiederherstellen (Ez 28,25; Jes 60,4). Dass Jesus diese Vorstellungen nicht fremd waren, geht aus seiner symbolischen Einsetzung des Zwölferkreises hervor, der die für die Endzeit erwartete Wiederherstellung der zwölf Stämme Israels realsymbolisch präfiguriert.[241] Dies ist der motivische Hintergrund, auf dem diese Aussagen zu verstehen sind.

Die Rückkehr des unreinen Geistes (Q 11,24–26)

24 Wenn der unreine Geist aus einem Menschen hinausgegangen ist, geht er durch wasserlose Gegenden und sucht Ruhe und findet keine. Dann sagt er: Ich werde in mein Haus zurückkehren, woher ich hinausgegangen bin. 25 Und er kommt und findet es gefegt und geschmückt. 26 Dann geht er und nimmt mit sich sieben andere Geister, böser als er selbst, und sie gehen hinein und wohnen dort. Und der letzte Zustand jenes Menschen wird schlimmer als der erste.

Die Perikope von der Rückkehr des unreinen Geistes führt die Thematik der Dämonenaustreibungen weiter fort - allerdings nicht mehr unter dem Gesichtspunkt jesuanischer Heilsgewissheit, sondern aus der Gemeindeperspektive, bei der schon Scheitern und Misserfolg in den Blick rücken. Dabei bedient sich der Text zeitgeschichtlich üblicher Vorstellungsmuster zu Dämonen:[242] Der unreine Geist „behaust“ einen Menschen, wandert nach seiner Austreibung durch „wasserlose Gegenden“, kehrt wieder zurück und bringt noch sieben andere Dämonen mit. Das Bild erinnert an herumstreunende, tollwütige Hunde; im Griechischen heißt Tollwut ὑδροφοβία, *hydrophobia*, „Wasserfurcht“.[243] Neben diesen vormodernen Ausmalungen ruht textpragmatisch der Druckpunkt auf der Aussage, dass der Dämon seine frühere Heimstätte „gefegt und geschmückt“ wiederfindet: Nach einer geglückten Dämonenaustreibung wird dem Dämon die Rückkehr leicht gemacht, ja er wird durch das „gefegte und geschmückte“ Haus förmlich zur Rückkehr eingeladen. Der darin verborgene Vorwurf des Rückfalls macht deutlich, dass es sich hier nicht um eine bestimmte körperliche oder seelische Krankheit handelt,[244] sondern bereits um eine exemplarische Anwendung zum Entscheidungsruf Jesu aus Q 11,23: Bei Jesus „gibt es nur *ganze* Entscheidungen und keine Halbheiten.“[245] Hinter diesen Worten stehen wohl Gemeindeerfahrungen von Bekehrten, die nachher wieder „rückfällig“ geworden sind. Solche Enttäuschungen prägen auch schon die allegorisierende Deutung des Sämannsgleichnisses in Mk 4,16–19: Menschen, welche die Botschaft erst freudig annehmen, doch dann wieder vom Glauben abfallen. Von diesen sagt die Logienquelle - nicht ohne bereits eine gewisse Bitterkeit -, dass es am Ende mit ihnen schlimmer geht, als vor ihrer Bekehrung.[246]

241 Vgl. Merklein, Gottesherrschaft, 42; Gnilka, Christen, 182.
242 Zu Wundertätigkeit, Magie und Medizin am Beispiel unserer Perikope vgl. von Bendemann, Rückfall, 469–506. Zur Erzählpragmatik des Textes siehe Labahn, Raum, 126–132.
243 Vgl. Wolter, Lukasevangelium, 421.
244 So zu Recht von Bendemann, Rückfall, 499.
245 Luz, Matthäus II, 282.
246 Vgl. Labahn, Raum, 128.

Erzähleinheit 2: Das Gericht über „diese Generation" (Q 11,16.29–32)

Erzähleinheit 2 führt das Motiv des Unglaubens weiter fort und weitet es aus zur Thematik des Gerichts, das „*dieser Generation*" angekündigt wird.

Das Zeichen des Jona (Q 11,16.29f)

16 Einige aber forderten ein Zeichen von ihm. 29 Er aber sagte: Diese Generation ist eine böse Generation; sie fordert ein Zeichen, aber ein Zeichen wird ihr nicht gegeben werden, nur das Zeichen des Jona. 30 Wie nämlich Jona für die Niniviten zum Zeichen wurde, so wird es auch der Menschensohn für diese Generation sein.

Dass man Jesus als Zeichen seiner Legitimation zu einem spektakulären Schauwunder aufforderte, ist auch durch Mk 8,11 belegt. Die Dublette Mt 12,38/Mt 16,1 aber legt nahe, dass die Zeichenforderung auch in Q gestanden hat. Dieses Ansinnen wird von Jesus auch nach Mk 8,12 klar zurückgewiesen. Die Zurückweisung mit Verweis auf das Jona-Zeichen hingegen ist reiner Q-Bestand.

Worum es sich beim *Jona-Zeichen* handelt, ist umstritten. In der mt Redaktion wird unter Zitation von Jona 2,1 weiterführend gedeutet: „Wie Jona drei Tage und drei Nächte im Bauch des Fisches war, so wird auch der Menschensohn drei Tage und drei Nächte im Schoß der Erde sein." Der Verweis auf die Auferstehung allerdings scheint für Q weniger schlüssig zu sein, da der Logienquelle eine eigene Passions- und Ostererzählung fehlt. M. Ebner möchte das „‚Ausgespucktwerden' aus dem Bauch des großen Fisches" daher als Bild für die Wiederkunft des Menschensohns im Endgericht sehen; hier käme in Q eine gewisse „Entrückungsvorstellung"[247] zum Tragen. Das ist tatsächlich eine mögliche Deutung, doch wahrscheinlich ist die Argumentationsführung weniger komplex. Das Jona-Zeichen meint in Q wohl nur einen Verweis auf die Buß- und Umkehrpredigt des Jona. Die heidnischen Niniviten glaubten seiner Predigt *auch ohne Wunderzeichen*! Für diese Deutung spricht die Parallelsetzung mit der „Königin des Südens" in der nächsten Perikope: Auch sie war eine Heidin (wie die Niniviten, denen Jona predigt), die sich *ohne Wunderzeichen* nur durch die Weisheit Salomos überzeugen ließ. Diese Deutung wird auch durch die Erwähnung des κήρυγμα Ἰωνᾶ (*kerygma Jona*, „Verkündigung des Jona") in Q 11,32 gestützt:[248] Die Umkehrpredigt Jesu wird hier mit der Bußpredigt des Jona parallelisiert – die Botschaft alleine reicht, es braucht keine spektakulären Schauwunder.

---

247 Ebner, Q, 106.

248 So die Deutung, für die sich Fleddermann, Q, 514 („The saying compares Jonah and Jesus as preachers ... Jonah was a sign that the Ninevites needed to repent ..."), und Luz, Matthäus II, 279f, entscheiden. Der von Luz genannte Einwand gegen diese Deutung, „daß eine Predigt kein ‚Zeichen' im üblichen Sinne sein kann" (a.a.O. 279), verkennt das Verfließen von realprophetischen Zeichenhandlungen und Wortverkündigung bei den atl Propheten. Vgl. dazu die Ausführungen zu prophetischen Zeichenhandlungen, s.o. *III: Erzähleinheit 1: Radikale Nachfolge (Q 9,57–60)*. – Die Bezeichnung κήρυγμα für die Jona-Predigt findet sich schon in Jon 3,2LXX. „Jona ist übrigens der einzige Prophet, dessen Botschaft in der Septuaginta als κήρυγμα bezeichnet wird ..." (Wolter, Lukasevangelium, 425).

Die Schelte gegen „diese Generation" ist apokalyptischer Redeweise geschuldet: Nicht eine bestimmte Personengruppe ist hier als Gegner auszumachen, sondern die Erwartung, dass in den Wirren der Endzeit besonders böswillige Menschen den erwählten Gerechten das Leben schwer machen würden (s.u. *IV: Exkurs 4.1*). Die Redeweise von „dieser bösen Generation" erfüllt damit Trostfunktion im Falle der Ablehnung der eigenen Botschaft, da das Auftreten solcher „Ungläubigen" bereits im apokalyptischen „Fahrplan" „vorausprophezeit" wurde.

Die Königin des Südens und die Männer von Ninive (Q 11,31f)

31 Die Königin des Südens wird im Gericht mit dieser Generation auferweckt werden und sie verurteilen; denn sie kam von den Enden der Erde, um die Weisheit Salomos zu hören, und siehe, mehr als Salomo ist hier. 32 Die Männer von Ninive werden im Gericht mit dieser Generation auferstehen und sie verurteilen; denn sie sind auf die Verkündigung des Jona hin umgekehrt, und siehe, mehr als Jona ist hier.

Die „Königin des Südens" bezieht sich auf die Königin von Saba, die gemäß 1Kön 10,1–13 (vgl. 1Chr 9,1–12) König Salomo aufsuchte. Sie und die Niniviten aus V 30 waren Heiden, haben aber trotzdem zu Umkehr und Glauben an den Gott Israels gefunden. Es handelt sich hier also um eine *a-minore-ad-maius*-Logik: Wenn schon Heiden zu Glaube und Umkehr gelangen können, dann wiegt die Verweigerung Israels umso schwerer. Dabei wird allerdings klar, dass die eingenommene Perspektive noch immer eine innerjüdische ist – Heidenmission kommt hier nicht in den Blick. Die Heiden dienen vielmehr als Kontrastfolie, um Israel zu beschämen: „The rhetorical strategy at work is shaming."[249] Diese „shaming rhetoric"[250] liegt auf der gleichen Linie wie Röm 11,11, wo Paulus mit dem Vorbild der gläubigen Heiden Israel „eifersüchtig" machen will.[251] Somit handelt es sich hier um einen letzten eindringlichen Aufruf an Israel, Umkehr zu tun.[252]

Die in unserer Perikope gegebene Vorstellung, dass für das Endgericht „Zeugen der Anklage" gegen die Ungläubigen aufgerufen werden, begegnet auch im 1. Henochbuch:

> 1Hen 94 11 Und deine Gerechten werden in jenen Tagen den Sündern und Gottlosen ein Vorwurf sein.
>
> 1Hen 99 3 Macht euch in jenen Tagen bereit, ihr Gerechten, um eure Gebete ins Gedächtnis zu bringen, und legt sie als Zeugnis vor den Engeln nieder, damit sie die Sünde der Sünder vor dem Höchsten zum Gedächtnis niederlegen.

Dem gleichen Zweck dienen auch die wiederholten Schwurformeln der Henochepistel aus 1Hen: „These instances show that the writer's use of the oath-formula presuppo-

---

249 Kloppenborg Verbin, Excavating, 192. In diesem Sinne auch Gnilka, Theologie, 142: „... die Ungläubigen in Israel beschämen".

250 Arnal, Q, 144.

251 Vgl. Theißen, Lokalkolorit, 235. So auch Tuckett, Q, 425f.: „... the existence of Gentile Christians seemed only to have been appealed to by Q as part of its continuing passionate plea to the Jewish people to respond positively to the Christian message. Any ‚missionary' activity in Q seems confined to Judaism."

252 Zur Frage, ob in Q bereits ein Bruch mit Israel und der Beginn einer Heidenmission anstehen, vgl. den Literaturüberblick und die Diskussion bei Tiwald, Logienquelle, 94–116.

ses a juridical scenario in which he acts as one who testifies. ... he takes upon himself the function of a witness against the sinners by describing their deeds (98:1–3; 99:6–9) and declaring that their guilt cannot be concealed (98:6–8)."[253]

> 1Hen 98 [6] Ich habe euch, ihr Sünder, bei den großen Heiligen geschworen, daß all euer böses Tun in den Himmeln offenbar ist und daß (euer) Werk des Unrechts weder verdeckt noch verborgen ist.
>
> 1Hen 99 [6] Und abermals schwöre ich euch, den Sündern, daß die Sünde reif für den Tag des unaufhörlichen Blut(vergießens) ist.

Hier wird klar, dass auch die Aussagen der Logienquelle nicht als definitiver Bruch mit dem Judentum zu werten sind, sondern als innerjüdische Rivalitäten. Im pluriformen Frühjudentum konnten konkurrierende Gruppierungen häufig zu einer drastischen Sprache der Abgrenzung und gegenseitigen Verurteilung greifen. Wie wiederholt gezeigt wurde, stellen diese Muster allerdings keine *informativ-denotative* Notiz über eine reale Verdammung der Ungläubigen dar, sondern wollen *protreptisch-performativ* den eigenen Glauben stärken und für die eigene Sache werben.[254] Das Genus dieser Texte erinnert am ehesten an die Wahlkampfrhetorik heutiger Politiker, die ihre politischen Gegner vor den Wahlen mit kräftigen Worten verurteilen und mit denen sie nach den Wahlen in eine Koalition eintreten.

Erzähleinheit 3: Das Licht soll leuchten! (Q 11,33–35)

Sehr gut zur soeben vertretenen Sichtweise, dass die Polemik gegen rivalisierende Gruppierungen, wie wir sie in *Erzähleinheit 2* vorfanden, performativ-protreptischen Mustern geschuldet ist, passt, dass der Faden der Gerichtsanklage nun einfach liegengelassen wird und in *Erzähleinheit 3* die eigene Verkündigung wieder Thema wird: Das Licht der Botschaft, das von „dieser Generation“ nicht angenommen wird. Haben sich die letzten Mahnungen *ad extra* gerichtet, so richten sich die nun anschließenden Aufforderungen wieder *ad intra*.

Die Lampe auf dem Leuchter (Q 11,33)

33 Niemand zündet eine Lampe an und stellt sie ins Verborgene, sondern auf den Leuchter, und sie leuchtet allen im Haus.

Das Wort von der Lampe lebt von der Alltagslogik der Angesprochenen, die wissen, wie man eine Lampe zweckmäßig verwendet.[255] Die antike Öllampe spielte im täglichen Leben eine bedeutende Rolle. Einfache, aus Ton gefertigte Lampen fanden sich auch in den ärmsten Haushalten. Um den Lichtschein zu vergrößern, wurden Lampen gerne auf einen Lampenständer oder Leuchter gestellt.

Insbesondere in weisheitlichen Texten des AT ist die *Lichtmetaphorik eng mit der Tora verbunden* (Spr 6,23; Ps 119,105.130):[256] Im Frühjudentum wurde diese Tora-Licht-

---

253 Stuckenbruck, 1Enoch, 198.

254 Vgl. dazu Tiwald, Valeur, 115–137; Nickelsburg, Wisdom, 73–91; Johnson, Slander, 419–441; Marshall, Apocalypticism, 68–82.

255 Zur Erzählpragmatik und sozialgeschichtlichen Analyse vgl. hier und im Folgenden Dronsch, Leuchte, 133–138.

256 Vgl. hier und im Folgenden Deines, Gerechtigkeit, 225–229.

metaphorik noch weiter ausgebaut. TestLev 14,3f spricht vom „Licht der Tora" und LAB 11,1f bezeichnet die Gesetzgebung am Sinai als Erleuchtung der Welt („Ich werde der Welt ein Licht geben ..."). In 2Bar 77,13 allerdings werden die Hirten Israels als „Lampen, die uns Licht geben" bezeichnet. „Für die Lichtmetaphorik im Hinblick auf die Tora bleibt zusammenfassend festzuhalten: Sie ist einerseits das Licht für Israel, aber zugleich ist es Israels Aufgabe, dieses Licht an die Völker weiterzugeben ... Was die Tora für Israel und durch Israel für die Welt sein soll(te), sind die Jünger durch Jesus."[257] Ganz in diesem Sinne hat Mt 5,14 das Wort gedeutet: „*Ihr* seid das Licht der Welt!" Im Kontext des dritten Evangeliums (Lk 11,33) hingegen „ist die Möglichkeit nicht ausgeschlossen, dass Lukas in der Zeichenforderung ‚dieser Generation' ein ‚böses Auge' erkannte ..."[258] (zum „bösen Auge" s.u. *III: Q 11,34*). Interessant ist, dass es auch in Mk 4,21 eine Parallelüberlieferung gibt. Dort aber wird das Wort gedeutet im Sinne von „Denn es gibt nichts Verborgenes, das nicht bekannt werden soll, und nichts Geheimes, das nicht an den Tag kommen soll." „Das Bildwort von der Lampe wird ... bei Mk auf das Gottesreich bezogen, dessen verborgene Anfänge man nicht übersehen soll."[259] Weiters hat sich auch im ThEv dieses Logion erhalten – und das sogar an drei Stellen (5: Enthüllung von Verborgenem; 6: nichts Bedecktes, das nicht enthüllt wird; 33: Lampe unter dem Scheffel) – die Thematik hat sich für das protognostische Gedankengut des ThEv offensichtlich ausgesprochen dankbar erwiesen (Verborgenheit und Enthüllung gnostischen Sonderwissens).[260]

Durch die von Lk gebotene Dublette wie auch durch den sprachlichen Befund legt sich nahe, dass dieses Wort auch in Q gestanden hat.[261] Wenn man der Lk-Akoluthie folgt, wofür es sehr gute Gründe gibt,[262] dann war auch in der Logienquelle das Bildwort nach der Zeichenforderung „dieser Generation" positioniert. Dort wird von Jesus ein Zeichen der Legitimation gefordert, doch das einzige Zeichen, das er gibt, ist seine Umkehrpredigt. Diese Predigt wird in Q mit dem „Licht" identifiziert. Waren die letzten Mahnungen aber *ad extra* gegen „diese böse Generation" gerichtet, so richtet sich unsere Perikope wieder *ad intra*: Die eigene Gemeinde trägt Verantwortung dafür, dass das Licht Jesu nicht im Verborgenen bleibt, sondern für alle zum Leuchten gebracht wird.

Dass Jesus und seine Botschaft – und nicht die Tora – als „Licht" bezeichnet werden, verbleibt im Rahmen der Möglichkeiten frühjüdischer Metaphorik: Nach Jes 49,6 wird der „Gottesknecht" (der nach Jes 49,3 für ganz Israel steht) zum „Licht der Völker".[263] Im NT kann Joh 5,35 den Täufer, Offb 21,23 das Lamm, bzw. Offb 11,4 die beiden Zeugen als „Lampe" oder „Leuchte" bezeichnen.[264] R. Deines urteilt zur Lichtmetaphorik im Frühjudentum: „Die Tora, der Messias, Israel, einzelne herausragende Gerechte und gelegentlich auch die Gerechten überhaupt – das sind die Lichter

257 Deines, Gerechtigkeit, 229.
258 Wolter, Lukasevangelium, 428.
259 Schröter, Erinnerung, 345.
260 Zum Vergleich der unterschiedlichen Traditonsströme unseres Logions und deren jeweilige Neukontextuierung vgl. Schröter, Erinnerung, 300–376.
261 Vgl. dazu Schröter, Erinnerung, 334–337.
262 Vgl. den ausführlichen Beweisgang bei Schröter, Erinnerung, 337–340.
263 Vgl. hier und im Folgenden die Belege bei Deines, Gerechtigkeit, 230–233.
264 Vgl. Dronsch, Leuchte, 135.

in der Welt, indem sie an Gott als dem wahren Licht partizipieren bzw. durch diesen ihr Licht erhalten."[265]

Das Licht in dir (Q 11,34f)

34 Die Lampe des Leibes ist das Auge. Wenn dein Auge lauter ist, ist dein ganzer Leib licht; wenn aber dein Auge böse ist, ist dein ganzer Leib finster. 35 Wenn also das Licht in dir Finsternis ist, wie groß ist die Finsternis!

Mit V 34 erfolgt ein gewisser Schwenk in der Metaphorik, indem von der „Lampe des Leibes" gesprochen wird:[266] Die Botschaft Jesu als „Licht" soll nun infolge von praktischer Umsetzung den Menschen erleuchten. Mit dem „Auge" wird an unserer Stelle die *Grundhaltung des Lebens* beschrieben, die den ganzen Menschen durchfließt: Wenn die Grundhaltung falsch ist, dann ist auch alles andere in Mitleidenschaft gezogen.[267] Im Kontext von Q trägt unsere Perikope also die Funktion einer Paränese *ad intra* (im Anschluss zur Paränese *ad extra* in Q 11,29–32), die vor dem Abfall vom Bekenntnis zu Jesus warnt.[268] Damit macht der Text in gewisser Weise noch einmal deutlich, was schon Q 11,23 („Wer nicht mit mir ist, ist gegen mich, und wer nicht mit mir zusammenführt, zerstreut") zum Ausdruck brachte: Neutralität gibt es bei Jesus nicht – man muss sich für ihn oder gegen ihn entscheiden, für das Licht oder für das Dunkel.[269]

Spr 20,27LXX („das Licht des Herrn ist der Atem des Menschen") stellt hier eine gewisse Parallele her, auch wenn die Stelle nicht den unmittelbaren Kontext unserer Perikope bildet. Die Redeweise vom „bösen Auge" (ὀφθαλμὸς πονηρός) begegnet auch in Mk 7,22 und Sir 14,10; 31,13 (vgl. Dtn 15,9), bezieht sich dort allerdings auf Gier, Neid und Missgunst.

Erzähleinheit 4: Gegen Pharisäer und Schriftgelehrte (Q 16,17f; 11,39–52)

Erzähleinheit 4 thematisiert nun die Frage nach der rechten Auslegung der jüdischen Tora. Nur scheinbar wird hier auf eine komplett neue Thematik umgeschwenkt, denn das Stichwort „Licht" aus *Erzähleinheit 3* kann sowohl die Botschaft Jesu wie auch die jüdische Tora meinen (s.o.). Beides wird nun verbunden, es geht um die *rechte Ausle-*

---

265 Deines, Gerechtigkeit, 323.

266 Popkes, Auge, 139f, veranschlagt für das ungewöhnliche Bild vom Auge als „Lampe des Leibes" pythagoreische und stoische Traditionen, denenzufolge von einem Auge Lichtstrahlen ausgehen, welche es dem Menschen ermöglichen, seine Umwelt zu sehen (Extramission). Popularphilosophische Gemeinplätze könnten gut auch in Galiläa Eingang in die Vorstellungswelt gefunden haben (wie ja auch wir heute noch vom „Augenlicht" reden). Allerdings ist auch im AT das Bild vom „Licht der Augen" (Ps 38,11) belegt.

267 Vgl. Popkes, Auge, 142: „Das Auge wird zum Bild für die ethische Grundhaltung eines Menschen ... Kann das Auge kein Licht aufnehmen, so wird die menschliche Existenz von Finsternis, also einer ethisch-defizitären Lebenshaltung, beherrscht."

268 Vgl. Schröter, Erinnerung, 346.

269 So sehr treffend Schröter; Erinnerung, 347: „Auch hier wird vor Neutralität gewarnt, indem die Alternative der totalen Finsternis vor Augen gehalten wird. Es ist demnach nicht plausibel, von einer Auseinandersetzung mit den Gegnern zu sprechen, denn es sind hier eindeutig die Q-Adressaten selbst im Blick."

gung der jüdischen Tora im Lichte des Glaubens an Jesus. Im Folgenden verdeutlicht *Erzähleinheit 4*, dass der Glaube an Jesus keine wie auch immer geartete Abrogation oder Schmälerung des jüdischen Gesetzes bedeutet (s.o. *III: Q 11,33*), sondern dessen tiefere Erfüllung im Vergleich zu den Pharisäern und Schriftgelehrten. Damit werden Vorwürfe von Pharisäern und Schriftgelehrten zunächst entkräftet und sodann zum Gegenangriff übergegangen, wenn die Defizienz pharisäischer Gesetzesauslegung aufgezeigt wird. *Erzähleinheit 4* präsentiert also am Ende von *Erzählkranz 3: Die Gegner* eine konkrete Auseinandersetzung mit den Positionen von Pharisäern und Schriftgelehrten. Diese wird nötig, weil Q noch immer Teil des Judentums ist und daher in innerjüdischen Streitigkeiten Position beziehen muss.

Kein Jota oder Häkchen des Gesetzes fällt (Q 16,17)

17 Es ist aber leichter, dass der Himmel und die Erde vergehen, als dass ein einziges Jota oder ein einziges Häkchen des Gesetzes fällt.

Gemäß der in diesem Band gewählten Gliederung (zur Diskussion s.o. *I.3.1.2*) wird das Logion Q 16,17 bereits hier als Introitus für die Pharisäer- und Schriftgelehrten-Polemik verortet (und damit der mt Akoluthie Folge geleistet). Dass Q 16,17 *Erzähleinheit 4* eröffnete, ergibt auch erzähltechnisch Sinn: Gleich zu Beginn wird programmatisch vorweggenommen, was nachher *en détail* durchargumentiert wird: Kein Jota und kein einziges Häkchen des Gesetzes fällt! Aber auch wenn man das Logion Q 16,17 an anderer Stelle verorten will (zumeist folgen Forscher ja der lk Akoluthie) – an der Zugehörigkeit dieses Verses zu Q ist nicht zu rütteln. Das Logion ist von unschätzbarem Wert für die Frage, wie die Q-Gemeinde zur jüdischen Tora stand. Hier wird deutlich, „daß die Q-Überlieferung die unverbrüchliche Gültigkeit des Gesetzes als einen in der Jesusüberlieferung verankerten Topos betrachtet und ihre eigene Aufnahme und Fortsetzung dieser Verkündigung von dieser Überzeugung getragen ist (16,17)."[270] Dabei war der Glaube an die ewige Gültigkeit der Tora für das Frühjudentum grundlegend:[271]

Philon, VitMos 2: 14 Dagegen ist Moses der einzige, dessen Gesetze von Dauer waren und unverändert und unerschüttert blieben, wie von der Natur selbst mit ihrem Siegel gezeichnet, und seit dem Tage, da sie aufgeschrieben worden sind, bis heute fortbestehen und, wie wir hoffen dürfen, auch für alle künftige Zeit bestehen und gewissermaßen unsterblich sein werden, solange Sonne und Mond und der gesamte Himmel und das Weltall besteht. 15 Trotz so vieler Wechselfälle des Volkes in Glück und Unglück wurde nichts, auch nicht das geringste, an seinen Gesetzen geändert, denn alle hielten offenbar ihre Erhabenheit und Göttlichkeit in hohen Ehren.

4Esr 9: 36 Wir, die wir das Gesetz empfangen haben, gehen, wenn wir sündigen, zugrunde samt unserem Herzen, das es aufgenommen hat. 37 Das Gesetz aber vergeht nicht, sondern bleibt in seiner Herrlichkeit.

Weitere Belege für die Ewigkeit der Tora: *Bar 4,1; Weish 18,4; Philon, Prob 1,46; Josephus Ap 2,277; 1Hen 72,1; 2Bar 59,2; 77,15.*

---

270 Schröter, Gesetzesverständnis, 457. Ebenso Tuckett, Sayings, 221f: „... Q evidently has a somewhat conservative attitude to the Jewish Law. There is nothing which explicitly questions observance of the Law in any way ... Q 16.17 asserts that the Law is still valid right down to the smallest details of a jot or a tittle."

271 Für die folgenden Ausführungen danke ich meiner Doktorandin, Frau K. Wenzel, die ihre Dissertation zu Q 16,17 schreibt.

„Es ist aber leichter, dass der Himmel und die Erde vergehen ...“ erweist sich damit als eine blumige Sprachfigur für den ewigen Bestand der Tora.[272] In apokalyptisch orientierten Kreisen wurde zwar damit gerechnet, dass Himmel und Erde real vergehen können (vgl. Mt 24,35; Offb 21,1; 1Hen 83,3–5; 91,15–17; 4Esr 7,29–34; 2Bar 32,1–6), doch bedeutete auch dies nicht das Ende der Tora. Denn die Tora wurde im Frühjudentum als präexistente Größe gesehen, die bereits vor Beginn der Schöpfung existierte und als Weltordnung der Schöpfung immanent war.[273] Wenn allerdings die Tora schon *vor* Himmel und Erde existierte, würde sie auch *nach* dem Untergang von Himmel und Erde Bestand haben – nicht zuletzt, um im Endgericht als Bewertungsmaßstab zu gelten (vgl. 2Bar 48,47; 59,2).

Jota und Häkchen: Das Jota war der kleinste unter den griechischen Buchstaben, das Häkchen hingegen bezeichnet die Serifen, also die Zierstrichlein, mit denen die Buchstaben versehen wurden.[274] Die Formulierung bedeutet: Nicht einmal der allerkleinste Teil des Gesetzes wird vergehen! Damit ist aber auch impliziert, dass für die Q-Gemeinde nicht nur die Erfüllung der Tora *qua* Liebesgebot, sondern auch die *Ritual- und Reinheitstora* weiterhin Gültigkeit besaß (s.u. *III: Q 11,39–44*). Hinter der Einschärfung des vollen Tora-Gehorsams steht vielleicht schon die Infragestellung der Ritualtora durch liberalere Gruppierungen im Urchristentum.[275] Sollten dabei tatsächlich Heidenmissionare nach Art des Paulus im Blick sein, so fällt auf, dass keinerlei Art von Polemik hierbei zum Tragen kommt. Aller Wahrscheinlichkeit nach bewegten sich diese Texte auf der Basis des „Jerusalemer Apostelkonzils“, wo nach Gal 2,7f (vgl. Apg 15) das Missionsgebiet in „Beschnittene“ und „Unbeschnittene“ aufgeteilt und damit die Dichotomie von Judenchristen und Heidenchristen geschaffen wurde. Gemäß dieser Übereinkunft hielten Judenchristen auch weiterhin die *ganze* Tora samt Ritual- und Reinheitsgeboten. Die

272 Vgl. Luz, Matthäus I, 315, der von der „immerwährenden Gültigkeit der für Juden ja präexistenten Tora“ spricht und schließt: „Jüdische Texte, welche in eindeutiger Weise die Gültigkeit der Torah auf die Weltzeit begrenzen, kenne ich nicht.“ Ähnlich Heil, Lukas, 129: „Damit steht Q 16,17 in Kontinuität mit ähnlichen frühjüdischen Aussagen über die ‚ewige‘ Gültigkeit des Gesetzes.“

273 Nach Spr 8,22–31 und Sir 24 ist die göttliche Weisheit bereits präexistent bei der Welterschaffung zugegen, um später auf dem Zion als „Buch des Bundes des höchsten Gottes, Gesetz, das uns Mose gab“ konkrete Gestalt anzunehmen (Sir 24,8–11.23). Über die Identifikation mit der personifizierten Weisheit Gottes, die bereits präexistent bei der Welterschaffung präsent war, konnte die Tora im Sinne der Schöpfungsordnung, der von Gott der Welt bereits im Schöpfungsakt zugrunde gelegten Weltordnung, interpretiert werden, vgl. dazu Tiwald, Frühjudentum, 260–266. Bei Philon, VitMos 2,37 heißt es daher: „Die Welterschaffung ist der Ursprung der Gesetze.“ Daher konnten auch schon die Patriarchen der noch nicht schriftlich niedergelegten „Tora“ folgen, da diese bereits „ungeschrieben“ als Schöpfungsordnung existierte. Vgl. dazu Arist 143; Philon Abr 5; 2Bar 57,1–3; Röm 1,20.

274 Vgl. dazu Philon, Flacc 1,131, wo ein kleinlicher Schreiber für „jede Silbe, ja sogar für jedes Häkchen (κατὰ συλλαβήν, μᾶλλον δὲ καὶ κεραίαν ἑκάστην) Geld einsteckt.“ *Silbe und Häkchen* korrespondiert hier unserem *Jota und Häkchen* und meint in beiden Fällen die allerkleinsten Teile des Textes.

275 Vgl. Dautzenberg, Gesetzeskritik, 124. Ebenso Ebner, Weisheitslehrer, 412: „Die im jüdischen Lebenskontext beheimatete Tradition vor, neben und nach Mk geht ... zunächst ganz selbstverständlich von Jesus als toratreuem Juden aus und stellt diesen Sachverhalt erst ab dem Augenblick betont in den Vordergrund, als eine gegenläufige Praxis sich ebenfalls auf Jesus zu berufen beginnt.“ Vgl. hier und im Folgenden auch Strotmann/Tiwald, Matthäusevangelium, 64–106.

Heidenchristen aber waren dazu nicht verpflichtet (vgl. auch Apg 21,20–25).[276] Nicht Polemik gegen die auch von der Logienquelle akzeptierte (vgl. Q 7,1–9), doch selbst noch nicht praktizierte beschneidungsfreie Heidenmission ist hier intendiert, sondern Schärfung des eigenen judenchristlichen Profils (s.o. *I.2.1.3: Heidenmission in Q?*). Daher sind die Gegner von Q auch nicht die Heidenchristen, sondern Pharisäer und Schriftgelehrte. Diese Gruppe ist auch geographisch näher bei der Logienquelle situiert, als die vergleichsweise fernen Ereignisse in Antiochia und der paulinischen Mission.

18 Jeder, der seine Frau entlässt, macht, dass mit ihr die Ehe gebrochen wird, und wer eine Entlassene heiratet, bricht die Ehe.

Verbot von Ehescheidung und Wiederheirat (Q 16,18)

„Plausibel ist eine ursprüngliche Zusammengehörigkeit der Verse 17 und 18, da auch Matthäus die beiden Sprüche in Mt 5,18 und 5,32 in unmittelbarer Nachbarschaft überliefert“[277] und die lk Akoluthie beide Verse aufeinander folgen lässt. Wahrscheinlich wurde die im Frühjudentum strittige Möglichkeit einer Scheidung und Wiederheirat gleich im Anschluss an Q 16,17 – sozusagen als Exempel für die volle Erfüllung der Tora – angeschlossen.

Für die Rekonstruktion des Verses weicht dieser Kommentar von der CEQ ab und folgt der Beweisführung jener Exegeten, die davon ausgehen, dass in Q ein grundsätzliches *Trennungsverbot* vorgelegen sei und nicht nur ein *Wiederheiratsverbot* nach erlaubter Trennung.[278] Rein textimmanent lässt sich die Frage der Rekonstruktion nicht lösen – blicken wir dafür auf die Situation im Frühjudentum:

Die Frage der *Ehescheidung im Frühjudentum* wird in der Wissenschaft kontrovers diskutiert. Gerne wird darauf verwiesen, dass es nach Dtn 24,1–3 erlaubt gewesen sei, die Frau nach Ausstellen einer Scheidungsurkunde aus der Ehe zu entlassen. Doch bereits Mal 2,14–16 („Handle nicht treulos an der Frau deiner Jugend!“) verbietet eine Scheidung lediglich aus dem Grund, dass man der Frau überdrüssig geworden sei.[279] Ähnlich findet sich im LXX-Text von Spr 18,22 die (über den hebräischen Text hinausgehende) Ergänzung: „Wer eine gute Frau verstößt, verstößt das Gute, wer eine Ehebrecherin behält, ist töricht und gottlos.“ Die in diesem Zusammenhang auch gerne zitierten Positionen von Hillel (liberale Scheidungspraxis) und Schammai (Scheidung nur bei Ehebruch) aus mGit 9,10 sind allerdings nur bedingt belastbar, da die rabbinische Zuordnung von Traditionen

276 Zur komplexen Deutung des sogenannten „Apostelkonzils“ vgl. Tiwald, Frühjudentum, 213–215. Die sogenannten „Jakobusklauseln“ waren demzufolge eine spätere *regula conviventiae*, die aus dem Antiochenischen Konflikt resultierte und das – in Jerusalem noch nicht angedachte – Problem des Zusammenlebens in aus Heiden- und Judenchristen gemischten Gemeinden reflektierte.

277 Melzer-Keller, Jesus, 316; vgl. auch Tiwald, Gültigkeit, 349f.

278 Die Rekonstruktion der CEQ fügt nach „Jeder, der seine Frau entlässt“ ein „und eine andere heiratet“. Damit wird aus dem *absoluten Scheidungsverbot* ein *Verbot der Wiederheirat nach erlaubter Trennung*. Die Einfügung „und eine andere heiratet“ erhielt aber auch in der CEQ nur eine Wahrscheinlichkeit von {C} und ist damit auch innerhalb der CEQ-Herausgeber umstritten. Die in diesem Kommentar gebotene Rekonstruktion folgt hingegen Ebner, Jesus, 122; Häfner, Ehescheidung, 103f; Scherer, Königsvolk, 386.

279 Vgl. dazu die Erläuterungen bei Doering, Marriage, 134 (besonders Anm. 5). Mal 2,14–16 bietet kein *absolutes* Scheidungsverbot, sondern „is directed against divorce on account of mere aversion to the woman“ (ebd.).

zu bestimmten Namen stilisiert und legendenhaft erfolgte.[280] Eine historische Reminiszenz in mGit 9,10 könnte allerdings sein, dass in frühjüdischer Zeit tatsächlich ein Dissens zwischen einer strengeren Praxis der Ehescheidung nur bei Untreue der Frau und liberaleren Entwürfen bestand, wie ja auch die Kritik an einer zu weit gefassten Scheidungspraxis in Mal 2 und Spr 18,22LXX belegen.[281] Das könnte sich auch mit Vorstellungen in Qumran decken. Wie V. Noam gezeigt hat, war in Qumran *Ehescheidung nur im Falle von Unzucht* möglich, da in diesem Fall die Ehe durch den Akt der Untreue *ipso facto* gebrochen war.[282] Das führte dazu, dass in Qumran das Heiraten einer Geschiedenen verboten war, da diese Frau durch den Bruch des Ehebandes unrein geworden war.[283] Bemerkenswert ist dabei auch der Text CD 4,20f: „Sie wurden durch zweierlei in der Unzucht gefangen: Zwei Weiber zu nehmen zu ihren Lebzeiten; aber die Grundlage der Schöpfung ist: Als ein Mann und ein Weib hat er sie geschaffen." Auch wenn CD (vgl. auch 11Q19 57,17–19) hier nicht – wie oft vermutet – von Wiederheirat nach Scheidung, sondern von Polygynie spricht,[284] bleiben die Parallelen doch wichtig: Genauso wie in Mk 10,2–12 (der Parallelüberlieferung zu Q 16,18), wird auch hier die Mann-Frau-Beziehung als von der *Schöpfungsordnung* geregelter Sachverhalt vor Augen geführt.

Die Vorstellung, dass Ehescheidung nur im Falle der Unzucht erlaubt sei, würde perfekt zur hier vorgeschlagenen Rekonstruktion des Q-Logions passen: Wer seine Frau aus der Ehe entlässt, liefert sie einer Situation aus, in der sie bei Wiederheirat zur Ehebrecherin wird („macht, dass mit ihr die Ehe gebrochen wird"). Die hier eingenommene Perspektive korrespondiert mit den sozialen Bedingungen im Frühjudentum, „da nach jüdischem Denken der Mann nicht seine eigene Ehe brechen kann, wenn er seine Frau entläßt."[285] Dahinter steht das androzentrische Denken, dass die Frau „als Besitzobjekt

280 Hillel wird vor der rabbinischen Literatur gar nicht erwähnt, in den rabbinischen Texten dienen die Namen „Hillel" und „Schammai" oft als Platzhalter für nicht mehr näher fassbare divergierende Halachot. Vgl. Doering, Marriage, 134f; Noam, Divorce, 212f; Stemberger, Pharisäer, 35.

281 Die Frage kreist in mGit 9,10 darum, wie man *erwat davar* („Blöße einer Sache") aus Dtn 24,1 zu deuten hat. Das Wort *erwah* (עֶרְוָה) meint in Gen 9,22 und 1Sam 20,30 die genitale Blöße, in Dtn 23,15 unreines Verhalten. Demzufolge gibt Mt 5,32 den Text aus Dtn 24,1 mit παρεκτὸς λόγου πορνείας („außer im Fall der Unzucht") in enger Definition wieder, was der Deutung von Schammai entspricht. Hillel hingegen sah *erwat davar* auch schon erfüllt, falls die Ehefrau schlechtes Essen vorsetzte. Wahrscheinlich steht die Frage, wie weit oder wie eng *erwat davar* zu interpretieren sei auch hinter allen einschlägigen Diskussionen des Frühjudentums, wie die Frage in Mt 19,3 belegt: „Darf man seine Frau *aus jedem beliebigen Grund* aus der Ehe entlassen?" Philon befindet, dass eine Scheidung „aus irgendeinem Grunde" (SpecLeg 3,30f) möglich ist, und Josephus urteilt „solcher Gründe hat man viele" (Ant 4,253). Zur Diskussion vgl. Junker, Reinheitsvorstellungen, passim.

282 Vgl. den Beweisgang bei Noam, Divorce, 219: „... the sect followed the same ancient *halakhah* that was partially preserved in the halakhic rulings of *Bet Shammai*, and which was stated in Jesus' sermon as well: divorce was permitted only in cases of adultery."

283 Noam, Divorce, 222f: „In all likelihood, the sect denounced marriage to a divorcee, just as Jesus denounced it and just as the ancient Pharisaic midrash denounced it."

284 Vgl. dazu Doering, Marriage, 133–163, und Noam, Divorce, 206–223.

285 So zu Recht Heil, Lukas, 134, Anm. 104, der allerdings annimmt, dass Mt die anders lautende Formulierung der Logienquelle nachträglich „judaisiert" habe. Hier scheint es weniger aufwendig, die jüdische Sichtweise gleich für Q zu veranschlagen, die dann von Lk hellenistischen Gebräuchen angepasst wurde (in diesem Sinne auch Häfner, Ehescheidung, 103).

des Mannes"[286] verstanden wurde. Die verstoßene Frau *muss* nun einen anderen Mann finden, da sie in der androzentrischen Welt ohne Mann nicht lebensfähig ist.[287] Daher also die sperrige Formulierung „Jeder, der seine Frau entlässt, macht, dass mit ihr die Ehe gebrochen wird". Das Wort Jesu, wie es Q bewahrt hat, ist also gegen die „Hartherzigkeit" androzentrischer Macht gerichtet, die Frauen in unzumutbare Härtesituationen bringen konnte (vgl. auch die Weiterführung in Mk 10,5//Mt 19,8).[288]

Die *jesuanische Ursprünglichkeit des Logions* erhält durch die Doppelüberlieferung Q 16,16//Mk 10,2–12 wie auch durch die in 1Kor 7,10 enthaltene Tradition eine hohe *wirkungsplausible* Wahrscheinlichkeit. Interessant ist, dass bereits 1Kor 7,10 von einem *Trennungsverbot* Jesu und nicht von einem *Wiederheiratsverbot* spricht (was die hier vorgelegte Rekonstruktion des Q-Logions stützt), das durch Paulus allerdings schon in V 11 in ein *Wiederheiratsverbot* uminterpretiert und in V 15 sogar noch weiter gefasst wird. Zur wirkungsplausiblen Wahrscheinlichkeit tritt auch eine gewisse *kontextplausible* Passgenauigkeit hinzu: Die Frage „Ist es einem Mann erlaubt, seine Frau aus der Ehe zu entlassen?" (Mk 10,2) stellte eine *quaestio disputata* des damaligen Judentums dar (vgl. Mal 2; Spr 18,22LXX; Qumran und mGit 9) und wurde aller Wahrscheinlichkeit nach tatsächlich als Frage auch an Jesus herangetragen. Die Antwort Jesu hätte dann ähnlich wie die Position in Qumran gelautet, nämlich, dass die *Verstoßung der Frau nicht zu billigen* ist.[289] Zum historischen Jesus und seiner Option für die Armen (s.u. *IV: Exkurs 3.1*) würde die Vermeidung der Unsicherheit, in die eine Frau durch die „Hartherzigkeit" androzentrischer Gesetzgebung gestoßen würde, gut passen.[290] Die Position Jesu hätte dann genauso gelautet, wie die hier vorgeschlagene Rekonstruktion von Q.[291]

---

286 Häfner, Ehescheidung, 107.

287 Der Typus der Maria von Magdala – einer Frau, die nicht durch einen männlichen Beinamen („NN, Frau des XY" oder „NN, Mutter des XY") definiert wurde – stellt hier eine seltene Ausnahme dar. Was im mondänen Magdala möglich war, war in den ruralen Teilen Palästinas weniger denkbar, vor allem wenn die Frau – anders als Maria von Magdala – weiterhin in den dörflichen Strukturen von Ehe und Familie leben wollte. Zu Magdala s.u. *IV: Exkurs 3.1.2.*

288 So Häfner, Ehescheidung, 115. „Hartherzigkeit" als eine der Schöpfungsordnung entgegengesetzte Haltung wird auch schon in 1Hen 5,4 verurteilt (vgl. Doering, Marriage, 159f).

289 Der *Fall der Unzucht*, in dem Qumran und Mt 19,9 eine Ehescheidung erlauben, ist eigentlich keine Ausnahme von der Regel, sondern folgt der Sichtweise, dass in diesem Fall das Eheband bereits *ipso facto* gebrochen ist und eine Trennung daher erfolgen *muss*, da durch den Ehebruch ohnehin kein Eheband mehr existiert.

290 Vgl. Theobald, Ehescheidung, 119: „Vielfach sensibilisiert für das Unrecht, das den Armen, Hungernden und Weinenden widerfuhr, nahm Jesus gewiß auch jenes Unrecht vielfältiger Art wahr, das Frauen geschah, die, aus welchem Grund auch immer, aus der Ehe ‚entlassen' wurden."

291 Auch Heil, Lukas, 135, veranschlagt die Position Jesu genauso, wenn er schreibt: „Jesus selbst vertrat jedoch noch eine radikalere Haltung, indem er die Ehescheidung an sich mit Ehebruch gleichsetzte ..." Allerdings befindet Heil, dass bereits in „Q 16,18 ... die Intention Jesu, der die Ehescheidung als solche ablehnte, schon in der ersten nachösterlichen Generation neu interpretiert wurde." Damit folgt Heil der Rekonstruktion der CEQ. Vorliegender Q-Kommentar vertritt aber gegen den Befund der CEQ gemeinsam mit Ebner, Jesus, 122; Häfner, Ehescheidung, 103f; Scherer, Königsvolk, 386, dass der Befund der Logienquelle in 16,18 noch immer die jesuanische Sichtweise wiedergab. Ähnlich wie dieser Kommentar rekonstruieren die Position Jesu (ohne auf die Rekonstruktion von Q detailliert einzugehen) auch Theobald, Ehescheidung, 119; Stowasser, Ehescheidung, 85.

Die in Mt 5,32 und 19,9 gebotene *Unzuchtsklausel* hat wohl noch nicht in Q gestanden – nicht, weil dies von Q nicht vorgesehen wäre, sondern weil es im Judentum selbstverständlich war (und erst von Mt gegen Missverständnisse eingefordert wird). Gemäß Spr 18,22LXX; Jub 33,7; TestRub 3,15; 1QGenAp 20,15; tSot 5,9; bGit 90b (vgl. auch Mt 1,19!) *musste* der Mann eine untreue Frau aufgrund von Reinheitsnormen verstoßen.[292] In diesem Fall geschah die Auflösung des Ehebandes allerdings nicht durch die Verstoßung, sondern *ipso facto* durch den Tatbestand der Untreue. Interessant ist, dass „anhand der spezifischen Gestalt des Scheidungsverbotes in [Q] 16,18 erkennbar [wird], daß die konkrete Rezeption der Regelungen des νόμος im Horizont einer Tradition erfolgt, in welcher jüdische Reinheitsvorstellungen eine Rolle spielen und die sich diesbezüglich von der markinischen Aufnahme unterscheidet."[293]

Bei Mk 10,6 wird auf die *Schöpfungsordnung* rekurriert (ähnlich wie in CD 4,21f). Selbst wenn diese Perspektive beim Ehescheidungslogion in Q fehlt, so sprechen doch viele anderen Passagen in Q von der Vaterliebe des Schöpfergottes. Obwohl nur Mk 10,6//Mt 19,4 die jesuanische Unauflöslichkeitsforderung mit der *Schöpfungsordnung* verbindet, spricht doch eine gewisse Kontextplausibilität dafür, dass dies auch beim historischen Jesus der unmittelbare Begründungshorizont des Scheidungsverbots war.[294] Andererseits hat Mk hier den Aspekt der jüdischen Reinheitsvorstellungen und die androzentrische Perspektive (durch die Hinzufügung einer Scheidung auch auf Betreiben der Frau in Mk 10,12) getilgt – beide haben sich allerdings noch in Q erhalten. Das Abgehen von jüdischen Reinheitsvorstellungen könnte dazu geführt haben, dass das *Ehescheidungsverbot* Jesu in stärker hellenistisch geprägten Traditionen zu einem *Wiederheiratsverbot* umgemünzt wurde (so in 1Kor 7,11, sowie bei Mk und Lk).[295]

Wie im Frühjudentum ist auch heute noch die Frage der Ehescheidung in der katholischen Kirche und bei Freikirchen eine *quaestio disputata*: Das Ringen der urkirchlichen Traditionen zeigt dabei sowohl die Treue zu Jesu Intention wie auch die Notwendigkeit zur Adaptation, um nicht dem Buchstaben, sondern dem ursprünglichen Anliegen gerecht zu werden. Will man Jesu Intention in der „Vermeidung von Hartherzigkeit" und „Fürsorge für Arme und Gescheiterte" erkennen, so eröffnen sich damit neue Interpretationsmöglichkeiten jenseits von nomistischem Rigorismus.[296]

---

292 Vgl. Konradt, Matthäus, 90.

293 Schröter, Gesetzesverständnis, 457. Ähnlich auch Stowasser, Ehescheidung, 89: „Könnte das im Hintergrund stehende „humanistisch-aufklärerische" Jesusbild nicht doch übersehen, dass der Jude Jesus den kultischen Reinheitskategorien des Frühjudentums tiefer verpflichtet blieb und diese auch seine strikte Position zur Frage von Scheidung und Wiederheirat wesentlich stärker prägten, als häufig angenommen wird?" Zur Verortung von Q 16,18 in frühjüdischen Reinheitsvorstellungen vgl. Junker, Reinheitsvorstellungen, passim.

294 Vgl. dazu die Argumentation bei Häfner, Ehescheidung, 108f, und Tiwald, Protologie, 367–380.

295 Vgl. Theobald, Ehescheidung, 114: „Dies dürfte sich in den hellenistischen Gemeinden eingebürgert haben und so auch zu Markus gelangt sein." Anders aber Mt, denn „die seit Paulus für hellenistische Gemeinden bezeugte Praxis, unter Tolerierung unvermeidlicher Scheidungen nur die Wiederheirat zu untersagen, [dürfte] in die matthäischen Gemeinden keinen Eingang gefunden haben" (a.a.O. 115).

296 Vgl. dazu einige weiterführende Überlegungen zum Dokument *Amoris Laetitia* von Papst Franziskus bei Tiwald, Heiligkeit.

[42] Wehe euch, den Pharisäern, denn ihr verzehntet die Minze und den Dill und den Kümmel und lasst das Recht und die Barmherzigkeit und die Treue aus. Dieses aber wäre zu tun und jenes nicht auszulassen. [39b] Wehe euch, den Pharisäern, denn ihr reinigt das Äußere des Bechers und der Schüssel, innen aber sind sie voll von Raub und Unmäßigkeit. [41] Reinigt das Innere des Bechers, ... und ... sein Äußeres wird rein sein. [43] Wehe euch, den Pharisäern, denn ihr liebt den Ehrenplatz bei den Festmählern und den ersten Platz in den Synagogen und die Begrüßungen auf den Marktplätzen. [44] Wehe euch, den Pharisäern, denn ihr seid wie die unkenntlichen Gräber, und die Menschen, die darüber hinweggehen, wissen es nicht.

Weherufe gegen Pharisäer (Q 11,42.39b. 41.43f)

Die im Kontext der Reinheitstora abgehandelte Frage nach der Ehescheidung könnte in Q perfekt mit der Frage, wie äußere (rituelle) und innere (moralische) Reinheit miteinander korrelieren, weitergeführt worden sein (zur Positionierung von Q 16,17f s.o. *I.3.1.2*). Verbunden mit dem Thema Reinheitstora wird hier auch die Thematik „Unbarmherzigkeit“ zur Sprache gebracht. Wie wir oben gesehen haben, schwang wohl auch schon in Q die Frage der „Hartherzigkeit“ bei der Ehescheidungsthematik mit – auch wenn dies erst *expressis verbis* bei Mt so angeführt wird. Die Motive „Unbarmherzigkeit“/„Hartherzigkeit“ werden also auch hier weitergeführt. Ähnlich wie in der Frage der Ehescheidung wird auch hier klar, dass die Gemeinde hinter der Logienquelle die Ritual- und Reinheitsvorschriften des Judentums auch weiterhin befolgte.[297] Interessant ist dabei der Satz „Dieses aber wäre zu tun und jenes nicht auszulassen“, mit dem verdeutlicht wird, dass die Kritik an den Pharisäern nicht gegen die Ritual- und Reinheitstora gerichtet ist, sondern gegen die Einseitigkeit, mit der rituelle Vorschriften „das Recht und die Barmherzigkeit und die Treue“ außer Kraft setzen.[298] „Die Q-Gemeinde macht durch den kleinen Zusatz, daß man dieses Wichtige tun und jenes Unwichtige trotzdem nicht lassen sollte, klar, daß sie nicht daran denkt, das Zehntgebot aufzugeben.“[299] Ähnlich urteilt Scherer: „Deutlich wird dabei, dass die Träger der Traditio duplex [sc. Q] zwar der Reinigungs- und Zehntpraxis nicht widersprachen, sie aber für weniger wichtig erachteten als die sozioökonomischen Belange.“[300]

297 Vgl. die Diskussion bei Tiwald, Logienquelle, 114–116. So besonders Kloppenborg, Q, 69: „Q presupposed an exclusively Israelite environment where people naturally circumcised their sons, kept kashrut, and observed the Sabbath.“ Ebenso gehen von einer weiteren Gültigkeit der Ritual- und Reinheitstora für Q aus: Loader, Attitude, 510 („Q's Jesus upholds Torah in its entirety“); Fleddermann, Q, 167 und 791 („Not only does the Law remain in effect down to its tiniest details as ... [Q] states, but the demands of the kingdom radicalize and transcend the Law by tightening its demands even further“); Tuckett, Q, 425 („Q shows a somewhat conservative attitude to the Jewish Law. There is certainly nothing which explicitly questions observance of the Law in any way ...“).

298 Kloppenborg, Q, 69: „Q's complaint with other Jewish groups is not that they observed the Torah and the Q people did not. Rather, Q's complaint against the Pharisees – no doubt, a bit of caricature – is that they insist on one set of commandments and neglect others ...“

299 Luz, Matthäus III, 333.

300 Scherer, Königsvolk, 193. Wenn sie dann allerdings befindet, dass die Reinheitsregeln „optionale Praktiken“ wären, so scheint dies doch dem Befund des Verses „Dieses aber wäre zu

Fraglich bleibt allerdings, ob bereits Q 11,42 – so wie später Mt 23,23 – in Bezug auf „Recht, Barmherzigkeit und Treue" von τὰ βαρύτερα τοῦ νόμου, „den Gewichtigeren [Teilen] des Gesetzes", gesprochen hat. Nach der CEQ geht diese Aussage nämlich erst auf das Konto des Matthäusevangeliums. Die Rede von „gewichtigeren Gesetzen" würde im Text eine Wertung vornehmen und die Reinheits- und Ritualvorschriften als dem Liebesgebot („Recht, Barmherzigkeit, Treue") nachgeordnet erscheinen lassen. *Inhaltlich* ist solch eine Wertung ohne Frage auch schon im Textduktus von Q enthalten. *Expressis verbis* lässt sich das aber nicht belegen, denn bei Lk findet sich keine Rede von τὰ βαρύτερα τοῦ νόμου.[301] Die Frage ist nicht nur von akademischem Interesse, da Mt auch ansonsten eine Rangordnung der Gesetzesvorschriften vornimmt:[302] In Mt 22,38 wird das Doppelgebot der Gottes- und Nächstenliebe als das „große und erste Gebot" (ἡ μεγάλη καὶ πρώτη ἐντολή) bezeichnet, was den „gewichtigeren Gesetzen" entspricht. Analog zu den Hauptgeboten unterstreicht dann Mt 5,19, dass jeder, der „eines von den kleinsten Geboten" (μίαν τῶν ἐντολῶν τούτων τῶν ἐλαχίστων) aufhebt, im Himmelreich der Kleinste sein wird. Durch die im Anschluss eingemahnte „größere Gerechtigkeit" als die der Pharisäer wird klar, dass es sich bei den „kleinsten Geboten" um pharisäische Reinheits- und Ritualvorschriften handelt. Für Mt bleiben auch diese Vorschriften in Kraft, doch dem Liebesgebot nachgeordnet.

Die Frage nach Haupt- und Nebengeboten war im damaligen Judentum verbreitet. Auch Philon berichtet in SpecLeg 2,63, dass im Doppelgebot der Gottes- und Nächstenliebe die beiden κεφάλαια, also die „Hauptgebote" der Tora, gegeben sind (ähnlich in Dec 18f für den Dekalog).[303] Eine ähnliche Tradition kennt auch Röm 13,9f, wo Paulus betont, dass alle Gebote der Tora „im Hauptgebot zusammengefasst sind" (ἀνακεφαλαιοῦται), nämlich den Nächsten zu lieben.

Man darf vermuten, dass die Gemeinde des Mt – als „Nachfolgeorganisation" der Q-Gemeinde (s.o. *I.2.3.1: Das Erbe der Logienquelle*) – im Unterschied zur Logienquelle bereits zur beschneidungsfreien Heidenmission übergegangen war (Mt 28,19). Dadurch wurde die mt Gemeinde aufgrund ihrer Wurzeln zu einer Mischgemeinde von Juden- und Heidenchristen, bei der das judenchristliche „Stammpublikum" im Gegensatz zu den Heidenchristen auch weiterhin an Ritualtora und Beschneidung festhielt (und damit auch den Vorschriften des Apostelkonzils Rechnung trug).[304] Verpflich-

---

tun und jenes nicht auszulassen" zu widersprechen. Vgl. dazu weiters: Harb, Weherufe, 159f.: „Eine weitere Frage ist, ob die Q-Leute tatsächlich noch gezehntet bzw. die Reinheitsgebote gehalten haben. ... Meines Erachtens spricht der Text der Weherede in seiner Gesamtheit ... eher dafür als dagegen." Ebenso Wild, Encounter, 115: „It [sc. Q 11,42] demonstrates that there was agreement at the level of Q community ... that the tithing of spices was indeed an obligation ..."

301 Hat Lk τὰ βαρύτερα τοῦ νόμου gestrichen, da die Reinheits- und Ritualvorschriften für ihn obsolet sind? Das wäre grundsätzlich vorstellbar, verfängt hier allerdings nicht, da er auch den Satz „Dieses aber wäre zu tun und jenes nicht auszulassen" belässt. Somit ist das Urteil der CEQ korrekt, τὰ βαρύτερα τοῦ νόμου nicht für Q zu reklamieren. Anders aber Fleddermann, Q, 532.

302 Zum Gesetzesverständnis des Mt hier und im Folgenden Strotmann/Tiwald, Matthäusevangelium, 64–106.

303 Zum Vergleich von Philon mit Matthäus und Paulus siehe Strotmann/Tiwald, Matthäusevangelium, 92–97, und Hoppe, Gerechtigkeit, 141–155.

304 Vgl. dazu die Untersuchung bei Strotmann/Tiwald, Matthäusevangelium, 64–106.

tend für Juden- wie Heidenchristen war das Hauptgebot der Gottes- und Nächstenliebe. Die Reinheits- und Ritualtora hingegen waren als „kleinere Gebote" nicht mehr zentral[305] – führten aber nach Mt 5,19 zu einer besseren Platzierung im Himmelreich. Die Rede von Rangstufen im Himmel begegnet nicht nur im ersten Evangelium wiederholt (Mt 5,19; 11,11; 18,1.4; 20,21), sondern auch im Frühjudentum (4Esr 8,49; 10,57; 2Hen 44,5).[306]

Wahrscheinlich sah die Gemeinde hinter der Logienquelle noch keine Notwendigkeit, so detailliert wie Mt zu argumentieren: Q war (anders als das nachfolgende MtEv) noch nicht zur Heidenmission übergegangen (s.o. *I.2.1.3*), eine Mischgemeinde zwischen Juden- und Heidenchristen gab es in Q noch nicht. Allerdings macht die Argumentation des ersten Evangelisten klar, dass auch die Logienquelle als der „Vorgängertext" des MtEv ganz selbstverständlich an Ritual- und Reinheitstora festhielt. Dies wird in Q 11,42b und 16,17 auch *expressis verbis* thematisiert.[307]

Damit erweist sich auch die Polemik gegen die Pharisäer als Abgrenzung einer frühjüdischen Gruppierung gegen eine andere (s.o. *I.2.1.2: Antijüdische Polemik in Q?*). In alttestamentlicher und frühjüdischer Literatur war das Genus der Weherufe weit verbreitet, um rivalisierende innerjüdische Gegner zu diskreditieren (s.o. *III: Q 10,21: Weisen verborgen, Unmündigen enthüllt*). So etwa heißt es im 1. Henochbuch:[308]

> 94 [8] Wehe euch Reichen, denn ihr habt auf euren Reichtum vertraut, aber aus eurem Reichtum werdet ihr heraus müssen, weil ihr in den Tagen eures Reichtums nicht an den Höchsten gedacht habt. [9] Ihr habt Blasphemie und Ungerechtigkeit begangen, und ihr seid für den Tag des Blutvergießens und den Tag der Finsternis und den Tag des großen Gerichtes bereitet.

> 97 [8] Wehe euch, die ihr Gold und Silber – (und) das ohne Gerechtigkeit – erwerbt und sagt: „Wir haben Reichtum angesammelt und haben Schätze und besitzen alles, was wir wollen ..." ... [10] Und wie Wasser wird eure Lüge zerrinnen, denn der Reichtum wird auch nicht bleiben, sondern plötzlich von euch verschwinden, weil ihr alles mit Unrecht erworben habt ...

Diese Texte erinnern an die Weherufe der Logienquelle gegen die Pharisäer, die „voll Raub und Unmäßigkeit" (Q 11,39) gezeichnet werden. Dass es sich in 1Hen wie auch in Q nur um eine überspitzte Diskreditierung von innerjüdischen Rivalen handelt, wird in beiden Textcorpora deutlich: Sowohl in 1Hen wie auch in Q sind die hier inkrimierten „Bösewichte" in Wirklichkeit keine „gottlosen Frevler", sondern Vertreter einer rivalisierenden Lehrmeinung. In 1Hen wird dies klar, wenn es heißt:

> 96 [4] Wehe euch, ihr Sünder, denn euer Reichtum läßt euch als Gerechte erscheinen, aber euer Herz beweist euch, daß ihr Sünder seid ..."

---

305 So betont Konradt, Law, 199, für Mt die „validity of the entire Torah", jedoch „lesser and greater commandments are consequently differentiated", was zu einer „actual marginalization of certain ritual-cultic laws without principally abrogating them" führt. Genauso: Luz, Matthäus I, 319.

306 Vgl. dazu Konradt, Matthäus, 76, und Luz, Matthäus I, 318.

307 Zur Detaildiskussion über das Tora-Verständnis in Q vgl. Tiwald, Logienquelle, 94–116.

308 Vgl. Stuckenbruck, 1Enoch, 197: „In adopting this form [sc. woe-oracles], he places himself in the line of the biblical prophets who had pronounced woe-oracles against the disobedient of Israel (Isa. 3:9, 11; 10:1–2, 5; 28:1–3; Jer. 22:13; 23:1; Ezek. 6:11; 13:3; 16:23; 24:6, 9; Amos 6:1, 4–6; Hos. 7:13; Mic. 2:1; Hab. 2:6, 9, 12, 15, 19) and other nations (Isa. 10:5; Jer. 48:46; Zeph. 2:5) who were regarded as a threat to God's people." Siehe auch Stuckenbruck, a.a.O., 216. Zur Polemik im Frühjudentum vgl. Tiwald, Valeur, 115–137.

> 103 [5] Wehe euch, ihr toten Sünder, wenn ihr sterbt in dem Reichtum eurer Sünde, werden die, die euch gleich sind, sagen: „Selig sind die Sünder, alle ihre Tage haben sie gesehen! [6] Und nun sind sie in Wohlstand und Reichtum gestorben, und Not und Tod haben sie in ihrem Leben nicht gesehen; in Herrlichkeit sind sie gestorben, und ein Gericht geschah in ihrem Leben nicht an ihnen."

Wahrscheinlich kommen die inkriminierten „Sünder" sogar aus den religiösen Eliten, denn sie sind es, die „als Gerechte erscheinen", von den Menschen „selig" gepriesen werden (s.o.) oder „das Wort der Wahrheit vielfach verdrehen und übertreten, böse Reden führen, lügen, große Werke schaffen und Bücher über ihre Reden verfassen" (1Hen 104,10). Das deckt sich mit den Pharisäern, die nach Q 11,43 „den Ehrenplatz bei den Festmählern und den ersten Platz in den Synagogen und die Begrüßungen auf den Marktplätzen" für sich beanspruchen. Verbindend zwischen der Polemik in 1Hen und der Logienquelle ist, dass beide Corpora gegen religiös und wirtschaftlich erfolgreichere Kontrastgruppierungen innerhalb des Judentums Position beziehen. Das dabei zur Anwendung kommende Mittel ist die Unterstellung, dass die gegnerische Gruppierung ihre Vorrangstellung nur durch Unrecht (Raub und Betrug) erworben hätte. Mit einer realistisch zutreffenden Beschreibung der Konkurrenten hat dies wenig zu tun – außer, dass die Gruppierung, die hinter 1Hen und Q stand, ihren Widersachern unterlegen war. Es handelt sich hier also um im Frühjudentum verbreitete „Wanderpolemiken", die als stehendes Repertoire von Anschuldigungen je nach Bedarf auf unterschiedliche Gruppierungen zugeschnitten werden konnten.[309] Auch der Vorwurf gegen die Pharisäer, „unkenntliche Gräber" zu sein, findet in den Qumrantexten eine Parallele. In CD 8,12f werden die Pharisäer als „Tüncheschmierer" (eine Anspielung an Ez 13,10), „Windwäger" und „Lügenprediger" (vgl. Mi 2,11) beschimpft.[310] Zu den „Tüncheschmierern" würde die Fassung des Logions nach Mt 23,27 besser passen, wo von „übertünchten Gräbern" die Rede ist, während Lk 11,44 nur von „unkenntlichen Gräbern" spricht. Auch in Apg 23,3 begegnet die Beleidigung „übertünchte Wand" im Mund des Paulus gegen den Hohepriester – und belegt, dass wir es hier tatsächlich mit einer „Wanderpolemik" zu tun haben. Wie auch immer die Formulierung in Q gelautet haben mag, fest steht, dass hier stehende Topoi frühjüdischer Polemik zur Anwendung gebracht werden: Eine unterlegene Gruppierung verunglimpft ihre sozial und ökonomisch erfolgreicheren Rivalen als macht- und geldgierig, sowie als von falschen theologischen Interessen in die Irre geleitet. Aufgrund solcher Anschuldigungen urteilt 1Hen 104,10–13, dass die Bücher und Lehren der Gegner in der Endzeit keinen Bestand haben werden, sondern nur das, was von den

309 Dass solche Topoi im Frühjudentum wie im beginnenden Christentum gleicherweise kursierten, belegt 1Hen 97,7–10, eine Passage die stark an Jak 4,13–16 oder den reichen Kornbauern aus Lk 12,16–21 erinnert.

310 Vgl. dazu Maier, Nachumpescher, 239, und Tiwald, Valeur, 119f. Maier, Nachumpescher, 248f, vergleicht die Polemik der Qumraniten gegen die Pharisäer mit der Kritik des Neuen Testaments an ebendiesen und kommt zum Ergebnis: „Viele der erhobenen Vorwürfe sind stereotyp verwendete Elemente der religiösen Polemik überhaupt und lassen in keiner Weise auf die Gegner schließen. ... Wenn die Qumrantexte gegenüber den Pharisäern ähnliche Vorwürfe erheben wie die christliche Urgemeinde, so bedeutet dies keineswegs eine echte Bereicherung unseres Wissens über die Pharisäer, sondern nur über die Mentalität ihrer Gegner."

„wirklich Weisen" stammt.[311] Ähnlich wird auch in der Logienquelle den „Unmündigen" (Q 10,21) Gottes Weisheit zuteil, während sie „Weisen und Gebildeten verborgen" bleibt.

Weherufe gegen Gesetzeslehrer (Q 11,46b.52.47f)

46b Und wehe euch, den Gesetzeslehrern, denn ihr schnürt Lasten zusammen und legt sie auf die Schultern der Menschen, selbst aber wollt ihr sie nicht mit eurem Finger bewegen. 52 Wehe euch, den Gesetzeslehrern, denn ihr verschließt die Königsherrschaft Gottes vor den Menschen; ihr selbst seid weder hineingegangen, noch lasst ihr die hineingehen, die hineingehen wollen. 47 Wehe euch, denn ihr baut die Grabdenkmäler der Propheten, eure Väter aber haben sie getötet. 48 Ihr stellt euch selbst das Zeugnis aus, dass ihr Söhne eurer Väter seid.

Die Auseinandersetzung über die rechte Auslegung der Tora wird weitergeführt und nun an die Adresse der „Gesetzeslehrer" gerichtet. Auch in anderen Traditionen des NT wird die Toraobservanz als eine „Last" bezeichnet (Mt 11,30; Apg 15,28). In Mt 11,29; Apg 15,10; Gal 5,1 wird sogar vom „Joch" der Tora geredet. Diese Metaphorik begegnet in jüdischen Texten zum ersten Mal in mAv 3,5 – allerdings positiv gewertet: Wer das „Joch der Tora" (עֹל תּוֹרָה) auf sich nimmt, ist befreit vom „Joch des Weges dieser Welt (דֶּרֶךְ אֶרֶץ)", also von irdischer Knechtschaft. Man ist an Mt 11,29f erinnert, wo das Joch Jesu als leichte Last bezeichnet wird. – Für Q ist nicht das Gesetz *per se* eine unerträgliche Last (vgl. Dtn 30,11), sondern die defiziente Interpretation der Gesetzeslehrer. Auch hier ist eine Parallele zu 1Hen zu erkennen. L. Stuckenbruck verweist bzgl. 1Hen auf den „theological character of some of the differences between the author's community and the opponents. These differences stem from conflicting ... perspectives through which their traditions are interpreted."[312]

Die Aussage in 1Hen 95,5: „Wehe euch, die ihr Verfluchungen ausstoßt, die nicht zu lösen sind ..." passt dann gut zur Q-Polemik gegen die Gesetzeslehrer, welche die Königsherrschaft Gottes vor den Menschen „verschließen" und durch ihre falschen Lehren die Menschen daran hindern, „hineinzugehen". Die in 1Hen und Q inkriminierten Kreise besaßen die Macht, unliebsame Abweichler sozial und religiös zu ächten. Diese Ächtung wird für die Gemeinde der Logienquelle bereits als „Verfolgung" wahrgenommen und mit dem Theologumenon vom *gewaltsamen Prophetengeschick* verbunden (s.u. *IV: Exkurs 3.2* und *III: Q 11,49–51*).

Das Urteil der Weisheit über „diese Generation" (Q 11,49–51)

49 Deswegen sagte auch die Weisheit: Ich werde zu ihnen Propheten und Weise senden, und einige von ihnen werden sie töten und verfolgen, 50 damit das Blut aller Propheten, das von Anfang der Welt an vergossen wurde, von dieser Generation eingefordert wird, 51 vom Blut Abels bis zum Blut des Zacharias, der

---

311 Vgl. Nickelsburg, 1Enoch, 427: „False teachers propound interpretations of divine law that the author claims are perverting that law ..." Ebenso Stuckenbruck, 1Enoch 360: „Thus it is the opponents who have departed from the unalterable law of God. Since they have ‚gone astray' and influence others to do the same (98:15), they will undergo harsh forms of punishment and destruction described in each of the woes."

312 Stuckenbruck, 1Enoch, 360. Ebenso Nickelsburg, 1Enoch, 488: „The deceivers ... wrongly claim to present the right interpretation of the Tora, sometimes in opposition to the ‚true' interpretation presented by the author's hero."

zwischen dem Altar und dem Tempelhaus umgekommen ist. Ja, ich sage euch, es wird eingefordert werden von dieser Generation.

Die Vorstellung, dass alle wahren Propheten in Israel verfolgt wurden, war ein stehendes Theologumenon in Frühjudentum und Urchristentum (s.u. *IV: Exkurs 3.2*). In der Logienquelle wird dieses Schema zum tragenden Deutemuster in Q 6,22f.; 11,47–51; 13,34f. Textpragmatisch verbindet die Logienquelle damit das eigene Scheitern in der Israelmission (vgl. Q 10,13–15) mit dem Scheitern Jesu und stellt beides als von der Weisheit bereits „vorwegprophezeite" Tatsache des Heilsratschlusses Gottes dar.

Das Blut aller Propheten: Aufgrund von Q 11,49 rechnen manche Exegeten mit ersten Verfolgungen der Jesusjünger durch das Judentum. So urteilt U. Schnelle: „Die Logienquelle setzt Verfolgungen der jungen Gemeinde durch Juden in Palästina voraus ... In 1Thess 2,14–16 erwähnt Paulus um 50 n. Chr. bereits zurückliegende Christenverfolgungen in Judäa."[313] Wenn Q 11,50 allerdings davon spricht, dass „von dieser Generation" nun „das Blut aller Propheten, das von Anfang der Welt an vergossen wurde", eingefordert wird, so kann die Logienquelle doch keinen zeitgenössischen Märtyrer nennen und muss auf Abel und Zacharias zurückgreifen (zur Bedeutung davon s.u. *IV: Exkurs 2.3*). Ähnlich wie in 1Thess 2,15 kann man damit rechnen, dass weder Paulus noch die Logienquelle in den eigenen Reihen Märtyrer kannten, die für ihren Glauben an Jesus von jüdischer Seite getötet wurden.[314] Tatsächlich handelt es sich hier aber um das stehende Deutemuster des *gewaltsamen Prophetengeschicks*, das in Frühjudentum und Urchristentum weit verbreitet war (s.u. *IV: Exkurs 3.2*). So urteilt M. Konradt zu Recht: „Die Affinität zwischen 1Thess 2,15f und Mt 23,29–36 ist jedenfalls frappierend und würde sich, da kaum von einer Kenntnis des 1Thess durch den ersten Evangelisten auszugehen ist, gut erklären, wenn in Q und 1Thess 2,15f jeweils ein im frühen Christentum verbreiteter Traditionszusammenhang rezipiert würde."[315] Im Zuge dessen hat auch S. Rollens in ihrer Untersuchung *Persecution in the Social Setting of Q (2015)* die gruppenpsychologische Dynamik herausgearbeitet, die Verfolgungs- und Märtyrer-Narrative zu identitätsstiftenden Gemeinschaftsüberlieferungen werden lassen.[316] Das Trauma der Zurückweisung wird im *gewaltsamen Prophetengeschick*

---

313 Schnelle, Einleitung, 250.

314 Die einzigen uns bekannten Blutzeugen des beginnenden Christentums sind *Stephanus* (um 32 n. Chr. als Lynchjustiz; Apg 7,59), der *Zebedaide Jakobus* (dessen Tötung den Restaurationsbestrebungen von Agrippa I. 37–44 n. Chr. geschuldet ist; Apg 12,2), der *Herrenbruder Jakobus* (62 n. Chr. hingerichtet durch den Hohepriester Ananos II., aufgrund sadduzäischer Interessen, gegen die allerdings die Pharisäer protestierten; Josephus, Ant 20,200) und der nicht näher bekannte *Antipas aus Pergamon* (Offb 2,13). Eine generelle Christenverfolgung durch Juden ist nirgendwo gegeben – auch die in 1Thess 2,14–16 genannten Verfolgungen gehen nicht über das hinaus, was man ansonsten von innerjüdischen Zwistigkeiten der damaligen Zeit kennt. 1Thess 2,14–16 berichtet im Übrigen auch nicht von *blutigen* Verfolgungen, einzig „Jesus, den Herrn, und die Propheten" hätten die „Juden" getötet. Spätestens hier wird deutlich, wie metaphorisch-freizügig Paulus diese Märtyrernarrative nutzt, denn Jesus wurde von den Römern hingerichtet, nicht von Juden. Vgl. dazu Tiwald, Frühjudentum, 36f, und ders. Logienquelle, 109f.

315 Konradt, Gericht, 81.

316 So etwa Rollens, Persecution, 156: „In some cases, the claim to have experienced violence may have been so ideologically valuable that the persecution was deliberately sought out."

in sein Gegenteil verkehrt: Die Ablehnung wird zum Zeichen der prophetischen Legitimation schlechthin, über die man sich sogar freuen soll und die als Zeichen einer Sukzession der Q-Propheten zu den Propheten in Israel und zu Jesus interpretiert wird. So heißt es in den Seligpreisungen Q 6,22f: „Selig seid ihr, wenn sie euch schmähen und verfolgen und alles Böse gegen euch sagen wegen des Menschensohnes. Freut euch und jubelt, denn euer Lohn im Himmel ist groß; denn so verfolgten sie die Propheten vor euch.“ Die gleiche Dynamik ist übrigens auch im 1. Henochbuch präsent, wenn es in 1Hen 103 heißt:

> [10] Wir sind umgebracht worden, und wir haben niemanden gefunden, der uns nur mit dem Wort beigestanden hätte, wir wurden gequält und vertilgt, und wir haben nicht gehofft, das Leben zu sehen Tag um Tag. [11] Wir hofften, das Haupt zu sein, und sind doch zum Schwanz geworden; wir plagten uns beim Arbeiten ab und hatten keinen Erfolg für unsere Mühen; wir wurden zum Fraß für die Sünder, und die Ungerechten drückten uns mit ihrem Joch.

Es ist nicht immer leicht zu beurteilen, ob es sich hier um reale Übergriffigkeiten handelt oder lediglich um metaphorische Sprache. Allerdings legt das „umgebracht werden ... Tag um Tag“ eher metaphorische Sprache nahe.[317] Genauso wie in der Logienquelle das deuteronomistische Geschichtsbild von der Halsstarrigkeit Israels gegenüber den Propheten zur Anwendung kommt (vgl. 2Kön 17,7–20; Jer 7,27; 25,3f; 35,14f), werden in 1Hen Topoi aus Dtn 28 verwendet.[318] Damit wird klar, dass 1Hen 103; 1Thess 2,15f und Q 11,49–51 einem gemeinsamen innerjüdischen Motivcluster geschuldet sind, das unter Rückgriff auf das deuteronomistische Geschichtsbild eigene Erfahrungen des Scheiterns zu Märtyrerszenen überhöhte. Als weiteres Beispiel für die Verwendung von Märtyrer-Metaphorik zur Beschreibung der eigenen marginalisierten Position kann man 1QpHab 2,1–10 anführen. Dort ist die Rede von „Gewalttätern am Bunde“, die aber nicht durch reale Gewaltexzesse schuldig geworden sind, sondern weil „sie nicht gehört haben auf die Worte des Anweisers der Gerechtigkeit aus dem Mund Gottes.“ Die Parallele zu Q 11,49–51 ist massiv: Die eigene Botschaft wird als Gottes Wille bezeichnet, deren Ablehnung Gewalttat bedeutet. In beiden Texten wird das aktuelle Publikum, das sich der Botschaft verweigert, als die eschatologische Generation bezeichnet: „die letzte Generation“ in 1QpHab 2,7 bzw. „diese Generation“ in Q als Sprachspiel für die vorherprophezeite ungläubige Endzeitgeneration.

Abel bis Zacharias: Noch ein Nachtrag zu den hier genannten ermordeten „Propheten“ (s.u. *IV: Exkurs 2.3*). Abel war kein Prophet, „aber er war der erste Mensch in der Weltgeschichte, der gewaltsam ums Leben kam (Gen 4,8–10).“[319] Der hier genannte

---

317 So auch Stuckenbruck, 1Enoch, 216: „... there is no indication in the text that *his own* [sc. the prophet's] experience reflects exactly what he describes as having happened to his community (cf. 103:9–15).“

318 Vgl. Stuckenbruck, 1Enoch, 548: „The language in the text [sc. 103:9–15], however, consists in large part of words, expressions and whole phrases drawn from the reservoir of curses for breaking the covenant in Deuteronomy 28 (esp. vv. 13, 25, 26, 29, 33, 38–42, 44, 45, 48, 51, 62, 64, 65, 66; for explicit references to disobedience to the covenant, see vv. 13, 15, 45, 58). ... The righteous are made to utter a deep disappointment, if not disillusionment, that they themselves are suffering the consequences promised in the covenant to the disobedient (cf. e.g. Lam. 5:1–22; Deut. 31:17b).“

319 Wolter, Lukasevangelium, 436. Vgl. dort auch die Ausführungen zu Zacharias.

„Zacharias“ spielt auf den in 2Chr 24,20–22 genannten Secharja, Sohn des Priesters Jojada, an, der zur Zeit von König Joas (840–801 v. Chr.) getötet wurde.[320] Spätestens hier erkennt man, wie stark diese Aussage der Logienquelle stehenden Topoi des Frühjudentums geschuldet war. „Abel ist der erste im Kanon des Alten Testaments ermordete Gerechte (Gen 4,8–10), Sacharja [sc. Zacharias] ben Jojada (2Chr 24,20–22) der letzte. Die zeitliche Präzisierung will also die ganze Zeit der Bibel umspannen.“[321] In den *Vitae Prophetarum*, einer im Kern in der ersten Hälfte des ersten Jahrhunderts n. Chr. in Palästina entstandenen Schrift,[322] wird Zacharias ben Jojada als letzter der Propheten genannt.[323] Die Ermordung des Zacharias wird auch bei Josephus Ant 9,168 erwähnt – die Figur war also in frühjüdischer Zeit sehr wirkmächtig;[324] die Logienquelle übernimmt diese innerjüdischen Narrative.[325]

Erzählkranz 4: Konsequenzen für die Gemeinde: Zuversicht trotz Bedrängnis (Q 12,2–13,21)

Der *Erzählkranz 4* führt nun aus, welche Konsequenzen Naherwartung und Ablehnung der Botschaft Jesu (also die Thematik der *Erzählkränze 1-3*) für die eigene Gemeinde haben; man kann den Erzählkranz mit *Zuversicht trotz Bedrängnis* überschreiben. Hier ist es der Blick *ad intra*, während dann *Erzählkranz 5* den Blick wieder *ad extra* wenden wird, um die Konsequenzen aus Naherwartung und Ablehnung der Botschaft Jesu für die Gegner aufzuzeigen.

Erzähleinheit 1: Bekenntnis zu Jesus ohne Furcht (Q 12,2–12)

Erzähleinheit 1 startet den Erzählkranz programmatisch mit dem Bekenntnis zu Jesus ohne Furcht. Die Abfolge der Logia ist hier wesentlich lockerer als in den vorangehenden Teilen von Q; trotzdem kann man einen thematischen Erzählduktus erkennen. Für J. Schröter handelt es sich in Q 12,2–12 „um ein der vorausgegangenen Anti-Pharisäerrede korrespondierendes Stück“[326] – während rivalisierende Gruppierungen im Judentum (Pharisäer, Schriftgelehrte, „diese Generation“) die Botschaft der Logienquelle nicht annehmen wollen, wird der Gemeinde Mut zum Bekenntnis gemacht.

---

320 Hier scheint die lk Version die ursprünglichere zu sein; vgl. dazu Tuckett, Sayings, 200. Mt 23,35 erwähnt stattdessen Zacharias, den Sohn des Barachias – und meint damit den Schriftpropheten Sacharja (vgl. Sach 1,1).

321 Luz, Matthäus III, 374.

322 Vgl. dazu Schwemer, Studien I, 65–69.

323 Vgl. dazu Schwemer, Studien I, 28f, und Schwemer, Studien II, 284.

324 Weitere Belege aus rabbinischer Zeit werden von Schwer, Studien II, 293f, aufgelistet.

325 Ein weiteres Narrativ ist die Vorstellung des Tempels „als heiligen, Gott gemäßen und Gott gebührenden Raum“ (Karrer, Israel, 147): „Ein Mord im Herzen des Tempelbezirkes gilt als die Spitze des Unrechts“ (a.a.O. 148). Hier wird gut ersichtlich, wie tief und grundsätzlich unhinterfragt Q die alte jüdische Theologie der Heiligkeit des Tempels übernimmt.

326 Vgl. dazu die Gliederung bei Schröter, Erinnerung, 348.

2 Nichts ist verhüllt, was nicht enthüllt werden wird, und verborgen, was nicht erkannt werden wird. 3 Was ich euch im Dunkeln sage, sagt im Licht, und was ihr im Ohr hört, verkündet auf den Dächern.

Verborgenes wird enthüllt (Q 12,2f)

Der Introitus für *Erzähleinheit 1* ist geschickt gewählt: Die im vorangehenden Erzählkranz genannten Widersacher wollen die Q-Botschaft unterdrücken, doch wird diese offen von den Dächern der Häuser verkündet werden! Dabei bedient sich Q 12,2 zunächst eines doppelten antithetischen Parallelismus: *verhüllt - enthüllt / verborgen - erkannt*. Eine Parallelüberlieferung dazu findet sich in Mk 4,22, doch nur Lk 12,2/8,17 hat die Dublette erhalten, während Mt sie tilgt. Das Wort ist auch in ThEv 5 und 6 gleich zweimal belegt. Fraglich bleibt, ob hinter V 2 ein profanes Sprichwort (nach Art von „Die Sonne bringt es an den Tag" oder „Die Zeit wird es enthüllen") steckt.[327] Wie dem auch sein mag, der Kontext in Q ist jedenfalls ein eschatologischer und nicht der einer Volksweisheit. Das „Verborgene" ist hier die Botschaft des Menschensohnes Jesus, dessen Wahrheit den Gegnern der Logienquelle noch verborgen ist, die aber durch das bevorstehende Eschaton enthüllt wird. „In diesem Kontext fungiert unser Logion als Trostwort ..."[328]

Die Gewissheit, dass der Menschensohn Jesus wiederkommen und seine Anhänger ins Recht setzen wird, soll nun in V 3 Mut machen zum offenen Bekenntnis trotz aller Rückschläge: Die Metaphern „Dunkelheit" und „Licht" bringen den Unterschied zwischen Heimlichkeit und Öffentlichkeit zum Ausdruck; daher ist die Antithese zum metaphorischen „im Dunkeln sagen" das offene Bekenntnis zu Jesus als dem Menschensohn, wie es Q 12,8f fordert.[329] Dabei kommt - ebenso wie in V 2 - wiederum ein doppelter antithetischer Parallelismus zum Tragen: *Dunkel - Licht / im Ohr - auf den Dächern.*

4 Und fürchtet euch nicht vor denen, die den Leib töten, die Seele aber nicht töten können. 5 Fürchtet aber den, der Seele und Leib in der Hölle vernichten kann.

Fürchtet nicht, die nur den Leib töten (Q 12,4f)

Die Thematik „furchtloses Bekenntnis", die zuvor schon bildhaft angeklungen ist, wird nun voll entfaltet. Die hier zur Verwendung kommende Ausdrucksweise ist rhetorischer Topik geschuldet. Bereits in der Auslegung zu s.o. *III: Q 11,49–51* konnten wir feststellen, dass es in der Gemeinde der Logienquelle wohl keine Blutmärtyrer gab. Die Formulierung „den Leib töten" impliziert damit wohl keine reale Lebensbedrohung und muss als hyperbolische Ausdrucksweise für die Ablehnung und Marginalisierung durch andere jüdische Gruppierungen verstanden werden. Der Aufruf, sich nicht vor den Gegnern zu fürchten, findet sich auch im 1. Henochbuch:

> 95 3 Fürchtet euch, ihr Gerechten, nicht vor den Sündern, denn der Herr wird sie wieder in eure Hand ausliefern, damit ihr an ihnen das Gericht vollzieht, so wie ihr wollt.

---

327 Vgl. die Diskussion bei Luz, Matthäus II, 123 und 125, sowie Schröter, Erinnerung, 350.

328 Ebner, Weisheitslehrer, 76, der aber eher an die „Schlechtigkeit der Verfolger" denkt, die endzeitlich an den Tag kommen wird. Vom anschließenden Vers hingegen liegt es jedoch näher, an die Botschaft Jesu zu denken, die hier enthüllt wird.

329 Vgl. dazu Wolter, Lukasevangelium, 441f.

96 [3] Ihr aber, die ihr leidet, fürchtet euch nicht, denn euch wird Heilung widerfahren ...

102 [4] Fürchtet euch nicht, ihr Seelen der Gerechten, und hofft, die ihr in Gerechtigkeit gestorben seid.

Der Ausdruck *fürchtet euch nicht* ist textpragmatisch eine *Ermutigungsformel*, die im AT unzählige Male belegt ist (z.B. Jes 51,7: „Fürchtet euch nicht vor der Beschimpfung durch Menschen, erschreckt nicht vor ihrem Spott!"). Im AT und in frühjüdischer Zeit diente die Formel dazu, Mut in scheinbar ausweglosen Situationen zuzusprechen und die Vergewisserung der Hilfe Gottes zu garantieren.

Die Unterscheidung von *Leib und Seele* belegt „den Einfluß griechischer, dichotomischer Anthropologie auf weite Kreise des Judentums."[330] Ähnliche Redeweisen finden wir in 2Makk 6,30; 7,9.28f; 4Makk 9,7–9; 13,13–15; Philon Probus 109.

Der Seele und Leib in der Hölle vernichten kann, ist nicht der Teufel, sondern Gott – es geht um die Unterscheidung zwischen Gottes- und Menschenfurcht (vgl. 2Makk 6,18–26). Dabei ruht der Skopus des Textes allerdings nicht auf Gerichtsangst vor Gott, sondern auf dem gläubigen Vertrauen, dass der gute Vatergott auf seine Kinder schauen wird, wie der liebende Schöpfer um jeden einzelnen Spatzen (vgl. Q 12,6) Sorge trägt.

Der Ausdruck γέεννα, *geenna*, „Hölle", gibt dabei das hebräische גֵּיא הִנֹּם, *ge hinnom*, „Tal des Hinnom" (Jos 15,8; 18,16; Neh 11,30; Jer 19,6) wieder, eine Schlucht im Süden der Altstadt von Jerusalem. Da der Ort im AT als Stätte des Götzendienstes bezeichnet wird (vgl. 2Kön 23,10; 2Chr 28,3), galt er als verflucht (Jer 7,31f; 19,6). Daraus entwickelte sich im Frühjudentum die Vorstellung, dass dies der endzeitliche Strafort für die Sünder sein werde (1Hen 26f; 90,26f; 4Esr 7,36; 2Bar 59,10; im NT: Mt 5,22.29f; 23,15.33; Mk 9,43.45.47parr; Jak 3,6).

Mehr wert als Spatzen (Q 12,6f)

6 Werden nicht fünf Spatzen für zwei Asse verkauft? Und doch wird nicht einer von ihnen auf die Erde fallen ohne Zutun eures Vaters. 7 Aber auch die Haare eures Kopfes sind alle gezählt. Fürchtet euch nicht: Ihr seid mehr wert als viele Spatzen.

Der Grundduktus des Gottvertrauens wird nun in einem schönen Bildwort *a-minore-ad-maius* weitergeführt: Spatzen waren das billigste „Federvieh" und wurden als geläufiger Artikel am Markt für kleines Geld verkauft.[331] Ein Ass war eine römische Münze aus Kupfer; für 16 Asse erhielt man einen Denar, den Tageslohn eines ungelernten Arbeiters (Mt 20,2).[332] Wenn nun schon Gott für jeden einzelnen dieser billigen Vögel Sorge trägt, um wieviel mehr dann für seine Kinder. Das Wort findet eine gewisse Parallele in Q 12,28: „Wenn Gott aber das Gras, das heute auf dem Feld steht

330 Luz, Matthäus II, 126. Zur Selbstvergewisserung antiker Philosophen, dass ihre Gegner nur den Leib, nicht aber ihre Seele oder ihr Selbst töten können, vgl. die reichen Belege bei Wolter, Lukasevangelium, 442.

331 Vgl. Ebner, Weisheitslehrer, 291 („Geflügelbraten der kleinen Leute"). Vgl. dazu auch Belege aus der klassischen Antike bei Ehling, Vögel, 281f.

332 Zum römischen Münzsystem vgl. Reiser, Numismatik, 457–488, hier besonders 458 und 481. Zur Diskussion, welche Münzen mit den hier genannten Assen gemeint sind, nebst Bildmaterial, vgl. Ehling, Vögel, 285–288.

und morgen in den Ofen geworfen wird, so kleidet – um wie viel mehr nicht euch, ihr Kleingläubigen?“

Dass sogar die *Haare am Kopf* von Gott gezählt sind, erinnert an 1Sam 14,45LXX, wo sich das Volk schützend vor Jonatan stellt: „So wahr der Herr lebt, wenn auch nur ein einziges Haar seines Kopfes auf die Erde fällt ...“ (vgl. auch Dan 3,94). *Pars pro toto* wird hier am einzelnen Haar verdeutlicht, dass dem Betreffenden überhaupt kein Schaden zugefügt wird. Dennoch ist der Kontext unseres Logions – wie M. Ebner richtig anmerkt – ein etwas anderer: „Die Idee vom Zählen ist im weisheitlichen Denken tief verwurzelt. Gott zeigt darin seine Macht über die Welt, daß er ‚alles nach Maß, Zahl und Gewicht geordnet‘ hat (Weish 11,20).“[333] Die Aussage ist: Gott trägt für alles Fürsorge – keineswegs fallen unbedeutende Spatzen auf die Erde, ohne dass er es weiß, und sogar jedes einzelne Haar auf unserem Kopf ist ihm bekannt. Um wieviel mehr wird er sich dann um seine Kinder sorgen, die seines Beistandes bedürfen!

Das Bekenntnis zu Jesus und der endzeitliche Menschensohn (Q 12,8f)

8 Jeder, der sich zu mir vor den Menschen bekennt, zu dem wird sich auch der Menschensohn vor den Engeln bekennen. 9 Wer mich aber vor den Menschen verleugnet, wird vor den Engeln verleugnet werden.

Auf diesem Hintergrund wird nun zum furchtlosen Bekenntnis zum Menschensohn Jesus aufgerufen. Die Logienquelle hat Jesus bereits mit dem erwarteten endzeitlichen Menschensohn-Richter identifiziert.[334] Der historische Jesus hat sich allerdings noch nicht mit dem Menschensohn gleichgesetzt, für ihn war der Menschensohn der endzeitliche Richter, ähnlich wie in den knapp zuvor entstandenen *Bilderreden aus 1Hen* (s.u. *IV: Exkurs 1.3* und *1.4*).[335] Dort wird der Menschensohn als präexistenter himmlischer Akteur (48,2f.6f; 62,7) beschrieben, der die Welt richten wird (62,5; 69,27–29). Diese Vorstellung passt sehr gut zur Botschaft des Täufers, der einen nach ihm kommenden „Stärkeren“ als Feuer- und Geisttäufer erwartete (s.o. *III: Q 3,16b-17*). Dass unsere Perikope die ipsissima intentio Jesu wiedergibt, legt sich aus der Parallelüberlieferung in Mk 8,38 nahe. Auch dort werden Jesus und der Menschensohn als zwei unterschiedliche Personen gesehen, die allerdings – genauso wie in unserer Perikope – in einem engen Zusammenhang stehen:[336] Jesus setzt die Annahme seiner eigenen Botschaft als Bedingung für den Bestand im eschatologischen Gericht voraus. Er nimmt für sich in Anspruch, im Namen Gottes zu handeln und am Ende von Gottes Menschensohn-Richter bestätigt zu werden. Diese „implizite Christologie“ führte letztlich dazu, dass Jesus von der Logienquelle mit dem Menschensohn identifiziert werden konnte.

Reden gegen den heiligen Geist (Q 12,10)

10 Und wer ein Wort gegen den Menschensohn spricht, dem wird vergeben werden; wer aber gegen den Heiligen Geist spricht, dem wird nicht vergeben werden.

---

333 Ebner, Weisheitslehrer, 302.
334 Vgl. dazu Tiwald, Logienquelle, 151–155.
335 Siehe dazu die ausführliche Diskussion bei Tiwald, Logienquelle, 152f.
336 Vgl. dazu Schröter, Erinnerung, 390–396.

Das „Reden gegen den Heiligen Geist" ist auch bei Mk 3,29 überliefert. Dass der Text in Q gestanden hat, geht aus der Doppelung in Mt 12,31b/Mt 12,32b hervor.[337] Der Text findet auch eine Parallele in ThEv 44.

Was mit der „Rede gegen den Heiligen Geist" gemeint sein könnte, beschäftigte seit der alten Kirche unzählige Traktate.[338] In späterer rabbinischer Zeit ist uns eine Unterscheidung zwischen vergebbaren und unvergebbaren Sünden geläufig.[339] Ein „Leugnen des Geistes des Herrn" wird in 1Hen 67,10 von den abtrünnigen Engeln ausgesagt; den „Geist der Heiligkeit" verunreinigt nach CD 5,11f, wer sich gegen die Bundesvorschriften der Qumraniten wendet. In beiden Texten ist der Abfall von der durch Gott bestimmten Ordnung (zumindest aus der Sicht der Autoren) gemeint. Ähnliches legt sich auch für unsere Perikope nahe: Wer ein Wort gegen den irdischen Jesus (der hier ja noch immer am Reden ist und von Q mit dem Menschensohn identifiziert wird) spricht, dem wird vergeben werden, wer aber der vom Geist gewirkten Botschaft der Q-Missionare widerspricht, für den gibt es keine Vergebung.[340] Zwischen der Zeit der Verkündigung Jesu und der Zeit der Q-Boten liegt für die Gemeinde der Logienquelle die Erkenntnis, dass dieser Jesus der Menschensohn ist, der von Gott zum endzeitlichen Richter eingesetzt wurde. Dieser Erkenntnisprozess wurde auch für die Q-Gemeinde durch die in der Logienquelle zwar nicht erwähnte, doch bekannte Auferstehung Jesu bewirkt. Ähnlich schreibt Paulus in 2Kor 5,16: „Auch wenn wir früher Christus dem Fleische nach gekannt haben, jetzt kennen wir ihn nicht mehr so." Die Gemeinde der Logienquelle ist nun um diesen Reflexionsprozess reicher, den sie dem Wirken des Heiligen Geistes zuschreibt. Spätere Deutungen thematisieren den Empfang des Heiligen Geistes als direkte Konsequenz des Osterereignisses und als konkretes Ereignis (so Joh 20,22 und Apg 2,1–4). So weit ist die Theologie der Logienquelle noch nicht gediehen, allerdings zeichnen sich hier schon Vorstufen der späteren Heilig-Geist-Theologie ab: Der von den Menschen verworfene Jesus von Nazaret (die Ablehnung Jesu ist auch in Q im *gewaltsamen Prophetengeschick* präsent, s.u. *IV: Exkurs 3.2 und 3.3*) wurde von Gott im Heiligen Geist als der endzeitliche Richter und Menschensohn bestätigt. Diese bereits in Q fassbare Grundbotschaft wird dann in der Pfingstrede des Petrus in Apg 2,14–40 zur vollen Entfaltung gebracht. Dass Gott seinen heiligen Geist in der Endzeit ausgießen werde, wurde im Frühjudentum erwartet (vgl. Joel 3,1f, zitiert in Apg 2,16f; Sach 12,10). Dies ist nun für die Q-Gemeinde Realität geworden – und dieser Botschaft darf nicht mehr widersprochen werden.

Textpragmatisch kommt hier natürlich eine Stärkung der Q-Missionare zum Tragen: Wer sie ablehnt, widersteht dem heiligen Geist! Somit haben diese Worte auch eine starke Trostfunktion für die mit Ablehnung und Marginalisierung konfrontierten Missionare. Ziel der gesamten *Erzähleinheit 1* ist ja das *Bekenntnis zu Jesus ohne Furcht.* Die Versicherung, dass ihre Ablehnung von Gott geahndet wird, mag den Boten neue Sicherheit gegeben haben. Q hat hier auch einen anderen urkirchlichen Topos aufge-

337 Vgl. dazu Hoffmann, Anmerkungen, 130, und Fleddermann, Q, 571–575.

338 Vgl. dazu Luz, Matthäus II, 263–266, der sogar vom „locus de blasphemia Spiritus Sancti" spricht.

339 Vgl. Billerbeck, Kommentar I, 636–638.

340 So die Deutung des komplizierten Verses bei Wolter, Lukasevangelium, 445, und Luz, Matthäus II, 266.

griffen: Das für die Logienquelle so wichtige *gewaltsame Prophetengeschick* (s.u. *IV: Exkurs 3.2*) dient sowohl in Q wie auch in Apg 7,51f (der Stephanusrede) zur Bewältigung des Scheiterns der eigenen Verkündiger. Umso bemerkenswerter ist, dass auch in Apg 7,51 die Verweigerung Israels gegen Jesus als ein „Widersetzen gegen den Heiligen Geist" gebrandmarkt wird.

Dass charismatische Wanderpropheten im Dienste Jesu als besondere Träger des Heiligen Geistes ausgewiesen werden, finden wir später auch in der Didache:

> 11 [7] Und jeden Propheten, der im Geist redet, stellt ihn nicht auf die Probe und fällt kein Urteil über ihn; denn jede Sünde wird vergeben werden, diese Sünde aber wird nicht vergeben werden.

In Did 11,7 ist die „Sünde wider den heiligen Geist" schon auf die Autorität der Boten übertragen worden und nicht mehr auf das von ihnen verkündete Bekenntnis. In Q steht bei der „Sünde wider den Heiligen Geist" zwar das Bekenntnis zum Menschensohn Jesus im Mittelpunkt, doch dient das Theologumenon auch hier schon der Legitimierung der Q-Boten. Hier hat sich in der Didache wohl altes Gedankengut der Q-Missionare erhalten (s.o. *I.2.3*) und wurde entsprechend weitergeführt.

Rechtfertigung in den Synagogen (Q 12,11f)

[11] Wenn sie euch aber in die Synagogen führen, sorgt euch nicht, wie oder was ihr sprechen sollt; [12] denn der Heilige Geist wird euch in jener Stunde lehren, was ihr sprechen sollt.

Anders als in der Parallelüberlieferung bei Mk 13,9 wird hier weder von einem „Ausliefern" (παραδώσουσιν ὑμᾶς) an „Gerichte" (συνέδρια) noch von Prügelstrafen (δαρήσεσθε) in Synagogen gesprochen. Vielmehr werden die Q-Missionare lediglich „in die Synagogen geführt" (εἰσφέρωσιν ὑμᾶς εἰς τὰς συναγωγάς). Die „Synagoge" war im damaligen Judentum noch kein ausschließlicher Gebetsraum, sondern diente als Mehrzweckraum für Versammlungen aller Art.[341] Dazu zählte natürlich auch die Gerichtsbarkeit, doch ebenso die Möglichkeit, in einer Gemeindeversammlung einen Q-Missionar öffentlich anzuhören. Das „Führen in die Synagogen" belegt also noch nicht automatisch einen forensischen Kontext – immerhin hat ja auch Jesus in den Synagogen gepredigt. Allerdings bekommt die Perikope durch die Kontextuierung in der *Erzähleinheit: Bekenntnis zu Jesus ohne Furcht* den Anstrich einer offiziellen Anhörung, für die doch einiger Mut notwendig ist. Natürlich zeichnen sich hier schon die stärker werdenden Spannungen zwischen Q-Missionaren und nicht-jesusgläubigen Juden in Palästina ab – von gegenwärtigen, blutigen Verfolgungen jedoch weiß die Logienquelle nichts zu berichten (s.o. *III: Q 11,49–51*).[342]. Wahrscheinlich waren es eher der Spott von Kindern am Marktplatz (vgl. Q 7,32), das Desinteresse der Menschen (Q 10,10; 11,16–32) sowie Schmähungen „um des Menschensohnes willen" (Q 6,22), die den Q-Missionaren zu schaffen machten, aber noch keine blutigen Verfolgungen.

---

341 Zu Existenz und Funktion der Synagogen im Palästina der Zeitenwende vgl. Levine, Palestine, 23–41.

342 Überspitzt könnte man sagen: „Dass für solch ‚offiziellere' Predigtauftritte der Beistand des Heiligen Geistes verheißen wird, belegt eher die Nervosität der Missionare als die Existenz eines drohenden Blutgerichts" (Tiwald, Gott, 80).

Der Heilige Geist, als dessen Träger die Q-Missionare zuvor ausgewiesen wurden (s.o. V 10), wird nun auch in dieser Situation des Zeugnisgebens als Beistand für die Boten tätig werden. Solche Konzeptionen tauchen dann später in Joh 14,16.26; 15,26; 16,7 auf, wo der Heilige Geist als παράκλητος, *paraklētos*, „Advokat" im Rechtsstreit mit „der Welt", an die Seite der Jünger tritt und Zeugnis ablegt. Auch in der Logienquelle haben wir damit schon erste Ansätze einer Heilig-Geist-Theologie (s.o. *III: Q 12,10*).

Erzähleinheit 2: Sucht die Königsherrschaft Gottes! (Q 12,22b-34)

Wir befinden uns noch immer in *Erzählkranz 4*, wo die *Konsequenzen der Botschaft Jesu für die Gemeinde* beleuchtet werden. Während die vorangegangene *Erzähleinheit 1* das *furchtlose Bekenntnis zu Jesus* nach außen hin thematisiert, blickt *Erzähleinheit 2* wieder auf die Gemeinde selbst und regelt die innere Grundhaltung, die man als Konsequenz der Botschaft Jesu nun beweisen muss – es gilt, diese Königsherrschaft Gottes mit allen Mitteln zu suchen.

Die CEQ hat sich dazu entschieden, die Abfolge der nächsten beiden Perikopen gemäß der mt Reihenfolge und nicht nach lk Akoluthie zu sortieren und Q 12,33f vor Q 12,22b-31 zu ziehen. Damit werde – so die Begründung – der Anschluss von V 22b (διὰ τοῦτο λέγω ὑμῖν) einfacher.[343] Allerdings passt das einleitende „Deswegen sage ich euch ..." eigentlich besser im unmittelbaren Anschluss an die *Rechtfertigung in den Synagogen (Q 12,11f)*: Dort wird gemahnt, voll auf den Heiligen Geist zu vertrauen und keine Sorgen zu haben. Das Stichwort „sorgt euch nicht" wird hier aufgegriffen und nun auf das ganze Leben ausgeweitet. Das διὰ τοῦτο, „deswegen", hat dann metabatische Funktion und leitet unter Beibehaltung des Stichworts „nicht sorgen" von dem einen Themenfeld auf ein anderes über.

Sorgt euch nicht! (Q 12,22b-31)

22b Deswegen sage ich euch:

A Sorgt euch weder um euer Leben, was ihr essen sollt, noch um euren Leib, womit ihr euch bekleiden sollt.

B 23 Ist nicht das Leben mehr als die Nahrung und der Leib mehr als die Kleidung?

C1 24 Beobachtet die Raben: Sie säen nicht und ernten nicht und sammeln nicht in Scheunen, doch Gott ernährt sie. Seid ihr nicht mehr wert als die Vögel? 25 Wer von euch, der sich sorgt, vermag seinem Lebensalter eine Spanne hinzuzufügen?

C2 26 Und was sorgt ihr euch um Kleidung? 27 Lernt von den Lilien, wie sie wachsen: Sie mühen sich nicht ab und sie spinnen nicht. Ich aber sage euch: Auch nicht Salomo in all seiner Pracht war gekleidet wie eine von diesen. 28 Wenn Gott aber das Gras, das heute auf dem Feld steht und morgen in den Ofen geworfen wird, so kleidet – um wie viel mehr nicht euch, ihr Kleingläubigen?

---

343 Vgl. dazu Hoffmann, Anmerkungen, 130. Die Entscheidung war auch bei den Herausgebern der CEQ nicht unumstritten, J. Kloppenborg hat für die lk Abfolge votiert; dem Votum Kloppenborgs schließt sich vorliegender Kommentar an und verbleibt bei der lk Akoluthie. Vgl. dazu auch das entsprechende Votum bei Fleddermann, Q, 594.

A [29] Sorgt euch also nicht, indem ihr sagt: Was sollen wir essen? Oder: Was sollen wir trinken? Oder: Was sollen wir anziehen?

B [30] Denn all dies suchen die Heiden; euer Vater weiß doch, dass ihr das alles braucht.

C [31] Sucht hingegen seine Königsherrschaft, und dies alles wird euch dazugegeben werden.

In Übernahme der Stichwörter „sorgt euch nicht“ (Q 12,11) sowie „Angst um das eigene Leben“ (Q 12,4f) wird nun der Blick von der äußeren Bedrohungssituation umgeleitet auf die innere, vertrauensvolle Grundhaltung, die den Jesusanhängern zu Eigen sein muss.

Gliederung:[344] Da wir in dieser Perikope ein längeres geschlossenes Textstück, aber auch eine recht sichere Basis für den Q-Text haben (Mt und Lk stimmen weitestgehend überein), lassen sich hier ausführliche Überlegungen zu Textaufbau und Textgliederung anstellen:[345] Das *„sorgt euch nicht“ (Gliederung: A)* dient unserem Text als Gliederungseinheit,[346] da es in V 22b und V 29 jeweils Themen des „Nicht-Sorgens“ nennt: Im ersten Durchgang erwähnt V 22b *Leben - Essen* und *Leib - Kleidung*, im zweiten Durchgang V 29 *Essen - Trinken - Anziehen*. Die Reprise hat vereindringlichende Funktion, die Variation hingegen lockert den Erzählduktus. Auf die Themen des „Nicht-Sorgens“ folgt jeweils eine *Begründung (Gliederung: B)*, warum man nicht sorgen soll: V 23 unterstreicht, dass „das Leben mehr als die Nahrung und der Leib mehr als die Kleidung“ wert sind. V 30 hingegen verweist darauf, dass „all dies die Heiden suchen; euer Vater weiß doch, dass ihr das alles braucht.“ Man könnte sagen: „Was V. 23 auf anthropologischer Ebene abhandelt, wird in V. 30a soziologisch als typisch heidnische Sorge verortet.“[347] Die abwertende Darstellung der reichlich holzschnittartigen dargestellten „Heiden“ dient als Kontrastfolie und stellt eine Motivation für die aus dem Judentum Stammenden dar. Der Hintergrund dieser Denkmuster offenbart für die Logienquelle „ein judenchristliches Binnenmilieu“,[348] wie es auch der Aristeasbrief 140f offenbart:

> [140] Daher nennen uns [sc. die Juden] die Oberpriester der Ägypter ... „Menschen Gottes“. Diese (Bezeichnung) steht den übrigen nicht zu, es sei denn, jemand verehrt den wahren Gott; sie sind vielmehr Menschen der Speisen, Getränke und Kleidung, [141] denn all ihr Streben richtet sich darauf. Bei uns aber hat dies gar keinen Wert; wir betrachten das ganze Leben lang Gottes Herrschaft (περὶ δὲ τῆς τοῦ θεοῦ δυναστείας).

Die Kontrastierung der menschlichen Sorge der Heiden mit der Sorge um Gottes Herrschaft bei den Juden findet sich also schon im Frühjudentum – im Aristeasbrief allerdings noch nicht mit einer eschatologischen Naherwartung ausgestattet, in Q 12,31 hingegen sehr wohl („Sucht hingegen seine Königsherrschaft“). Damit kommen wir zu *Gliederung C*, der *Handlungsanweisung*. Diese wird im ersten Teil in zwei

---

344 Vgl. dazu auch Heil, Vertrauen, 144–146.

345 Zu Gliederung und Interpretation vgl. hier und im Folgenden Ebner, Weisheitslehrer, 250–275, und Scherer, Königsvolk, 193–195.

346 Ebner, Weisheitslehrer, 256, spricht bei der Phrase „sorgt euch nicht“ treffend vom „Thema-Vetitiv“.

347 Ebner, Weisheitslehrer, 258.

348 So zu Recht Ebner, Weisheitslehrer, 257.

Bildworten (C^1 und C^2) gegeben, in denen das Gottvertrauen mit weisheitlichen Motiven untermauert wird. Im zweiten Teil erfolgt dann eine Verschiebung der weisheitlichen Motivik (Raben und Lilien) hin auf die eschatologische Motivation der Königsherrschaft Gottes (C). Während die Doppelung der Bilder von Raben und Lilien repetitiv-vereindringlichende Funktion hat, gipfelt der Abschluss und Skopus der ganzen Perikope in einem einzigen Ausdruck, der Königsherrschaft Gottes. Wer diese errungen hat, besitzt alles, wer diese nicht hat, besitzt nichts!

Raben und Lilien:[349] Raben waren keine „Sympathieträger" für Galiläische Bauern, obendrein waren sie unrein (Lev 11,15; Dtn 14,14); Mt 6,26 hat den Ausdruck wohlweislich auf „Vögel des Himmels" geändert.[350] Zwar heißt es in Ps 147,9; Ijob 38,41, dass Gott selbst für die Raben sorgt, doch bleibt das Bild in Q skandalös. Gleiches gilt für die Lilien, die hier beinahe als faul dargestellt werden. Vielleicht stellte die Gegenüberstellung von „Lilien" (שֹׁשַׁנִּים, *schoschanim*) und Salomo (שְׁלֹמֹה, *schlomo*) ursprünglich ein Wortspiel dar. Lilien und Salomo verbindet jedenfalls ihre unglaubliche Pracht; die von Salomo wird in 1Kön 10,1–29 beschrieben. Selbst diese Pracht jedoch wird von den Lilien noch überboten.[351]

Auslegung: Der Text hier gehört zu den schönsten der Logienquelle – er thematisiert die „unverschämte Freiheit der Kinder Gottes",[352] welche den Jüngern das Vorbild von unverschämten Raben und sorglosen Lilien vor Augen führt. Ein klein wenig sind wir hier an die „unmoralischen Helden" der Jesusgleichnisse erinnert,[353] die auf einer Linie mit der Gewalt- und Insistenzmetaphorik Jesu liegen (s.u. *IV: Exkurs 4.1.4*): Gleich einem modernen „Aktionskünstler" setzt Jesus mit realprophetischen Zeichenhandlungen den Anbruch des Gottesreichs mit spektakulären öffentlichen Handlungen ins Bild: Sein emblematisches Auftreten ohne Sandalen und Vorratstasche, gewaltlos doch voll Gottvertrauen (s.o. *III: Q 9,57–60*), wird ebenso zur realprophetischen Prolepse des bereits angebrochenen Gottesreichs wie seine Wunderhandlungen, Dämonenaustreibungen, Sündenvergebungen, Festmähler und Gleichniserzählungen als Wortereignisse (s.u. *IV: Exkurs 1.4*). Dabei vermittelt das Bild von den Raben und Lilien die ganze warmherzige Vatersorge des liebenden Schöpfergottes, wie Jesus selbst sie

---

349 Zu den sozialgeschichtlichen Hintergründen vgl. Heil, Vertrauen, 146–148.

350 Vgl. dazu Ebner, Weisheitslehrer, 275, und Scherer, Königsvolk, 193f.

351 Dass die Erwähnung Salomos in seiner Pracht „als negatives Beispiel" und der König „als jemand ..., der sich zu viele Sorgen gemacht und nicht Gottes Ehre oder Herrschaft gesucht hat" angeführt wird (so Heil, Vertrauen, 149), steht nicht im Text und ist vor dem Hintergrund des Frühjudentums, wo Salomo höchste Bewunderung genoss (vgl. Q 11,31: „Weisheit Salomos"), sehr unwahrscheinlich. Wenn man annimmt, dass Salomo hier einfach nur als Chiffre für *unüberbietbare Prachtentfaltung* steht (vgl. die Panegyrik in 1Kön 10,1–29), so lebt der Vergleich der Lilien mit Salomo von der nochmaligen Überbietung selbst dieser scheinbar unüberbietbaren Pracht („Auch nicht Salomo in all seiner Pracht war gekleidet wie eine von diesen").

352 Tiwald, Freiheit, 7–9; ders. Freedom, 111–131. Vgl. auch Heil, Vertrauen, 149: „Hier spricht sich der einfache Gottesglaube Jesu aus, der der souveränen Fürsorge des Schöpfers für alle Geschöpfe vertraut ..."

353 Vgl. dazu den von Schramm/Löwenstein, Helden, passim, geprägten Ausdruck, aufgegriffen von Heil, Klugheit, 254: Die „unmoralischen Helden" besitzen „freche, spontane Kreativität und Risikobereitschaft" (a.a.O. 255). An weiteren „unmoralischen", den eigenen Vorteil berechnenden Gleichnissen könnte man nennen: Q 12,58f; Mk 12,1–12par; Mt 13,44; Lk 16,1–13; 18,1–8; ThEv 98. Zu einer differenzierten Lektüre der etwas populistischen und unpräzisen Ansätze von Schramm/Löwenstein vgl. die Replik von Strotmann, Helden, 418–436.

wahrnahm und für sein Leben bestimmend werden ließ:[354] Wenn es in V 30 heißt „Euer Vater weiß doch, dass ihr das alles braucht!", dann erinnert dies an die vertrauensvolle Abba-Anrede Jesu (s.o. *III: Q 10,22*) und an sein Vater-Gebet (s.o. *III: Q 11,2b-4*). Damit gibt diese Perikope einen tiefen Einblick in die *ipsissima intentio* Jesu.

Moderne Kritik an dieser Perikope, wie etwa „So können doch nicht alle Menschen leben!" oder „Das ist doch keine Basis für menschliche Gemeinschaft!", verkennen das *punctum saliens*: Jesus will nicht wie I. Kant einen „kategorischen Imperativ" als Universalnorm allgemeiner Gesetzlichkeit für alle Menschen aufstellen[355] – er war kein Gesetzgeber, sondern charismatischer Bote Gottes, kein Sittenprediger, sondern endzeitlicher Verkündiger der *basileia*. Ihm geht es darum, Vertrauen und Zuversicht in die väterliche Fürsorge Gottes zu wecken angesichts des bevorstehenden Anbruchs seines Reichs. Gleich den alttestamentlichen Propheten mit ihren Zeichenhandlungen (s.o. *III: Q 9,57-60*) nimmt er dabei scheinbar skandalöse Aktionen in Kauf, doch seine Botschaft vermittelt Zuversicht und Heilung. Zumindest die Armen, Aussätzigen und Ausgestoßenen haben bei dieser Botschaft Jesu Hoffnung geschöpft (s.u. *IV: Exkurs 3.1: Gottes Option für die Armen*).

Sammelt Vorräte im Himmel! (Q 12,33f)

33 Sammelt euch nicht Schätze auf der Erde, wo Motte und Fraß sie vernichten und wo Diebe einbrechen und stehlen; sammelt euch vielmehr Schätze im Himmel, wo weder Motte noch Fraß vernichten und wo Diebe weder einbrechen noch stehlen. 34 Denn wo dein Schatz ist, dort wird auch dein Herz sein.

Während die vorangehende Perikope dazu aufgerufen hat, sich keine falschen irdischen Sorgen zu machen (vgl. 12,29: „Was sollen wir essen? Oder: Was sollen wir trinken? Oder: Was sollen wir anziehen?"), so wird dies nun in der Aussage „Sammelt euch nicht Schätze auf der Erde" weitergeführt. War die vorangehende Perikope von ihrem Duktus eschatologisch gestimmt, so geht diese Stelle mehr ins weisheitliche Fahrwasser über.[356]

Schätze im Himmel als Metapher für das Heil, das sich die Gerechten durch gute Taten bei Gott erwerben, findet sich wiederholt im Frühjudentum (PsSal 9,5; Sir 29,10f; Philon Praem 104; 4Esr 6,5f; 2Bar 14,12; 2Hen 50,5) und bei den Rabbinen (Billerbeck I, 430f). Die Bedrohung irdischer Reichtümer stellt ebenfalls einen weisheitlichen Topos dar, der auch in Jak 5,2f zu finden ist. Die *Zerstörungskraft von Motten* fungiert dabei bildlich als Ausdruck der Vergänglichkeit (neben Jak 5,2f vgl. Ps 39,12; Ijob 13,28; Jes 50,9; 51,8). Das *Herz* steht für die Personenmitte. Da man nur ein Herz hat, kann man auch nur einen Schatz haben. Während V 34 nur für sich genommen einer weisheitlichen Gnome ähnelt, so wird die Aussage doch zugespitzt auf den wahren Schatz, der sich durch den Kontext erschließt: die Königsherrschaft Gottes.

---

354 Vgl. Heil, Vertrauen, 149: „Von den Raben und Lilien ist nicht ihr Nichtstun zu lernen, sondern die Bedingung ihres Nichtstuns, nämlich die verlässliche Fürsorge Gottes ..."

355 Vgl. auch Heil, Vertrauen, 149: „Den radikalen Verzicht auf die Sorge um Nahrung und Kleidung lebten allerdings schon nicht alle Anhängerinnen und Anhänger Jesu, und bereits in Q kann man Tendenzen entdecken, die Forderung Jesu für das alltägliche Gemeindeleben zu aktualisieren ..."

356 Vgl. im Folgenden die Kommentare von Wolter, Lukasevangelium, 458; Konradt, Matthäus, 112; Luz, Matthäus I, 464f.

Auch das ThEv bietet in 76,3 ein Bildwort vom Schatz, der nicht durch „Motte und Wurm" zerfressen wird. Dort ist der Schatz allerdings die Erkenntnis des gnostisch orientierten Menschen.

Erzähleinheit 3: Das Kommen des Menschensohnes (Q 12,39–59)

Erzähleinheit 3 setzt nun mit *allgemeinen Warnungen zum Kommen des Menschensohns* fort. Dabei werden unterschiedliche Logia per Stichwortverbindung locker aneinandergereiht.

Der Menschensohn kommt wie ein Dieb in der Nacht (Q 12,39f)

39 Jenes aber erkennt: Wenn der Hausherr gewusst hätte, zu welcher Nachtwache der Dieb kommt, hätte er nicht zugelassen, dass in sein Haus eingebrochen wird. 40 Seid auch ihr bereit, denn der Menschensohn kommt zu einer Stunde, die ihr nicht erwartet.

Diebmetapher: Auch in 1Thess 5,2 findet sich das Bildwort vom „Tag des Herrn, der kommt wie ein Dieb in der Nacht", weiters 2Petr 3,10; Offb 3,3; 16,15 und ThEv 21. „Für die Diebmetapher kann folglich vermutet werden, dass sie schon früh in urchristlicher mündlicher Tradition verankert war, ... wobei die konkrete Ausformung der Motive immer ... flexibel blieb, die Grundaussage aber konstant die Gewissheit des kommenden Endereignisses bildete."[357] Ob die Metapher bereits auf den historischen Jesus zurückgeht, bleibt trotz der breiten urkirchlichen Bezeugung fraglich. Die Gewaltmetaphorik Jesu (s.u. *IV: Exkurs 4.1.4*) könnte ein Indiz dafür sein: In Q 11,21f ist Gott bzw. Jesus der Einbrecher, der den Satan als Herrscher dieser Welt beraubt. Wahrscheinlicher aber ist, dass sich in der Diebmetapher einfach eine urkirchliche Adaptation und Weiterführung eines jesuanischen Bildwortes findet, wie wir es aus Q 11,21f//Mk 3,27 kennen. Dabei wurden wohl die paränetischen Aspekte (Wachsamkeit) stärker betont und der eschatologische Machtwechsel (Besiegung des Satans) beiseitegelassen.

Wachsamkeitsparänese: Ähnlich lautende Bilder zur Wachsamkeit finden sich auch in Mk 13,33–36 (Gleichnis vom Mann, der auf Reisen geht), Mt 25,1–13 (Gleichnis von den zehn Jungfrauen) und allgemeiner 1Kor 16,13; Kol 4,2; Did 16,1. Dabei könnte die Grundaussage, dass wir *„die Stunde nicht kennen"*, gut auf Jesus selbst zurückgehen – vor allem die Aussage in Mk 13,32, dass auch Jesus selbst die „Stunde nicht kennt", wurde wohl schwerlich von der Urkirche erfunden (wenn auch durch Hinzufügung des Sohnestitels christologisch überarbeitet). Hier haben wir also ein schönes Beispiel, wie jesuanisches Bildmaterial (Diebmetapher und unbekannte Stunde) in der frühen Jesustradition neu kontextuiert und adaptiert wurden.[358]

---

357 Vgl. dazu die traditionsgeschichtlichen Untersuchungen von Jacobi, Jesusüberlieferung, 123–193, hier 186.

358 Schröter, Jesus, 117f, spricht von „sprachlich wie inhaltlich variablen Jesusüberlieferungen des 1. und 2. Jh.s, die gerade nicht den Eindruck einer an der wörtlichen Bewahrung der Lehre Jesu und ihren ursprünglichen Verwendungszusammenhängen orientierten Weitergabe erwecken, sondern den einer vielfältigen Neuinterpretation, Adaption an je aktuelle Situationen und freien sprachlichen wie inhaltlichen Gestaltung." Ähnlich auch die Analyse bei Labahn, Achtung, 158, der unsere Perikope „als frühchristliche Rezeption eines derartigen Jesusbildes vom Reich" klassifiziert.

Der treue und der treulose Sklave (Q 12,42–46)

[42] Wer also ist der treue und kluge Sklave, den der Herr über sein Hausgesinde gestellt hat, um ihnen zur rechten Zeit die Nahrung zu geben (Ps 104,27)? [43] Selig jener Sklave, den sein Herr, wenn er kommt, so handelnd finden wird. [44] Amen, ich sage euch: Über all seine Besitzungen wird er ihn stellen. [45] Wenn aber jener Sklave in seinem Herzen sagt: Mein Herr lässt sich Zeit, und anfängt, seine Mitsklaven zu schlagen, und isst und mit den Betrunkenen trinkt, [46] wird der Herr jenes Sklaven an einem Tag kommen, an dem er es nicht erwartet, und zu einer Stunde, die er nicht kennt, und er wird ihn in Stücke hauen und ihm seinen Platz unter den Unzuverlässigen zuweisen.

Das Motiv vom Hausherren, der wachsam ist, damit nicht in sein Haus eingebrochen wird, wird nun variiert zum „treuen und klugen Sklaven“, der in der Abwesenheit des Herrn seinen Aufgaben nachkommt. Solche Variationen zum Thema Wachsamkeit – versehen mit unterschiedlicher bildlicher Ausgestaltung – waren in der frühen Jesusüberlieferung weit verbreitet, wie wir schon oben gesehen haben. Das Bild vom *Verwalter, der seinen Herrn auf Reisen vertritt*, begegnet innerhalb der Logienquelle noch einmal in Q 19,12–26, dem Gleichnis vom anvertrauten Geld. Als bildspendender Bereich fungiert der antike Haushalt mit seiner Relation zwischen Sklave und Besitzer.[359] Körperliche Züchtigung war für unbotmäßige Sklaven der Regelfall, das „in Stücke hauen“ ist hier hyperbolisch, was schon dadurch klar wird, dass man einem in Stücke gehauenen Toten keinen Platz mehr „unter den Unzuverlässigen zuweisen“ kann.

Bei dieser Perikope zeichnet sich in den Worten „*Mein Herr lässt sich Zeit*“ tatsächlich auch schon in Q eine gewisse Parusieverzögerung ab,[360] obwohl die Logienquelle grundsätzlich von einer ungebrochenen Naherwartung ausgeht. Hier ist mit einer ähnlichen Spannung zu rechnen, wie wir sie auch in den Paulusbriefen vorfinden: In 1Thess 4,15 und 1Kor 7,29 kommt die Vorstellung des Paulus zum Ausdruck, selbst noch „Live-Zeuge“ der Parusie zu werden. Trotzdem bleibt in 1Thess 4–5 eine Verunsicherung, da bereits erste Gemeindemitglieder vor der Parusie verstorben sind. Interessanterweise antwortet Paulus in 1Thess 5,1–10 mit ähnlichen Motiven wie die Logienquelle: Die *Diebmetaphorik* haben wir schon erwähnt (s.o. *III: Q 12,39f*), ein weiterer Berührungspunkt zu Q 12,42–46 ist dann das Bild der *Trunkenheit* als Symbol für mangelnde Wachsamkeit.

Feuer auf die Erde (Q 12,49)

[49] Feuer auf die Erde zu werfen, bin ich gekommen, und wie wollte ich, dass es schon angezündet sei.

Ob das Wort wirklich in Q stand, ist umstritten, da Mt dazu keine Parallele bietet.[361] Syntaktisch passt es allerdings sehr gut zum anschließenden Logion, das auch „ich bin gekommen, um ... auf die Erde zu werfen“ enthält. Schwerlich hat Lk dieses Wort erfunden,

359 Vgl. dazu Gerber, Zeit, 165f.

360 Vgl. Gerber, Zeit, 168: „Die Annahme ‚das hat Zeit‘ (V 45) charakterisiert Menschen, die nachlassen im Ernst der Erwartung des zum Gericht Kommenden. Diese Erfahrung scheint bereits früh verbreitet gewesen zu sein.“

361 Negativ urteilt Fleddermann, Q, 638; positiv hingegen Wolter, Lukasevangelium, 468.

wie der deutende Nachsatz in Lk 12,50 belegt (s.u.). Damit spricht eine gewisse Wahrscheinlichkeit dafür, dass Lk das Logion schon in Q vorfand und damit gerungen hat, während Mt die sperrige und schlecht zu vermittelnde Aussage einfach streicht.

Nachdem die letzten beiden Perikopen einen eher paränetischen Skopus vertreten haben, setzen nun wieder Logia mit starker eschatologischer Prägung ein. Vom Stichwort der Wachsamkeit wird dabei assoziativ zum hell leuchtenden Feuer übergeleitet – auch wenn dies einen gewissen thematischen Sprung bedeutet. Zum Wort vom Feuer-Werfen bietet ThEv 10 eine Parallele.

Als Selbstaussage Jesu findet sich ἦλθον + finaler Infinitiv Aorist („ich bin gekommen, um ...") hier und im anschließenden V 51, darüber hinaus auch in Mk 2,17parr und Mt 5,17. Was allerdings mit dem *Feuer* gemeint ist, bleibt schwer zu beantworten.[362] Die Kontextuierung in der lk-Akoluthie legt nahe, dass Lk das Feuer in seiner Q-Vorlage als den eschatologischen Tumult verstanden hat, der erst zu Entzweiung (vgl. Q 12,51) und Gewalt (vgl. Q 16,16) führt, bevor es den eschatologischen Frieden gebiert (s.u. *IV: Exkurs 4.1*). Dazu passt, dass Lk 12,50 hier den Satz eingeschoben hat: „Ich muss mit einer Taufe getauft werden und wie bin ich bedrängt, bis sie vollzogen ist." Damit deutet Lk das eschatologische Chaos schon christologisch als „Jesu Leiden und Tod".[363] In Q hingegen ist mit dem „Feuer" das In-Gang-Kommen der eschatologischen Ereignisse gemeint (s. u. *IV: Exkurs 4*).

Nicht Frieden, sondern das Schwert (Q 12,51.53)

51 Meint ihr, dass ich gekommen bin, Frieden auf die Erde zu werfen? Ich bin nicht gekommen, Frieden zu werfen, sondern das Schwert. 53 Denn ich bin gekommen zu entzweien: den Sohn gegen den Vater und die Tochter gegen ihre Mutter und die Schwiegertochter gegen ihre Schwiegermutter (Mi 7,6).

Syntaktisch schließt das „ich bin gekommen, um ... auf die Erde zu werfen" an die vorangehende Perikope an. Thematisch findet unsere Stelle eine Parallele in ThEv 16. Bei dieser Perikope bewegen wir uns wieder auf sicherem Q-Boden, auch wenn die wörtliche Rekonstruktion nicht einfach ist.[364]

Für Jesus ist eine gewisse *Gewalt- und Insistenzmetaphorik* geradezu typisch (s.u. *IV: Exkurs 4.1.4*). Das Bild vom Schwert evoziert dabei die Spaltung. Das Zerbrechen der irdischen Familienbande galt in frühjüdisch-apokalyptischen Texten als Bestandteil der vorausgesagten kataklystischen Endzeitszenarien (s.u. *IV: Exkurs 4.1.3*). Für die Logienquelle wird die irdische Familie durch die *familia Dei* abgelöst, die sich um den liebenden Vatergott gruppiert. Das Wort passt auf jeden Fall gut zum *a-familiären Ethos*, das für Jesus wiederholt belegt ist (vgl. Q 9,59; 14,26; Mk 3,21.31–35; 6,4; 10,28–30; Lk 2,48–50; Joh 2,4). Eine gewisse Parallele zu unserem Wort findet sich auch in Mk 13,12parr, dort allerdings nur als eine Prophezeiung der endzeitlichen Familienspaltung ohne die Ankündigung, dass diese durch Jesus gebracht wird.

Natürlich geht es weder Jesus (vgl. Mk 7,10–13parr; 10,19parr) noch der Logienquelle darum, die Pflicht zur Elternehrung außer Kraft zu setzen. Hier aber wird mit

362 Vgl. die verschiedenen Deutungen bei Wolter, Lukasevangelium, 468f.

363 So die Deutung von Wolter, Lukasevangelium, 469, zu V 50. Lk 12,49 hingegen deutet Wolter eher als Feuer des Pfingstgeistes – was für Lk als Neuinterpretation seiner Q-Vorlage gut passen mag, doch für Q noch nicht zutrifft.

364 Vgl. Fleddermann, Q, 641–644.

Bildern der Apokalyptik deutlich gemacht, „daß die Verkündigung Jesu zur Entscheidung ruft. Dieser ... Ruf zur Entscheidung nimmt selbst vor familiärer Loyalitätspflicht keine Rücksicht ...“[365] Im Kontext von *Erzählkranz 4: Konsequenzen für die Gemeinde* steht dieses Wort also für die unerlässliche Entscheidung für oder gegen Jesus.

Außergerichtliche Einigung (Q 12,58f)

58 Solange du mit deinem Prozessgegner auf dem Weg bist, gib dir Mühe, von ihm loszukommen, damit dich der Prozessgegner nicht dem Richter übergebe und der Richter dem Gerichtsdiener und der Gerichtsdiener dich ins Gefängnis werfe. 59 Ich sage dir: Du wirst von dort nicht herauskommen, bis du den letzten Pfennig zurückgezahlt hast!

Unmittelbar im Anschluss an den innerfamiliären Zwist wird nun über die Stichwortverbindung „Streit“ ein Wort zu Prozessgegnern geäußert. Genauso wenig wie es in Q 12,51.53 um reale Familienfehden ging, geht es hier um einen realen Rechtsstreit. Das Wort fokussiert nicht auf irdische Versöhnungsbereitschaft, sondern blickt auf das Endgericht:[366] Bevor Gott als der Richter im Eschaton kommt, sollen die Menschen ihre „Schulden“ beglichen haben, also den der Botschaft Jesu geschuldeten Glauben an den Tag legen. Denn am Gerichtstag wird es zu spät sein. Der „Prozessgegner“ ist der Menschensohn, der als endzeitlich Wiederkommender das Bild des „Jüngsten Gerichts“ evoziert. Der Richter ist Gott. Noch ist der Menschensohn „auf dem Weg“, aber wer jetzt nicht handelt, der läuft Gefahr, dass ihn der Gerichtstag ereilt – dann aber wird es zu spät sein!

Der *letzte Pfennig*: Bei Lk 12,59 ist vom λεπτόν, *lepton*, „Lepton“ die Rede, Mt 5,26 hingegen erwähnt den κοδράντης, *kodrantēs*, „Quadrans“. Beides waren kleine Kupfermünzen. Für einen Denar (den Lohn eines Tagelöhners, vgl. Mt 20,2) erhielt man 64 Quadranten; nach Mk 12,42 bekam man für einen Quadrans zwei Lepta (was sich auch mit mQid 1,1 und mEd 4,7; tBB 5,11 deckt).[367] Der Quadrans war ursprünglich das kleinste Nominal des römischen Systems, erst 6 n. Chr. wurde vom römischen Statthalter in Judäa das Lepton mit dem Wert eines halben Quadrans eingeführt. Quadrans und Lepton stehen hier beide für den sprichwörtlich gewordenen „letzten Pfennig“.[368]

Erzähleinheit 4: Gleichnisse zur Königsherrschaft Gottes (Q 13,18–21)

Nachdem *Erzähleinheit 3* das bevorstehende Gericht evoziert hat, beschließt nun *Erzähleinheit 4* mit zwei hoffnungsspendenden Gleichnissen den *Erzählkranz 4: Konsequenzen für die Gemeinde – Zuversicht trotz Bedrängnis.* Zu Recht hat Ch. Heil allerdings

---

365 Heil, Rezeption, 222.

366 Vgl. Konradt, Matthäus, 85; Luz, Matthäus I, 345; Wolter, Lukasevangelium, 473.

367 Vgl. dazu Reiser, Numismatik, 458 und 477f, und Labahn, Forderung, 181f. Das numismatische Zählprinzip der Römer war nicht dekadisch, sondern beruhte auf der Zwölfzahl.

368 Zum sprichwörtlichen Gebrauch des Quadrans als kleinster Währungseinheit vgl. Labahn, Forderung, 182, etwa, wenn es in Martials Epigrammata 2,44,9 heißt: „et quadrans mihi nullus est in arca“ – wir würden sagen: „Und ich habe keinen roten Heller mehr im Kasten!“

darauf hingewiesen, dass die beiden Gleichnisse Q 13,18–21 als „Scharnier" zwischen der „eschatologischen Jüngerrede" (Q 12,39–59) und den Gerichtsworten in Q 13,24–14,23 fungieren.[369] Allerdings ist der Tonfall hier noch positiv und zuversichtlich, was ab Q 13,24 dann umbricht.

Zu den Gleichnissen in der Logienquelle s.u. *IV: Exkurs 5: Gleichnisse und Bildworte in Q.*

Gleichnisse vom Senfkorn (Q 13,18f) und vom Sauerteig (Q 13,20f)

18 Wem ist die Königsherrschaft Gottes gleich, und wem soll ich sie vergleichen?
19 Sie ist einem Senfkorn gleich, das ein Mensch nahm und in seinen Garten warf. Und es wuchs und wurde zu einem Baum, und die Vögel des Himmels nisteten in seinen Zweigen (Ps 104,12a).
20 Und wiederum: Wem soll ich die Königsherrschaft Gottes vergleichen? 21 Sie ist Sauerteig gleich, den eine Frau nahm und in drei Sat Weizenmehl einbuk,[370] bis es ganz durchsäuert wurde.

Der klassische Aufbau eines Gleichnisses beginnt mit der einleitenden Phrase „Gleich ist die Königsherrschaft Gottes" (ὁμοία ἐστὶν ἡ βασιλεία τοῦ θεοῦ), gefolgt von einem Substantiv im Dativ.[371] Diesem Schema folgen die beiden Gleichnisse in Q 13,18–21. Beide Gleichnisse weisen dabei eine chiastische Struktur auf mit einem bedeutungsvollen Zentrum und einem besonderen Schluss:[372]

ὁμοία ἐστὶν
gleich ist sie
    κόκκῳ σινάπεως
    einem Senfkorn
        ὃν λαβὼν ἄνθρωπος ἔβαλεν εἰς κῆπον αὐτοῦ
        das genommen habend ein Mensch in seinen Garten warf
            καὶ ηὔξησεν
            Und es wuchs
        καὶ ἐγένετο εἰς δένδρον,
        und wurde zu einem Baum,
    καὶ τὰ πετεινὰ τοῦ οὐρανοῦ
    und die Vögel des Himmels
κατεσκήνωσεν ἐν τοῖς κλάδοις αὐτοῦ
nisteten in seinen Zweigen

369 Vgl. Heil, Lukas, 43.

370 In Q stand hier das Wort ἐνέκρυψεν, was durch die übereinstimmende Belegung in Mt 13,33 und Lk 13,21 für Q als gesichert gelten kann (auch wenn bei Lk textkritisch umstritten, ist ἐνέκρυψεν gegenüber ἔκρυψεν zu bevorzugen). Wörtlich übersetzt meint ἐγκρύπτω „hineinverbergen". Wie Wolter, Lukasevangelium, 487, zu Recht anmerkt, wird das Wort ἐγκρύπτω in Ez 4,12LXX allerdings als Ausdruck für „backen" verwendet. In der LXX wird somit „Backwerk" (Kuchen oder Brot) mit dem Wort ἐγκρυφία bezeichnet (Gen 18,6; Ex 12,39; Num 11,8; 1Kön 17,12.13; 19,6; Ez 4,12; Hos 7,8). Die korrekte Übersetzung lautet daher nicht, dass die Frau den Sauerteig im Mehl „verbarg", sondern „einbuk". Der Druckpunkt liegt also nicht auf der Verborgenheit des Gottesreichs, sondern darauf, dass es alles durchsäuert.

371 Dieser Aufbau muss aber nicht immer gewählt werden, wie Kloppenborg, Parables, 287–289, zur Frage des Konnexes von Gleichnissen mit der Botschaft vom anbrechenden Königsherrschaft Gottes festgestellt hat (s.u. *IV: Exkurs 5.1.3*).

372 Vgl. die Analyse von Ostmeyer, Gott, 185.

ὁμοία ἐστὶν
gleich ist sie
  ζύμῃ,
  einem Sauerteig,
    ἣν λαβοῦσα γυνὴ
    den genommen habend eine Frau
      ἐνέκρυψεν
      einbuk
    εἰς ἀλεύρου σάτα τρία
    in drei Sat Weizenmehl
  ἕως οὗ ἐζυμώθη
  bis es durchsäuert wurde
ὅλον
ganz

Dabei steht im Zentrum des ersten Gleichnisses das Wachstum des Gottesreichs, im Zentrum des zweiten Gleichnisses aber das „Einbacken“, also das alles durchdringende Wesen des Gottesreichs, das in der Tätigkeit der Hausfrau zum Ausdruck kommt. Schlussakzent des ersten Gleichnisses ist das Nisten der Vögel des Himmels im Senfstrauch/Gottesreich, Schluss des zweiten Gleichnisses, dass der Sauerteig/das Gottesreich „alles“ durchdringt und umgestaltet.

Senfkorn: Senfstauden wachsen häufig in Palästina, sie können bis zu zwei Meter hoch werden: Verglichen mit deutschen Wäldern mag das klein wirken, doch im Vergleich zu der meist niedrigen Vegetation in ariden Zonen ist dies bereits ein „Baum“. Allerdings steht hinter diesem Bild die Weltbaum-Metaphorik, wie sie in Ez 17; 31; Dan 4 belegt ist. Nach Ez 31,6.13 und Dan 4,18 haben auch die „Vögel des Himmels“ ihre Behausung in diesem „Baum“.

Sauerteig: Ein Stück Sauerteig wurde bei jeder Brotbereitung zurückbehalten, um unter das Mehl gemischt zur Grundlage eines neudurchsäuerten Teiges zu werden. Das Sat (σάτον, *saton*) stellt das Äquivalent für die Maßeinheit Sea (סאה) der hebräischen Bibel dar und gibt das aramäische Sata (סאתא) wieder.[373] Nach Josephus Ant 9,85 entspricht ein Sat eineinhalb römischen Modii, was in etwa 13 Liter sind. Drei Sat sind somit fast 40 Liter, was 50 kg Brot ergeben würde – genug für eine Mahlzeit von über 150 Personen. „Der Text schildert also nicht, was eine Bäuerin üblicherweise tut.“[374] Vielleicht deuten die „drei Sat“ auf den besonderen Heilsplan Gottes hin, wie K.-H. Ostmeyer vermutet:[375] Nach Gen 18,6 bereitet Sara drei Sea Mehl für den Besuch Gottes bei Abraham in Mamre. Ein ursprüngliches Gleichnis Jesu könnte hier durch die nachträgliche Einfügung von „drei Sat“ heilsgeschichtlich-allegorisierend ausgeschmückt worden sein.

Die *Botschaft beider Gleichnisse* ist übereinstimmend: Auch wenn die Anfänge bescheiden sind (kleines Senfkorn, kleines Stück Sauerteig), so wird dennoch die Wirkung unaufhaltsam und groß sein:[376] Der Baum wird so groß, dass selbst die Vögel

373 Vgl. Wolter, Lukasevangelium, 487.
374 Luz, Matthäus II, 333: Dafür spricht auch, dass das Gleichnis bis auf die Einleitung im Aorist gehalten ist, also keinen Allgemeinfall, sondern eine besondere Handlung spiegelt (vgl. ebenso Ostmeyer, Gott, 187).
375 Vgl. Ostmeyer, Gott, 188.
376 Vgl. Heil, Lukas, 49.

des Himmels darin nisten können; der Sauerteig durchdringt selbst 40 Liter Mehl. Für den historischen Jesus darf angenommen werden, dass er solche Gleichnisse erzählte, wenn ihn die Leute verlachten (frei nach dem Motto: „Du, mit deiner fragwürdigen Entourage aus Huren, Zöllnern und armseligen galiläischen Habenichtsen willst das Gottesreich ausrufen?"). Das Gottvertrauen Jesu ist dabei bewundernswert – voll Zuversicht glaubt er an seine Botschaft trotz der unbedeutenden Kleinheit der Anfänge. Allen ängstlichen Vorbehalten, Zweifeln und Bedenken stellt Jesus diesen Glauben gegenüber, der aus Kleinem Großes zu machen versteht.

Ob die beginnende Allegorisierung (Senfstaude für den Weltenbaum, drei Sat Mehl als Anspielung an die biblische Heilsgeschichte) auch schon beim historischen Jesus gegeben war, darf bezweifelt werden – wahrscheinlich war sie das Werk der Q-Theologen. Auch die Koppelung der beiden Gleichnisse war nicht ursprünglich – das „legt schon die fehlende Parallele des Sauerteiggleichnisses im Markusevangelium sowie die Unverbundenheit der beiden Gleichnisse in EvThom (20; 96,1f) nahe."[377] Der Verfasser der Logienquelle hat beide Worte in dieser kunstvollen Weise miteinander verbunden. Obendrein wurden die beiden Gleichnisse mit einer Mann-Frau Komplementarität versehen, wie sie für die Logienquelle typisch ist (s.u. *IV: Exkurs 5.2*): Die Aussaat symbolisiert Männerarbeit, das Brotbacken Frauentätigkeit.

Erzählkranz 5: Konsequenzen für die Gegner: Gerichtsworte (Q 13,24–14,23)

Während der vorangehende *Erzählkranz 4* die Konsequenzen thematisiert, welche Naherwartung und Ablehnung der Botschaft Jesu für die eigene Gemeinde haben (also den Blick *ad intra*), so wird jetzt der Blick in *Erzählkranz 5* wieder *ad extra* gewendet, um die Konsequenzen aus Naherwartung und Ablehnung der Botschaft Jesu für die Gegner aufzuzeigen. War die Gerichtsankündigung schon für die Gemeindemitglieder im Teil davor präsent, so wird diese jetzt *a fortiori* auch für die Außenstehenden zum Thema und die *Endoperspektive* nun durch die *Exoperspektive* abgelöst.

Der *Erzählkranz 5* besteht nicht aus Erzähleinheiten, sondern aus fünf konzentrisch aufgebauten Perikopen:

A Eingelassen – Ausgesperrt (Q 13,24–29)
  B Letzte werden Erste und Erste Letzte (Q 13,30)
    C Gerichtswort über Jerusalem (Q 13,34f)
  B Wer sich erhöht wird erniedrigt, wer sich erniedrigt wird erhöht (Q 14,11)
A Gastmahlsgleichnis

Dabei fällt auf, dass das Gerichtswort über Jerusalem zentral in der Mitte zu stehen kommt: Jerusalem ist auch für die Q-Gemeinde noch immer die heilige Stadt, der Tempel ist zu dieser Zeit noch nicht zerstört. *Eingelassen – Ausgesperrt* findet eine inhaltliche Parallele im *Gastmahlsgleichnis*; und *Letzte werden Erste und Erste Letzte* korrespondiert mit *Wer sich erhöht wird erniedrigt, wer sich erniedrigt wird erhöht.*

377 Heil, Lukas, 48.

Eingelassen – Ausgesperrt (Q 13,24–29)

24 Tretet ein durch die enge Tür, denn viele werden versuchen einzutreten, und wenige sind es, die durch sie eintreten. 25 Wenn der Hausherr sich erhoben und die Tür verschlossen hat, und ihr anfangen werdet draußen zu stehen und an die Tür zu klopfen und zu sagen: Herr, öffne uns, aber er euch antworten und sagen wird: Ich kenne euch nicht, 26 dann werdet ihr anfangen zu sagen: Wir aßen und tranken vor dir, und du hast in unseren Straßen gelehrt. 27 Und er wird euch sagen: Ich kenne euch nicht! Weicht von mir, ihr Täter der Gesetzlosigkeit (Ps 6,9a)! 29 Und viele werden von Osten und Westen kommen und sich zu Tisch legen 28 mit Abraham und Isaak und Jakob in der Königsherrschaft Gottes, ihr aber werdet hinausgeworfen werden in die äußerste Finsternis; dort wird Weinen und Zähneknirschen sein.

In den nun folgenden Gerichtsworten verschärft sich der Tonfall und die Perspektive trübt sich ein. Was in V 24 wie eine Einladung mit „Tretet ein" beginnt, wird gleich durch die „enge Tür" negativ besetzt – nicht mehr die optimistische Einladung am Anfang von Q (wie etwa in der *programmatischen Rede* Jesu), sondern die Erfahrung, dass es „wenige sind, die eintreten", wird nun verarbeitet.

Die *Metaphorik* unserer Perikope ist stark von frühjüdischen Topoi geprägt, wie eine ähnlich lautende Passage aus dem 1. Henochbuch belegt:

> 1Hen 104 2 Hofft, denn zuerst (hattet) ihr Schmach und Unglück und Not, aber jetzt werdet ihr leuchten wie das Licht des Himmels, ihr werdet leuchten und werdet scheinen, und das Tor des Himmels wird für euch geöffnet werden. ... 6 Und nun fürchtet euch nicht, ihr Gerechten, wenn ihr die Sünder stark werden und (mit) ihrem Weg Glück haben seht, habt keine Gemeinschaft mit ihnen, sondern haltet euch von ihrer Gewalttat fern, denn ihr sollt Gemeinschaft mit den Guten des Himmels haben.

Das „Tor des Himmels" korrespondiert hier mit der „engen Tür" zur Königsherrschaft Gottes in Q. Hier ist das Wort zwar positiv gewendet nicht negativ, wie in der Logienquelle, doch folgen beide Texte der gleichen Pragmatik: Sie stellen eine Trostfunktion für die Gruppe hinter diesen Texten dar. Im Gottesreich bzw. Himmel kommt es zu einer *Statusumkehr*: Jene, die andere geschmäht und ausgestoßen haben, werden jetzt „ausgesperrt" – so zumindest in Q. In 1Hen ist das Wort positiv formuliert: Den Geschmähten wird das „Tor des Himmels" geöffnet – ihren Peinigern offensichtlich nicht. Auch das Wort von der „Gemeinschaft mit den Guten des Himmels" passt zu dem „zu Tisch liegen" mit Abraham, Isaak und Jakob. Das in 1Hen 104,2 verwendete Bild vom Leuchten der Gerechten „wie das Licht des Himmels" findet in Q zwar keine Parallele, dafür aber im Mt-Sondergut Mt 13,43 („Leuchten wie die Sonne"). Damit wird klar, dass es sich in der hier verwendeten Bilderwelt um „Wandermotive" handelt, die in unterschiedlichen Kontexten eingesetzt werden konnten und offensichtlich ein vorgefertigtes Repertoire an Ausdruckformen bildeten.

Bruch mit Israel? Aufgrund der geprägten Topik ist man gut beraten, hier noch keinen heilsgeschichtlichen Bruch zwischen jesusgläubigen Q-Anhängern und dem „ungläubigen Israel" anzunehmen. Nicht „Heiden lösen Israel am Ende ab"[378] ist hier

378 So Zeller, Logienquelle, 87. Ebd.: „Die Verhärtung Israels Jesus gegenüber ist schon zum Faktum geworden." Allerdings räumt auch Zeller ein, dass es sich auch hier „um einen letzten Appell an das auserwählte Volk" handelt.

die Devise, sondern innerjüdische Rivalitäten und Trost für die unterlegene Gruppierung. Darüber hinaus sind hier auch allgemeine Gerichtstopoi aufgegriffen, wie TestAbr A 11,3–12//TestAbr B 8,4–16 verdeutlichen:[379] Abraham sieht die breite Türe ins Verderben und eine enge Pforte ins Leben führen. Die Metapher von den beiden Wegen ist noch viel weiter verbreitet, sowohl im Judentum (Jer 21,8; Ps 1,6; 1Hen 91,18f; 2Hen 30,15; Philon SpecLeg 4,180), wie im Urchristentum (Did 1,1; Barn 18,1; 20,1), als auch in der griechisch-römischen Antike (Xenophon Mem 2,1,20–34; Cicero Off 1,117f; u.ö.).[380] Die Aussage, dass es „wenige" sind, die das Heil erlangen, begegnet schon in 4Esr 7,47–61; 8,1; 2Bar 44,15; TestAbr B 8,15f oder in ähnlicher Weise bei Philon (Agr 104 spricht von den wenig begangenen „Pfaden der Einsicht, der Verständigkeit und der anderen Tugenden"). „Für die Gemeinde impliziert die Rede von ‚wenigen' eine Vergewisserung: Sie müssen sich von ihrer Minderheitensituation keineswegs irritieren lassen, sondern sollten umso mehr angespornt sein, zu den wenigen zu gehören."[381]

Das *Motiv von der engen Tür wird in V 25 transponiert zum Motiv der verschlossenen Tür* – dabei ändert sich das Bildfeld, doch nicht die Grundaussage: Bei der engen Tür muss man sich rechtzeitig bemühen, um hineinzugelangen – ebenso bei der Tür, die zu einer bestimmten Zeit verschlossen wird. Das gleiche Motiv findet sich im Sondergutgleichnis von den klugen und den törichten Jungfrauen in Mt 25,1–13. Ähnlich wie in Mt 25,12 antwortet auch hier der Hausherr den Ausgesperrten: „Ich kenne euch nicht!" Dabei nützt auch die vormalige Gemeinschaft mit dem „Hausherrn" nichts: Die Phrase „essen und trinken *vor* jemandem (ἔφαγεν ἐνώπιον)" ist biblische Ausdrucksweise für die Tischgemeinschaft (2Sam 11,13; 1Kön 1,25; 2Kön 25,29) und symbolisiert die vormalige Vertrautheit. Die Phrase „du hast in unseren Straßen gelehrt" verdeutlicht vollends, dass mit dem Hausherrn Jesus gemeint ist. Die frühere Vertrautheit ist jetzt allerdings hinfällig. Der Grund dafür wird mit „Weicht von mir, ihr Täter der Gesetzlosigkeit" wiedergegeben. Hier verlässt der Text die Bildebene und macht deutlich, dass das Eingehen durch das (enge) Tor mit der Beachtung der Gebote Gottes gleichzusetzen ist. Die Phrase „Weicht von mir, [all] ihr Täter der Gesetzlosigkeit (ἀπόστητε ἀπ' ἐμοῦ [πάντες] οἱ ἐργαζόμενοι τὴν ἀνομίαν) ist – bis auf das ausgelassene πάντες („all") – ein wörtliches Zitat aus Ps 6,9a.[382] Es ist bezeichnend, dass dieser Psalm ein Bittpsalm um Errettung vor Feinden ist: Ähnlich wie dem Psalmisten geht es der Logienquelle nicht darum, *informativ* die Verdammung über Andersgläubige auszusprechen, sondern *performativ* in der eigenen angefochtenen Minderheitenposition Trost zu erfahren. Bereits in 1Makk 3,6 heißt es, dass Judas Makkabäus die Erlösung (σωτηρία) aus der Unterdrückung bewirkt habe, da „allen Tätern der Gesetzlosigkeit" (πάντες οἱ ἐργάται τῆς ἀνομίας) der Mut vergangen sei.

---

379 Obwohl das TestAbr in seiner erhaltenen Fassung (in zwei unabhängigen Rezensionen A/B) ein christlich bearbeiteter Text ist, gehen beide Rezensionen wohl auf eine jüdische Grundschrift zurück, die man kurz vor der Niederschlagung des jüdischen Aufstands in Alexandria (also vor 115–117 n. Chr.) lokalisieren kann. Vgl. Hieke, Art. Abraham, WiBiLex; Janssen, Testament, 195–201.

380 Vgl. Konradt, Matthäus, 123.

381 Konradt, Matthäus, 124.

382 Zur Frage der Rekonstruktion des Q-Bestandes siehe die detaillierte Untersuchung bei Heil, Revisited, 157–175.

„Gesetzlosigkeit“ (ἀνομία) wird gerade in 1Makk zum Inbegriff der Abkehr von der jüdischen Tora. Somit wird für Q die Erfüllung des Willens Jesu mit dem Willen Gottes, dem jüdischen *nomos*, der *Tora*, gleichgesetzt. „Der Weg zur Rettung im Gericht ist für Q also das Tun der Worte Jesu“,[383] in dem aber auch zugleich die Erfüllung der jüdischen Tora ihren Ausdruck findet.

In V 29 wird das Bild noch einmal transponiert, indem aufgezeigt wird, was die Ausgeschlossenen versäumen: Die *Tischgemeinschaft mit Abraham, Isaak und Jakob*. Die drei Stammväter werden in motivisch-stehender Weise miteinander verbunden, um den althergebrachten Bund mit Gott und seine Bundestreue zu verdeutlichen (Gen 50,24; Ex 2,24; 6,3.8; 33,1; Lev 26,42; Num 32,11; Dtn 1,8; 9,5.27; 29,12; 30,20; 34,4; 2Kön 13,23; Bar 2,34; Tob 4,12; Jdt 8,26; 2Makk 1,2; Apg 7,8; Hebr 11,16 u.ö.). Damit steht das Mahlhalten mit Abraham, Isaak und Jakob für überhaupt alle Heilsverheißungen und Bundeszusagen, die Gott seinem Volk jemals zugeschworen hat – auch hier ist die Erfüllung der Verheißungen aus der jüdischen Tora federführend.

Völkerwallfahrt oder Sammlung Israels: Wer aber sind diejenigen, die „von Osten und Westen kommen und sich zu Tisch legen mit Abraham und Isaak und Jakob in der Königsherrschaft Gottes“? Früher deutete man diese Belege gerne im Blick auf die *Völkerwallfahrt* (Jes 2,2–5; 11,10; 60,3; Mi 4,2f), bisweilen sogar in dem Sinne, dass die Heiden den Platz Israels einnehmen würden.[384] Allerdings könnte damit auch das Bild von der endzeitlichen Sammlung Israels gemeint sein: Gott werde im Eschaton sein *zerstreutes Volk wieder sammeln und in seiner zwölfstämmigen Integrität restituieren* (Jes 43,5f; 11,12–16; 60,4; Ps 107,3 [= Ps 106,3LXX]; Sach 8,7f; Bar 4,37; 2Makk 2,18; 1Hen 57,1; 90,33; PsSal 11,2). Betrachtet man die Belege näher, so fällt auf: „Die Vorstellung vom Strom huldigender Völker zum Zion hat nirgends im AT oder seinen Nachfahren eigenständige Bedeutung“,[385] sondern dient immer nur der Restitution Israels an der nun aber die Heiden teilhaben dürfen. Das wird gerade in der Verbindung der beiden Motive deutlich, etwa in Jes 11,10–16. So zeigt sich, „daß das Geschick der Heiden einzig im Rahmen der Verheißungen für Zion in den Blick kommt.“[386] Hinzu kommt, dass die „Nennungen von Himmelsrichtungen (‚Osten und Westen‘) in keinem der Belege für die Völkerwallfahrt zum Zion [begegnet]; breit bezeugt ist sie dagegen in Texten, die von der Sammlung der exilierten Israeliten sprechen ...“[387] Damit wird klar: „Die Zuweisung von Heil und Unheil orientiert sich also auch hier nicht am Gegenüber von Israel und den Völkern, sondern an der Reaktion auf Jesu Verkündigung.“[388] Daher ist „tatsächlich von einem innerjüdischen Kontrast auszugehen: Dem Heilsausschluss palästinischer Juden, bei denen die persönliche Begegnung mit Jesus (Q 13,26) nicht gefruchtet hat, wird das eschatologische Heil von Diasporajuden gegenübergestellt ...“[389] Dass dabei die Logienquelle allerdings konkrete Diasporajuden

383 Hoffmann, Studien, 309.

384 Vgl. den Überblick bei Zeller, Völkerwallfahrt 1 und 2, passim; z.B. Völkerwallfahrt 2, 87: „Die Vielen nehmen tatsächlich als eine Art ‚Ersatz‘ die Plätze beim Vätermahl ein, die für die Juden bestimmt waren.“

385 Zeller, Völkerwallfahrt 1, 236f.

386 Zeller, Völkerwallfahrt 1, 237.

387 Konradt, Matthäus, 136.

388 Wolter, Lukasevangelium, 493f.

389 Konradt, Matthäus, 136.

(etwa aus der Mission des Paulus) vor Augen hätte, darf bezweifelt werden. Wahrscheinlich spielt der Text einfach mit Kontrasten – frei nach dem Motto: Wenn dann die fernsten Sohne und Töchter Israels im Eschaton gesammelt werden, dann werdet ihr, die ihr mit mir gegessen und getrunken habt, keinen Anteil am eschatologischen Mahl haben! Für den historischen Jesus kann man mit guten Gründen vermuten, dass er mit seiner Einsetzung des „Zwölferkreises" eine realprophetisch-zeichenhafte Prolepse der eschatologisch bevorstehenden Restitution der verlorenen Stämme Israels intendierte. Somit passt die Deutung unserer Perikope als Sammlung und Wiederherstellung der zwölf Stämme Israels auch gut zur sonstigen Motivik, der sich Jesus bediente. Das Richten der – eschatologisch wiederhergestellten – zwölf Stämme Israels wird übrigens auch in Q 22,28.30 erwartet.

Weinen und Zähneknirschen sind stehende Floskeln für Trauer (so das *Weinen*: Jes 15,3; 22,12; Jer 3,21; Mi 7,4; 1Hen 108,3.5) und Wut (so das *Zähneknirschen*: Ps 35,16; 37,12; Ijob 16,9; Klgl 2,16), aufgrund der verpassten Chance, am eschatologischen Mahl partizipieren zu dürfen.

Das eschatologische Festmahl: Die Vorstellung, dass Gott in der Endzeit ein Festmahl für alle Erwählten geben wird, findet sich bereits in Jes 25,6 und wird in 1Hen 62,14; 2Hen 42,5 sowie bei den späteren Rabbinen aufgegriffen.[390] Für den historischen Jesus ist belegt, dass er in seiner Mahlpraxis[391] Gastmähler als realprophetisches Zeichen der im Anbrechen befindlichen Königsherrschaft Gottes einsetzte (s.u. *IV: Exkurs 1.4.2*). Die Erwartung des endzeitlichen Mahles taucht aber nicht nur in solchen realprophetischen Handlungen auf, sondern auch in der Bildsprache der Wortverkündigung Jesu – wie eben hier. Das Bild des Mahlhaltens evoziert – neben der Festfreude und Lebenslust – auch die Vorstellung der geglückten Kommunikation der Festteilnehmer. Im alten Orient war die Gastfreundschaft so heilig, dass die Tischgäste höher als Familienmitglieder gewertet wurden (vgl. Gen 19,1–8). Wenn Gott uns an seinen Tisch lädt, werden wir zu Familienangehörigen Gottes – untereinander aber zu Brüdern und Schwestern.

Letzte werden Erste und Erste Letzte (Q 13,30)

30 Es werden die Letzten Erste sein und die Ersten Letzte.

Der kontextuelle Anschluss dieses ursprünglich wohl eigenständigen Logions ist gut geglückt: Diejenigen, die mit Jesus aßen und tranken (s.o.) und somit die „Ersten" im Umgang mit ihm waren, werden ausgeschlossen werden, während die „Newcomers" aus Osten und Westen den Eingang zum eschatologischen Festmahl erhalten werden. Wahrscheinlich ist dieses Wort Jesu hier allerdings erst durch die Abfassung von Q mit dem vorangehenden Logion verbunden worden. Als „Wanderlogion" begegnet der Spruch in Mk 10,31 und ThEv 4,2 in unterschiedlichen Kontexten. Das Wort drückt

---

390 Vgl. Luz, Matthäus II, 13 (Anm. 12). Für die Belege bei den Rabbinen vgl. Billerbeck IV 1154–1160.

391 Die Mahlpraxis Jesu ist reich belegt, und zwar „gattungsinvariant" in Wundertraditionen (vgl. Mk 6,35–44; Joh 2,1–13), Erzählstoff (vgl. Lk 19,5) und Wortüberlieferung (vgl. Q 7,34; 13,29; 24,16–23; Lk 14,15). Jesus hält diese Praxis bis zum Ende durch und feiert auch angesichts seines bevorstehenden Todes ein letztes zeichenhaftes Mahl (Joh 13,2; 1Kor 11,23–25; als Paschamahl dargestellt bei den Synoptikern), das er bewusst als Abschiedsmahl deutet – mit Blick auf die trotzdem anbrechende *basileia*.

das ureigenste Anliegen Jesu sehr gut aus (s.u. *IV: Exkurs 3.1: Gottes Option für die Armen*). Hier wird die Radikalität des Paradigmenwechsels pointiert auf den Begriff gebracht, den der Anbruch des Königreiches Gottes mit sich bringen wird.

Gerichtswort über Jerusalem (Q 13,34f)

34 Jerusalem, Jerusalem, du tötest die Propheten und steinigst die zu dir Gesandten! Wie oft wollte ich deine Kinder sammeln, wie eine Henne ihre Küken unter die Flügel sammelt, und ihr habt nicht gewollt. 35 Siehe, überlassen wird euch euer Haus. Ich sage euch, ihr werdet mich nicht mehr sehen, bis es kommen wird, dass ihr sagt: *Gesegnet, der im Namen des Herrn Kommende* (Ps 118,26a)!

An zentraler Stelle in *Erzählkranz 5: Konsequenzen für die Gegner/Gerichtsworte* steht jetzt die Gerichtsandrohung über Jerusalem.[392] Im exegetischen Diskurs trägt gerade diese Stelle eine hohe Beweislast: Wird hier bereits der Bruch zwischen Judentum und Christentum verdeutlicht, indem der Tempelkult als obsolet („überlassen wird euch euer Haus") dargestellt wird? Ist die Stelle gar schon ein *vaticinium ex eventu*, nach Zerstörung des Tempels verfasst und damit ein Beleg, dass die Logienquelle erst nach 70 n. Chr. zu datieren ist? Ein großer Teil dieses Beweisdrucks fällt von der Perikope ab, wenn man erkennt, dass dieser Text zwei stehenden frühjüdischen Interpretationsschemata geschuldet ist: 1) dem *Theologumenon vom gewaltsamen Prophetengeschick* und 2) *frühjüdischer Tempelkritik aus der Zeit vor der Tempelzerstörung.*

Das *gewaltsame Prophetengeschick* (s.u. *VI: Exkurs 3.2*) ist eine Weiterentwicklung deuteronomistischer Theologie und besagt, dass alle wahren Propheten von Israel verfolgt und bisweilen sogar getötet wurden. Der älteste Prätext dieses Motivs der *gewaltsamen Verfolgung* aller Propheten bis hin zu deren *Ermordung* tritt mit Neh 9,26 ins Bild. Dabei fällt auf, dass Neh 9,26–33 ein geprägtes Schema aus wiederkehrenden Motivschritten bedient:[393] A) Sünde gegen Gott, B) Mahnung durch die Propheten und Ablehnung derselben – bisweilen bis zur Prophetentötung gehend, C) Strafe in Form von Preisgabe Israels durch Gott, gefolgt von Umkehr und Anrufung Gottes, D) Erbarmen Gottes und Heilswende. Dieses Schema wird in Neh 9,26–33 dreimal durchdekliniert, zu Anfang und am Schluss mit der gleichen Abfolge, in der Mitte mit einer kleineren Variation.[394] Am Ende jedoch wird das Schema immer mit dem Erbarmen Gottes abgeschlossen! Diese geprägte Motivabfolge von *Sünde – Prophetenmord – Strafe und Umkehr – Heilswende* findet sich ebenso in Ant 9,265–267 und 10,38–41; 1Hen 89,51–90,19; Jub 1,7–26 (vgl. 1QpHab 2–5[395]). Bei diesen Texten steht am Ende stets die eschatologische Heilswende für Israel: Trotz der Verfehlungen und Sünden des Volkes wird Gott am Ende mit seinem Volk Erbarmen haben. Bisweilen kommt es in diesen Texten zwar auch zu einer Scheidung zwischen Gerechten und Ungerechten *innerhalb von Israel*, doch eine *grundsätzliche Verwerfung ganz Israels* ist im Frühjudentum nirgendwo zu finden. Auch in verwandten Texten wie 4Q504–506; 4Esr

392 Vgl. dazu im Folgenden Tiwald, Gott, 63–88, und Tiwald, Art. Tempel, 460–467.

393 Die hier gewählte Gliederung in Motivschritte weicht von der bei Steck, Geschick, 63, ab: Steck unterschlägt nämlich das Erbarmen Gottes, das jeweils am Ende dieser geprägten Erzählform steht.

394 Zur detaillierten Analyse siehe Tiwald, Gott, 71f.

395 Hier wird die Verfolgung des Lehrers der Gerechtigkeit thematisiert, der zwar nicht als Prophet präsentiert wird, dessen Lehre jedoch ebenfalls zurückgewiesen wird.

14,27–35; 2Bar 78,5–7 begegnet ein ähnliches Schema aus *Sünde - Strafe und Umkehr - Heilswende* (hier also ohne das Motiv der Prophetenverfolgung), aber auch hier steht am Ende stets die abschließende Heilsverheißung an Israel. Somit legt es sich nahe, dieses Schema auch für Q 13,34f geltend zu machen:

A: Sünde/Prophetenmord	34 Jerusalem, Jerusalem, du tötest die Propheten und steinigst die zu dir Gesandten!
B: Prophetenmahnung & Verweigerung	Wie oft wollte ich *[Jesus als Prophet!]* deine Kinder sammeln, wie eine Henne ihre Küken unter die Flügel sammelt, und ihr habt nicht gewollt.
C: Strafe und Umkehr	35a Siehe, überlassen wird euch euer Haus. 35b Ich sage euch, ihr werdet mich nicht mehr sehen bis es kommen wird, dass ihr sagt:
D: Heilswende	35c Gesegnet, der im Namen des Herrn Kommende (Ps 118,26a)!

Besonders umstritten ist, ob V 35c wirklich eine Heilswende darstellt. Dabei verweisen Exegeten häufig auf 1Hen 48,5; 62,3–5.9–10; 63,2, wo die Huldigung des eschatologischen Richters durch die Übeltäter nicht vor der eschatologischen Strafe bewahrt.[396] Das ist zwar richtig beobachtet, verkennt aber das *genus litterarium* der Aussagen. Wiederholt wurde in der Forschung klargemacht, dass alttestamentliche und frühjüdische Gerichtsworte einen *performativen* und keinen *informativen* Charakter besitzen:[397] Es geht nicht darum, *denotativ* eine objektive Information weiterzugeben (etwa: wer ist verdammt und wer nicht), sondern *konnotativ* mit dieser Nachricht Gefühle und Empfindungen zu wecken.[398] Der Text möchte nicht über ein unabwendbar bevorstehendes Geschick voraussagend *informieren* (so das landläufige Missverständnis, dass ein „Prophet" Ereignisse der Zukunft als sicher zutreffend „vorhersagt"), sondern einen Gesinnungswandel im Hörer *„performieren"*. Gewiss enthält unser Text in Q 13,35 auch eine Drohung (genauso wie Q 13,24–29), reflektiert aber noch kein *fait accompli*. Es ist kein Beziehungsabbruch, sondern ein letzter dramatischer Appell an Israel,[399] der hier mit Jerusalem *pars pro toto* gesetzt wird.[400] Auch die Zitation von Ps 117,26LXX (Ps 118MT) stützt diese Sichtweise: Nach „Gesegnet, der im Namen des Herrn Kommende" (εὐλογημένος ὁ ἐρχόμενος ἐν ὀνόματι κυρίου) lautet der Psalmenvers weiter: „Wir segnen euch, vom Haus des Herrn her".

---

396 Vgl. Wolter, Lukasevangelium, 499, und Luz, Matthäus III, 384f, mit Verweis auf die Interpretation Calvins („... zitternd vor dem Anschauen seiner furchtbaren Majestät" muss Israel bekennen, dass Jesus Gottes Sohn ist. „Es gibt für ein Israel, das Jesus ablehnt, keine gute Zukunft mehr, auch nicht beim Weltgericht des kommenden Menschensohns").

397 Vgl. dazu die ausführlichen Studien von Nickelsburg, Wisdom, 73–91; Johnson, Slander, 419–441; Marshall, Apocalypticism, 68–82; Tiwald, Valeur, 115–137.

398 Vgl. Johnson, Slander, 441: „... the conventional nature of the polemic means that its chief rhetorical import is connotative rather than denotative."

399 Eine andere Sichtweise vertritt aber Verheyden, Jugement, 219: „La systématique du raisonnement, son caractère négatif et radical, tant pour le contenu que pour la forme, tout cela ne peut s'expliquer qu'en admettant ne plus avoir affaire à un dernier appel, ... mais bel et bien à un adieu pas encore digéré."

400 Vgl. Scherer, Königsvolk, 176: „Jerusalem als Stätte des Tempels ist seit der Kultzentralisation unter Josija Kristallisationspunkt Israels."

Ps 118MT steht in einem ausgesprochenen „Zions- und Tempelhorizont“[401]. Der Psalm enthält „eine Zukunftsperspektive, die ihn zu einem Danklied der geretteten Gerechten ... macht, die im Jerusalemer Tempel JHWHs universale Königsherrschaft feiern ...“[402] Der Jerusalemer Tempel wird hier also zum Mittelpunkt des eschatologischen Heils! Wie aber ist dann das Wort V 35a „Siehe, überlassen wird euch euer Haus“ zu werten?

Tempelkritik im Frühjudentum: Tempelkritik war nicht nur bei den alttestamentlichen Propheten (Am 5,21–24; Hos 6,6; Jer 6,20; 7,1–11; Ps 40,7–9; 50,8–14) weit verbreitet, sondern auch im Frühjudentum. Die Drohung, dass Gott sein Haus verlassen werde, begegnet dabei regelmäßig: 1Kön 9,7f; Jes 5,1–7; Jer 12,7; 22,5; Ez 9–11 (bes. 10,18f; 11,23) und 2Bar 8,2.[403] Auch Josephus berichtet in Bell 6,299–311 von wiederholten Prophezeiungen schon aus der Zeit *vor* dem jüdischen Krieg, dass der Tempel in Jerusalem zerstört werde – unter anderem auch von dem 62 n. Chr. auftretenden Jesus Ben Ananos, „vier Jahre vor dem Krieg, als die Stadt [sc. Jerusalem] in Frieden und Wohlergehen stand“ (Bell 6,300).[404] Auch ansonsten war im Frühjudentum die Vorstellung verbreitet, dass der Jerusalemer Tempel im Eschaton durch einen neuen, nicht von Menschen, sondern von Gott gemachten Tempel ersetzt würde.[405] Für die Qumraniten war der aktuelle Tempel in Jerusalem entweiht, aber im Eschaton würde Gott einen neuen Tempel begründen. Bis zum Eschaton substituiert die Qumrangemeinde mit ihren Gebetsgottesdiensten die Sühnefunktion des Tempels; die Gemeinschaft verstand sich als ein „Menschenheiligtum“ (מקדש אדם, 4Q174 3,7), einen Tempel aus lebendigen Menschen.[406] Die Vorstellung, dass lebende Menschen einen Tempel bilden können, ist auch bei Philon belegt. Nach Somn 1,215 kann auch die λογικὴ ψυχή, die „vernunftbegabte Seele“, als Tempel Gottes dienen. Im Neuen Testament begegnet die Vorstellung eines Menschenheiligtums ebenfalls (1Kor 3,16–17; 6,19–20; 2Kor 6,16 und 1Petr 2,5). Weiters kritisieren TestMos 5,5 und 6,1[407] die Unreinheit der Tempelpriester, ebenso PsSal 2,3–5 und Bell 4,323; 2Bar 10,18; TgJes 28,1 und Jub 23,21b. Daher erwartet auch Jub 1,29; 4Esr 10,46–55 und 1Hen 90,28–29 – genauso wie die Qumraniten – die Errichtung eines neuen Tempels im Eschaton.[408] Halten wir fest: Die Topik, dass Gott seinen Tempel verlassen wird bzw. durch einen neuen Tempel im Eschaton ablösen wird, ist im Frühjudentum weit verbreitet und stellt keineswegs eine prinzipielle Abrogation des Tempels oder gar einen Bruch zwischen Christen und Juden dar.[409]

---

401 Hossfeld/Zenger, Psalmen, 319. Bezüge sind gegeben zwischen Ps 118 und Jes 12,1–6, wo die „Verheißung der Wiederherstellung Israels durch einen neuen Exodus aus der weltweiten Zerstreuung“ (ebd.) gefeiert wird.

402 Hossfeld/Zenger, Psalmen, 320.

403 Vgl. Müller, Gerichtsankündigung, 137, und Wild, Encounter, 114.

404 Vgl. dazu Theißen, Lokalkolorit, 231; Kloppenborg Verbin, Excavating, 86f; Müller, Gerichtsankündigung, 137.

405 Vgl. dazu im Folgenden Tiwald, Protologie, 378f. Weiters: Paesler, Tempelwort, 40–89 und 150–66. Ebenso Evans, Opposition, 235–53, 236–41, und Ådna, Tempel, 122–27.

406 Vgl. Ådna, Tempel, 105; Maier Bausymbolik, 103–106.

407 Vgl. Evans, Opposition, 237–238.

408 Vgl. Ådna, Tempel, 44–45 und 104, sowie Paesler, Tempelwort, 156–165.

409 So auch Karrer, Israel, 149: „Nicht unmittelbar der (zweite) Tempel Jerusalems, sondern Heiligtumstheologie in einer ‚idealen‘ Gestalt prägt den Heilsausblick von Q ...“. Gegen

Euer Haus: Drückt sich aber nicht in der Formulierung „Überlassen wird euch *euer* Haus" eine bestimmte Distanzierung aus?[410] Die Übersetzung von ἀφίημι mit doppeltem Objekt heißt nicht einfach „verlassen", sondern sollte eher mit „jemandem etwas überlassen" übersetzt werden.[411] Daraus schließt H. Scherer: „Der Tempel wird also denen überlassen werden, die sich ... für ihn verantwortlich fühlen ... allerdings ohne dass dies für Gott noch von Belang wäre."[412] Es wäre gut möglich, dass sich in diesen Worten ein Reflex der jesuanischen Tempelkritik erhalten hat. Mit hoher Wahrscheinlichkeit vollzog der historische Jesus bei seinem letzten Besuch in Jerusalem eine Zeichenhandlung im Tempelareal (Mk 11,15–19parr), die sogenannte „Tempelaktion".[413] Durch das Tempelwort Jesu (Mk 14,58; Joh 2,19) wird deutlich,[414] dass diese Aktion „ein in Handlung umgesetzter Metanoia- und Glaubensruf ist, der sich im Kontext der Reich-Gottes Botschaft versteht."[415] Die Zeichenhandlung Jesu will als prophetische Kritik an der falschen Heilsgewissheit, die der Opferkult vermittelte, verstanden sein und nicht als eine Infragestellung des Tempels *per se* (vgl. dazu Jer 7,4–7). Vielleicht verbirgt sich hinter der Aussage Jesu „Reißt diesen Tempel nieder und in drei Tagen werde ich ihn wieder aufrichten" aber auch die Erwartung, dass im nun angebrochenen Eschaton Gott seinen nicht von Menschenhand gemachten Tempel errichten werde (s.o. die einschlägigen früh-

---

Wolter, Lukasevangelium, 498: „Alle Texte beschreiben jedenfalls eine unwiderrufliche Trennung, und der Sache nach kündigt Jesus an, dass Gott Israel verlassen und aus Jerusalem ausziehen wird; vgl. Jer 12,7: ‚Ich habe mein Haus verlassen, mein Erbe aufgegeben' ..." Gerade die Berufung auf Jer 12,7 macht aber klar, dass die Rede *performativ* und nicht *informativ* zu verstehen ist – denn Jer 12,14f fährt weiter fort: „Siehe, ich reiße sie von ihrem Boden aus; doch auch das Haus Juda reiße ich aus ihrer Mitte. Und es wird sein: Nachdem ich sie ausgerissen habe, will ich umkehren und mich ihrer erbarmen und ich werde sie zurückbringen, einen jeden in sein Erbteil und jeden in seine Heimat."

410 So Konradt, Matthäus, 367: „Aus dem Haus Gottes ... ist ‚*euer* Haus' geworden, das öde zurückgelassen werden wird ..."

411 So der wertvolle Hinweis von Wolter, Lukasevangelium, 498, unter Berufung auf Koh 2,18; Ps 16,14LXX; Josephus Ant 7,274; Mt 5,40; 22,25; Joh 14,27.

412 Scherer, Königsvolk, 181.

413 Diese „Tempelaktion" sollte man besser nicht als „Tempelreinigung" bezeichnen. Es geht Jesus nicht um eine kultische Reinigung des Tempels, auch nicht um eine Reinigung des Tempels von schnöden Krämern, sondern um eine prophetische Zeichenhandlung. Vgl. dazu Söding, Tempelaktion, 50–52.

414 Vgl. Theißen/Merz, Jesus, 381: „Jesu symbolische Handlung gegen den Tempelkult und seine Prophetie gegen den Tempel gehören sachlich zusammen." Allerdings begegnen sie nur im Johannesevangelium im selben Text (Joh 2,14–22). Das Wort Mk 14,58 wird zwar nur „falschen Zeugen" in den Mund gelegt, doch belegen die Parallelbezeugung in Joh 2,19 sowie die hohe Passgenauigkeit zur Tempelaktion und ähnlichen Traditionen in Q 13,34f und Mk 13,2, dass es sich hier um „ein authentisches Jesuswort" (Theißen/Merz, Jesus, 381) handelt. Die frühen Christen taten sich mit der Tempelkritik Jesu sichtlich schwer, wie die Erwähnung der „falschen Zeugen" in Mk 14,58, die auf den Leib Jesu bezogene spiritualisierende Darstellung in Joh 2,19, die Formulierung Mt 26,61 im Konjunktiv und die Streichung des Wortes bei Lk nebst Verschiebung der Aussage auf Stephanus in Apg 6,14 belegen. Gegen die Historizität der Tempelhandlung hat sich zuletzt Koch, Geschichte, 175, ausgesprochen, doch urteilen hier Theißen/Merz, Jesus, 381, zu Recht: „Eine Prophetie, die nachweisbar so viele Verlegenheiten und Schwierigkeiten schuf, ist nicht erst nachträglich Jesus in den Mund gelegt worden."

415 Söding, Tempelaktion, 61.

jüdischen Erwartungen). Es ist gut möglich, dass in den Worten der Logienquelle „Überlassen wird euch euer Haus" diese Erwartung zum Tragen kommt: Der irdische Tempel in Jerusalem wird nun durch den eschatologischen Tempel abgelöst. Nicht der Tempel prinzipiell wird hier in Frage gestellt, sondern – ähnlich wie in Qumran, Jub 1,29; 4Esr 10,46–55 und 1Hen 90,28–29 – der menschengemachte Tempelbetrieb angesichts des anbrechenden Eschatons für obsolet erklärt. Wie sich der historische Jesus den neuen Tempel im Eschaton vorstellte, bleibt Gegenstand der Spekulation. Eventuell rechnete er gemäß der *Urzeit-Endzeit-Entsprechung* damit, dass in der Endzeit die paradiesische Gottunmittelbarkeit wiederhergestellt würde (vgl. Joel 3,1–5, zitiert in Apg 2,17–21) und ganz Jerusalem/Israel zum geisterfüllten „Tempel" Gottes würde. Dann hätte sich in Offb 21,22 ein Reflex dieses Denkens erhalten, wo das himmlische Jerusalem von Gott auf die Erde kommt und keinen Tempel besitzt, da die unmittelbare Gottesgegenwart die ganze Stadt zum Tempel macht. Ähnlich hält Joh 4,20–24 fest, dass jeder Ort, wo Gottes Geist ist, Gottes Tempel ist.[416] Will man die jesuanische Tempelkritik zum Haftpunkt des Q-Logions machen (warum sollte diese spektakuläre Aktion Jesu in Q keine Spuren hinterlassen haben?), dann ergibt sich aus Q 13,34f keine prinzipielle Abrogation des Tempels per se, auch keine definitive Verwerfung Israels, sondern die eschatologische Naherwartung des Menschensohn-Richters, die auch für den Tempelkult Folgen haben wird. In der unmittelbaren Präsenz Gottes wird ganz Israel den im Namen des Herrn Kommenden erkennen[417] – ein Tempel wird dann in der eschatologischen Gottesunmittelbarkeit nicht mehr benötigt.

Henne und Küken: Das Bildwort vom „unter die Fittiche nehmen" ist stehende biblische Motivik für den Schutz Gottes (Dtn 32,11; Rut 2,12; Ps 17,8; 36,8; 57,2; 61,5; 63,8; 91,4; Jes 31,5; 2Bar 41,4).[418] Das eschatologische Sammeln des Gottesvolkes war tatsächlich das besondere Anliegen Jesu (s.o. *III: Q 13,29*). Diese Sammlung ist nach Deutung der Logienquelle beim historischen Jesus gescheitert, doch wird der wiederkommende Menschensohn dieses Werk zu Ende führen. Der Text beinhaltet die *performative* Mahnung, diesem Ansinnen nichts entgegenzusetzen, doch keine *informative* Erklärung über eine de facto bereits erfolgte Verwerfung.

11 Jeder, der sich selbst erhöht, wird erniedrigt werden, und der sich selbst erniedrigt, wird erhöht werden.

Wer sich erhöht, wird erniedrigt, wer sich erniedrigt, wird erhöht (Q 14,11)

Ganz im paränetischen Stil fährt nun dieses Wort weiter fort. Im Aufbau des Erzählkranzes 5 steht das Logion symmetrisch gepaart mit *Letzte werden Erste und Erste Letzte*; beide Worte rahmen das Gerichtswort über Jerusalem. Schon alleine aus dieser Rahmung wird das oben Gesagte verdeutlicht: Das Gerichtswort über Jerusalem ist *paränetisch-performativer* Natur und nicht als *dogmatische* Aussage über einen bereits erfolgten Beziehungsabbruch zu werten. Das Logion passt gut zum historischen Jesus und wurde wohl als Wanderlogion in unterschiedliche Kontexte eingepasst: Die Logienquelle hat das Wort in Parallelstellung mit *Letzte-Erste* gebracht – als Rahmung für das Tempelwort: Vielleicht war es hier eine Kritik an den Tempelpriestern, den

416 Vgl. dazu Tiwald, Art. Tempel, 466, und Tiwald, Frühjudentum, 285–287.
417 Vgl. auch die positive Deutung bei Scherer, Königsvolk, 181.
418 Vgl. Luz, Matthäus III, 379.

Ersten und Höchsten in Israel, die im kommenden Eschaton ihren Tempel und ihre Machtposition verlieren werden. Bei Mt 23,12 hingegen wird das Wort nach der Polemik gegen die Ehrsucht der Pharisäer positioniert, bei Lk 14,11 im Anschluss an eine eigens darum gewobene Erzählung. Darin zeigt sich, wie mündliche Überlieferung Traditionselemente immer wieder neu kontextuieren und erzählerisch weiterweben konnte – und trotzdem die Kernaussage erhalten blieb.

Gastmahlsgleichnis (Q 14,16–18.21.23)

16 Ein Mensch veranstaltete ein großes Festmahl und lud viele ein. 17 Und er sandte seinen Sklaven zur Stunde des Festmahls aus, um den Eingeladenen zu sagen: Kommt, denn es ist schon bereit. 18 Der eine weigerte sich wegen seines Ackers, der andere wegen seines Geschäfts. 21 Und der Sklave sagte dies seinem Herrn. Da wurde der Hausherr zornig und sagte seinem Sklaven: 23 Gehe hinaus auf die Wege, und welche auch immer du findest, lade ein, damit mein Haus voll werde.

Ob das Gleichnis in der Logienquelle gestanden hat, ist Gegenstand der Diskussion, da sich bei Mt und Lk stark divergierende Fassungen erhalten haben. In letzter Zeit wird vermehrt für eine Herkunft aus Q plädiert, ein Urteil, dass dieser Kommentar gerne übernimmt.[419] Die Erzählung findet eine Parallele in ThEv 64, die stärkere Berührungspunkte mit der lk Fassung aufweist (anders als bei Mt wird nur *ein* Sklave *einmal* ausgesandt). Allerdings stimmt das ThEv darin mit Mt überein, dass es nicht zwei, sondern nur eine Gruppe von Nacheingeladenen gibt.

Das Gastmahlsgleichnis der Logienquelle hat in den weiterführenden Erzählungen bei MtEv und LkEv eine teilweise Allegorisierung, Ausweitung und Anreicherung mit aggravierenden Aspekten gefunden: Bei Mt 22,7 wird aus dem Einladenden ein König, der nach ausgeschlagener Einladung sein Heer schickt und die Stadt vernichten lässt – ein Bild für die Zerstörung Jerusalems.[420] Dabei konstatiert Mt 22,8, dass die Erstgeladenen der Einladung „nicht wert" waren (οἱ δὲ κεκλημένοι οὐκ ἦσαν ἄξιοι) – woraus man in früherer Exegese gerne „die These der Ablösung Israels durch die Völkermission"[421] herauslas. Lk 14,24 verschärft die Erzählung mit den Worten „Keiner von denen, die eingeladen waren, wird an meinem Mahl teilnehmen", was früher ebenfalls als Verwerfung Israels verstanden wurde. Doch auch in Lk 14,24 wird mit diesen Worten „natürlich nicht Israel vom Heil ausgeschlossen, sondern nur die Gruppe

419 Vgl. die Diskussion bei Fleddermann, Q, 722–735; ebenso Konradt, Matthäus, 339. Wolter, Lukasevangelium, 509, bleibt unentschieden, Luz, Matthäus III, 233, hingegen optiert dafür, „Lk 14,16–24 als literarisch unabhängige Variante unseres Textes anzusehen." Die unterschiedlichen Fassungen lassen sich aber auch gut als Beispiel der *secondary orality* (s.o. *I.1.2.4*) anführen.

420 Vgl. Konradt, Matthäus, 340.

421 Diese Auslegung wird heute für Mt 22,8 nicht mehr vertreten, so zu Recht die Kritik von Konradt, Matthäus, 340, an dieser Deutung. Zur alten Sichtweise vgl. Trilling, Israel, 85: „... das äußere Faktum der Zerstörung Jerusalems als Beweis für die innere Abwendung Gottes von seinem Volk ..." Ebenso Frankemölle, Jahwe-Bund, 108 und 219: „Israel hat sein Privileg als Jahwes Eigentumsvolk vertan. An seine Stelle tritt ein neues Bundesvolk, die Jünger in der Nachfolge Jesu ...". Einen Überblick zur alten Perspektive und seiner eigenen Distanzierung davon (nebst ausführlicher theologischer Begründung dieser Neupositionierung) bietet Frankemölle, Wurzeln, 342–363.

derjenigen, die Jesu ‚Einladung' abgelehnt haben."[422] Mit der Aussage in Lk 14,23 „Geh zu den Wegen und Zäunen und nötige die Leute hereinzukommen, damit mein Haus voll wird" verband man früher gerne einen Hinweis auf die Heidenmission. Allerdings wird auch diese Deutung heute für Lk 14,23 nicht mehr vertreten.[423] Summa summarum: Mt und Lk haben auf je eigene Weise das (wahrscheinlich) aus Q übernommene Gastmahlsgleichnis mit allegorischen und aggravierenden Zügen versehen – doch ein Bruch zwischen Israel und Kirche rückt auch in der mt und lk Version des Gastmahlsgleichnisses nicht in den Blick. Dieser Befund muss *a fortiori* auch für die Erzählung der Logienquelle gelten: An keiner Stelle kommt in unserer Erzählung eine Verwerfung Israels zum Tragen!

Das Gastmahlsgleichnis wird in der Regel dem *historischen Jesus* zugeschrieben:[424] Der Inhalt passt sehr gut zur Mahlpraxis Jesu, frühjüdischen Endzeiterwartungen und dem Bilderkanon Jesu (s.o. die Erläuterungen zu *III: Q 13,24–29* und s.u. *IV: Exkurs 1.4.2*). Von daher ergibt sich der ursprüngliche Sinn dieser Perikope – so wie ihn Q bewahrt hat – ganz unproblematisch. Wiederholt war Jesus auch mit Ablehnung und Misserfolg seiner Botschaft konfrontiert. Das Sämannsgleichnis (Mk 4,3–8parr) reflektiert schon, dass Dreiviertel der Ernte nicht auf fruchtbringenden Boden fallen. Vielleicht waren auch das Gleichnis vom Senfkorn (Q 13,18f//Mk 4,31f) und das Gleichnis vom Sauerteig (Q 13,20f) als Rechtfertigung Jesu intendiert, wie er denn so vermessen sein könne, mit seinem kleinen Häufchen von Jüngern die Königsherrschaft Gottes begründen zu wollen. Unsere Perikope zielt in eine ähnliche Richtung. Auf der Bildebene werden Menschen mit einem Gastmahl beschenkt. Wer in Galiläa würde diese günstige Gelegenheit nicht sofort nützen, um zu einem fantastischen Essen zu gelangen? Ähnlich wie im Gleichnis vom Schatz im Acker (Mt 13,44) oder dem Perlenkaufmann (Mt 13,45f) kann man nur sagen: Dumm ist, wer da nicht mit beiden Händen zugreift! Aber gerade das Unglaubliche geschieht – die Eingeladenen verweigern sich. Daher werden jetzt weniger „noble" Gäste einfach von den Wegen zusammengelesen – ein Bild, das gut zur Kritik Jesu am religiösen „Establishment" und seinem Engagement für ausgegrenzte Randgruppen passt. So wie einige verwegene „Gewalttäter" die Königsherrschaft Gottes jetzt an sich reißen (vgl. die ursprüngliche Bedeutung von Q 16,16), während Pharisäer und Schriftgelehrte (Q 11,39–52) in ihrem Formalismus verbleiben und die galiläischen Städte (Q 10,13–15) lieber nichts mit dem verrückten Wanderprediger (vgl. Mk 3,21f) zu tun haben wollen, so sind es jetzt die „Unmündigen" (Q 10,21) und „Armen" (Q 6,20) – eben das Publikum von der Straße, wie es in unserer Perikope beschrieben wird – die jetzt die Königsherrschaft Gottes (denn dafür steht das Gastmahl; s.o. *III: Q 13,24–29*) erben. Somit passt der Auftrag des Hausherrn (der hier für Gott steht) an seinen Sklaven (der hier die Aktion Jesu wiedergibt) voll und ganz zur Intention des historischen Jesus: „Gehe hinaus auf die Wege, und welche auch immer du findest, lade ein, damit mein Haus voll werde." Auch wenn das Wort Mt 21,31 „Amen, ich sage euch: Die Zöllner und die Dirnen gelangen eher in das Reich Gottes als ihr" (gerichtet gegen die „Hohepriester und Ältesten des Volkes"), der mt Diktion entstammt, so kommt darin doch ursprünglich

---

422 So zu Recht Wolter, Lukasevangelium, 509.

423 Vgl. Wolter, Lukasevangelium, 513: „Dass auf der Sachebene nunmehr die Heidenmission im Blick ist, ist beim besten Willen nicht zu erkennen."

424 Vgl. Luz, Matthäus III, 236.

jesuanisches Kolorit zum Tragen. Ein Bruch mit Israel ist damit nicht intendiert, wohl aber ein Verweis auf die alles umwertende Kraft der Königsherrschaft Gottes, in der die „Armen von der Straße“ bessere Karten besitzen, als das sich verweigernde religiöse „Establishment“.

Erzählkranz 6: Anweisungen für den Endspurt: Die Jünger in Erwartung der Parusie (Q 14,26–17,21)

Nachdem Erzählkranz 5 Mahnungen *ad extra* gerichtet hat, wendet sich nun Erzählkranz 6 wieder *ad intra* – allerdings mit einem starken Fokus bereits auf das bevorstehende Eschaton. Dabei wirkt das Kapitel wie eine Sammlung von „Durchhalteparolen“: Gewisse Ermüdungserscheinungen werden hier schon greifbar, ein erstes Aufblitzen von dem, was in späteren Texten dann unter „Bewältigung der Parusieverzögerung“ zum Tragen kommt – auch wenn für Q die Naherwartung selbst noch ungebrochen bleibt.

Erzähleinheit 1: Kompromisslose Nachfolge (Q 14,26–17,2)

Die erste Erzähleinheit in diesem Erzählkranz schärft noch einmal die kompromisslose Nachfolge ein. Diese wurde zwar schon in *Erzählkranz 2 (Q 9,57–11,13)* thematisiert, doch dort mit besonderem Blick auf die Verkündiger und nicht so sehr auf die ganze Gemeinde.

Familie hassen und Kreuzesnachfolge (Q 14,26f)

26 Wer nicht hasst den Vater und die Mutter,
kann nicht mein Jünger sein.
Wer nicht hasst den Sohn und die Tochter,
kann nicht mein Jünger sein.
27 Wer nicht nimmt sein Kreuz und folgt mir nach,
kann nicht mein Jünger sein.

Das Wort vom *Hassen der Familie* in Q 14,26f (Mt 10,37//Lk 14,26) findet eine Doppelüberlieferung in Mk 10,29 (Mt 19,29//Lk 18,29), das Wort von der *Kreuzesnachfolge* in Q 14,27 (Mt 10,38//Lk 14,27) hat eine Doppelüberlieferung in Mk 8,34 (Mt 16,24//Lk 9,23).[425] Das a-familiäre Ethos der Jesusnachfolge begegnet in der Logienquelle wiederholt (s.u. *IV: Exkurs 4.1.3*). Dahinter steht die apokalyptische Vorstellung, dass in der Endzeit irdische Familienbande zerbrechen und Gott seine neue, endzeitliche *familia Dei* schaffen würde. Diese Endzeit ist für die Q-Gemeinde wie auch für den historischen Jesus bereits angebrochen.[426] Konflikte des historischen Jesus mit seiner

425 Zur Frage der Rekonstruktion und Position des Q-Logions vgl. Fleddermann, Q, 746–751; Schröter, Erinnerung, 404–409; Ebner, Weisheitslehrer, 98–102; Heil, Lukas, 97–106.

426 Vgl. dazu Schröter, Erinnerung, 416: „Kennzeichnend hierfür ist, daß das Zerbrechen der Familienbande nicht – wie in Mk 13,12 – als Bestandteil der zukünftig hereinbrechenden apokalyptischen Ereignisse vorausgesagt wird, sondern eine unmittelbare Konsequenz gegenwärtiger Nachfolge darstellt.“

eigenen Familie sind auch außerhalb der Q-Überlieferung breit belegt (Mk 3,21.31–35; 6,4; 10,28–30; Lk 2,48–50; Joh 2,4; ThEv 15; 16; 55). Das Logion vom „Hassen" von Vater und Mutter, Sohn und Tochter gehört also in den Rahmen der endzeitlich radikalisierten Jesusbotschaft: Aus dem endzeitlichen Chaos (das bereits in der eigenen Familie beginnt) würde sich der eschatologische Gottesfriede herausentwickeln (s.u. *IV: Exkurs 4.2*). Die Ausdrucksweise „hassen", wie sie Lk 14,26 überliefert hat, ist dabei ursprünglicher als das abschwächende „Wer Vater und Mutter *mehr liebt* als mich" in Mt 10,37. Es handelt sich hier um prophetisch radikalisierte Sprache, die schockiert und aufrüttelt – obendrein ist Gewaltmetaphorik beim historischen Jesus auch ansonsten anzutreffen (s.u. *IV: Exkurs 4.1.4*). Das *Wort von der Kreuzesnachfolge* ist in Q – wie auch in ThEv 55[427] – bereits mit dem *Wort vom Hassen der Familie* verbunden. Im MkEv sind beide Worte allerdings noch voneinander getrennt. Eine Verbindung von Jesusnachfolge und Kreuzesnachfolge ergibt aber erst nachösterlich (von der Passion Jesu her) Sinn.[428] Damit ist wohl auch das Wort vom Kreuztragen eine nachösterliche Bildung, die in der Logienquelle bereits mit dem auf Jesus selbst zurückgehenden Logion vom Hassen der Familien verbunden wurde.[429] Auch wenn die Logienquelle Tod und Auferstehung Jesu nicht *expressis verbis* thematisiert (was bei dem starken Fokus auf Spruchüberlieferung nicht unverständlich ist), so wird hier doch deutlich, dass Q um den Kreuzestod Jesu weiß.[430] Ähnlich wie im gewaltsamen Prophetengeschick (s.u. *IV: Exkurs* 3.1) wird von den Jüngern die kompromisslose Nachfolge auch in Leid und Tod gefordert. Dabei muss „Kreuz" aber nicht ausschließlich auf Situationen des blutigen Martyriums verweisen, sondern kann auch metaphorisch für Schmähungen „um des Menschensohnes willen" (Q 6,22) stehen (zur Frage, ob die Logienquelle schon von Blutzeugen aus den eigenen Reihen weiß, s.o. *III: Q 11,49–51*).[431]

Der Aufbau des Q-Logions ist kunstvoll und mnemotechnisch einprägsam: ein dreifacher Zweizeiler, jeweils eingeleitet mit den Worten „Wer nicht ..." und abgeschlossen mit dem Refrain „... kann nicht mein Jünger sein". Dabei zerfällt der erste Satzteil ebenfalls je in zwei Teile: Vater und Mutter; Sohn und Tochter; Kreuz nehmen und nachfolgen. Bemerkenswert ist, dass hier die Elterngeneration wie auch die Kindergeneration erwähnt wird – doch nicht der Ehepartner. Das passt gut zur Doppelüberlieferung bei Mk 10,29//Mt 19,29, die auch nichts vom Zurücklassen des Ehepartners weiß. Allerdings hat der dritte Evangelist in seine Q-Vorlage in Lk 14,25 und in seine Mk-Vorlage in Lk 18,29 die zu verlassende Ehefrau interpoliert. Damit hat Lk die

427 Zur Analyse von ThEv 55 (vgl. auch ThEv 101) vgl. Schröter, Erinnerung, 412f. Schröter kommt zum Schluss, „daß EvThom das Logion von Verwandtenhaß und Kreuzesnachfolge in einer durch die Synoptiker geprägten sprachlichen Fassung seinem eigenen Konzept der verborgenen Worte des lebendigen Jesus integriert hat."

428 Vgl. Wolter, Lukasevangelium, 347.

429 Vgl. dazu Ebner, Weisheitslehrer, 104: „In Q werden die Logien vom Verlassen der Familie (Q 14,26) nachösterlich durch das Logion von der Kreuzesnachfolge (Q 14,27) erweitert, um die erfahrene Ablehnung durch Parallelisierung mit dem Geschick Jesu zu kompensieren."

430 Vgl. Schröter, Erinnerung, 409, der darauf hinweist, „daß Q wie Mk einen Zusammenhang zwischen dem Leidensweg Jesu und der Gestalt der Nachfolge herstellt."

431 Vgl. dazu Ebner, Weisheitslehrer, 102 (Anm. 22): „Hinter den ‚Verfolgungen' steckt vermutlich nicht mehr und nicht weniger als die Apathie der Adressaten." Ebenso Tuckett, Q, 283–323.

Rhythmik des Q-Textes (dreifach paarige Doppelung: Vater-Mutter; Sohn-Tochter; Kreuz nehmen-nachfolgen) zerstört – die Hinzufügung der Ehefrau erweist sich so als sekundäre Überarbeitung des Textes. Der Grund dafür liegt wohl in der Kirchendisziplin: Wer Sohn und Tochter nicht großzieht, kann auch nicht mit einer Ehefrau auf Mission gehen und neue Kinder in die Welt setzen, die dann wiederum zurückgelassen werden. Angesichts der Naherwartung in der Logienquelle konnte man Kinder für die kurze Zeit bis zur Wiederkunft Jesu auch in die Obhut von Verwandten geben – angesichts der Parusieverzögerung bei Lk ist dies nun nicht mehr sinnvoll. Vielleicht ist Lk aber auch daran gelegen, weibliche Missionare zu verdrängen. „Während Q 14,26 noch an Jüngerinnen und Jünger gleichermaßen gerichtet war, engt Lk den Nachfolgespruch ... auf männliche Jünger ein."[432] Solche Tendenzen sind uns ja aus den Pastoralbriefen hinlänglich bekannt, aber auch für Lk belegt.[433]

Der Befund in Q, Mk und Mt, aber auch im ThEv Logion 55 und 101, legt nahe, dass *die ersten Missionare ihre Ehefrauen mit auf Reisen genommen haben.*[434] Auch aus 1Kor 9,5 wissen wir, dass „die übrigen Apostel und die Brüder des Herrn und Kephas" ebenfalls mit ihren Ehefrauen unterwegs waren.[435] Frauen teilten also das Wanderleben ihrer Männer – und damit auch deren zeichenhafte Armut, Heimatlosigkeit und Friedfertigkeit als prophetische Zeichen der *basileia.* Damit waren diese Frauen ebenso wie die Männer vollgültige Boten des Menschensohnes – auch ihr Engagement ist prophetisch und missionarisch. Darüber hinaus haben wir auch in anderen Traditionssträngen etliche Belege für für missionarische Ehepaare, bei denen die Frau eigenständig (und nicht nur qua Ehepartnerin) missionarisch aktiv war.[436] Ganz besonders gilt das für Priska und Aquila (Röm 16,3; 1Kor 16,19; 2Tim 4,19; in Apg 18,2.18.26: Priszilla und Aquila) oder für Andronikos und Junia (Röm 16,7), die als „ausgezeichnet unter den Aposteln" tituliert werden.[437]

Sein Leben finden oder verlieren (Q 17,33)

33 Wer sein Leben findet, wird es verlieren, aber wer sein Leben um meinetwillen verliert, wird es finden.

Das Wort von der *Kreuzesnachfolge* wie auch das Wort vom *Verlieren und Finden des Lebens* sind bereits in Mk 8,34f miteinander verbunden. Inhaltlich legt sich dieses Junktim nahe – doch waren die beiden Logia auch schon in Q miteinander verbunden? Falls ja, hätte in diesem Fall Mt die Q-Akoluthie bewahrt und Lk diese aufgebrochen. Dafür gibt es überzeugende Gründe, da Mt das Wort der Kreuzesnachfolge in 10,38 gemäß Q zitiert, während er in 16,24b das Logion nach Mk 8,34f wiedergibt. An *beiden* Stellen folgt auf das Wort von der *Kreuzesnachfolge* (Mt 8,38 und Mt 16,24b) bereits das Wort vom *Verlieren und Finden des Lebens* (Mt 8,39 und Mt 16,25). Wenn der Vers

432 Heil, Lukas, 238.

433 Vgl. Bieberstein, Jüngerinnen, 68f. Siehe dazu einen Text wie 1Tim 2,11f.

434 Zum Befund in Q vgl. die ausführliche Diskussion bei Ebner, Weisheitslehrer, 105–110; Tiwald, Wanderradikalismus, 211–220; Tiwald, Logienquelle, 177–181.

435 Vgl. Schrage, 1Kor, 291f und 315f.

436 Vgl. dazu die Studie von Müller, Ehepaare, passim.

437 Dass es sich hier um eine Frau namens „Junia" und nicht um einen „Junias" (so noch die alte – mittlerweile korrigierte – Einheitsübersetzung) handelte, kann mittlerweile als gesichert gelten. In der Antike gab es den Namen „Junias" nicht. Zur Diskussion vgl. Tiwald, Entwicklungslinien, 31.

Mt 10,38 aus Q stammt, ist wohl anzunehmen, dass auch der anschließende V 39 aus der Logienquelle übernommen ist. Lk hingegen hat starke redaktionelle Interessen an dieser Stelle: In seiner *eschatologischen Rede* (Lk 17,22–37) dient das Q-Logion zur Verdeutlichung entschiedenen Handelns, um sein Leben zu retten (vgl. die drei Beispiele in 17,31f, denen dann 17,33 als generelle Regel folgt). „Die lukanische Position in Q 17,33 wird erst durch den redaktionellen Einschub Lk 17,31f sinnvoll. Matthäus hat also die ursprüngliche Q-Einheit in Mt 10,37–39 erhalten ..."[438] Interessant ist dabei, dass auch Joh 12,25 ein ähnliches Logion vom *Verlieren und Bewahren* in Verbindung mit der Nachfolge Jesu (12,26), ja sogar der Todesnachfolge (12,24), stellt.[439] Wahrscheinlich handelt es sich hierbei um einen „Rückgriff auf gemeinsame Tradition ..., der sich auch ohne literarische Vermittlung vollziehen kann,"[440] also um ein kerygmatisches Junktim der frühen Jesusnachfolger. Hinter Q 14,26f + 17,33 und Mk 8,34f steht wohl „ein Spruchpaar, das bereits auf einer älteren Traditionsstufe gebildet wurde."[441]

Formal handelt es sich beim Logion Q 17,33 um einen zweigliedrigen, paradox formulierten Regelsatz, der in einer gewissen stilistischen Verwandtschaft zu Teilen der *Feldherren-Cohortatio* steht:[442] Vor der Schlacht weist der Feldherr nach Xenophon, Kyr 3,3,45, darauf hin: „Es ist töricht, wenn einer, der leben möchte, zu fliehen versucht, obwohl er genau weiß, dass die Siegenden sich retten werden, die Fliehenden aber sterben – eher als diejenigen, die standhalten." Etliche ähnlich klingende Aussagen der Antike belegen, dass es sich hier um ein stereotypes Argumentationsmuster handelte.[443] Es ist gut möglich, dass sich solche Sprachmuster auch im allgemeinen Sprachschatz bei Menschen ohne philosophische Bildung festgesetzt hatten. Wie wir gesehen haben, ist dieser Spruch schon sehr früh in der Tradition vor Mk und Q mit dem Wort vom Kreuztragen verbunden worden. Es legt sich also nahe, in diesem Logion kein authentisches Jesuswort, sondern frühes Kerygma der ersten Jesusjünger zu erkennen. Die Verbindung mit dem Kreuzeslogion in Q und in Mk belegt, dass hier die frühe Gemeinde schon die Ablehnung ihrer ersten Verkündigung aufzuarbeiten versucht.[444]

---

438 Heil, Lukas, 105. Anders aber Ebner, Weisheitslehrer, 112f, der das Logion Q 17,33 in der eschatologischen Rede, wie sie Lk bietet, beheimatet sieht. Noch eine andere Lösung schlägt Fleddermann, Q, 762, vor: „Neither Luke's position in the Apocalyptic Discourse nor Matthew's in the Mission Discourse reflect the original position of the saying in Q."

439 Zur gesamten Diskussion vgl. Schröter, Erinnerung, 404–411.

440 Schröter Erinnerung, 411.

441 Schröter, Erinnerung, 417.

442 So zu Recht Ebner, Weisheitslehrer, 118, der auch die oftmals dagegen vorgebrachten Einwände (etwa bei Gnilka, Markus II, 24) entkräftet, hier handle es sich um einen anderen Motivhorizont als bei der Feldherren-Cohortatio (Gnilkas Einwand verweist auf die „utilitaristische Erfahrung, daß der aus Feigheit Fliehende oft sein Leben verliert").

443 Vgl. die bei Ebner, Weisheitslehrer, 118, genannten Belege: Xenophon, An 3,2,39; 3,1,43; Kyr 4,1,5; Sallust, Cat 58,15–17; Jug 87,2; Curt. 4,14,25 (§ 55); 5,9,6f (§ 26); Pseudomenander (syrischer Menander), Sent 55. Als ältesten Beleg könnte man Homer, Il 5,529–532 veranschlagen. Für eine detaillierte Analyse der Belegstellen siehe Ebner a.a.O.

444 Vgl. Ebner, Weisheitslehrer, 122: „Verbindend für beide Traditionen [sc. Q und vormk Überlieferung] dürfte die Ablehnung sein, die den ersten Christen in Israel widerfahren ist."

Fades Salz (Q 14,34f)

[34] Gut ist das Salz; wenn jedoch das Salz geschmacklos geworden ist, womit wird es gewürzt werden? [35] Es ist weder für den Ackerboden noch für den Misthaufen brauchbar, man wirft es hinaus.

Sehr gut schließt sich nun an die Kreuzesnachfolge das Wort vom Salz an: Die engagierte Nachfolge Jesu soll der Welt die richtige Würze verleihen! Häufig diskutiert wird bei diesem Wort, ob denn Salz „geschmacklos" werden kann. Das sowohl bei Mt 5,13 wie bei Lk 14,34 verwendete μωρανθῇ – wörtlich „töricht gemacht wurde" – könnte im Aramäischen als Wortspiel fungiert haben.[445] Das Wort תפל, *tafal* („geschmacklos" im kulinarischen wie im sozialen Sinne – also auch: „töricht"), ist dann ein Wortspiel zu תבל *taval* („salzen", „würzen"). Hier kann man tatsächlich das ursprüngliche aramäische Sprachkolorit der Logienquelle durchschimmern sehen. In Mk 9,50a gibt es eine fast wörtliche Parallele zu unserer Perikope: „Gut ist das Salz; wenn jedoch das Salz salzlos geworden ist, womit werdet ihr es würzen? (Ü.MT)" Aufgrund des anzunehmenden aramäischen Wortspiels stellt sich die Frage nicht, ob dem Salz hier konservierend-reinigende Funktion (vgl. 2Kön 2,19–22) oder würzende Funktion (vgl. Ijob 6,6) zukommt.[446] In Kol 4,6 wird gefordert, dass die Rede „mit Salz gewürzt" sein möge, und Diogenes Laertius 4,67 nennt die Redeweise der Akademiker „ungesalzen".[447] Daraus erschließt sich der Bildhorizont unserer Perikope, die dazu auffordert, dass die Nachfolger Jesu die richtige „Würze", den richtigen „Pep" in sich tragen sollen.

Gott oder Mammon (Q 16,13)

[13] Niemand kann zwei Herren dienen; denn entweder wird er den einen hassen und den anderen lieben, oder er wird dem einen anhängen und den anderen verachten. Ihr könnt nicht Gott dienen und dem Mammon.

In direkter Wurfparabel zu Kreuzesnachfolge und Salzlogion folgt nun die Perikope vom unmöglichen Doppeldienst an Gott und dem Mammon.

Das griechische Wort μαμωνᾶς, *mamōnas*, leitet sich vom aramäischen מָמוֹן, *mamon* (im *status emphaticus* מָמוֹנָא, *mamona*), „Vorrat, Vermögen, Besitz" ab, das dem hebräischen Verb אָמַן, *aman*, „feststehen", verwandt ist. „Mammon" in seiner negativen Konnotation ist also *der irdische Besitz, in dem der Mensch seine trügerische Sicherheit zu finden glaubt*. Dabei wird die Alternative „Gott oder Mammon" so dargestellt, „dass der Mammon als eine Art Gegengott, als Götze erscheint, dem der Mensch in all seinem Streben dient und von dem er insofern beherrscht wird."[448] Diese Sichtweise liegt ganz auf der Linie der Logienquelle – und spiegelt wohl ursprünglich jesuanisches Kolorit wider: Gottes Option für die Armen führte im Frühjudentum zur Ausprägung einer wirkmächtigen *Armenfrömmigkeit*, die von Jesus aufgegriffen und mit eigener Zuspitzung versehen wurde (zu der ganzen Fragestellung s.u. *IV: Exkurs 3.1*). Die radikale Alternative „Gott oder Besitz" kommt auch außerhalb der Logienquelle in Mk 10,25 („Leichter geht ein Kamel durch ein Nadelöhr, als dass ein Reicher in das Reich Gottes gelangt") zum Tragen. In der Logienquelle müssen die Missionare gemäß Q 10,4 emblematische Armut an den Tag legen: Geldbeutel, Proviantsack, Sandalen

445 So Ebner, Q, 94, in Anlehnung an Black, Approach, 166.
446 Vgl. Konradt, Matthäus, 72.
447 Vgl. Wolter, Lukasevangelium, 520.
448 Konradt, Matthäus, 112.

und Stock werden verboten. Umgekehrt werden nur die Armen, Hungernden und Trauernden die Königsherrschaft Gottes besitzen (Q 6,20f).

Die Perikope vom unmöglichen Doppeldienst – Gott oder Mammon – passt also gut in die Erzähleinheit „Kompromisslose Nachfolge". Aus der endzeitlichen Naherwartung ergibt sich das Ethos einer alles Vertrauen völlig auf Gott setzenden Grundhaltung (vgl. die Raben und Lilien, s.o. *III: Q 12,22b-31*). Der spätere Evangelist Lukas wird das *Ethos der armen Jesusnachfolge* zur *Ethik des innergemeindlichen Besitzausgleiches* weiterführen und damit einen Übergang vom *Ethos der eschatologisch radikalisierten Naherwartung* hin zu einer *sozial tragfähigen Gemeindeethik* ermöglichen.[449]

1 Es ist notwendig, dass Verführungen kommen, aber wehe dem, durch den sie kommen! 2 Es wäre besser für ihn, wenn ein Mühlstein um seinen Hals gelegt und er in das Meer gestürzt worden wäre, als dass er einem von diesen Kleinen Anstoß gibt.

Wehe den Verführern (Q 17,1f)

Die Erzähleinheit „Kompromisslose Nachfolge" wird nun abgeschlossen durch einen Blick auf die „Verführungen". Es ist wohl anzunehmen, dass die zuvor gepredigte Kreuzesnachfolge und der Verzicht auf den Mammon nicht von allen durchgehalten wurden. Das Zuwiderhandeln gegen die genannten Forderungen gehört bereits zur Realität der Q-Gemeinde. Hierin zeichnet sich ansatzweise auch schon in Q ab, was man später unter dem Überbegriff *Parusieverzögerung* zusammenfassen kann. Allerdings führen die Ermüdungserscheinungen aufgrund des Ausbleibens der Wiederkunft Jesu in der Logienquelle noch nicht zu einem Abgehen von einer radikalen Naherwartung, sondern werden dem Konzept der unmittelbar bevorstehenden Eschatologie eingepasst: Die „Verführungen" werden als „notwendige" (ἀνάγκη)[450] Erprobungen der eschatologischen Bedrängnis angesehen. Dass in der Endzeit das eschatologische Chaos zu kataklystischen Szenarien führen würde, war in apokalyptisch orientierten Kreisen des Frühjudentums verbreitete Überzeugung (s.u. *IV: Exkurs 4.1*). So heißt es etwa in 2Bar 48,30: „Es kommt eine Zeit, von der ich dir gesagt habe, und jene Zeit erscheint, die Drangsal bringt." Die Logienquelle sieht diese Versuchungen als „notwendige" Bewährungssituation für die Gläubigen an, bevor der Menschensohn als Richter wiederkehrt. Von daher auch erhält die Drohung gegen die Auslöser dieser Verführungen ihr Gewicht.

Die Rede vom *Mühlstein um seinen Hals* ist hyperbolischer und bildhaft-vereindringlichender Darstellungsweise geschuldet. Gemeint ist der große „Eselsmühlstein" mit dem Loch in der Mitte, sodass man den Stein wie eine Halskrause um den Kopf hängen konnte. „Mit einem Eselsmühlstein um den Hals als Beschwerung in der Tiefe des Meeres ertränkt zu werden, ist ein hyperbolisches Bild für ein grausiges Schicksal, aus dem es kein Entrinnen gibt."[451] Das Drohwort bedient sich der in hellenistischer

---

449 Vgl. dazu Tiwald, Nichterfüllung, passim, und Tiwald, Wanderradikalismus, 191–202.

450 Lk 17,1 ist hier abgeschwächt zu ἀνένδεκτόν ἐστιν τοῦ τὰ σκάνδαλα μὴ ἐλθεῖν – „unmöglich ist, dass Versuchungen nicht kommen". Zur Rekonstruktion vgl. Fleddermann, Q, 795 („Luke's expression is milder than Matthew's because Luke tries to avoid divine responsibility for scandals").

451 Luz, Matthäus III, 20.

Gnomik weitverbreiteten Form der „Besser-als-Worte“:[452] Selbst der grausame Tod des Ertrinkens mit einem Mühlstein um den Hals wäre besser, als Anstoß zu erregen. Das Wort findet eine Parallele in Mk 9,42.

Die hier genannten *Kleinen* dienen nach 2Bar 48,19 als Selbstbezeichnung des Gottesvolkes: „Sieh auf die Kleinen, die dir sich unterwerfen, und rette alle die, die zu dir kommen! Und nimm die Hilfe unseres Volks nicht weg, verkürze nicht die Zeiten unserer Hilfe!“ Das Bild ist der Topik der Armenfrömmigkeit geschuldet, in der die Armen und Kleinen als besondere Auserwählte Gottes gelten (s.u. *IV: Exkurs 3.1.1* und s.o. *III: Q 10,21*).

Erzähleinheit 2: Vergebung Gottes und untereinander (Q 15,4–10; 17,4)

Nach den soeben thematisierten „Verführungen“ wird nun die Möglichkeit der Vergebung angedeutet. Damit wird die vorangehende *Erzähleinheit 1: Kompromisslose Nachfolge* ein wenig abgefedert: Wer an den hohen Anforderungen der Jesus-Nachfolge gescheitert ist, darf bei Umkehr mit Vergebung rechnen. Der ursprüngliche Sitz im Leben der beiden auf den historischen Jesus zurückgehenden Gleichnisse vom *Verlorenen Schaf* und der *Verlorenen Drachme*[453] darf wohl im Erbarmen Gottes angesichts der restitutiven Kraft der nun anbrechenden Königsherrschaft Gottes (s.u. *IV: Exkurs 1*) gesehen werden. In der Logienquelle werden diese beiden Texte nun im Kontext von *Erzählkranz 6: Anweisungen für den Endspurt/Durchhalten bis zur Parusie* geboten. Damit wird innergemeindlich das Scheitern von Gemeindemitgliedern theologisch aufgearbeitet und die Möglichkeit zu einem Neuanfang gesetzt. Die beiden zum Einsatz kommenden Gleichnisse (zur Gleichnisrede in Q s.u. *IV: Exkurs 5*) werden – wie für die Logienquelle üblich – in Mann-Frau-Parität als „Gendered Couplets“[454] dargeboten (s.u. *IV: Exkurs 5.2: Doppelbildworte in der Logienquelle*). Dabei werden die männlich konnotierte Hirtentätigkeit und die weiblich konnotierte Hausfrauenarbeit komplementär gedoppelt. Den Schlussakzent dieser Erzähleinheit setzt *Siebenmal vergeben*: Hier wird deutlich, dass diese Worte schon innergemeindliche Vergebungspraxis widerspiegeln.

Das verlorene Schaf (Q 15,4.5a.7)

[4] Welcher Mensch von euch, der hundert Schafe hat und eines von ihnen verliert, wird nicht die neunundneunzig in den Bergen lassen und losgehen und das verlorene suchen? [5a] Und wenn es geschieht, dass er es findet, [7] ich sage euch, dass er sich über dieses mehr freut als über die neunundneunzig, die sich nicht verirrt haben.

Im Gleichnis vom verlorenen Schaf hat die Logienquelle nicht nur ursprüngliches galiläisches Lokalkolorit festgehalten, sondern mit hoher Wahrscheinlichkeit auch ein

---

452 Vgl. die Belege bei Wolter, Lukasevangelium, 566. Etwa Chrysippos von Soloi, Frgm. 760 (SVF 3): „Es ist besser als Dummkopf zu leben, als gar nicht zu leben und niemals dumm sein zu können.“

453 Heil, Gleichnisrede, 187, führt die Gleichnisse von Senfkorn, Sauerteig, verlorenem Schaf und verlorener Drachme auf den historischen Jesus zurück.

454 Vgl. Harb, Rede, 194–225.

auf den historischen Jesus zurückgehendes Gleichnis.[455] Das Gleichnis beginnt mit einer rhetorischen Frage, die den Hörer/die Hörerin gleich unmittelbar anspricht und in das Geschehen involviert.[456] Die einleitende Frage insinuiert eine klare Positionierung: „Of course, no shepherd will let one sheep go astray, even if there are still 99 left ...“[457] Hier kommt als Lokalkolorit der arme galiläische Hirte ins Spiel, der es sich nicht leisten kann, auch nur ein einziges Schaf zu verlieren, da dies seine Existenz gefährden würde.[458] Der Druckpunkt des Gleichnisses liegt auf der Sorge um das Verlorene und auf der Freude über das Wiederfinden. Mit dem Gleichnis gelingt es Jesus, seine Zuwendung zu Sündern und „Verlorenen“ zu rechtfertigen, einem besonderen Anliegen seiner Verkündigung (s.u. *IV: Exkurs 1.4.5*).

Das Gleichnis besitzt eine Parallele in ThEv 107. Diese Fassung scheint aber sekundär gegenüber der synoptischen Überlieferung zu sein, da hier nicht der Hirte, sondern das verlorene Schaf im Mittelpunkt steht.

Das Bild des „Guten Hirten“ (*pastor bonus*) war schon in vorchristlicher Kunstgeschichte mit dem „Schafträger“ verbunden: Der Ursprung des Bildes ist allerdings *Hermes Kriophoros* geschuldet, der einen Schafbock/Widder über die Schultern gelegt zum Schlachtopfer trägt. Bald schon wurde das Bild aber im bukolisch-vorchristlichen Kontext zum Ausdruck der Hirtenfürsorge umgemünzt.[459] Die Topik des Schafträgers ist in Q noch nicht präsent und begegnet erst in Lk 15,5 („wenn er es gefunden hat, nimmt er es voll Freude auf die Schultern“).

Die verlorene Drachme (Q 15,8–10)

8 Oder welche Frau, die zehn Drachmen hat, nimmt nicht, wenn sie eine Drachme
verliert, eine Lampe und fegt das Haus aus und sucht, bis sie sie findet?
9 Und
wenn sie sie gefunden hat, ruft sie ihre Freundinnen und Nachbarinnen und sagt:
Freut euch mit mir, denn ich habe die Drachme gefunden, die ich verloren hatte.
10 So, sage ich euch, ist Freude vor den Engeln über einen Sünder, der umkehrt.

Aufgrund des Fehlens einer Mt-Parallele ist die Zugehörigkeit der *Verlorenen Drachme* zu Q umstritten, doch gibt es gute Gründe, den Text für Q zu reklamieren.[460] Der Text stellt nicht nur gendermäßig eine Parallele zum *Verlorenen Schaf* dar (s.u. *IV: Exkurs 5.2: Doppelbildworte in der Logienquelle*), sondern auch vom narrativen Duktus: Die Einleitung erfolgt – ebenso wie in Q 15,4 – mit einer rhetorischen Frage, die eine klare

455 Vgl. Heil, Gleichnisrede, 187.

456 Zur näheren Analyse vgl. Roth, Parables, 376–387.

457 Kloppenborg, Parables, 317.

458 Dabei bleibt es für die Aussage gleich, ob sich hier nur um einen Lohnhirten, dem die Schafe anvertraut wurden, handelt, der den Zorn seines Herrn fürchten muss, oder um den Besitzer der Schafe selbst. Vgl. dazu Oveja, Neunundneunzig, 206.

459 Vgl. Wolter, Lukasevangelium, 525.

460 Zur Diskussion einer Zugehörigkeit zu Q vgl. Hoffmann, Anmerkungen, 140. Besonders Kloppenborg Verbin, Excavating, 96–98, hat sich für eine Q-Vorlage stark gemacht: „The evidence inclines in favor of Luke 15:8–10 deriving from Q. It appears in a Q context and is stylistically consistent with Q; indeed it displays Q's characteristic doubling of illustrations and the use of gender-pared illustrations.“ Auch Fleddermann, Q, 772–775, votiert für Q (vgl. auch die intensive Diskussion bei ders., Coin, 289–322). Heil, Gleichnisrede, 184f, befindet zwar, dass zweifelhaft ist, ob Lk 15,8–10 aus Q stammt, aber dass beide Gleichnisse (Schaf und Drachme) auf den historischen Jesus zurückgehen.

Antwort insinuiert: Eine verlorene Sache (Schaf/Drachme) zieht die ganze Aufmerksamkeit auf sich, während die anderen neunundneunzig bzw. neun weniger Beachtung finden. Am Ende steht in beiden Fällen die überbordende Freude aufgrund des Wiederfindens. Auch bei der verlorenen Drachme ist kleinbürgerlich-galiläisches Lokalkolorit gegeben. Denare und Drachmen waren im damaligen Palästina nebeneinander im Umlauf.[461] In römischer Zeit wurde die Drachme dem Sesterz gleichgesetzt, die Tetradrachme dem Denar. Ein Denar galt als Arbeitslohn eines Tagelöhners (vgl. Mt 20,2). Oft allerdings vermengten Schriftsteller auch „Drachmen" und „Denare" – in Tob 5,15 wird eine Drachme als Tagesarbeitslohn genannt. Die eine verlorene Drachme stellt also keinen sonderlichen Reichtum dar (und auch nicht der Besitz von zehn Drachmen), sichert aber das tägliche Überleben von einfachen Menschen.

Das *Schlusswort über die Freude bei den Engeln* schlägt die Brücke zwischen irdischem Haushalt und himmlischem Hofstaat. Die dahinter stehende Botschaft Jesu hat etwas ausgesprochen Tröstliches. Jesus, der mit seiner Botschaft von der *basileia* die Restitution alles Verlorenen verkündigt (s.u. *IV: Exkurs 1.4.5*), rechtfertigte mit solchen Gleichnissen wohl seine Barmherzigkeit gegenüber Sündern (vgl. dazu auch außerhalb der Logienquelle: Mk 2,16f).

Siebenmal vergeben (Q 17,3f)

3 Wenn dein Bruder sündigt gegen dich, weise ihn zurecht, und wenn er umkehrt, vergib ihm! 4 Und wenn er siebenmal am Tag gegen dich sündigen sollte, sollst du ihm auch siebenmal vergeben.

Das Wort vom *Siebenmal vergeben* schließt sich nun als Gemeindeparänese und praktische Weiterführung der Vergebung Gottes an: Die Menschen müssen die ihnen von Gott geschenkte Vergebung untereinander weitergeben. Bereits der historische Jesus hat die gegenseitige Vergebung der Menschen zur Bedingung für die Vergebung Gottes gemacht: im Vater-Gebet (Q 11,4), bei der Feindesliebe (Q 6,27f.36), aber auch außerhalb der Q-Überlieferung beim Bringen der Gaben zum Altar (Mt 5,24) oder im Gleichnis vom unbarmherzigen Gläubiger (Mt 18,23–35, dem „Schalksknecht"). Während Mt dieses Gleichnis vom unbarmherzigen Gläubiger unmittelbar auf das Q-Logion folgen lässt, und das Q-Logion mit einer Frage des Petrus nach der Vergebung einleitet, ist das Wort bei Lk in seiner ursprünglichen Knappheit und Kontextungebundenheit erhalten geblieben.[462]

Siebenmal vergeben: Sieben war schon in vorbiblischer Zeit eine heilige Zahl – in der Antike zählte man sieben mit bloßem Auge sichtbare, scheinbar bewegliche Himmelskörper (die sieben „Wandelgestirne": Sonne, Mond, Merkur, Venus, Mars, Jupiter, Saturn). Im AT ist die Sonderstellung der Sieben im Schöpfungswerk, der Siebentagewoche und der Heiligung des Sabbats (des „siebenten Tages") grundlegend. Sieben ist die Zahl der Fülle und Vollendung: Nach Gen 2,2 vollendete Gott die Schöpfung am siebenten Tag und die Woche endet mit dem heiligen, siebenten Tag. „Siebenmal vergeben" ist daher ein Bild für die Fülle der Vergebungsbereitschaft der Jünger untereinander, die grenzenlos sein soll. Daher hat Mt 18,22 seine Formulierung sogar noch hyperbolisch geweitet auf „siebzigmal sieben".

---

461 Vgl. dazu Reiser, Numismatik, 460 und 475f.

462 Zur Rekonstruktion vgl. Fleddermann, Q, 799–802.

Weise ihn zurecht, und wenn er umkehrt, vergib ihm: Vergebung soll nicht in den leeren Raum erfolgen, sondern nach Zurechtweisung und Umkehr des Sünders. Damit wird nicht nur dem Missverständnis einer falsch verstandenen Duldsamkeit gewehrt, sondern auch ein innergemeindlicher Korrekturmodus entworfen: Jesu Wort vom Hinhalten der anderen Wange (s.o. *III: Q 6,29*) ist auch schon in der Logienquelle vom *asymmetrischen* Gewaltverzicht zur *reziproken* Goldenen Regel weiterentwickelt worden.[463] Die ursprüngliche emblematische Friedfertigkeit und Gewaltlosigkeit war beim historischen Jesus ein Zeichen der eschatologischen Naherwartung (s.u. *IV: Exkurs 4.2: Der eschatologische Gottesfriede*). In der Logienquelle werden nun bereits Adaptationen vorgenommen, die solche Regelungen innergemeindlich praktikabel machen – die *asymmetrische Zeichenhaftigkeit* wird zur *reziproken Praktikabilität* weiterentwickelt. Schon Mt 18,15b formuliert diese Regel zu einer *correctio fraterna* „unter vier Augen" aus, die dann in V 16f mit weiteren „Eskalationsstufen" („zwei Zeugen", „vor der Gemeinde") ausgeweitet wird. Das geschwisterliche Zurechtweisen des „Bruders" (gemäß inklusiver Rede sind hier natürlich „Brüder und Schwestern" gemeint) findet sich schon in Lev 19,17; wie auch in Qumran: CD 9,7f und 1QS 5,24–6,1:

> [5,24] ... damit jeder zurechtweise [25] seinen Nächsten in Wahrhaftigkeit und Demut und liebevoller Verbundenheit gegen einen jeden. Er rede zu ihm nicht in Zorn oder mit Vorwurf [26] oder in Halsstarrigkeit oder in einem Eifer von Frevel-Geist, ... sondern am selben Tag noch soll er ihn zurechtweisen, doch nicht [6,1] Schuld auf ihn laden. Auch bringe er nicht gegen seinen Nächsten eine Sache vor die Vollmitglieder ohne vorherige Zurechtweisung vor Zeugen.

Erzähleinheit 3: Bäumeversetzender Glaube (Q 17,6)

Die letzte Erzähleinheit in Erzählkranz 6 besteht nur aus einer einzigen Perikope, *Glaube wie ein Senfkorn*. Dennoch wird dadurch der Erzählkranz *Durchhalten bis zur Parusie* perfekt abgeschlossen und auch gleich das Stichwort für den nächsten Erzählkranz gelegt: Hier wird jener exemplarische Glaube genannt, in dem die Q-Gemeinde den *Tag des Menschensohns* (die unmittelbar darauffolgende Perikope) erwarten soll.

Glaube wie ein Senfkorn (Q 17,6)

6 Wenn ihr Glaube habt wie ein Senfkorn, würdet ihr diesem Maulbeerbaum sagen: Entwurzele und pflanze dich in das Meer! Und er würde euch gehorchen.

Die sprichwörtliche Kleinheit des Senfkorns begegnet auch schon im Gleichnis vom Senfkorn Q 13,18f, dort allerdings als Wachstumsgleichnis. Hier dient der Aspekt der Kleinheit aber als Bildgeber: Es reicht Glaube von der Kleinheit eines winzigen Senfkornes, um Bäume versetzen zu können. Die Formulierung (zumindest in der für die Rekonstruktion bevorzugten lk Fassung) beginnt mit „Wenn ihr Glaube habt ..." als realer Bedingungssatz, endet aber als Irrealis („würdet ihr...") – die Nicht-Existenz dieses Glaubens wird also beklagt.

Bei Mk 11,22f gibt es eine Parallele zu diesem Logion, dort allerdings ist vom Bergeversetzen die Rede (so auch bei Mt 17,20), nachdem Jesus einen Feigenbaum zum Verdorren gebracht hat. Die Worte συκῆ, *sykē*, für „Feigenbaum" und συκάμινος, *sykaminos*, für „Maulbeerbaum" klingen im Griechischen ähnlich – man kann also

463 Vgl. dazu Theißen, Gewaltverzicht, 160–197.

gut die unterschiedlichen Entwicklungsstränge eines ähnlichen mündlichen Prätextes erkennen; das „Bergeversetzen" ist dann die rhetorisch „aufgemotzte" Variante zum „Bäumeversetzen".[464] Das Wort vom Bergeversetzen findet auch Parallelen in 1Kor 13,2 und ThEv 48 – in 1Kor 13,2 ist das Bergeversetzen mit besonderem Glauben konnotiert, im ThEv ist hingegen vom Glauben nicht mehr die Rede, sondern vom „Friedenschließen".[465] Alte Jesusüberlieferung hat hier also in ganz unterschiedlichen Kanälen, unterschiedlicher Auswortung und unterschiedlicher Zuspitzung überlebt.

Erzählkranz 7: Finale – furioso ma fantastico: Das bevorstehende Ende (Q 17,23–22,30)

Im vorangehenden *Erzählkranz 6* waren bereits Ermüdungserscheinungen angesichts der sich hinzögernden Parusie zum Tragen gekommen (*Fades Salz, Gott oder Mammon, Wehe den Verführern, Notwendige Vergebung*). Jetzt aber bietet *Erzählkranz 7* ein *Finale – furioso ma fantastico*: Furchtbar für die Ungläubigen, aber fantastisch für die Gläubigen wird das kommende Ende sein.

Erzähleinheit 1: Der Tag des Menschensohnes (Q 17,23–37; 19,12–26)

Pastos schildert *Erzähleinheit 1*, wie der Tag des Menschensohnes aussehen wird.

Der Menschensohn kommt wie ein Blitz (Q 17,23f)

23 Wenn sie euch sagen: Siehe, er ist in der Wüste, geht nicht hinaus; siehe, er ist in den Innenräumen, folgt ihnen nicht. 24 Denn wie der Blitz vom Osten hervorgeht und bis zum Westen scheint, so wird der Menschensohn an seinem Tag sein.

Dass der Menschensohn bei seiner Wiederkunft wie ein Blitz vom Osten bis in den Westen aufstrahlen wird, dient hier nicht so sehr der lebendigen Ausmalung des Jüngsten Tages, sondern der Warnung vor alternativen Heilsbringern. Ähnlich wie *Erzählkranz 6* bereits Ermüdungserscheinungen thematisiert, schimmert hier die Versuchung durch, zu fremden „Messiassen" überzulaufen. Damit kennt auch die Logienquelle schon das Problem der Parusieverzögerung, doch bleibt für Q die Naherwar-

464 Vgl. dazu die Analyse bei Schröter, Erinnerung, 418–435. Schröter kommt allerdings zum Schluss, dass auch schon in Q vom „Bergeversetzen" die Rede war und Lk den Text in Anlehnung an Mk 11 adaptiert habe (a.a.O. 427). Eine letzte Entscheidung wird sich hier nicht mehr treffen lassen, beide Rekonstruktionen bleiben hypothetisch. Die metaphorische Rede vom Bergeversetzen (vgl. Ijob 9,5; Offb 8,8; Josephus Ant 2,333; bSanh 24a; u.ö.) war allerdings weiter verbreitet als das Bäumeversetzen (vgl. dazu Konradt, Matthäus, 277).

465 Gemeint ist hier allerdings nicht der irdische Friede, sondern die – in gnostischen Kreisen anzutreffende – Vorstellung der Einheit. Vgl. dazu Schröter, Erinnerung, 433: „Diese Vorstellung der ursprünglichen Einheit ist für die Erlöservorstellung des EvThom ausgesprochen zentral. So wird etwa in Log. 30 die Vielfalt etwa der Götter geringer bewertet als die Einheit Gottes. Auf derselben Ebene liegt die Aufforderung, aus dem Männlichen und dem Weiblichen eine Einheit ... herzustellen, wie sie in Log. 22 begegnet."

tung trotzdem ungebrochen: Das Kommen des Menschensohns steht unmittelbar bevor!

Alternative „Messiasse": Die Logienquelle verwendet den Begriff Messias/Christos nicht und nennt daher auch Jesus kein einziges Mal Messias/Christos – mit gutem Grund:[466] Im damaligen Judentum erwarteten viele einen politischen Messias, der als „warrior king" und „militant figure" das irdische Reich Davids wiederherstellen würde.[467] Solche Hoffnungen sind uns in Apg 1,6 selbst für christliche Kreise belegt. Aber auch Flavius Josephus berichtet für die Zeit vor dem jüdischen Krieg (also der unmittelbaren Entstehungszeit der Logienquelle!) von politischen Zeichenpropheten, die dem Volk die Erlösung versprachen und wahrscheinlich auch messianische Hoffnungen weckten. So soll nach Ant 18,85–87 ein *samaritanischer Prophet* gegen Ende der Amtszeit des Pilatus (26–36 n. Chr.) einen Aufstand am Garizim angezettelt haben – unter der Verheißung, die angeblich am Garizim vergrabenen Kultgeräte des Moses wiederzufinden. Zur Zeit des Prokurators Cuspius Fadus (44–46 n. Chr.) wiegelte ein gewisser *Theudas* die Menge auf (Ant 20,97–99 und Apg 5,36, dort allerdings chronologisch falsch zugeordnet), indem er ankündigte, die Fluten des Jordan zu teilen. „Offenbar wollte er in Umkehrung der Landnahme unter Josua (vgl. Jos 3) seine Anhänger durch den Jordan hindurch zurück in die Wüste führen, um von dort aus die Befreiung einzuleiten."[468] Die Parallele zu Q 17,23 („Wenn sie euch sagen: Siehe, er ist in der Wüste, geht nicht hinaus") ist eklatant. Mehrere *anonyme Propheten* werden zur Zeit des Prokurators Felix (52–60 n. Chr.) in Ant 20,167f und Bell 2,258–260 genannt, die Josephus als „Betrüger und Gaukler" (οἱ δὲ γόητες καὶ ἀπατεῶνες ἄνθρωποι; Ant 20,167) kennzeichnet und die ebenfalls die Menschen aufforderten, ihnen in die Wüste zu folgen, wo sie Wunder und Zeichen sehen würden. Gleichfalls in die Zeit von Felix fällt die Tätigkeit eines nicht namentlich genannten *„Ägypters"* (Ant 20,169–172//Bell 2,262f; vgl. Apg 21,38), der ebenfalls einen Volksaufstand provozierte, indem er verheißt, dass auf sein Wort hin die Mauern Jerusalems einstürzen würden (eine Analogie zur Eroberung Jerichos). Unter Procius Festus (60–62 n. Chr.) hingegen verspricht *ein nicht näher genannter Prophet* (Ant 20,188) den Juden „Erlösung und Freiheit von den Übeln" (σωτηρίαν αὐτοῖς ἐπαγγελλομένου καὶ παῦλαν κακῶν), wenn sie ihm in die Wüste folgten. – All diesen „Propheten" ist gemein, dass sie unter Anspielung an messianische Erwartungen[469] politische Erlösungshoffnungen weckten. Der auch in Q 17,23 genannte „Gang in die Wüste" sollte die läuternde Funktion der Wüstenwanderung präsent setzen – ein Muster, das uns ja auch schon vom Täufer bekannt ist. Die Logienquelle führt die Argumentation launig weiter: Weder in der *Wüste draußen*, noch im *Haus drinnen* ist ein alternativer Heilsbringer zu erwarten. Möglich wäre auch, die Innenräume „in diesem Kontext wohl auf das Bild

466 Vgl. dazu im Folgenden Tiwald, Logienquelle, 163–166.

467 Vgl. Pomykala, Art. Messianism, 939. So berichten 4Q161 Frg. 8 + 9, 5–13 und 4Q285, dass der Spross Davids die „Kittijim" (also die Römer, vgl. Dan 11,30) besiegen werde, und in PsSal 17,23–46 wird der Messias als Kriegsherr gezeichnet, ebenso in 4 Esra (Kapitel 11 und 12), wo der Messias aus dem Geschlecht Davids (12,32) in der sinnbildlichen Gestalt des Löwen (vgl. Gen 49,9; Hos 5,14; Offb 5,5) die Römer in Gestalt des (römischen) Adlers vernichtet.

468 Stegemann/Stegemann, Sozialgeschichte, 151.

469 Vgl. dazu Pomykala, Art. Messianism, 941.

der Verborgenheit des Messias zu beziehen (vgl. Joh 1,26; 7,26–27; Justin, Dial 8,4)."[470] Die Warnung vor anderen Erlösern ist nicht nur religiöser *in-group-mentality* geschuldet, sondern auch politischer Raison: Josephus berichtet davon, dass die Römer alle diese Revolten gewaltsam niederschlugen und die entsprechenden „Propheten" töteten. Die Jesusbewegung aber ist eine *Revolution der Werte*, nicht der *Waffen*.

Das *Bild des Blitzes* begegnet schon im AT für das Erscheinen Gottes (Ps 97,4; Ez 1,13f) wie auch für Engel Gottes (Dan 10,6; Mt 28,3; in Lk 10,18 für den Sturz Satans). In 2Bar 53,8–11 (vgl. die Deutung in 2Bar 72,1f) wird der Blitz als Bild für den Messias gebraucht, der über die Erde herrschen wird.

Aas und Geier (Q 17,37)

37 Wo das Aas ist, da werden sich die Geier versammeln.

Der hier für „Geier" verwendete Ausdruck heißt bei Mt 24,28//Lk 17,37 übereinstimmend ἀετοί. Das Wort ἀετός, *aëtos*, meint eigentlich den „Adler",[471] nicht den „Geier", wobei die Begriffe in der Antike nach heutigen ornithologischen Maßstäben wenig präzise waren.[472] Gerade in der hebräischen Bibel werden Adler und Geier oft nicht unterschieden, für beide Vogelarten wird das Wort נֶשֶׁר verwendet (Dtn 32,11; Ijob 9,26; 39,27; Spr 23,5; 30,17; Jer 48,40; 49,16.22; Ez 1,10; 10,14; 17,7; Hos 8,1; Obd 1,4; Mi 1,16; Dan 7,4), wobei sich die Attribute von Adler und Geier sogar an ein und derselben Stelle mischen können.[473] Es ist also unangemessen, mit dem Wort „Adler" allzu schwerhüftige Überlegungen zu verbinden, etwa, dass mit den „Adlern" die „Römer" (vgl. den „römischen Adler" auf den Feldzeichen, Josephus Bell 3,123) gemeint sein könnten. Zwar stimmt es, dass in 4Esr 12,11.22–27 das Bild des Adlers für Rom verwendet wird, doch ergibt diese Symbolik an unserer Stelle keinen Sinn – antirömische Polemik begegnet in der gesamten Logienquelle nicht (im Unterschied zu 4Esr). Besser passt hier eine Parallele aus dem Hoseabuch:

> Hos 8 1 An deinen Mund das Horn! Wie der Geier über dem Haus des HERRN! Weil sie meinen Bund übertreten haben / und meiner Weisung untreu geworden sind. 2 Sie schreien zwar zu mir: Mein Gott! / Wir, Israel, kennen dich doch. 3 Aber Israel hat das Gute verworfen. / Darum soll der Feind es verfolgen.

In Hos 8,1 hängt das Strafgericht über dem Haus des Herrn „wie der Geier" (כַּנֶּשֶׁר) über verendendem Vieh: So wie das Signalhorn das herandräuende Unheil ankündigt, so verdeutlicht das Kreisen des Geiers den baldigen Tod. In beiden Bildern wird die Unausweichlichkeit des Strafgerichts verdeutlicht. Ähnlich auch der Text in der Logienquelle: So wie das Aas die Geier unausweichlich anzieht, so zieht der Unglaube der Menschen das Strafgericht Gottes an.[474] Bemerkenswert ist darüber hinaus auch die zweite Parallele des oben zitierten Textes Hos 8,2: „Sie schreien zwar zu mir: Mein

470 Harb, Rede, 139.

471 So auch die Übersetzung bei Wolter, Lukasevangelium, 585.

472 Vgl. dazu die ausführliche Diskussion bei Harb, Rede, 146–167, mit etlichen Belegen der antiken Literatur.

473 In Mi 1,16 ist klarerweise das kahle Haupt des „Geiers" gemeint, nicht des „Adlers". In Ijob 39,27-30 baut der „Adler" zwar sein Nest auf hohen Felsenzacken, doch „wo Erschlagene sind, ist er zur Stelle" – nach Art von „Geiern".

474 Vgl. Harb, Rede, 167: „... die Unvermeidbarkeit der Sammlung der Geier als Hauptpunkt des Vergleichs ..."

Gott! / Wir, Israel, kennen dich doch" zu Q 13,26f: „Wir aßen und tranken vor dir, und du hast in unseren Straßen gelehrt. Und er wird euch sagen: Ich kenne euch nicht!" Falschen Hoffnungen darf man sich angesichts des nahenden Gerichts nicht mehr hingeben! Allerdings ist mit diesem Gericht weder bei Hosea noch in der Logienquelle eine *definitiv-endgültige* Verdammung Israels intendiert, sondern eine *performativ-mahnende* Glaubensaufforderung. Hier wird einmal mehr klar, wie stark Q der Topik biblisch-frühjüdischer Mahnreden verpflichtet ist.

Wie in den Tagen des Noach (Q 17,26f.30)

26 Wie es geschah in den Tagen Noachs, so wird es auch am Tag des Menschensohns sein. 27 Denn wie es war in jenen Tagen, dass sie aßen und tranken, heirateten und verheirateten bis zu dem Tag, an dem Noach in die Arche ging und die Flut kam und alle wegraffte, 30 so wird es auch an dem Tag sein, an dem der Menschensohn offenbar wird.

Mit biblischer Topik geht es auch in dieser Perikope weiter: In Gen 6–7 wird von Noach, dem Bau der Arche und der Sintflut berichtet, die aufgrund der menschlichen Bosheit (Gen 6,5.11) als Strafe für die Menschen verfügt wurde. Die evozierten Assoziationen führen also die Gerichts-Motivik weiter fort. Wie die Perikope aber im Einzelnen zu deuten ist, daran scheiden sich die Geister.[475]

Die Notiz *„Denn wie es war in jenen Tagen, dass sie aßen und tranken, heirateten und verheirateten"* meint wohl keine negative Abqualifizierung dieses täglichen Lebens, sondern verdeutlicht das plötzliche, unerwartete Hereinbrechen des Gerichts in den alltäglichen Gang der Existenz.[476] Das passt auch zu der anschließenden Perikope in Q 17,34f, wo mitten in die tägliche Arbeit am Acker oder an der Handmühle das Gericht hereinbricht. Der Druckpunkt ist also nicht das Verbot von bestimmten Handlungen, sondern eine Mahnung, ob dieser Alltäglichkeit nicht gottvergessen zu werden. Zwar werden in der späteren rabbinischen Tradition die Menschen der Sintflutgeneration als Trunkenbolde abqualifiziert (vgl. Billerbeck, Kommentar I, 961), doch ist dieses Bild im Frühjudentum noch nicht zu belegen.[477] Auch das *„heirateten und verheirateten"* fokussiert nicht – wie von M. Wolter vorgeschlagen – auf „den sexuellen Verkehr von Männern und Frauen",[478] sondern ist wörtlich zu nehmen: Das Bild vom Heiraten verdeutlicht, dass die Menschen Familien gründen, weil sie mit einer längeren Phase der Sicherheit und Verlässlichkeit rechnen (vgl. Jer 29,5f, der mit ähnlichen Worten zum Heimisch-Werden im Exil aufruft). Nicht Kritik an der Institution der Ehe oder der Sexualität wird hier geübt, sondern auf die Kürze der verbleibenden Zeit verwiesen – ähnlich wie Paulus das bezüglich der Ehe in 1Kor 7,29 auch tut.

---

475 Vgl. dazu die detaillierte Übersicht bei Harb, Rede, 167–177.

476 Vgl. Wolter, Lukasevangelium, 582: „Man darf darum nicht unter der Hand einen ethischen Vorwurf in die Beschreibung eintragen ..., denn die Pointe der Beschreibung besteht gerade darin, dass auf unspezifische und zeitlose Verrichtungen zurückgegriffen wird, um die Übertragbarkeit in die Gegenwart zu ermöglichen ..."

477 Vgl. Harb, Rede, 170.

478 Wolter, Lukasevangelium, 582. Gerade Lk 20,34f, das Wolter hier als Beleg anführt, scheint doch ein schlechtes Beispiel zu sein, da es ja um das Eheband nach dem Tod der Frau und nicht um Geschlechtsverkehr geht. Obendrein wäre dieser Befund von γαμέω im Licht der Logienquelle (vgl. Q 16,18) ungewöhnlich.

Der Tag des Menschensohns: Aus dem AT ist der Ausdruck „Tag JHWHs“ (z.B. Joel 3,3–5; Sach 14,1; Jes 34,8) bekannt, als Tag des Gerichts über die Übeltäter und Rettung für die Gerechten. Schon bei Paulus wird in 1Thess 5,2 der „Tag des Herrn“ als kommend „wie ein Dieb in der Nacht angekündigt“ – das Motiv der Plötzlichkeit und Unerwartetheit ist ja auch in unserer Q-Perikope gegeben: Mitten in die Alltäglichkeit (Essen-Trinken-Heiraten) bricht das Gericht! Darüber hinaus hat auch Paulus den „Tag des Herrn“ schon direkt mit der Parusie Jesu verbunden und zum „Tag unseres Herrn Jesus“ weiterentwickelt (1Kor 1,8; 2Kor 1,14), wie ja auch die Logienquelle das Bild zum „Tag des Menschensohns“ – also des zum Gericht wiederkehrenden Jesus – fortführt. Paulus wie auch die Logienquelle gehen hier auf gemeinsame alte Traditionen zurück.[479]

Mitgenommen oder zurückgelassen (Q 17,34f)

34 Ich sage euch, zwei werden auf dem Acker sein: einer wird mitgenommen und einer wird zurückgelassen. 35 Zwei werden an der Mühle mahlen, eine wird mitgenommen und eine wird zurückgelassen.

Die Szenerie des plötzlich hereinbrechenden Gerichts, das Menschen mitten in der alltäglichen Arbeit trifft, wird nun mit den beiden Bildern von der Arbeit am Acker und dem Mahlen an der Mühle weitergeführt. Kernaussage dabei ist: „Es gibt keine vorausgehende Zeit der Umkehr mehr und es kann jeden Menschen treffen, Männer wie Frauen.“[480] Das Wort dient als Warnung, rechtzeitig für den Tag des Menschensohns Vorsorge zu treffen, da es beim Anbruch des Eschatons zu spät sein wird.

Zu den in der Logienquelle gerne verwendeten *Doppelbildworten in Mann-Frau-Komplementarität* s.u. *IV: Exkurs 5.2.* Solche „Gendered Couplets“ lassen sich besonders in der späteren rabbinischen Literatur häufig antreffen. Das Arbeiten am Feld war Männerarbeit, das Mahlen an der Mühle Frauentätigkeit (vgl. Ex 11,5; Lev 26,26; Jes 47,2; Koh 12,3).

Mitgenommen und zurückgelassen: Fraglich ist, was es mit dem Begriffspaar παραλαμβάνω, *paralambanō*, „mitnehmen“ und ἀφίημι, *aphiēmi*, „zurücklassen“ auf sich hat. Mit hoher Wahrscheinlichkeit bezeichnet „mitnehmen“ das Heils- und „zurücklassen“ das Unheilsgeschick:[481] Das Wort παραλαμβάνω wird gerne für den Vorgang der Entrückung verwendet, wie 1Hen 17,1; TestLev 17,4.6; TestAbr A 15,1; 16,5 oder Mt 4,5.8 (= Q 4,5.9) belegen.[482] Das hier zugrunde liegende Bild rechnet also nach apokalyptischen Mustern damit, dass die „Mitgenommenen“ zum Himmel entrückt werden (vgl. 1Thess 4,17), während die „Zurückgelassenen“ in den eschatologischen Untergang gerissen werden.[483]

Das Gleichnis vom anvertrauten Geld (Q 19,12f.15–24.26)

12 Ein Mensch, der sich auf Reise machte, 13 rief zehn seiner Sklaven und gab ihnen zehn Minen und sagte ihnen: Macht Geschäfte bis ich komme. 15 Bei seiner Rückkehr hält der Herr jener Sklaven Abrechnung mit ihnen. 16 Und der erste kam und sagte: Herr, deine Mine hat zehn Minen hinzuerworben. 17 Und er sagte

479 Vgl. dazu die detaillierte Untersuchung bei Jacobi, Jesusüberlieferung, 123–193.

480 Harb, Rede, 178.

481 Vgl. dazu die akribische Studie bei Friedl, Gericht, 151–190 (bes. 185f Anm. 1053).

482 Vgl. dazu Friedl, Gericht, 153–186.

483 Vgl. Wolter, Lukasevangelium, 584f.

ihm: Schön, du guter Sklave, mit wenigem warst du zuverlässig, über vieles werde ich dich stellen. [18] Und es kam der Zweite und sagte: Herr, deine Mine hat fünf Minen gemacht. [19] Er sagte ihm: Schön, du guter Sklave, mit wenigem warst du zuverlässig, über vieles werde ich dich stellen. [20] Und es kam der Dritte und sagte: Herr, [21] ich wusste von dir, dass du ein harter Mensch bist, du erntest, wo du nicht gesät hast, und sammelst von dort, wo du nicht ausgestreut hast; und aus Furcht ging ich hin und verbarg deine Mine in der Erde. Sieh, hier hast du das Deine. [22] Er sagt ihm: Du schlechter Sklave! Du wusstest, dass ich ernte, wo ich nicht gesät habe, und von dort sammle, wo ich nicht ausgestreut habe? [23] Du hättest nun mein Geld den Bankleuten geben müssen, und wenn ich komme hätte ich das Meine mit Zins empfangen. [24] Nehmt ihm nun die Mine weg und gebt sie dem, der die zehn Minen hat. [26] Jedem nämlich, der hat, wird gegeben werden, dem aber, der nicht hat, dem wird auch das, was er hat, weggenommen werden.

Das Gleichnis vom anvertrauten Geld ist eine der längsten Perikopen der Logienquelle. Da bei Mt und Lk recht unterschiedliche Varianten dieses Gleichnisses vorfindbar sind, rechneten frühere Forscher den Text zumeist nicht zum Bestand der Logienquelle. Wenn man aber die Einschübe der Thronanwärtergeschichte in Lk 19,12b.14f.27 beiseitelässt, wird ein gemeinsamer Prätext mit gleicher Erzählführung und identem Plot erkennbar:[484] Ein Herr geht auf Reisen und vertraut seinen Dienern Geld an; zwei der Diener wirtschaften positiv, einer versteckt aus Angst vor der Strenge des Herrn das Geld (bei Mt 25,25 „in der Erde“, bei Lk 19,20 „eingewickelt in ein Schweißtuch“) und wird dafür vom Herrn nach dessen Rückkehr kritisiert. Ident ist auch der launige Hinweis, dass der letzte Diener das Geld doch lieber auf die Bank hätte bringen sollen, statt es zu verstecken: Nach Mt 25,29 hätte er das Geld besser den τραπεζίταις, *trapezitais*, den Geldwechslern, gebracht, bei Lk 19,23 hingegen ἐπὶ τράπεζαν, *epi trapezan*, auf die (Wechsel-)Bank – in beiden Versionen mit Verweis auf die entgangenen Zinsen. Mt spricht von anvertrauten „Talenten“, Lk hingegen von „Minen“ – beides waren Gewichtseinheiten, in denen zumeist Silbermünzen bemessen wurden.[485] Auch wenn in Lk 19,13 zehn Diener genannt werden – anders als die drei in Mt 25,15 –, wird doch auch bei Lk 19,16.18.20 nur von drei Dienern Rechenschaft gefordert. Übereinstimmend ist dann auch das Schlusswort, dass dem, der hat, noch gegeben wird, und dem, der nicht hat, genommen wird.

Druckpunkt der Erzählung ist, dass angesichts der bevorstehenden Wiederkunft des Menschensohns (so die Kontextuierung der Logienquelle) und der dabei zu erwartenden Forderung nach Rechenschaft (bei Mt 25,19 συναίρει λόγον μετ᾽ αὐτῶν „er hält Abrechnung mit ihnen“, bei Lk 19,15 nur ἵνα γνοῖ τί διεπραγματεύσαντο, „damit ich erkenne, was sie erhandelten“) nicht Angst vor der Strenge des Herrn, sondern couragiertes, zuversichtliches und mutiges Handeln gefragt ist. Auffällig ist, dass trotz des Gerichtscharakters der Erzählung im Kern-Plot die positiven und Mut machenden Aspekte dominie-

---

484 Vgl. dazu Fleddermann, Q, 838; Heil, Lukas, 197–204; Roth, Parables, 109–114.

485 Vgl. Reiser, Numismatik, 459. Ein Talent umfasste sechzig Minen, eine Mine hatte den Wert von hundert Drachmen. Eine Drachme stellt nach Tob 5,15 den Lohn eines Tagelöhners dar (s.o. die Ausführungen zu *III: Q 15,8–10*). Vgl. ebenso Wolter, Lukasevangelium, 620.

ren: Handle mutig und ohne Angst, dann wird dir Erfolg zuteil! Dieser grundsätzliche Appell zu couragiertem Handeln begegnet in Jesusgleichnissen häufiger, etwa in Gleichnissen wie dem Schatz im Acker und dem Perlenkaufmann (Mt 13,44–46), dem ungerechten Verwalter (Lk 16,1–8), den frechen Raben (Q 12,24), dem unverschämt bittenden Freund (Lk 11,5–8) oder der Witwe und dem Richter (Lk 18,1–8), und passt gut zur *Gewalt- und Insistenzmetaphorik*, wie sie für Jesus typisch ist[486] (s.u. *IV: Exkurs 4.1.4: Gewalttäter für die Königsherrschaft Gottes*). Im Kern-Duktus passt die Erzählung daher gut zum historischen Jesus:[487] Angesichts der anbrechenden Königsherrschaft Gottes ist jetzt nicht vorsichtiges Abwarten und ängstliche Zurückhaltung gefragt, sondern mutiges Handeln! Für authentische Jesusüberlieferung spricht auch das galiläische Lokalkolorit: Großpächter kauften in damaliger Zeit weite Flächen des Landes auf[488] und praktizierten Abstinenz, indem sie sich in ihre Stadtpaläste – oft auch außerhalb Palästinas – zurückzogen. S. Freyne urteilt dazu: „A new elite of absentee landlords emerged who had little interest in maintaining a balance ..."[489] Am Ende des Tages zählte einzig der Profit, den die von ihnen eingesetzten Verwalter einzuspielen hatten. Die gnadenlose Profitorientiertheit der Perikope ist also realitätsnah, wird aber bemerkenswerterweise nicht kritisiert, sondern sogar als beispielgebend veranschlagt. Hier wie auch sonst begegnen in Jesu Gleichnissen „unmoralische Helden" (s.o. *III: Q 12,22b-31*, die Auslegung zu den frechen Raben), die auf einer Linie mit der schon genannten Gewalt- und Insistenzmetaphorik Jesu liegen (s.u. *IV: Exkurs 4.1.4*): Nicht an der kleinen Münze moralinsaurer Wohlverhaltens-Paränese sind solche Gleichnisse interessiert, sondern am Aufruf zum engagierten und mutigen Handeln angesichts der kommenden Königsherrschaft Gottes. Dass die Bilder – etwa hier der gnadenlose Turbokapitalismus – schockieren, ist intendiert und bewusst eingesetzt: Jesus will die Hörer seiner Gleichnisse aufschrecken und zum engagierten Handeln bringen, nach dem Motto: Wenn der Besitzer zurückkommt, werden nur die Diener Bestand haben, die couragiert gehandelt haben!

Dass solch ein Gleichnis in der späteren Jesusüberlieferung Anstoß erregen musste, ist gut nachvollziehbar (in ähnlicher Weise vergleiche man nur die sechs unterschiedlichen Deutungsversuche im Anschluss an das Gleichnis vom ungerechten Verwalter, Lk 16.8b.9.10.11.12.13). Bereits in der Logienquelle – und dann noch stärker bei Mt und Lk – erfährt das Gleichnis vom anvertrauten Geld eine paränetische Verzweckung: Die Nähe der Königsherrschaft Gottes wird in Q zur Nähe der Wiederkunft des Menschensohnes weitergesponnen – bei Mt 25,19 tritt dann auch noch die Parusieverzögerung hinzu, wenn es heißt, dass der Herr erst „nach langer Zeit" wiederkehrt. Von den Herausgebern der CEQ wird diese Formulierung allerdings auch schon für Q 19,15 veranschlagt (wenn auch mit großer Unsicherheit). Wahrscheinlicher jedoch ist, dass dies noch nicht in Q stand und auf Mt zurückgeht – auch bei Lk 19,15 ist nicht von einer langen Zeit die Rede,

---

486 Vgl. Theißen/Merz, Jesus, 503; Labahn, Gekommene, 196.

487 Auch Konradt, Matthäus, 386, überlegt diese Möglichkeit.

488 Vgl. dazu Kloppenborg, Growth, 61: „... tenancy became an important instrument of the agricultural economy in Jewish Palestine ... The growth of large estates had important effects on the structure of labour: not only were smallholders forced to cede their plots in favour of large estates, ... but the labour demands of such properties also distorted established agricultural patterns. ... There is evidence of a shift from small-scale polycropping to large-scale monoculture oriented to export ..."

489 Freyne, Revolt, 51.

sondern nur von einer gewissen Absenz, die mit den Worten „bei seiner Rückkehr" beendet wird – was von diesem Kommentar auch für Q übernommen wurde.[490] Bei Lk hingegen wird die Geschichte vom Thronprätendenten in den Text eingewoben – wohl eine Reminiszenz an die Reise des Herodessohns Archelaos nach Rom zur Erringung der Königswürde und die gegen ihn gerichtete Gesandtschaft (Josephus Ant 17,208.222.300–316).[491] Damit erhält die Erzählung einen anderen Drall: „Eine allegorische Interpretation des Thronprätendentenfadens ... wird sich darum nicht in Abrede stellen lassen."[492] Allegorisch-paränetisch ist aber auch schon in Q die Deutung des anvertrauten Geldes: Die Menschen erhalten gewisse Gaben (bei Mt „Talente") und müssen damit wirtschaften, um bei der Wiederkunft des Menschensohns Rechenschaft geben zu können. Der ursprünglich Mut machende und zum couragierten Handeln aufrufende Text entfaltet im Blick auf das anstehende Gericht eine stark paränetische Tendenz, die auch die Drohung des Scheiterns in den Raum stellt. An einer als problematisch empfundenen Grunderzählung, die im Kern auf Jesus zurückgeht, wurde also schon in Q und dann auch bei Mt und Lk deutend „herumgebastelt" und paränetisch-allegorische Linien eingezogen. Das erklärt wohl auch, warum sich kein einheitlicher Q-Wortlaut eruieren lässt – wahrscheinlich kursierten schon zur Abfassungszeit der Logienquelle verschiedene Varianten dieses nicht unproblematischen Gleichnisses. Die unterschiedlichen Fassungen können gut als Beispiel dafür gesehen werden, wie *secondary orality* (s.o. *I.1.2.4*) zu verstehen ist.

Gut passt in dieses Bild auch das Abschlusswort: *Jedem nämlich, der hat, wird gegeben werden ...* Dieses Logion rundet als Schlußgnome das Gleichnis vom anvertrauten Geld ab. Wahrscheinlich war das Wort „schon im Zusammenhang mit der Q-Parabel ... als sekundäre Kommentierung eingesetzt."[493] Auf Jesus geht das Logion damit nicht zurück, sondern ist Deutung der Gemeinde. Der Spruch gehört „zum Regelgut der frühen Q-Gemeinde, die in apokalyptischer Manier die Umkehrung der sozialen und politischen Verhältnisse und den verdienten Lohn der im ideellen Sinn Besitzenden, aber in der Gegenwart Verkannten, für den neuen Äon erwartet."[494] Schön ist das dabei verwendete Oxymoron: Einem, der nichts hat, kann man streng genommen auch nichts mehr wegnehmen – trotzdem unterstreicht die krasse Formulierung die intendierte Aussage perfekt!

---

490 Auch in der Rekonstruktion bei Fleddermann, Q, 849, wird das mt „nach langer Zeit" nicht übernommen. Ein gewisser Zeitabstand ist aber „im Blick auf die Logik der Gleichniserzählung notwendig, da der Zugewinn der ersten beiden Knechte zweifelsohne eine gewisse Zeit brauchte" – so Konradt, Matthäus, 387. Wahrscheinlich lag allerdings in Q noch kein besonderes Gewicht auf einer „langen" Zeit, da in der Logienquelle noch immer die Naherwartung dominiert.

491 Nach dem Tod Herodes d. Gr. reiste Archelaos nach Rom, um den von Herodes für ihn vorgesehenen Königstitel zu erhalten. Da Archelaos aber als brutal und unberechenbar galt (vgl. Mt 2,22), votierte eine Gesandtschaft von Juden dafür, lieber der Provinz Syrien eingegliedert zu werden und unter einem römischen Statthalter nach den jüdischen Gesetzen leben zu dürfen. Auch wenn Archelaos letztlich nur der Titel „Ethnarch" zugesprochen wurde, setzten ihn die Römer doch als Herrscher über Judäa, Samaria und Idumäa ein. Vgl. dazu Kollmann, Einführung, 83; Tiwald, Frühjudentum, 83f; Luz, Matthäus III, 496; Wolter, Lukasevangelium, 619f.

492 So zu Recht Wolter, Lukasevangelium, 618.

493 Ebner, Weisheitslehrer, 93.

494 Ebner, Weisheitslehrer, 94.

Erzähleinheit 2: Schlussakkord: Die Stämme Israels richten (Q 22,28.30)

Die Stämme Israels richten (Q 22,28.30)

[28] Ihr, die ihr mir gefolgt seid, [30] werdet auf Thronen sitzen und die zwölf Stämme Israels richten.

Mit dieser vollmundigen Verheißung endet die Logienquelle[495] und fasst dabei wichtige Sinnlinien von Q noch einmal zusammen:

1) Trostfunktion: Die verschmähten Nachfolger Jesu (vgl. das *gewaltsame Prophetengeschick*, s.u. *IV: Exkurs 3.2*; s.o. *III: Q 10,21*) werden in der Endzeit von Gott in ihr Recht gesetzt werden. Ja mehr noch – sie werden die zwölf Stämme Israels richten!

2) Naherwartung: Die eschatologische Naherwartung, die ganz Q durchzieht, kommt im Schlusssatz noch einmal zu voller Geltung: Die verschmähten Jesusjünger rechnen zu ihren eigenen Lebzeiten damit, am eschatologischen Geschehen zu partizipieren – und zwar auf der Siegerseite!

Damit aber sind noch nicht alle Fragen gelöst. Besonders kontrovers wird die Frage diskutiert, ob das Wort „richten" (κρίνω) im Sinne eines vernichtenden Strafgerichts zu werten ist und damit letztlich noch im Schlusssatz den Stab über das „ungläubige Israel" bricht. So urteilt P. Hoffmann: „Das Logion Q 22,30 markiert mit der Gerichtsankündigung über ganz Israel einen Endpunkt. Es bedeutet den Abschied von Israel."[496] Im Unterschied dazu haben einige Forscher darauf verwiesen, dass das Wort κρίνω auch in Sinne von „regieren" verstanden werden könnte. G. Theißen meint dazu: „Das Logion von den Zwölfen, die Israel richten werden, zielt nicht auf eine Verdammung Israels. Denn die vorausgesetzte Sammlung der zwölf Stämme ist ein Heilsgeschehen. Das Gericht der Zwölf entspricht dem ‚Richten' des Messias in PsSal 17,26 – und auch das ist ein heilschaffendes Regieren."[497]

PsSal 17 [26] Und er [sc. der Sohn Davids] wird versammeln ein heiliges Volk (συνάξει λαὸν ἅγιον), das er führen wird in Gerechtigkeit, und er wird richten die Stämme des Volkes (κρινεῖ φυλὰς λαοῦ), das geheiligt ist vom Herrn, seinem Gott.

Zugunsten dieser Deutung spricht, dass für den historischen Jesus die Sammlung und Wiederherstellung des Zwölf-Stämme-Volkes ein eschatologisches Heilszeichen war – in der symbolischen Einsetzung des Zwölferkreises nimmt er die für die Endzeit erwartete Wiederherstellung der zwölf Stämme Israels (vgl. Jes 60,4) symbolkräftig vorweg.[498] Der Zwölferkreis ist in Q zwar nicht präsent, doch schwingen in unserer Perikope die auch für den historischen Jesus federführenden Muster einer eschatologischen Restitution der verlorenen Stämme Israels mit. Somit hat G. Theißen nicht unrecht, wenn er an anderer Stelle befindet: „Auf jeden Fall enthält dieses Q-Logion

495 Vgl. dazu die Untersuchung bei Tuckett, Sayings, 250–265, wo auch Fragen zur Textrekonstruktion diskutiert werden. „... the evidence suggests that this was the final saying in Q" (a.a.O. 254).

496 So Hoffmann, Herrscher, 264.

497 Theißen, Entstehung, 66.

498 Zum Zwölferkreis vgl. Merklein, Gottesherrschaft, 42, und Gnilka, Christen, 182.

eine Heilsbotschaft für Israel: Die zwölf Stämme werden aus der Zerstreuung zurückkehren."[499]

G. Bazzana hat das Wortfeld von κρίνω in der apokalyptischen Literatur untersucht und kommt zum Schluss, dass das Hauptthema unserer Perikope die Teilhabe der Q-Jünger an der Souveränität der eschatologischen Richtermacht Gottes ist.[500] Die eigentliche Sinnspitze ist also nicht *ad extra* gegen das ungläubige Israel gerichtet, sondern versteht sich *ad intra* als Selbstvergewisserung auf dem richtigen Weg zu sein. Der Text trägt somit eine starke Trostfunktion für die Verfolgten und Belächelten: Die, welche jetzt noch als „Unmündige" (vgl. Q 10,21) von Kindern auf den Marktplätzen (vgl. Q 7,31–35) verspottet werden, werden im bevorstehenden Eschaton zu den höchsten Ehren aufsteigen. Die gesamte Argumentation ist dem *logos protreptikos* geschuldet, der nicht *informativ* verurteilen will, sondern *performativ* eine Trostfunktion wahrnimmt.[501]

Allerdings darf man trotzdem nicht unterschlagen, dass auch der Gerichtsaspekt in unserer Perikope zum Tragen kommt – auch das ist Q-Theologie und darf nicht wegretuschiert werden. Ch. Heil hat zu Recht betont, dass eine völlige Reduktion des Verbs κρίνω lediglich auf „regieren" ohne den Aspekt „richten" am Sprachgebraucht der Logienquelle vorbeigeht.[502] Und Ch. Tuckett betont, dass κρίνω/κρίσις im Kontext von Q zumeist auf das Jüngste Gericht abzielt (Q 11,31; vgl. auch 6,37 und 11,19b), weil die Gerichtsthematik in Q prominent vertreten ist (Q 10,12–15; 11,31f; 13,28f).[503] Allerdings muss diese Gerichtsthematik nicht unbedingt einen definitiven Abbruch mit den zwölf Stämmen Israels bedeuten: „... even if one accepts that κρίνω here means ‚judging' and not ‚ruling over' ..., it does not necessarily refer to condemning as opposed to acquitting. ... The language of the saying itself does not imply necessarily that the whole ‚twelve tribes of Israel' are rejected and condemned en bloc."[504] Tatsächlich ist auch dies Bestandteil des *logos protreptikos*, der *nach innen* die eigene Position bestärkt, doch *nach außen* hin zu Verhaltensänderung und Umkehr aufruft. In der frühjüdischen Literatur lassen sich dafür etliche Beispiele finden, besonders in *Henochs-Epistel* aus dem ersten Henochbuch.[505]

> 1Hen 95 [3] Fürchtet euch, ihr Gerechten, nicht vor den Sündern, denn der Herr wird sie wieder in eure Hand ausliefern, damit ihr an ihnen das Gericht vollzieht, so wie ihr wollt.

> 1Hen 98 [12] Wehe euch, die ihr ungerechtes Tun liebt – warum hofft ihr auf Gutes für euch? Wisset, daß ihr in die Hände der Gerechten gegeben werdet, und sie werden euch die Köpfe abhauen und euch töten und kein Mitleid mit euch haben.

---

499 Theißen, Lokalkolorit, 233 Anm. 46.

500 Bazzana, Judgement, 183: „... its main theme is the participation of Jesus's disciples (and of the Q people) in the exercise of divine sovereignty in the end-time."

501 Vgl. dazu: Nickelsburg, Wisdom, 73–91; Johnson, Slander, 419–441; Marshall, Apocalypticism, 8–82; Tiwald, Valeur, 115–137. So schreibt Johnson (a.a.O. 433): „The purpose for the polemic is not so much the rebuttal of the opponent as the edification of one's own school. Polemic was primarily for internal consumption" und unterstreicht den „protreptic use of polemics".

502 Vgl. Heil, Zukunft, 194 – mit Verweis auf Q 6,29.37, wo κρίνω eindeutig „richten" meint.

503 Vgl. Tuckett, Sayings, 254.

504 Tuckett, Sayings, 262.

505 Vgl. dazu Tiwald, Valeur, 115–137.

Die Parallele zur Logienquelle ist augenfällig: Das Gericht wird im Namen Gottes von den Gerechten an den Ungerechten vollstreckt werden. Die hier zitierten Drohworte aus der *Henochepistel* umfassen die Teile 1Hen 92,1–5; 93,11–105,2 und wurden knapp vor dem Makkabäeraufstand verfasst.[506] Die hier ins Auge gefassten Sünder, denen das Gericht angedroht wird, sind – genauso wie in Q 22 – innerjüdische Gegner, die sich hauptsächlich dadurch auszeichnen, dass sie divergierende Vorstellungen zur korrekten Auslegung der eigenen Religion proponieren.[507] Dabei scheinen sowohl in der Henochepistel wie auch in der Logienquelle die „Frevler" in Wirklichkeit die in Israel angesehenere und auch ökonomisch bedeutendere Gruppierung gewesen zu sein.[508] Schon alleine daran wird klar, dass mit den Gerichtsworten gegen die erfolgreicheren Widersacher keine definitive Aussage zu deren endgültiger Verdammung, sondern zunächst eine Selbstvergewisserung *ad intra* getätigt wird, die als Trostfunktion (das in 1Hen 95,3 und 104,6 zum Tragen kommende „Fürchtet euch nicht" unterstreicht diesen Aspekt!) dient: Auch wenn die Gegner momentan erfolgreicher und angesehener sind – im Eschaton wird sich das Geschick wenden! *Ad extra* hingegen wird mit diesen Worten eine letzte Mahnung vorgenommen, umzukehren. Ein definitiver Bruch zwischen Judentum und Christentum kommt weder hier noch sonst irgendwo in der Logienquelle zum Tragen – auch Q 22 ist noch ganz *intra muros* der frühjüdischen Pluriformität zu lesen.

Obendrein fällt auf, dass die Gerichtsdrohungen der Logienquelle vergleichsweise „mild" ausfallen, wenn man sie mit analogen Gerichtsbildern der Henochepistel vergleicht (s.u. *IV: Exkurs 4.3.2*). In Q fehlen detaillierte Blut- und Gewaltphantasien, mit denen 1Hen das endzeitliche Geschick der Widersacher ausmalt: So etwa wird der jüngste Tag als „Tag des (unaufhörlichen) Blutvergießens" apostrophiert (94,9; 99,6; vgl. auch 100,1–3). Die Frevler werden „mit dem Schwert vernichtet werden" (91,11), sie werden „kein Grab" erhalten (98,13), in den „Ofen des Feuers geworfen werden" (98,3) und „in einem Brand lodernden Feuers brennen" (100,9). Auch der oben zitierte Text aus 98,12 berichtet, dass die Gerechten den Frevlern „die Köpfe abhauen" und

506 Vgl. Stuckenbruck, 1Enoch, 215. Siehe ebd. die Diskussion möglicher alternativer Datierungen. Siehe dazu auch Ego, Art. Henoch/Henochliteratur, WiBiLex.

507 So Nickelsburg, 1Enoch, 427: „False teachers propound interpretations of divine law that the author claims are perverting that law ..." Vgl. auch a.a.O. 488: „The deceivers ... wrongly claim to present the right interpretation of the Tora, sometimes in opposition to the ‚true' interpretation presented by the author's hero." Ebenso Stuckenbruck, 1Enoch, 360: „The description of their activities in terms of altering or perversion (99:2) implies the author's conviction that his community is the repository of revealed truth, called ‚the eternal covenant' (Eth. ‚law'). Thus it is the opponents who have departed from the unalterable law of God. Since they have ‚gone astray' and influence others to do the same (98:15), they will undergo harsh forms of punishment and destruction described in each of the woes."

508 Man vergleiche nur 1Hen 104,6 („Und nun fürchtet euch nicht, ihr Gerechten, wenn ihr die Sünder stark werden und mit ihrem Weg Glück haben seht") oder 1Hen 94,8 („Wehe euch Reichen, denn ihr habt auf euren Reichtum vertraut, aber aus eurem Reichtum werdet ihr heraus müssen, weil ihr in den Tagen eures Reichtums nicht an den Höchsten gedacht habt"). Wahrscheinlich kommen die inkriminierten „Sünder" sogar aus den religiösen Eliten, denn sie sind es, die „das Wort der Wahrheit vielfach verdrehen und übertreten, böse Reden führen, lügen, große Werke schaffen und Bücher über ihre Reden verfassen" (1Hen 104,10). In der Logienquelle korrespondiert das mit der Erwählung der „Unmündigen" und der Verwerfung der Weisen und Klugen in Q 10,21.

„kein Mitleid" haben werden. „Wahlkampfrhetorik" ist nie schön – nicht in der Politik und schon gar nicht in der Religion. Auch die Logienquelle ist nicht frei von markigen und überzogenen Sprüchen (man denke nur an Q 10,13–15, die Weherufe gegen die galiläischen Städte). Gegenüber der Heilsbotschaft Jesu beginnt in Q bereits der Aspekt des Gerichts an Dominanz zu gewinnen. Trotzdem ist im Gesamttableau von Q der Farbauftrag in den Gerichtsszenen weniger pastos als in vergleichbaren frühjüdischen Texten (s.u. *IV: Exkurs 4.3*). Keinesfalls aber darf man Texte wie Q 22 als definitiven Bruch zwischen „Juden" und „Christen" werten – dies ginge am *genus litterarium* unserer Perikope völlig vorbei.

Entrückung statt Auferweckung? Einen interessanten Aspekt hat M. Ebner zu Q 22 beigesteuert, wenn er provokant formuliert: „Statt Auferweckung und Ostererscheinungen: Entrückung zum Menschensohn."[509] Tatsächlich hat Q noch eine wesentlich „primitivere" Eschatologie als Paulus oder die späteren Evangelien. „Im Unterschied zum Paradigma Auferweckung, wie es insbesondere durch die Paulusbriefe geprägt ist, setzt das Paradigma Entrückung das Schwergewicht gerade nicht darauf, dass die Endzeit partiell – nämlich mit der Auferweckung des Einzelnen aus den Toten – schon begonnen hat, sondern richtet alle Aufmerksamkeit auf das Endgericht als das eigentliche Eingangstor in die Gottesherrschaft."[510] Gewiss hatte Q damit für den Gang in die weitere Kirchengeschichte weniger gute Karten als etwa die paulinische Theologie. Allerdings tritt uns in dieser Sichtweise doch noch ein kleines Stück des ursprünglichen Faszinosums christlicher Naherwartung vor Augen, wie ja der Aspekt der „Entrückung" auch noch in 1Thess 4,17 und jener der „Verwandlung" in 1Kor 15,51 zum Ausdruck kommen. Die Logienquelle ist damit nicht nur ein faszinierendes Zeugnis der ardenten Naherwartung und des unbedingten Eifers für den wiederkommenden Menschensohn Jesus, sondern auch eine wichtige Wegmarke am Übergang von eschatologisch orientierten jüdischen Jesusjüngern hin zur Entstehung eines institutionell verankerten „Christentums".

509 Ebner, Q, 106 (Original kursiv).

510 Ebner, Q, 107.

Teil IV: Exkurse

Exkurs 1: Königsherrschaft Gottes, Entmachtung des Satans, Kommen des Menschensohns

1.1 Die Königsherrschaft Gottes

1.1.1 Zum Begriff „Königsherrschaft Gottes"

Die Rede von der βασιλεία τοῦ θεοῦ, *basileia tou theou*, der *Königsherrschaft Gottes*, begegnet in der Logienquelle in 6,20; 7,28; 10,9; 11,2.20.52; 12,31;13,18.20; 16,16; 17,20f. Die Vorstellung leitet sich aus der hebräischen Bibel her, wo Gott das Königsein zugesprochen wird. Dabei dominiert schon im AT die verbale Komponente, welche den aktiven Vollzug des Herrschens Gottes in seinem Königsein beschreibt. Das macht deutlich, dass die βασιλεία τοῦ θεοῦ zunächst *kein räumlicher oder statischer, sondern ein dynamischer Begriff* ist.[1] Neben dem „*Vollzug der Herrschaft Gottes*" schwingt allerdings auch eine „räumliche Vorstellung eines *Herrschaftsbereiches*"[2] mit, allerdings auch hier nicht statisch, sondern verbal-dynamisch, wie es etwa in der Vorstellung eines „Hineingehens" in die Königsherrschaft Gottes (Q 11,52) zum Ausdruck kommt. Dabei ist klarerweise nicht ein räumlich-geographischer Aspekt gemeint, sondern das Eintreten in eine bestimmte *Zustands-, Handelns- und Denkweise.* Hier wird der „assoziative, symbolische Charakter der Rede vom Königtum Gottes" deutlich, der „grundsätzlich ... ein Tun Gottes" wiedergibt.[3] Für die deutsche „Übersetzung ist unter dieser Rücksicht ‚Königsherrschaft Gottes' ... gegenüber dem ebenfalls gebräuchlichem ‚Reich Gottes' zu bevorzugen."[4]

1.1.2 Biblisch-frühjüdische Verortung

Die beiden wichtigsten Schwerpunkte JHWH-bezogenen Königseins (vgl. מַלְכוּת, *malkut*, für die „Königsherrschaft" und die Derivate der Wurzel מלך, *mlk*, „König sein") finden sich im Psalter und der aramäischen Danielerzählung, daneben auch bei Dt-Jes, Jer und Sach 14.

---

1 Vgl. Merklein, Gottesherrschaft, 38, und Camponovo, Königsherrschaft, 443–446.

2 Theißen/Merz, Jesus, 222, Anm. 3. So auch Labahn, Gekommene, 518: „dynamisch-räumliche Interpretation des Gottesreiches". Auch wenn Labahn befindet, dass die *basileia* in Q 7,28 „nicht als eine dynamische Größe erscheint, sondern als eine [sic] religiös-geographischer Raum", schränkt er zugleich ein, dass dies „nicht zu einem statischen Raum verengt wird", sondern hier die „Bedingungen der Zugehörigkeit" definiert werden, eine Zugangsweise, die „das räumliche Verständnis mit einem Handeln verkoppelt" (a.a.O. 520).

3 Camponovo, Königsherrschaft, 440 und 445.

4 Merklein, Gottesherrschaft, 38f.

„In nachexilischer Zeit markiert die Hoffnung auf eine künftige – mehr oder weniger nahe bzw. ferne – Durchsetzung der Königsherrschaft Jhwhs eine zentrale Strömung, die vor allem in deuteronomistischen, prophetischen und apokalyptischen Schriften vielfach weiter tradiert und transformiert wird ...“[5] Besonders im spätexilisch-frühnachexilischen Dt-Jes erfährt JHWHs Königtum eine Eschatologisierung und Globalisierung (vgl. Jes 52,7–10, ein Text, der auch hinter Q 7,22 steht). Im apokalyptisch-frühjüdischen Schrifttum werden durch die politisch-instabile Situation und den Anpassungsdruck der hellenistischen Leitkultur innergeschichtliche Rettungshoffnungen durch endzeitliche Erlösungserwartungen ersetzt: Die bereits im Himmel existente Königsherrschaft Gottes werde sich in der Endzeit auch auf die Erde ausdehnen und Gott werde alle seine Widersacher besiegen und allen widergöttlichen Reichen ein Ende bereiten (vgl. Dan 2,44; 7,27).

In der apokalyptisch orientierten Gemeinde von Qumran wähnte man sich bereits in der Endzeit angekommen und erwartete den unmittelbar bevorstehenden Anbruch der Königsherrschaft Gottes. Gerade in den *Sabbatopferliedern* (4Q400–407) kommt dies zum Tragen: „Die Sabbatlieder aus Qumran sind nicht nur durch ihre auffallend häufige Verwendung von *mäläk* und *malkût* der wichtigste vorchristliche jüdische Text zum Thema ‚Gottes Königsherrschaft‘, sondern werfen durch ihren theologisch tief reflektierten Sprachgebrauch ein deutliches Licht auf das ausgeprägt kultisch-präsentische Verständnis von *malkût* in einer Gruppierung des frühen Judentums.“[6] Die Handschriften der besterhaltenen Sabbatlieder (4Q400–405) datieren in die Zeit zwischen 75–25 v. Chr.[7] und kommen dadurch als Vergleichsmaterial für unseren Zeitraum unmittelbar in Frage. Diese Texte „beschreiben den Gottesdienst der Engel im himmlischen Heiligtum, wobei jedoch die irdische Gemeinschaft daran teilnimmt. ... In den Fragmenten des 1. und 2. Liedes wird zudem nicht nur indirekt von der Teilnahme der irdischen Gemeinde geredet, sondern auch die Auswirkungen des himmlischen Gottesdienstes auf die Frommen in Qumran beschrieben.“[8] Das heißt: Die Qumrangemeinde rechnete während der Feier des Sabbatgottesdienstes damit, dass die Kultgemeinde bereits proleptisch an der im Himmel verwirklichten Königsherrschaft Gottes partizipiert:

> *4Q401 Frg. 14 Kol I,7 (ergänzt mit 4Q400 Frg. 2,1–2):* ... zu lobsingen Deiner Herrlichkeit wunderbar [unter Erkenntnis-Göttlichen, und Preisgesänge] Deiner Königsherrschaft unter Hochheiligen.

> *4Q403 Frg. 1 Kol I (ergänzt mit 4Q404 Frg. 3+4+5):* [30] Für den Maskîl: Lied des Brandopfers des siebten Sabbat am sechzehnten des Monats: Lobt den Gott (der) Erhabenheiten, ihr Hohen über alle [31] Göttlichen[9] von Erkenntnis, beugt euch Ihm, Heilige Gottes, dem König der Herrlichkeit, der da heiligt die Einsicht Seiner Kenner für all Seine Heiligen! (Ihr) Häupter von Lobpreisungen [32] aller Gottesengel, preist den Gott[von Lob]preisungen von Prunk, und in der Pracht der Lobpreisungen der Herrlichkeit Seines Königtums. Dadurch (erfolgen) die Lob-

---

5 Leuenberger, Art. Königtum, WiBiLex.

6 Schwemer, Königsherrschaft, 115. Vgl. zu dieser Thematik auch Odo Camponovo, Königsherrschaft, der allerdings die Rolle der Königtum-Gottes-Vorstellungen zu gering einschätzt, wenn er sagt, diese wäre „überhaupt nicht zentral in der qumranischen Spiritualität“ (a.a.O. 307) gewesen. Zu nennen ist neben den Sabbatopferliedern auch noch die Kriegsrolle 1QM 12,7.8.

7 Vgl. Maier, Texte II, 377–417; ebenso Schwemer, Königsherrschaft, 60: „Die Sabbatlieder sind höchstwahrscheinlich in essenischen Kreisen zwischen 150–50 v. Chr. entstanden...“ Ähnlich Stökl Ben Ezra, Qumran, 362 und 371–375.

8 Schwemer, Königsherrschaft, 48.

9 Mit den „Göttlichen“ sind hier – ganz in archaischer Diktion – die Engel gemeint; vgl. Schwemer, Königsherrschaft, 77.

preisungen aller [33] Göttlichen mit der Pracht all [Seines] König[tums.] ... [36] ... Jubelt, die ihr [Seine Erkenntnis] bejubelt [durch] Jubelgesang unter Gottesengeln auf wunderbare Weise, und sprecht aus Seine Herrlichkeit mit der Zunge aller, die Erkenntnis aussprechen, Jubelgesänge Seines Wunders [37] durch den Mund aller, die [....] aussprechen, [...] Gott(es) für alle Jubelnden der Erkenntnis, Zeuge und Richter in seiner Macht für alle Geister von Einsicht. [38] Bekennt, alle Göttlichen von Majestät, den Kö[n]ig der Majestät, denn Seine Herrlichkeit bekennen alle Göttlichen von Erkenntnis, und alle Geister der Gerechtigkeit bekennen Seine Wahrheit [39] und machen wohlgefällig ihre Erkenntnis durch die Gesetze Seines Mundes, und ihre Loblieder beim Rückzug der Hand Seiner Macht bei Vergeltungs-Gerichtstaten. ...

1.2 Die Entmachtung des Satans

Zusammen mit dem Anbruch der Königsherrschaft Gottes wurde nicht nur die Entmachtung der *irdischen*, sondern auch der *überirdischen* Widersacher Gottes erwartet. In der Logienquelle ist diese Vorstellung mit dem *Teufel* (Q 4,2–13) oder dem *Satan* (Q 11,18) verbunden. Der *Satan* (hebr. שָׂטָן, *satan*)[10] meint im AT zunächst nur einen (menschlichen) „Ankläger“ (Ps 109,6) oder „Widersacher“ (1Sam 29,4; 1Kön 5,18; 11,14.23.25). Als überirdischer Widersacher wird „*der* Satan“ dann mit bestimmtem Artikel in Ijob 1–2 und Sach 3,1f eingeführt. In der LXX wird der Ausdruck zumeist durch das Wort διάβολος, *diabolos* (wörtl. „Durcheinanderwerfer“ im Sinne von „Verleumder“, auf Deutsch „Teufel“), wiedergegeben, das auch in Q 4 zur Anwendung kommt; in Q 11,18 hingegen ist der Ausdruck σατανᾶς, *satanas*, erhalten geblieben. In Weish 2,24 wird der διάβολος für den Sündenfall verantwortlich gemacht und mit der Schlange aus Gen 3 identifiziert. 1Hen 40,7 (Plural); 53,3; 54,6; 65,6 (Plural) zeichnet Satan bzw. *die Satane* im Plural ebenfalls als überirdische(n) Gegenspieler Gottes. Neben den Namen *Satan/Teufel* werden im Frühjudentum auch die Ausdrücke *Belial/Beliar* und *Mastema* für überirdische Antipoden Gottes verwendet. Für die Endzeit wurde der Sturz des Satans, verbunden mit dem Anbruch der Königsherrschaft Gottes, erwartet, wie Jub 50,5 und AssMos 10,1 verdeutlichen (vgl. dazu auch Offb 12,7–9):

> Jub 50: [5] Und die Jubiläen werden vorübergehen, bis Israel gereinigt ist von aller Sünde der Unzucht und Unreinheit und Befleckung und Verfehlung und des Irrtums und wohnen im ganzen Land, wenn es Vertrauen hat und (wenn) es für es keinen *Satan* mehr gibt noch irgendetwas Böses. ... [9] ... Und ein Tag des heiligen *Königreiches* für ganz Israel ist dieser Tag unter euren Tagen unter allen Tagen.

> AssMos 10: [1] Und dann wird seine [sc. Gottes] *Herrschaft* über seine ganze Schöpfung erscheinen, und dann wird der *Teufel* nicht mehr sein, und die Traurigkeit wird mit ihm hinweggenommen sein.

Nach Jub 23,29; 40,9; 46,2 gilt der Satan nicht nur als Gegenspieler Gottes, sondern metaphorisch als Inbegriff alles Bösen und aller lebensfeindlichen Kräfte. Mit dem Bruch der Satans-/Teufelsmacht beginnt die Königsherrschaft Gottes.

1.3 Der Menschensohn

Im *1. Henochbuch* begegnet nicht nur die Figur des *Satans*, sondern auch die des *Menschensohnes*. Ursprünglich meinte die hebräische Formulierung בן אדם (*ben 'adam*, vgl.

10 Vgl. dazu im Folgenden: Pierce, Art. Satan, und Frey-Anthes, Art. Satan.

den Gebrauch im *Buch Ezechiel*) nur generisch den „Sohn eines Menschen“, also einen aus dem Menschengeschlecht Stammenden. In dem um 164 v. Chr. auf Aramäisch verfassten *Danielbuch* wird dann mit der aramäischen Formulierung בר אנש (*bar 'enosch*) in 7,13f ein endzeitlicher Akteur angekündigt, der im Namen Gottes (des „Hochbetagten“) ein ewiges Reich errichten wird.[11]

Die mit der Figur des Menschensohnes verbundenen eschatologischen Vorstellungen waren im Frühjudentum noch recht vage. Die *Bilderreden aus 1Hen* umfassen die Kapitel 37–71 und entstanden wahrscheinlich kurz nach der Zeitenwende.[12] Somit können sie als unmittelbares Vergleichsmaterial für Jesus und die Logienquelle dienen. Dort wird der Menschensohn nicht nur wie in Dan als jemand, der am Ende der Zeiten in Gottes Namen die Weltherrschaft übernehmen wird (48,5; 69,26), beschrieben, sondern auch als präexistenter himmlischer Akteur (48,2f.6f.; 62,7), der die Welt richten wird (62,5; 69,27–29). Der „Menschensohn“ wird hier zur Verkörperung eschatologischer Hoffnungen (48,10; 52,4).

Im *4. Esrabuch* hingegen, das gegen Ende des 1. Jh. n. Chr. nach der Zerstörung des Tempels in Palästina verfasst wurde, begegnet der „Menschensohn“ im 13. Kapitel als endzeitliche Richter- und Rettergestalt (V 3–13.25–40), die mit dem davidischen Messias identifiziert wird (12,31f).

1.4 Die Logienquelle im Kontext dieser Aussagen

1.4.1 Die Erwartung des Täufers

Nach der Darstellung von Q 3,16b erwartete schon der Täufer *einen nach ihm kommenden „Stärkeren“*, der die Feuertaufe (also das Gericht) und die Geisttaufe (im Sinne einer eschatologischen Restitution) vollziehen würde (s.o. *III: Q 3,16b-17*). Damit war wohl nicht Gott selbst (vgl. den Anthropomorphismus vom „Tragen der Sandalen“), sondern eine in seinem Namen handelnde Richter-, Mittler- und Retterfigur gemeint. Eine gewisse Kontextplausibilität spricht dafür, dass eventuell schon der Täufer diese Figur mit dem „Menschensohn“ identifizierte – auch wenn sich das freilich nicht belegen lässt. Jedenfalls teilte der Täufer die Erwartung einer unmittelbar bevorstehenden eschatologischen Zeitenwende und der Ankunft eines endzeitlichen Richters, der im Namen Gottes Gericht halten würde. Die „Passgenauigkeit“ dieser Erwartungen mit den frühjüdischen Menschensohn-Erwartungen ist jedenfalls überraschend. Dazu gehört auch, dass der von Johannes erwartete „Stärkere“ nicht nur mit seiner *Feuer*taufe richten würde, sondern in der *Geist*taufe auch eine Restitution einleiten würde (zur Diskussion der Geisttaufe s.o. *III: Q 3,16b-17*).

---

11 Vgl. hier und im Folgenden: Nickelsburg, Art. Son of Man, 1250f; Chialà, Son, 177. Siehe auch die ausführliche Erörterung zur Thematik „Menschensohn“ bei Tiwald, Logienquelle, 151–155.

12 Zur Datierung der Bildreden aus 1Hen vgl. Ego, Art. Henoch/Henochliteratur, WiBiLex: „frühestens im 1. Jh. v. Chr.“ Nickelsburg, Art. Son of Man, 1250: „Composed between late first century B.C.E. and the first half of the first century C.E. ...“ Ders. Parables, 47 „no later than the early decades of the first century C.E.“ Ebenso: Charlesworth, Composition, 465 („20–4 B.C.E.“); Boccaccini, Place, 288 („parallels the earliest origins of the Jesus movement“); Vögtle, Gretchenfrage, 125; Schreiber, Menschensohn, 2.

1.4.2 Der Paradigmenwechsel Jesu

Das öffentliche Wirken Jesu lässt einen gewissen Paradigmenwechsel gegenüber dem Verhalten des Täufers erkennen:[13]

1. *Botschaft*: Der Täufer verkündet das Feuergericht (Q 3,7–9.16f), Jesus allerdings die Entmachtung des Satans und den Anbruch der Königsherrschaft Gottes (vgl. das Wort von Dämonenaustreibungen „im Finger Gottes" als Anbruch der Königsherrschaft Gottes, Q 11,20).
2. *Ort des Wirkens*: Der Täufer predigt in der kargen Wüste kompromisslose Buße (Q 7,24–26). Jesus verlässt die Wüste und geht nach Galiläa zurück (Q 4,16). Anders als bei Johannes, wo die Menschen zum Prediger in der Wüste „hinausgehen" (Q 7,24) müssen, geht Jesus nun den verlorenen Menschen nach, wie ein guter Hirte dem verlorenen Schaf (Q 15,4–7).
3. *Lebenseinstellung*: Während der Täufer fastet, wird Jesus als „Fresser und Weinsäufer" bezeichnet (Q 7,33f). In der Mahlpraxis Jesu drückt sich die Freude über die gekommene Königsherrschaft Gottes aus: Im Bild vom Mahlhalten wird die Königsherrschaft Gottes selbst verdeutlicht (vgl. Q 13,24–29; 14,16–23). Diese Lebenshaltung der Freude über den Anbruch der Königsherrschaft Gottes kommt im „Jubelruf Jesu" (Q 10,21–23) besonders gut zum Ausdruck.

1.4.3 Das „Schlüsselerlebnis" Jesu

Worauf geht dieser Paradigmenwechsel zurück – gab es ein „Schlüsselerlebnis" Jesu?[14] Genannt wird hier gerne der *Satanssturz* Lk 10,18 („Ich schaute den Satan wie einen Blitz aus dem Himmel fallend") aus dem lk Sondergut, und damit in Verbindung gesetzt das Ringen Jesu mit dem Satan, wie es Q 4,1–13 und Mk 1,12f berichten. Es handelt sich hier um Material aus *drei unabhängigen Traditionssträngen*, was für eine gewisse *Wirkungsplausibilität* spricht (genannt werden kann auch noch Offb 12,7–10, auch hier mit Verweis auf die „Königsherrschaft Gottes"). Für eine gewisse *Kontextplausibilität* spricht, dass in eschatologisch orientierten Kreisen des Frühjudentums mit einer Entmachtung des Satans in der als unmittelbar bevorstehend erwarteten Endzeit gerechnet wurde (s.o.). Jesus passt mit dieser Erwartung also gut in das Bild des damaligen Judentums.

1.4.4 Weiterführung und Transformation des Werkes des Täufers

Ausgelöst durch den vom Täufer gesetzten eschatologischen Impuls und ein – wie auch immer geartetes – visionäres Schlüsselerlebnis kam Jesus zur Erkenntnis, dass nun die Macht des Satans gebrochen und das Königtum Gottes unmittelbar im Anbrechen befindlich ist (vgl. Q 11,2). Als von Gott beauftragter Agent dieser Königsherrschaft Gottes sieht sich Jesus nun befähigt, „im Finger Gottes" die Dämonen auszutreiben und damit der Königsherrschaft Gottes zum Anbruch zu verhelfen (Q 11,20).

13 Vgl. dazu auch Ebner, Q, 104f.
14 Vgl. dazu und im Folgenden Ebner, Zeit, 100–108, und Theobald, Satan, 174–190.

Dabei wird klar, dass erst die „längere Schulung Jesu durch den Täufer“[15] wesentliche Grundeinsichten Jesu möglich machte – nicht Kontrast, sondern kreativ-eigenständige Weiterführung zeichnen das Verhältnis Jesu zu seinem früheren Lehrer Johannes (vgl. Q 7,24–28). Die Übernahme und Weiterführung der Prämissen des Täufers wird deutlich in:

1. *Eschatologische Naherwartung*: Jesus rechnet genauso wie der Täufer damit, dass die Endzeit unmittelbar bevorsteht.
2. *Erwartung des endzeitlichen Richters*: Jesus geht davon aus, dass ein eschatologischer Beauftragter Gottes das Gericht in unmittelbar bevorstehender Zeit durchführen werde (Q 12,8f). Wahrscheinlich (s.o.) hat auch schon der Täufer in der Gestalt des „Stärkeren“, des Feuertäufers, den „Menschensohn“ erwartet, den auch Jesus als endzeitlichen Richter ankündigt. Jesus identifiziert sich noch nicht mit diesem Menschensohn, sieht aber sein eigenes Tun als von Gott beauftragtes Handeln, zu dem der Menschensohn positiv Stellung nehmen werde (s.u.).
3. *Heilserwartung*: Auch der Täufer kennt nicht nur das Feuer- und Strafgericht, sondern die Erwartung der Geisttaufe, also der heilenden Restitution Israels (s.o. *III: Q 3,16b-17*). Ausgelöst durch ein visionäres Schlüsselerlebnis, löst sich Jesus nun vom Täufer, um dessen Werk mit neuen Akzenten weiterzuführen: Zwischen die Gerichtsankündigung des Täufers und das Kommen des Menschensohnes schiebt Jesus nun sein eigenes Wirken als letztes, alles überbietendes Gnadenangebot Gottes an sein Volk: die Königsherrschaft Gottes als Restitution der prälapsarischen Unversehrtheit der Menschen (Q 6,35).

1.4.5 Restitution der prälapsarischen Unversehrtheit der Menschen

Im Frühjudentum wurde erwartet, dass Gott in der *Endzeit* die prälapsarische Unversehrtheit der Menschen aus der paradiesischen *Urzeit* restituieren würde. Die *Urzeit-Endzeit-Analogie* ist für das Frühjudentum reichlich belegt, die *Eschatologie wird von der Protologie her gedeutet*.[16] Diese Sichtweise begegnet auch in der Logienquelle: Gott als der liebende Schöpfervater „lässt seine Sonne aufgehen über Böse und Gute, und er lässt regnen über Gerechte und Ungerechte“ (Q 6,28). Daher erwartete Jesus auch die Vergebung der Sünden, wie das *Vater-Gebet* verdeutlicht (Q 11,4).

Für den Anbruch der Königsherrschaft Gottes war klar, dass diese den Zustand völliger Reinheit notwendig machte: Wo Gott herrscht, kann es keine Unreinheit geben. Für die Qumrangemeinde erfolgte diese Restitution der Reinheit und Heiligkeit auf kultisch-rituellem Wege, durch die *Exklusion* aller kultischen und rituellen Unreinheit: Die Königsherrschaft Gottes kann erst kommen, wenn alle Unreinheit beseitigt ist.[17] Jesus hingegen stellte dieses Paradigma auf den Kopf, indem er mit dem Konzept

15 Ebner, Zeit, 104.

16 Vgl. Doering, Laws, 217; ders., Much, 240; Becker, Jesus, 155–168; Schnelle, Jesus, 109f.; Kollmann, Wundertäter, 251–254; von Lips, Traditionen, 247–254; Niebuhr, Jesus, 330–334.

17 Vgl. dazu Magness, Purity, 182–188.

der „offensiven Reinheit“[18] die *Inklusion* aller Unreinen in die reinmachende Dynamik der Königsherrschaft Gottes vertritt: Nicht die Unreinheit steckt an, sondern die Reinheit der nun anbrechenden Königsherrschaft Gottes macht alles rein.[19] Nach Q 13,21 durchsäuert ein kleines Stück Sauerteig das ganze Mehl, so wie auch die Königsherrschaft Gottes alles mit ihrer heilmachenden Kraft durchdringt. „Damit *entwertet* Jesus die alten Reinheitsgebote nicht, aber er *wertet* sie *um*: Als Bote der *basileia* braucht er keine Angst vor moralisch oder kultisch unreinen Menschen zu haben, da er in der Kraft des nahekommenden Gottesreiches die protologische Reinheit und paradiesische Gutheit der Welt (vgl. Gen 1,10.12.18.etc.) eschatologisch wiederherstellt und Dämonen, Krankheiten und Unreinheiten aller Art vertreibt.“[20] Daher sucht er bewusst die Nähe zu Kranken und Sündern, um sie alle mit der endzeitlichen Reinheit „anzustecken“. Dabei wird der *ganze* Mensch – moralisch, leiblich und rituell – in den prälapsarischen Zustand der heilen Gotteskindschaft zurückgeführt.

Nach Q 7,22f reklamiert Jesus dies als Ausweis seiner Legitimität: „Blinde sehen wieder, und Lahme gehen umher, Aussätzige werden rein, und Taube hören, und Tote werden erweckt, und Arme bekommen eine gute Botschaft. Und selig ist, wer nicht Anstoß nimmt an mir.“ Gleiches gilt auch für die Missionare der Logienquelle: „Und in welche Stadt ihr auch hineingeht, ... heilt die Kranken in ihr und sagt ihnen: Nahe ist euch die Königsherrschaft Gottes“ (Q 10,8f). In den Zeichen der *Restitution der prälapsarischen Reinheit* – Krankenheilungen (Q 7,22f), Dämonenaustreibungen (Q 11,14–20), Sündenvergebungen (Q 11,4; 15,10; 17,3f) – wird für Jesus klar, dass die „Königsherrschaft des Satans“ gebrochen und die „Königsherrschaft Gottes“ gekommen ist, wie Q 11,14–20 verdeutlicht.

1.4.6 Der Menschensohn bei Jesus und in der Logienquelle

Auffallend ist, dass im gesamten Befund der Logienquelle (wie auch in allen späteren Evangelien) der Ausdruck „Menschensohn“ stets nur im Munde Jesu und nie als eine titulare Anrede an ihn begegnet. Dies ist ein Hinweis darauf, dass der Begriff nicht nachösterlichen Ursprungs ist, sondern tatsächlich auf den historischen Jesus zurückgeht.[21]

---

18 Theißen, Reinheitslogion, 242. Vgl. auch Theißen/Merz, Jesus, 380: „... ‚offensive Reinheit‘ und ‚inklusive Heiligkeit‘, die den Kontakt mit dem Unheiligen nicht scheut ...“ Diese Konzeption geht zurück auf Berger, Pharisäer, 238–248. Vgl. auch Loader, Attitude, 523. Ebenso Avemarie, Purity, 276 und 279, der von „dynamic purity“ genau in diesem Sinne spricht. Zuletzt hat sich in ähnlicher Weise Magness, Glory, 190, dazu geäußert, wenn sie Jesu Verständnis von ritueller Reinheit als „inclusive and proactive“ bezeichnet. „Actually, Jesus' exorcisms and healings as well as his emphasis on moral or ethical behavior should be understood within the context of biblical purity laws“ (a.a.O. 180). Denn: „Jesus' exorcisms and healings, as well as his exhortations to behave morally and ethically, reflect his concern with the observance of biblical law, as absolute purity and perfection were prerequisites for the establishment of the kingdom of God“ (a.a.O. 193).

19 Vgl. auch Magness, Purity, „I suggest that Jesus' exorcisms and healings were not intended merely as apocalyptic signs, but were performed by Jesus and his disciples as God's agents to effect the entry of the diseased and disabled into the kingdom of God.“

20 Tiwald, Art. Gesetz, 300.

21 Außerhalb der Evangelien begegnet „Menschensohn“ nur selten, nämlich in vier Ausnahmen (Apg 7,56; Hebr 2,6–8; Offb 1,13; 14,14); bei Paulus fehlt der Ausdruck ganz.

Der historische Jesus hat sich noch nicht mit dem Menschensohn identifiziert,[22] sondern in der Gestalt des Menschensohnes den endzeitlichen Richter erwartet – ganz auf der Linie des von Johannes angekündigten „Stärkeren" und in Einklang mit frühjüdischen Erwartungen (s.o.). Deutlich wird dies in der voneinander unabhängigen Doppelüberlieferung Q 12,8f und Mk 8,38:

> Q 12: [8] Jeder, der sich zu mir vor den Menschen bekennt, zu dem wird sich auch der Menschensohn vor den Engeln bekennen. [9] Wer mich aber vor den Menschen verleugnet, wird vor den Engeln verleugnet werden.

> Mk 8: [38] Denn wer sich vor dieser treulosen und sündigen Generation meiner und meiner Worte schämt, dessen wird sich auch der Menschensohn schämen, wenn er mit den heiligen Engeln in der Herrlichkeit seines Vaters kommt.

Die inhaltlich deckungsgleiche Parallelüberlieferung in Q und Mk belegt unabhängig voneinander die jesuanische Ursprünglichkeit der Aussage (Kriterium der *wirkungsplausiblen Kohärenz*[23]). Die Tatsache allerdings, „daß Jesus mit dem Menschensohn eine andere Person als sich selbst gemeint hat",[24] ist gegenüber der restlichen Theologie des NT tendenzwidrig – es kann davon ausgegangen werden, dass diese Aussagen keine spätere Gemeindebildung sind (Kriterium der *wirkungsplausiblen Tendenzwidrigkeit*). Es lässt sich also vermuten, dass hinter diesen Worten *ipsissima intentio* Jesu steht.

Auffallend ist, dass Jesus sich und seine eigene Botschaft mit dem von ihm erwarteten endzeitlichen Menschensohn-Richter in enge Verbindung bringt. Für das Selbstverständnis Jesu bedeutet dies, dass er für sich in Anspruch nimmt, im Namen Gottes zu handeln und am Ende von Gottes Menschensohn-Richter bestätigt zu werden.[25] Dieses Selbstbewusstsein kommt auch in Q 10,16 zum Tragen, hier allerdings auch schon auf die Q-Missionare ausgedehnt: „Wer euch aufnimmt, nimmt mich auf, und wer mich aufnimmt, nimmt den auf, der mich gesandt hat."

Verstärkend kommt hinzu, dass Jesus in diesem Setting zum letzten und damit *eschatologisch relevanten Boten Gottes* wird: In ihm selbst und mit seiner Person entscheidet sich das eschatologische Geschick der Königsherrschaft Gottes: „Wenn ich aber mit dem Finger Gottes die Dämonen austreibe, dann ist die Königsherrschaft Gottes schon zu euch gekommen" (Q 11,20). Den Textbefund von Q verlassend, könnte man auch fragen, ob Jesus seinen bewusst in Kauf genommenen Tod nicht auch als ein Zeichen der Bewährung und Erprobung gesehen hat, die dann zum Anbruch der Königsherrschaft Gottes führen würde.[26] In den zumeist als *ipsissima vox* eingeschätzten Worten „Ich werde nicht mehr von der Frucht des Weinstocks trinken bis zu dem Tag, an dem ich von Neuem davon trinke in der Königsherrschaft Gottes" (Mk 14,25) wird klar, dass Jesus den Anbruch der Königsherrschaft Gottes *trotz* – oder vielleicht gerade *durch seinen Tod hindurch* erwartete. Diesen Tod sucht Jesus zwar nicht (er sucht den Glauben der Menschen), allerdings flieht er auch nicht, sondern hält den Glauben an den Anbruch der Königsherrschaft Gottes auch angesichts eines möglichen Todes durch. Den unerschütterlichen Glauben an die

---

22 Vgl. dazu und im Folgenden Tiwald, Logienquelle, 151–154 (dort auch der Überblick zur Diskussion).

23 Zu den Kriterien der Wirkungs- und Kontextplausibilität vgl. Theißen/Merz, Jesus, 116–120.

24 Becker, Jesus, 252.

25 Vgl. Schröter, Erinnerung, 393, der (mit einem Zitat von Tödt) auf „die ‚soteriologische Relation' zwischen jetziger und künftiger Gemeinschaft mit Jesus bzw. dem Menschensohn" hinweist.

26 Vgl. dazu Tiwald, Frühjudentum, 206–209.

Königsherrschaft Gottes hat Jesus jedenfalls auch in der Logienquelle gepredigt (Q 13,18f; 17,6). Eventuell sah er nun die Notwendigkeit gekommen, diesen von ihm stets gepredigten Glauben auch selbst unter Beweis zu stellen – selbst unter Inkaufnahme des eigenen Todes. Gleich den atl Propheten vermengt sich auch für Jesus das eigene individuelle Geschick des Propheten mit seiner Botschaft (vgl. Hos 1,2–9; Ez 4,12; 5,1; 24,16f; Jer 27,2) – der Bote identifiziert sich so mit seiner Botschaft, dass er damit austauschbar wird.

Darum auch ist für den historischen Jesus das endzeitliche Geschick der Menschen angesichts des nahenden Menschensohn-Richters an das Verhalten gegenüber ihm selbst und seiner Botschaft geknüpft: „Jeder, der sich zu mir vor den Menschen bekennt, zu dem wird sich auch der Menschensohn vor den Engeln bekennen. Wer mich aber vor den Menschen verleugnet, wird vor den Engeln verleugnet werden" (Q 12,8f). Dies war ohne Zweifel der Haftpunkt, an dem nachösterlich die Identifizierung Jesu mit dem *endzeitlichen Menschensohn-Richter* möglich wurde, wie folgende Passagen in Q belegen:

> Q 11 [30] Wie nämlich Jona für die Niniviten zum Zeichen wurde, so wird es auch der Menschensohn für diese Generation sein.

> Q 12 [40] Seid auch ihr bereit, denn der Menschensohn kommt zu einer Stunde, die ihr nicht erwartet.

> Q 17 [26] Wie es geschah in den Tagen Noachs, so wird es auch am Tag des Menschensohns sein. [27] Denn wie es war in jenen Tagen, dass sie aßen und tranken, heirateten und verheirateten bis zu dem Tag, an dem Noach in die Arche ging und die Flut kam und alle wegraffte, [30] so wird es auch an dem Tag sein, an dem der Menschensohn offenbar wird.

Die hier zitierten Aussagen sind allerdings noch so unspezifisch, dass sie auch auf einen anderen endzeitlichen Richter als Jesus verweisen könnten (das Jona-Zeichen meint hier noch nicht – wie in Mt 12,40 – einen Verweis auf die Auferstehung, sondern den Hinweis auf das künftige Gericht, das Jona ankündigte). Erst in der Identifikation mit dem *irdischen Menschensohn* (Q 7,34; 9,58) wird klar, dass Jesus dieser „Menschensohn" ist:

> Q 7 [33] Es kam nämlich Johannes, er aß nicht und trank nicht, und ihr sagt: Er hat einen Dämon. 34 Es kam der Menschensohn, er aß und trank, und ihr sagt: Siehe der Mensch, ein Fresser und Weinsäufer, ein Freund der Zöllner und Sünder.

> Q 9 [58] Und Jesus sagte ihm: Die Füchse haben Höhlen und die Vögel des Himmels Nester, der Menschensohn aber hat nichts, wohin er seinen Kopf legen könnte.

Die letzte Stufe in diesem Prozess stellt die Identifikation des „Menschensohns" mit dem *leidenden Jesus* dar. Da allerdings die Logienquelle keine Passionserzählung beinhaltet, fehlt auch diese Entwicklungsstufe in Q – und begegnet erstmals bei Mk (vgl. 10,33: „Er sagte: Wir gehen jetzt nach Jerusalem hinauf; dort wird der Menschensohn den Hohepriestern und den Schriftgelehrten ausgeliefert; sie werden ihn zum Tod verurteilen und den Heiden übergeben"). So weit allerdings ist die Logienquelle noch nicht, hier wird lediglich der *Gekommene* mit dem *Wiederkommenden* identifiziert: „Als *plot* der Q-Erzählung wurde die Erwartung, dass der *Gekommene* als *Wiederkommender* die Q-Missionare und ihre Gemeinden ins Recht setzt, festgestellt."[27]

---

27 Labahn, Gekommene, 579 – daher auch der programmatische Titel von Labahns Monographie: *Der Gekommene als Wiederkommender. Die Logienquelle als erzählte Geschichte.* Auch bei der Logienquelle handelt es sich um „narrative Sinnbildung, auch wenn sie oftmals als Erzählung des Redens daherkommt ..." (a.a.O. 577).

Exkurs 2: Der Schriftgebrauch der Logienquelle

2.1 Die heiligen Schriften der Q-Autoren

2.1.1 Fragen zum „Kanon" der jüdischen „Bibel"

Der Ausdruck „Kanon" entspricht christlicher Terminologie und kann daher für die jüdische „Bibel" nur in Anführungszeichen verwendet werden.[28] Auch der Ausdruck „Bibel" ist für das Frühjudentum nicht ganz korrekt, „since the Qumran discoveries have demonstrated that there was no such thing as ‚the Bible' in the late Second Temple period: the Bible, in the form of a fixed list of specific forms of specific books, emerged only at a later date ...":[29] Für die Zeit des Frühjudentums spricht man also besser von den „Heiligen Schriften", oder setzt „Bibel" und „biblisch" in Anführungszeichen.

Im damaligen Judentum gab es noch kein von allen Gruppierungen übereinstimmend akzeptiertes Kompendium von heiligen Schriften. Weder kann dafür Josephus' Ap 1,37–43 noch 4Esr 14,44 in Anspruch genommen werden: Josephus erwähnt zweiundzwanzig, 4Esr hingegen vierundzwanzig verbindliche Schriften – ohne dass diese konkret mit Namen genannt werden. „Ebensowenig wie das Judentum des ersten Jahrhunderts als homogene Größe gesehen werden kann, ist auch davon auszugehen, daß alle jüdischen Gruppen dieser Zeit dieselben Schriften für verbindlich hielten und dieselben Auswahlkriterien geltend machten ..."[30] Dabei lassen sich allerdings gewisse Tendenzen feststellen: „Als Trends lassen sich erkennen, dass tempelzentrierte Gruppen (Sadduzäer, Samaritaner) sich auf die Tora konzentrierten, während in Gruppen, deren Aktivitäten außerhalb des Tempels lagen (Pharisäer, Essener, Qumran, Urkirche), ‚extended canones' zu beobachten sind, in denen sich die prophetische Opposition ... artikulieren konnte."[31] Als Kriterium, wie wertvoll damalige Autoren ihre „biblischen" Textvorlagen einstuften, kann gelten, wie häufig sie einen Text zitierten.[32]

2.1.2 Fragen zu den aramäischen Quellen von Q

Die Muttersprache Jesu war Aramäisch – doch die Logienquelle wurde bereits in griechischer Sprache verfasst.[33] Obwohl mit einer längeren mündlichen Überlieferungsge-

---

28 Vgl. dazu und im Folgenden Tiwald, Frühjudentum, 266–271.

29 VanderKam, Jubilees, 409; ebenso Zahn, Scripture, 323f. Allerdings begegnet der Begriff βιβλία, *biblia*, „die (Sammlung der heiligen) Bücher/Schriftrollen", schon bei Josephus Ant 12,36 (τὰ τῆς Ἰουδαίων νομοθεσίας βιβλία, „die Bücher der Gesetzgebung der Juden") oder Ap 38 (δύο δὲ μόνα πρὸς τοῖς εἴκοσι βιβλία, „aber aus einzig zweiundzwanzig Büchern"), doch noch in allgemeiner Diktion.

30 Schröder, Gesetze, 236. Zur intensiveren Diskussion vgl. Tiwald, Frühjudentum, 267–270.

31 Fabry, Text, 37.

32 Diese Methode wurde von Fabry, Text, 44, auf die Qumranschriften angewandt und von Tiwald, Hebräer, 102–104, auf die paulinischen Homologumena.

33 Zur gesamten Frage von Schriftlichkeit und der Möglichkeit, aramäische Überlieferungsstrata der Logienquelle zu rekonstruieren, vgl. Tiwald, Logienquelle, 26–30.

schichte der Q-Traditionen in aramäischer Sprache zu rechnen ist, scheint es gut möglich, dass der Wechsel zur griechischen Sprache mit dem Sprung in die Schriftlichkeit verbunden war.[34] Mit dem Übergang von mündlichen Traditionen zur Schriftlichkeit einerseits und dem Wechsel vom Aramäischen ins Griechische andererseits ist ein so großer Einschnitt gesetzt, dass wir rekonstruktionstechnisch nicht mehr dahinter zurückkehren können. Auch wenn alte mündliche Erzählkränze noch gut in der heute zu rekonstruierenden Q-Akoluthie durchschimmern (s.o. *II.3.6: Mündlicher Vortrag und Verschriftlichung*), wurde mit der schriftlichen Abfassung der Logienquelle doch ein kompositorischer Neuentwurf getätigt. Das mag besonders stark gerade bei der Schriftzitation von Q zu Buche schlagen: Wenn anzunehmen ist, dass Q von schriftgelehrten Autoren abgefasst wurde (s.o. *II.2.2: Die Verfasser der Logienquelle*), so steht auch zu vermuten, dass diese den Text mit entsprechenden Passagen aus den heiligen Schriften unterfütterten. Die hierbei zur Anwendung kommenden Texte waren klarerweise griechische Varianten der heiligen Schriften.[35] Ob bereits vor der Verschriftlichung und dem Übergang ins Griechische auch schon im aramäischen Vortrag Referenzen auf heilige Schriften gegeben waren, wird sich somit nicht mehr rekonstruieren lassen.

2.1.3 Fragen zur sogenannten „Septuaginta"

Da wir – wie soeben festgestellt – bezüglich der Schriftzitation von Q nicht mehr hinter die griechische Abfassung der Logienquelle zurückblicken können, ist unser Referenztext in den *griechischen heiligen Schriften des Frühjudentums* zu suchen. Gerne wird in diesem Zusammenhang von „der Septuaginta (LXX)" gesprochen, ganz so, als ob es sich dabei um jenes kanonisch fixierte Kompendium gehandelt habe, das der späteren Christenheit geläufig war. Diese Sichtweise ist allerdings zu hinterfragen.

Für den *Pentateuch* kann man von einer LXX-Entstehung um die Mitte des 2. Jh. v. Chr. in Alexandria ausgehen, doch fanden dann „im 2. und 1. vorchristlichen Jahrhundert – zu verschiedenen Zeiten und an verschiedenen Orten – Übersetzungen der übrigen hebräischen Heiligen Schiften des Judentums ins Griechische statt, deren Verfasser allein hinsichtlich ihrer Sprachkenntnis, Übersetzungstechnik und Stilistik überaus verschieden waren."[36] So entstanden an unterschiedlichen Orten auch recht *unterschiedliche Teilsammlungen* von heiligen Schriften, ein Prozess, der erst in christlicher Zeit mit den in christlichen LXX-Codices enthaltenen Büchern zum Abschluss kam. „*Die Septuaginta*", wie wir sie heute christlicherseits – etwa in der Edition Rahlfs – kennen, hat es im Frühjudentum nicht gegeben.[37] Da die einzelnen Bücher auf einzelnen Schriftrollen zirkulierten, war für das Frühjudentum noch nicht mit einer festen Ordnung in der Abfolge der Propheten und Hagiographen zu rechnen.[38]

---

34 Vgl. dazu Bazzana, Kingdom, 120: „... Q was originally composed in Greek and ... did not undergo a phase of written transmission in Aramaic."

35 Vgl. Fleddermann, Q, 156: „... the scripture quotations in Q all go back to the Greek Old Testament."

36 Tilly, Septuaginta, 51.

37 Vgl. dazu Kreuzer, Bible, 113.

38 Vgl. Tilly, Septuaginta, 54.

Erst die in christlicher Zeit aufkommende Codexform, in der die Blätter nicht als Schriftrolle, sondern als Blätter eines Buches aufbewahrt wurden, führte zur heutigen LXX-Abfolge.

Aber auch in Bezug auf die Textgestalt gab „es in dieser Zeit keine zwei identischen oder fast identischen Rollen eines Buches der LXX."[39] Eine „relative Konstanz" hat der LXX-Text erst „im 2. und 3. Jh. d. chr. Z." gefunden.[40] Die LXX-Zitate „im NT, bei Philo von Alexandria, bei Josephus und bei vielen Kirchenvätern" geben „Rezensionen verschiedenster Art wieder ..."[41] Denn „aufgrund des Fehlens eines normativen hebräischen ‚Urtextes' der jüdischen Heiligen Schrift als Vorlage ihrer Übertragung ins Griechische [ist] auch eine ‚Urübersetzung' nicht zu erwarten ... Zudem gab es im Judentum zu keiner Zeit eine zentrale Kontrollinstanz, die in der Lage gewesen wäre, einen autoritativen und normativen griechischen Standardtext gegenüber den alternativen Übersetzungen durchzusetzen."[42] Auch *Rezensionen* bereits existierender griechischer Übersetzungen setzten schon in frühjüdischer Zeit ein. So sind uns „rehebraisierende" Rezensionsaktivitäten bekannt: der griechische Text wurde verstärkt an den hebräischen Vorlagetext angelehnt.[43] D. C. Allison kommt das Verdienst zu, 2000 in seiner Monographie *The Intertextual Jesus. Scripture in Q* den Schriftgebrauch der Logienquelle näher untersucht zu haben. Wenn er zum Schluss kommt (a.a.O. 6, Anm. 22): „For what follows I cite LXX; but we shall see from time to time herein that Q seems to reflect knowledge of other textual traditions" – so muss man bedenken, dass wir für die damalige Zeit nicht mit einem standardisierten LXX-Text rechnen dürfen.[44]

---

39 Tov, Bibelübersetzungen, 133. Ähnlich auch Maier, Testamenten, 63: „Obwohl die Tradition von *einer* ‚Septuaginta' spricht, muß ein vielfältiger und langwieriger Prozeß vorausgesetzt werden, da die christlichen Gemeinden unterschiedliche Versionen übernommen haben."

40 Tov, Bibelübersetzungen, 133.

41 Tov, Bibelübersetzungen, 165. Während D.-A. Koch in einer 1993 erschienenen Publikation noch behaupten konnte „daß für die vorneutestamentliche Zeit ... mit einem relativ stabilisierten Septuagintatext zu rechnen ist" (Koch, Septuaginta, 229), zerbröselt diese Meinung immer mehr unter dem Druck der neueren Septuagintaforschung: „ ... à l'époque de rédaction des écrits du NT les textes grecs de la Bible circulaient sous plusiers formes textuelles ... Il n'est donc pas étonnant que nous trouvions dans les écrits du NT des citations de l'AT sous des formes différentes" (Harl, Septante, 276).

42 Tilly, Septuaginta, 63.

43 Vgl. Tilly, Septuaginta, 82f; Kreuzer, Bible, 67.

44 Zu den Schwierigkeiten, die Schriftzitate in Q einer bestimmten LXX-Rezension zuzuweisen oder vielleicht doch den Text der hebräischen Bibel hinter den Zitaten entdecken zu wollen, vgl. Tuckett, Sayings, 205: „Allegedly Septuagintal readings have now been shown to occur in Hebrew MSS of this period, so that we certainly cannot make a neat, over-schematic division ... Nor should we forget the obvious facts about the complexity of the history of ‚the' so-called LXX." Vgl. dazu auch die detaillierten Untersuchungen der Zitate in der Q-Versuchungsgeschichte bei Tuckett, Sayings, 158f. Ebenso Luz, Matthäus I, 195, der analog zu Q vom Textgebrauch des ersten Evangelisten schreibt: „Damit wird alles offen: Wieviel von den von den späteren ‚offiziellen' Texten abweichenden Textvarianten auf die Arbeit des Mt, ... und wieviel bereits griechischen oder hebräischen Sonderformen ‚flüssiger' Texte zuzurechnen ist, ist schwer zu sagen und höchstens im Einzelfall zu entscheiden." Genauso Scherer, Königsvolk, 190 (besonders Anm. 693 – ebenfalls mit Verweis auf divergierende Textfassungen).

2.2 Schriftzitate in Q

2.2.1 Direkte und indirekte Zitate

In der Regel wird zwischen direkten, also wörtlichen Zitaten und indirekten Zitaten, also Anspielungen, unterschieden.[45] Das ist grundsätzlich sinnvoll, doch in der Praxis nicht immer einfach unterscheidbar, da in der modernen Forschung umstritten ist, was genau als direktes Zitat gelten soll. D. Dimant bietet diesbezüglich eine griffige Definition eines expliziten (also wörtlichen/direkten) Zitates: „Explicit quotations are biblical phrases of at least three words, more or less accurately reproduced, and introduced by special terms and explicit references to the source."[46] Allerdings schränkt sie selber ein: „In our literature [sc. frühjüdische Literatur] such quotations are relatively few ..."[47] Denn eine Zitateinleitung mit כָּתוּב, *katuv* bzw. γέγραπται, *gegraptai* („geschrieben steht")[48] wird im Frühjudentum bisweilen auch dann verwendet, wenn der Schreiber „nicht explizit zitiert, sondern nur aus dem Gedächtnis heraus biblische Inhalte referiert."[49] Umgekehrt kann es auch direkte Zitate geben, ohne dass diese explizit eingeleitet sind.

Als noch größere Erschwernis kommt allerdings hinzu, dass wir – aufgrund der Vielzahl von völlig unterschiedlichen LXX-Varianten – den Vorlagetext der Q-Autoren gar nicht kennen. Wir wissen also nicht, ob die Abweichung eines Zitates von unserem heutigen LXX-Text (in der Regel „Edition Rahlfs") als deliberative Adaptation des Q-Verfassers gelten muss, oder als bereits im Vorlagetext enthaltene LXX-Variante zu werten ist.[50]

Weiters kommt hinzu, dass es im Frühjudentum eine gewisse Tendenz gab, direkte Zitate zu vermeiden und stattdessen in freien Paraphrasen Bezug auf Bibelstellen oder einfach nur auf biblisches Vokabular zu nehmen. Oft ist die Trennlinie zwischen wörtlichem Zitat, Anspielung und Echo schwer zu erfassen.[51]

Summa summarum: Die Unterscheidung zwischen direktem und indirektem Zitat hat einen gewissen heuristischen Wert, darf jedoch nicht als hartes Kriterium missverstanden werden.

---

45 Vgl. zur ganzen Problematik Tiwald, Hebräer, 50–58.

46 Dimant, Use, 385.

47 Dimant, Use, 385.

48 Diese Zitateinleitungen begegnen u.a. in Qumran (CD 5,1; 7,19; 9,5) und bei Paulus (Röm 1,17; 1Kor 1,19 u. ö.).

49 Fabry, Methoden, 24f. Ebenso Stemberger, Grundzüge, 36: „ ... man denke nur an den Umgang der Bibeltexte in Qumran, wo mit *katub*, ‚es ist geschrieben', auch Zitate eingeleitet sein können, die so in der Bibel nirgends zu finden sind."

50 In diesem Sinne auch Lim, Scripture, 69: „Given the diversity of text-types in this period and the profusion of variants for individual verses, how does one know that an exegete has changed his biblical text and not simply quoted an extant variant?"

51 Vgl. dazu Kister, Heritage, 101: „There is no firm distinction between variant readings in the biblical text, biblical paraphrases, such as the so-called 4Qreworked Pentateuch and elaborated works of ‚the rewritten Bible' which include implicit exegesis and longer additions to the biblical narrative, such as the Book of Jubilees. In this sense, it seems that no clear-cut border can be established between the Bible and its reworking."

2.2.2 Direkte Zitate in Q

Als Kriterium für ein direktes Zitat mag hier - anhand der oben diskutierten Kriterien - folgende Definition gelten: Die Abfolge von mindestens drei hintereinander folgenden Worten, die in der gleichen Reihenfolge und im gleichen Wortlaut wiedergegeben werden wie im Vorlagetext (wobei allerdings die vorgesetzten Artikel nicht mitgezählt werden). *Faute de mieux* wird für den Vorlagetext hier auf die Edition Rahlfs der LXX zurückgegriffen (vgl. die Diskussion s.o.). Für ein direktes Zitat ist keine explizite Zitateinleitung nötig, aber möglich.

Die einzigen direkten Zitate, die mit einer Zitationsformel eingeleitet werden, sind in der Versuchungserzählung Q 4,1–13 (Ps 91,11f; Dtn 6,13) und im Urteil über den Täufer Q 7,27 (Ex 23,20; Mal 3,1) zu finden. Fünfmal wird in der Logienquelle die Zitat-Einleitungs-Formel γέγραπται, „geschrieben steht", verwendet (Q 4,4.8.10.12; 7,27), die schon in der LXX das hebräische כָּתוּב, *katuv* wiedergibt.

2.2.3 Indirekte Zitate in Q

„Q enthält insgesamt wenige [sc. direkte] Zitate, aber viele Anspielungen auf das Alte Testament."[52] – Diesem Urteil von Ch. Heil kann man nur zustimmen. Heil zeigt dabei anhand der Anspielung in Q 12,53 auf Mi 7,6, dass dieser Text im Frühjudentum gerne als Prätext verwendet wurde - doch niemals in wörtlicher Zitation.[53] Mit A. M. Schwemer könnte man sogar von einer häufig zu beobachtenden Tendenz sprechen, dass gewisse frühjüdische Schriften wörtliche Bibelzitate regelrecht vermieden und nur in Anspielungen oder frei wiedergegebenen Paraphrasen Bezug auf die Bibel nahmen.[54] Auch diese freieren Wiedergaben der Bibel werden heute zu Recht als „implicit quotations" bezeichnet, deren bekanntesten Vertreter die „rewritten bible"[55] darstellt. Mit H.-J. Fabry kann man von „der Breite frühjüdischer Usancen von der wörtlichen Rezeption über die interpretierende Fortschreibung bis hin zur nahezu

52 Heil, Rezeption, 218.

53 Vgl. Heil, Rezeption, 214: „In frühjüdischen apokalyptischen Schriften wird Mi 7,6 also nicht wörtlich zitiert; es werden aber ähnliche Motive verwendet, und es finden sich hier schon Erweiterungen von Mi 7,6 ..."

54 Vgl. Schwemer, Verwendung, 85 und 91. Sie zeigt dies an den Vitae Prophetarum auf, die sie im Kern ins 1. Jh. n. Chr. datiert (ebd. 64) und als ursprünglich jüdische Schrift ausweist (ebd. 90), und kommt zum Schluss: „Normalerweise werden in den VP [sc. Vitae Prophetarum] wörtliche Bibelzitate vermieden. Das ist ein Zug, der in den Pseudepigraphen, aber auch in den Schriften aus Qumran oder LAB [sc. Liber Antiquitatum Biblicarum] häufig zu beobachten ist. Schriftkenntnis wird vorausgesetzt. Man liebt die Anspielung" (ebd. 85). Für 1Henoch kommt Knibb: Use, 165, zum selben Resultat: „ ... throughout *1 Enoch*, there are no explicit quotations from the Hebrew Bible, but it is not hard to recognise numerous allusions to passages in the Hebrew Bible ..."

55 Dimant, Use, 401f unterscheidet bei den „implicit quotations" zwischen 1) „rewritten Bible" als „narrative which follows closely the sequence and the text of a given biblical episode, using large segments of the actual biblical text ... such as *Jubilees*, *The Biblical Antiquities*, the *Genesis Apocryphon* and *1 Enoch* 6–11" und 2) freieren haggadischen Wiedergaben des Bibeltextes „with occasional implicit quotations ... like the *Life of Adam and Eve* and *Joseph and Aseneth*" sowie 3) „pseudepigraphic biography".

willkürlichen allegorischen Auslegung"[56] sprechen. – Der Schriftgebrauch der Logienquelle liegt also durchaus mitten im Trend des Frühjudentums.

2.2.4 Auflistung der direkten und indirekten Zitate in Q

Die folgende Tabelle listet die direkten und indirekten Zitate in Q auf. Für die Logienquelle wurde dabei auf den Text der Edition Hoffmann/Heil zurückgegriffen, die der CEQ folgt. Für die LXX wurde auf die Edition Rahlfs (zur Frage des Vorlagetextes, s.o.) rekurriert. Über die Edition Hoffmann/Heil hinaus wurden hier noch einige weitere Anspielungen aufgenommen, die dann gesondert mit einer Fußnote gekennzeichnet sind.

Q 3,3 πᾶσα..η.. περίχωρο... τοῦ ʼΙορδάνου Gen 13,10 = Gen 13,11 πᾶσαν τὴν περίχωρον τοῦ Ιορδάνου	nicht ganz wörtliches Zitat
Q 4,4 ὅτι οὐκ ἐπ' ἄρτῳ μόνῳ ζήσεται ὁ ἄνθρωπος Dtn 8,3 ὅτι οὐκ ἐπ' ἄρτῳ μόνῳ ζήσεται ὁ ἄνθρωπος	wörtliches Zitat[57] mit Einleitung (γέγραπται)
Q 4,8 κύριον τὸν θεόν σου προσκυνήσεις καὶ αὐτῷ μόνῳ λατρεύσεις. Dtn 6,13a = 10,20a κύριον τὸν θεόν σου φοβηθήσῃ καὶ αὐτῷ λατρεύσεις	nicht ganz wörtlich aber mit Einleitung (γέγραπται)
Q 4,10 ὅτι τοῖς ἀγγέλοις αὐτοῦ ἐντελεῖται περὶ σοῦ Ps 90,11LXX (= Ps 91,11MT) ὅτι τοῖς ἀγγέλοις αὐτοῦ ἐντελεῖται περὶ σοῦ Q 4,11 ἐπὶ χειρῶν ἀροῦσίν σε, μήποτε προσκόψῃς πρὸς λίθον τὸν πόδα σου Ps 90,12LXX (= Ps 91,12MT) ἐπὶ χειρῶν ἀροῦσίν σε μήποτε προσκόψῃς πρὸς λίθον τὸν πόδα σου	wörtliches Zitat gemischt aus LXX Ps 90,11 + 12 mit Einleitung (γέγραπται)
Q 4,12 οὐκ ἐκπειράσεις κύριον τὸν θεόν σου Dtn 6,16 οὐκ ἐκπειράσεις κύριον τὸν θεόν σου	wörtliches Zitat mit Einleitung (γέγραπται)

56 Fabry, Methoden, 33.

57 Zu den biblischen Zitaten der Q-Versuchungsgeschichte vgl. die umfassende Studie von Hieke, Schriftgelehrsamkeit, 43–71. Dort (a.a.O. 47) findet sich auch der wertvolle Hinweis: „Die intertextuelle Verknüpfung der Versuchungsgeschichte in Q mit dem Text aus dem Deuteronomium beginnt nicht erst beim Zitat, sondern schon in Q 4,1–2. ... Die Zahl ‚vierzig' und der Ort der ‚Wüste' parallelisieren Jesu Versuchung mit dem Aufenthalt Israels in der Wüste in typologischer Entsprechung, ebenso der Gedanke der göttlichen ‚Führung'."

Q 6,20 μακάριοι οἱ πτωχοί Jes 61,1 εὐαγγελίσασθαι πτωχοῖς Q 6,21 μακάριοι οἱ πενθοῦντες, ὅτι παρακληθήσεσθε Jes 61,2 παρακαλέσαι πάντας τοὺς πενθοῦντας	Anspielung
Q 7,22b τυφλοὶ ἀναβλέπουσιν καὶ χωλοὶ περιπατοῦσιν, λεπροὶ καθαρίζονται καὶ κωφοὶ ἀκούουσιν, καὶ νεκροὶ ἐγείρονται καὶ πτωχοὶ εὐαγγελίζονται Jes 26,19a ἀναστήσονται οἱ νεκροί καὶ ἐγερθήσονται οἱ ἐν τοῖς μνημείοις Jes 29,18f καὶ ἀκούσονται ἐν τῇ ἡμέρᾳ ἐκείνῃ κωφοὶ λόγους βιβλίου καὶ οἱ ἐν τῷ σκότει καὶ οἱ ἐν τῇ ὁμίχλῃ ὀφθαλμοὶ τυφλῶν βλέψονται καὶ ἀγαλλιάσονται πτωχοὶ διὰ κύριον ἐν εὐφροσύνῃ καὶ οἱ ἀπηλπισμένοι τῶν ἀνθρώπων ἐμπλησθήσονται εὐφροσύνης Jes 35,5f τότε ἀνοιχθήσονται ὀφθαλμοὶ τυφλῶν καὶ ὦτα κωφῶν ἀκούσονται τότε ἁλεῖται ὡς ἔλαφος ὁ χωλός καὶ τρανὴ ἔσται γλῶσσα μογιλάλων ... Jes 42,7 ἀνοῖξαι ὀφθαλμοὺς τυφλῶν ἐξαγαγεῖν ἐκ δεσμῶν δεδεμένους καὶ ἐξ οἴκου φυλακῆς καθημένους ἐν σκότει Jes 42,18 οἱ κωφοί ἀκούσατε καὶ οἱ τυφλοί ἀναβλέψατε ἰδεῖν Jes 61,1 πνεῦμα κυρίου ἐπ᾽ ἐμέ οὗ εἵνεκεν ἔχρισέν με εὐαγγελίσασθαι πτωχοῖς ἀπέσταλκέν με ἰάσασθαι τοὺς συντετριμμένους τῇ καρδίᾳ κηρύξαι αἰχμαλώτοις ἄφεσιν καὶ τυφλοῖς ἀνάβλεψιν	Mischzitat, nicht wörtlich, doch Übernahme zentraler Stichwörter und Themen – wohl schon als Florilegium vorliegend (siehe die Erklärungen zur Stelle im Kommentar oben)
Q 7,27 ἰδοὺ ἐγὼ ἀποστέλλω τὸν ἄγγελόν μου πρὸ προσώπου σου, ὃς κατασκευάσει τὴν ὁδόν σου ἔμπροσθέν σου Ex 23,20 καὶ ἰδοὺ ἐγὼ ἀποστέλλω τὸν ἄγγελόν μου πρὸ προσώπου σου ἵνα φυλάξῃ σε ἐν τῇ ὁδῷ ὅπως εἰσαγάγῃ σε εἰς τὴν γῆν ἣν ἡτοίμασά σοι Mal 3,1 ἰδοὺ ἐγὼ ἐξαποστέλλω τὸν ἄγγελόν μου καὶ ἐπιβλέψεται ὁδὸν πρὸ προσώπου μου	erster Teil wörtliches Zitat nach Ex mit Einleitung (γέγραπται), zweiter Teil als Anspielung an Ex und Mal
Q 10,4 καὶ μηδένα κατὰ τὴν ὁδὸν ἀσπάσησθε 2Kön 4,29 καὶ ἐὰν εὐλογήσῃ σε ἀνήρ οὐκ ἀποκριθήσῃ αὐτῷ	Anspielung

Q 10,15 καὶ σύ, Καφαρναούμ, μὴ ἕως οὐρανοῦ ὑψωθήσῃ; ἕως τοῦ ᾅδου καταβήσῃ Jes 14,13 σὺ δὲ εἶπας ἐν τῇ διανοίᾳ σου εἰς τὸν οὐρανὸν ἀναβήσομαι Jes 14,15 νῦν δὲ εἰς ᾅδου καταβήσῃ καὶ εἰς τὰ θεμέλια τῆς γῆς	Anspielung
Q 11.20 ἐν δακτύλῳ θεοῦ Ex 8,15 δάκτυλος θεοῦ ἐστιν Ex 31,18 τὰς δύο πλάκας τοῦ μαρτυρίου πλάκας λιθίνας γεγραμμένας τῷ δακτύλῳ τοῦ θεοῦ Dtn 9,10 τὰς δύο πλάκας τὰς λιθίνας γεγραμμένας ἐν τῷ δακτύλῳ τοῦ θεοῦ (Deu 9:10 BGT) vgl. Ps 8,4 ὅτι ὄψομαι τοὺς οὐρανούς ἔργα τῶν δακτύλων σου	Anspielung[58]
Q 11,21f ἀλλ' οὐ δύναται οὐδεὶς εἰς τὴν οἰκίαν τοῦ ἰσχυροῦ εἰσελθὼν τὰ σκεύη αὐτοῦ διαρπάσαι, ἐὰν μὴ πρῶτον τὸν ἰσχυρὸν δήσῃ Jes 49,25 οὕτως λέγει κύριος ἐάν τις αἰχμαλωτεύσῃ γίγαντα λήμψεται σκῦλα λαμβάνων δὲ παρὰ ἰσχύοντος σωθήσεται ἐγὼ δὲ τὴν κρίσιν σου κρινῶ καὶ ἐγὼ τοὺς υἱούς σου ῥύσομαι PsSal 5,3 οὐ γὰρ λήψεταί τις σκῦλα παρὰ ἀνδρὸς δυνατοῦ καὶ τίς λήψεται ἀπὸ πάντων ὧν ἐποίησας ἐὰν μὴ σὺ δῷς	Anspielung[59]
Q 11,51 Abel wird in Gen 4,8–10 erwähnt, Zacharias in 2Chr 24,20–22.	Anspielung[60]
Q 12,42 δοῦναι αὐτοῖς ἐν καιρῷ τὴν τροφήν Ps 103,27LXX (= Ps 104,27MT) πάντα πρὸς σὲ προσδοκῶσιν δοῦναι τὴν τροφὴν αὐτοῖς εὔκαιρον	Anspielung

58 Diese Anspielung ist nicht bei Hoffmann/Heil angeführt – wohl weil es sich nur um eine bildliche Parallele handelt.

59 Schröter, Erinnerung, 263, urteilt zur Thematik des „Berauben eines Stärkeren“: Es „lässt sich wahrscheinlich machen, daß der konstante Kern des Bildwortes Bestandteil einer mit der LXX vertrauten Tradition war.“ Diese Anspielung wird in der Edition Hoffmann/Heil nicht angeführt.

60 Auch diese Anspielung findet bei Hoffmann/Heil keine Erwähnung – wohl, da der Verweis auf das AT evident ist.

Q 12,53 ἦλθον γὰρ διχάσαι υἱὸν κατὰ πατρὸς καὶ θυγατέρα κατὰ τῆς μητρὸς αὐτῆς, καὶ νύμφην κατὰ τῆς πενθερᾶς αὐτῆς Mi 7,6 διότι υἱὸς ἀτιμάζει πατέρα θυγάτηρ ἐπαναστήσεται ἐπὶ τὴν μητέρα αὐτῆς νύμφη ἐπὶ τὴν πενθερὰν αὐτῆς ἐχθροὶ ἀνδρὸς πάντες οἱ ἄνδρες οἱ ἐν τῷ οἴκῳ αὐτοῦ	Anspielung[61]
Q 13,19 τὰ πετεινὰ τοῦ οὐρανοῦ κατεσκήνωσεν ἐν τοῖς κλάδοις αὐτοῦ Ps 103,12aLXX (= Ps 104,12aMT) ἐπ' αὐτὰ τὰ πετεινὰ τοῦ οὐρανοῦ κατασκηνώσει ἐκ μέσου τῶν πετρῶν	Anspielung
Q 13,21 γυνὴ ἐνέκρυψεν εἰς ἀλεύρου σάτα τρία Gen 18,6 τρία μέτρα σεμιδάλεως καὶ ποίησον ἐγκρυφίας	Anspielung[62]
Q 13,27 ἀπόστητε ἀπ' ἐμοῦ οἱ ἐργαζόμενοι τὴν ἀνομίαν Ps 6,9a (LXX = MT) ἀπόστητε ἀπ' ἐμοῦ πάντες οἱ ἐργαζόμενοι τὴν ἀνομίαν	wörtliches Zitat, bis auf das ausgelassene πάντες[63]

61 Vgl. zu dieser Stelle die intensive Untersuchung von Heil, Rezeption, 211–222.

62 Diese Anspielung wird nicht bei Hoffmann/Heil erwähnt, wahrscheinlich, da σάτα τρία in Q und τρία μέτρα in LXX doch beträchtlich differieren. Allerdings: Das Sat (σάτον, *saton*) stellt das Äquivalent für die Maßeinheit Sea (סאה) der hebräischen Bibel dar und gibt das aramäische Sata (סאתא) wieder. In der LXX steht hier zwar τρία μέτρα, doch im hebräischen Text lesen wir שָׁלֹשׁ סְאִים (drei Sea). Somit könnte eine dem hebräischen Text stärker angelehnte LXX-Rezension hier auch gut von τρία σάτα gesprochen haben oder gar die Kenntnis des hebräischen Textes selbst zum Tragen kommen. Zur Frage des Vorlagetextes s.o., zu den Maßeinheiten vgl. Wolter, Lukasevangelium, 487; zur Anspielung an Gen 18,6 vgl. Ostmeyer, Gott, 187f.

63 Heil, Revisited, 162, wertet diese Stelle nicht als Zitat, sondern als „echo of Ps 6,9a". Nach den hier aufgestellten Kriterien (s.o.) wird man für ein direktes Zitat optieren müssen: Adaptionen und geringfügige Textabweichungen waren in der damaligen Zeit normal – eventuell waren die Abweichungen bereits im Vorlagetext gegeben. Interessant ist allerdings, dass auch 1Makk 3,6 erwähnt, dass πάντες οἱ ἐργάται τῆς ἀνομίας Angst vor Judas Makkabaios bekommen hätten. Reicht das schon aus, um hinter den ἐργάται τῆς ἀνομίας einen geprägten biblischen Sprachgebrauch auszumachen, in deren Folge auch Q 13,27 zu verorten wäre? O'Rourke, Use, 16, spricht hier von einer „commonplace expression", Heil, Revisited, 162, bleibt skeptisch.

Q 13,35c εὐλογημένος ὁ ἐρχόμενος ἐν ὀνόματι κυρίου Ps 117,26LXX (= Ps 118,26MT) εὐλογημένος ὁ ἐρχόμενος ἐν ὀνόματι κυρίου	Wörtliches Zitat[64]
Q 17,26f Noach, die Arche und die Sintflut werden in Gen 6–7 erwähnt.	Anspielung[65]

Die hier aufgeführte Tabelle könnte noch erweitert werden. Die einschlägige Monographie von D. C. Allison, *The Intertextual Jesus. Scripture in Q* (2000), bietet bei den Anspielungen auch die Übernahme von *scriptural personages in Q* (z.B.: „Abraham": Q 3,8; 13,28; „Jona": Q 11,29.30.32; „Salomon": Q 11,31; 12,27; u.a.), *scriptural places in Q* (z.B.: „Wüste": Q 7,24; „Jerusalem": Q 4,9; 13,34; „Sodom": Q 10,12; u.a.), *supernatural characters from scripture* (z.B.: „Satan": Q 11,18; „Beelzebul": Q 11,15.19; u.a.) und *scriptural terms and idioms in Q* (z.B.: „eschatologischer Zorn Gottes": Q 3,7; „die zwölf Stämme Israels": Q 22,30; u.a.).[66] In die oben erstellte Liste wurden nur solche Anspielungen aufgenommen, die einen unmittelbaren Erzählzusammenhang zu biblischen Traditionen herstellen (z.B. Abel und Zacharias aus Q 11,51 oder Noach und die Sintfluterzählung in Q 17,26f) oder unmittelbare Anspielungen an biblische Ausdrucksweisen bieten (z.B. der „Finger Gottes" in Q 11,20). Dies ist natürlich nur ein „weiches" Kriterium – doch wird die Liste damit übersichtlicher und prägnanter. Für die ausführlichere Darstellung sei auf Allison verwiesen,[67] dessen Auflistung keinesfalls hypertroph ist, da ja gerade auch in der unbewussten oder beiläufigen Verwendung biblischer Motive deutlich wird, wie sehr ein Autor in seiner Referenzkultur beheimatet war. Zu Recht urteilt Allison: „Q's words and phrases manifestly place the book within a specific linguistic tradition and a particular community of texts. ... So the Tanak gives Q its form as well as its vocabulary. In every way Q reflects a biblical literary legacy."[68]

64 O'Rourke, Use, 24, wird dem Text nicht gerecht, wenn er in Frage stellt, dass es sich hier um ein Zitat handelt: „It could have been an intended citation, but the expression is rather commonplace." Denn erstens ist bei diesem Zitat der Zions- und Tempelkontext in Q wie im Psalm wesentlich (vgl. Hossfeld/Zenger: Psalmen, 319). Zweitens legt sich daraus nahe, dass in Q der wiederkehrende Menschensohn mit den gleichen Worten begrüßt wird wie der eschatologische Retter für Zion im Psalm. Der Psalm enthält nach Hossfeld/Zenger, Psalmen, 320, „eine Zukunftsperspektive, die ihn zu einem Danklied der geretteten Gerechten ... macht, die im Jerusalemer Tempel JHWHs universale Königsherrschaft feiern ..." Die Anschlusspunkte zur Theologie der Logienquelle sind evident!

65 Auch diese Anspielung findet bei Hoffmann/Heil keine Erwähnung – wohl da auch hier der Verweis auf das AT evident ist.

66 Allison, Scripture, 6–8. Vgl. dazu auch den Hinweis auf weitere „bewusste Anspielungen auf biblische Traditionen" bei Scherer, Königsvolk, 191 (sie nennt: Q 3,17; 6,27.36; 7,22; 12,53; 13,19.27.35; 16,18).

67 Vgl. dazu die Auflistung bei Allision, Scripture, 6–8 und 182–184.

68 Allison, Scripture, 8f.

2.3 Ergebnisse zum Schriftgebrauch in Q

Zunächst kann man anhand der in Q zur Anwendung kommenden Zitate mit Ch. Heil schließen: „Q conveys a certain scribal competence."[69] Weiters lässt sich – in den Worten von Ch. Tuckett – befinden, „that allusions to scripture go deeper and further in Q than has sometimes been allowed. ... There may be relatively few explicit quotations of scripture in Q with introductory formulae. But a sensitivity to the possibility of slightly more allusive intertextual echoes should make us aware that scripture is far more fundamental in Q than first impressions might imply ..."[70] Gerade in Q 11,51 („von Abel bis Zacharias") wird klar, dass die hier abgebildete Zeitspanne schon auf ein gewisses Kompendium von Heiligen Schriften zurückgreift: „Abel ist der erste im Kanon des Alten Testaments ermordete Gerechte (Gen 4,8–10), Sacharja [sc. Zacharias] ben Jojada (2Chr 24,20–22) der letzte. Die zeitliche Präzisierung will also die ganze Zeit der Bibel umspannen."[71] Auch wenn der „Kanon" der heiligen Schriften im damaligen Judentum noch nicht fix umrissen war, so blickt man doch schon auf eine gewisse normative Heilsgeschichte zurück, auf die man sich hier legitimierend beruft. Die Autoren der Logienquelle beziehen sich auf einen als abgeschlossen vorgestellten Zeitabschnitt, der für sie absolute Normativität besaß.[72]

Damit wird weiters klar, dass sich der Jesus der Logienquelle „auf die gleichen Dokumente stützt wie das Gros seiner Gesprächspartner, die Wert auf ihre Israel-Identität legen."[73] – Die Logienquelle steht in ihrem Schriftgebrauch noch ganz und gar in der Kontinuität mit Israel und den dem Judentum heiligen Traditionen. Auch wenn diese heiligen Schriften innerhalb des Frühjudentums noch nicht fest umrissen waren (weder in Anzahl noch im Wortlaut) und oft auch unterschiedlich interpretiert werden konnten, so ergibt sich im Rekurs auf diese Traditionen doch ein gemeinsamer Nenner frühjüdischer Identität – trotz aller frühjüdischer Diversität. Indem auch die Logienquelle bewusst auf diese Texte Bezug nimmt, steht der Text von Q eindeutig noch immer innerhalb des frühjüdischen Diskurses. So urteilt H. Scherer zu Recht: „Damit gibt es, bei allen unterschiedlichen Auslegungen, einen gemeinsamen Bezugspunkt und eine gemeinsame Diskussionsgrundlage, die sie damit von all denen abgrenzt, denen ein solcher minimaler Nenner biblisch-jüdischer, schriftlich verfasster Traditionen nicht im Bewusstsein ist."[74] Zu ähnlichen Schlüssen kommt Th. Hieke in seiner Studie zum Schriftgebrauch in der Q-Versuchungsgeschichte, nämlich,[75]

> ... dass Q Jesus in enge Verbindung mit dem Hauptgebot der Tora bringt und damit ... als den ‚wahren Israeliten' darstellt ..., der die Tora in idealer Weise erfüllt. ... Offensichtlich begegneten die Q-Leute einem Legitimationsdruck von verschiedenen Seiten. Als Judenchristen, die

---

69 Heil, Revisited, 172.

70 Tuckett, Sayings, 218.

71 Luz, Matthäus III, 374. Vgl. dazu die Ausführungen s.o. *III: Q 11,49–51.*

72 Vgl. Tuckett, Sayings, 200: „There may be, and probably were, debates about the precise limits of the canon; but the presupposition of this Q saying seems to be that the era of ‚biblical' history is one on which to look back, as a closed era of the past. If then it is probably reasonably sensible to think of a fairly fixed entity in talking about the ‚Scripture' in Q ..."

73 Scherer, Königsvolk, 191.

74 Scherer, Königsvolk, 191.

75 Hieke, Schriftgelehrsamkeit, 66.

Jesus als den Juden verkündigen wollten, mussten sie Jesu Verhalten und die eigene Lehre und Praxis als vollkommen übereinstimmend mit dem Hauptgebot der Tora darstellen ... Jesu Übereinstimmung mit der Tora ist noch an anderen Stellen in Q zu greifen: ... Am deutlichsten ist Q 16,17: *Es ist nämlich leichter, dass der Himmel und die Erde vergehen, als dass ein Häkchen des Gesetzes seine Kraft verliert.* Wie es scheint, ist die Gültigkeit der Tora für Q gesichert.

Exkurs 3: Gottes Option für die Armen und das „gewaltsame Prophetengeschick"

3.1 Gottes Option für die Armen

3.1.1 Die „Armenfrömmigkeit" im Frühjudentum

Durch den in Palästina immer stärker werdenden Hellenismus war ab 300 v. Chr. in der jüdischen Gesellschaft nicht nur ein immer stärkerer *cultural split* zwischen Befürwortern und Gegnern der neuen Kultur entstanden, sondern auch starke soziale Spannungen zwischen Armen und Reichen.[76] Die Palästina von den Ptolemäern und dann den Seleukiden aufgebürdete Steuerlast führte zu heftigen innenpolitischen Verwerfungen. „Ohne Zweifel entstand bereits in ptolemäischer Zeit die verhängnisvolle Gleichsetzung von ‚arm' und ‚fromm' sowie von ‚reich' und ‚hellenisiert', die sich in der Folgezeit zu einem gefährlichen sozial-religiösen Gemisch entwickeln sollte."[77]

Schon in AT-Texten war die „Armenfrömmigkeit" ausgeprägt (vgl. Jes 29,18–21; 66,1–5; Zef 3,11–13; Ps 40,18; 70,6; 86,1; 109,22). Auf dieser Basis konnten sich dann besonders in der frühjüdisch-apokalyptischen Literatur sozialkritische Züge entwickeln, so etwa in „Henochs Epistel" (1Hen 92,1–5; 93,11–105,2[78]) des 1. Henochbuchs.[79] Diese Schrift entstand knapp vor dem Makkabäeraufstand.[80] Der Autor sieht sich in einer Linie mit den alttestamentlichen Propheten, in deren Nachfolge er unter dem Namen des biblischen Henoch Weherufe gegen rivalisierende frühjüdische Gruppierungen richtet.[81] Dabei sind es gerade Spannungen zwischen Arm und Reich, die sich wie ein roter Faden durch Henochs Epistel ziehen.[82]

94: [7] Wehe denen, die ihre Häuser mit Sünde bauen, denn sie werden aus all ihrem Fundament gerissen werden, und durch das Schwert werden sie fallen; und die Gold und Silber erwerben – im Gericht werden sie plötzlich (oder: bald) vernichtet. [8] Wehe euch Reichen, denn ihr habt auf euren Reichtum vertraut, aber aus eurem Reichtum werdet ihr heraus müssen, weil ihr in den Tagen eures Reichtums nicht an den Höchsten gedacht habt.

---

76 Vgl. dazu im Detail: Tiwald, Frühjudentum, 56–63 und 252–256.
77 Schäfer, Geschichte, 26.
78 So die Abgrenzung bei Stuckenbruck, 1Enoch, 3.
79 Vgl. dazu im Folgenden Tiwald, Valeur, 125–137.
80 Vgl. Stuckenbruck, 1Enoch, 215. Siehe ebd. die Diskussion möglicher alternativer Datierungen.
81 Vgl. Stuckenbruck, 1Enoch, 197.
82 Vgl. Stuckenbruck, 1Enoch, 548: „... circumstances of social underprivilege and oppression (as is clear from statements about the righteous throughout the Epistle) ..." Ebenso Nickelsburg, 1Enoch, 426f.

96: [4] Wehe euch, ihr Sünder, denn euer Reichtum läßt euch als Gerechte erscheinen, aber euer Herz beweist euch, daß ihr Sünder seid, und diese Rede wird euch gegenüber ein Zeugnis sein zur Erinnerung (eurer) Bosheiten (= bösen Taten). [5] Wehe euch, die ihr das Beste vom Weizen verzehrt und ... die Niedrigen mit eurer Macht niedertretet.

97: [8] Wehe euch, die ihr Gold und Silber – (und) das ohne Gerechtigkeit – erwerbt und sagt: „Wir haben Reichtum angesammelt und haben Schätze und besitzen alles, was wir wollen. [9] Und nun wollen wir ausführen, was wir geplant haben, denn wir haben Silber gesammelt, und unsere Vorratshäuser sind gefüllt, und zahlreich wie Wasser sind die Feldarbeiter unserer Häuser." [10] Und wie Wasser wird eure Lüge zerrinnen, denn der Reichtum wird euch nicht bleiben, sondern plötzlich von euch verschwinden, weil ihr alles mit Unrecht erworben habt; und ihr werdet der großen Verfluchung hingegeben werden.

Auffallend ist auch in Qumran die Armenfrömmigkeit in den Weisheitstexten. Diese gehen weitgehend schon auf vorqumranische Zeit zurück und sind geprägt von der Vorstellung, dass der Arme Gott besonders nahe ist, weil kein Reichtum im Wege steht.[83] „Für die Verwendung der Armentermini in den Qumranschriften ist charakteristisch, daß sie in einem eschatologischen Erwartungshorizont eingesetzt sind. Die so mit traditionellen Prädikaten umschriebene, bewußt eingenommene Demutshaltung galt als die Voraussetzung dafür, daß der Fromme die eschatologischen Schrecken übersteht, und zwar eben dank der dem Demütigen, Niedrigen etc. geltenden Erwählung und Stärkung durch Gott."[84] So etwa ist in 1QH 23,15 die Rede davon, dass „die bedrückten Geistes und Trauernde zu ewiger Freude" geführt werden – man ist an Jesu Seligpreisungen in Q 6,20f erinnert.

3.1.2 Jesu Option für die Armen

Das Galiläa der Zeit Jesu war „kulturell ... alles andere als homogen"[85] und muss „als ‚Kaleidoskop' unterschiedlicher Gruppen verstanden werden, weniger als Monolith."[86] Die von Hellenismus und Romanisierung ausgehende Urbanisierungspolitik führte zu einer „simultaneous existence of a seemingly very traditional rural world next to strongly urbanized centres of Hellenism beginning already in the 2nd century BCE (Magdala) and continuing well into the 1st century CE (Tiberias)."[87] Wahrscheinlich kann man darin den Grund erkennen, dass Jesus die jüdischen, doch urbanen Zentren Tiberias, Sepphoris und Magdala meidet, man muss von einem *selektiven geographischen Rahmen* der Verkündigung Jesu ausgehen.[88] „Jesu Zuwendung zu ländlichen Milieus, den Armen oder Marginalisierten der galiläischen Gesellschaft ... ist eine bewusste Akzentsetzung, die ihre Wurzeln in seiner recht eigenen herrschafts- und sozialkritischen Rezeption der Heilstraditionen Israels hat, sozusagen in einer selb-

---

83 Vgl. Hausmann, Art. Weisheit (AT), WiBiLex.

84 Ro, Armenfrömmigkeit, 201.

85 Zangenberg, Jesus, 33.

86 Zangenberg, Jesus, 32.

87 Zangenberg, News, 481. Vgl. dazu auch Tiwald, Frühjudentum, 237–247, und Tiwald, Freedom, 111–131.

88 So Zangenberg, Jesus, 38: „So selektiv Jesu geographischer Radius nach dem NT ist (Gebiet am See mit unmittelbarer Umgebung nach Osten und Norden; Dörfer, Besuch von Dörfern und kleiner Städte in dieser Region, Aussparen von Sepphoris und Tiberias), so begrenzt ist sein Adressatenkreis."

ständigen, theologisch motivierten ‚Option für die Armen.'"[89] Auch in *Traditionen außerhalb von Q* kommt dies zum Tragen, wie Mk 10,25 verdeutlicht: „Leichter geht ein Kamel durch ein Nadelöhr, als dass ein Reicher in das Reich Gottes gelangt."

3.1.3 Die Option für die Armen in der Logienquelle

Während die späteren Benutzer der Logienquelle, Mt und Lk, großstädtische Kultur in das ursprünglich rurale Habitat Jesu einfließen lassen,[90] spiegelt die Logienquelle selbst vor allem die „Welt der Feldarbeit oder des Haushaltes" wider, die Gleichnisse in Q „weisen eine ländliche Perspektive auf, städtisches Leben ist nicht im Blick."[91]

Für Q ist die Kritik an den „Menschen in weichen Gewändern", die „in den Palästen der Könige" sitzen, bereits mit dem Auftreten des Täufers verbunden (Q 7,24–28). Demzufolge können auch nur die Armen, Hungernden und Trauernden die Königsherrschaft Gottes besitzen (Q 6,20f). Deswegen auch lautet in Q 7,22 die Rückmeldung an den Täufer: „Blinde sehen wieder, und Lahme gehen umher, Aussätzige werden rein, und Taube hören, und Tote werden erweckt, und Arme bekommen eine gute Botschaft (πτωχοὶ εὐαγγελίζονται)." Ähnlich wie in Qumran (s.o.) sind auch diese Aussagen in einen „eschatologischen Erwartungshorizont eingesetzt", der zu einer „Demutshaltung" führt, die als Voraussetzung dafür gilt, „daß der Fromme die eschatologischen Schrecken übersteht, und zwar eben dank der dem Demütigen, Niedrigen etc. geltenden Erwählung und Stärkung durch Gott."[92] In der Logienquelle tritt damit – ähnlich wie in Qumran – nicht nur *materielle Armut* in den Blick, sondern die *Haltung der Demut*. Deutlich wird dies besonders bei der Preisung der „Unmündigen" (νήπιοι) in Q 10,21.

In der Logienquelle wird die Betonung der Niedrigkeit und Armut in den Seligpreisungen bereits mit dem *gewaltsamen Prophetengeschick* verbunden (Q 6,22f), wie im folgenden Punkt gezeigt werden kann.

3.2 Das „gewaltsame Prophetengeschick"

In deuteronomistischer Theologie war es ein stehender Topos der Geschichtsdeutung, dass sich Jerusalem bzw. Israel allen wahren Propheten widersetzt hatte (vgl. 2Kön 17,7–20; Jer 7,27; 25,3f; 35,14f). In der Literatur wird dieser Topos seit O. H. Steck als

89 Zangenberg, Galiläer, 155. In ähnlicher Weise auch Hoppe, Galiläa, 190–198. Ganz in diesem Sinne auch Ebner, Stadt, 17: „Weder die herodianischen Städte innerhalb Galiläas noch die Großstädte, die Galiläa im Westen (an der Mittelmeerküste) und im Osten (in der Dekapolis) umgeben, gehören zum Aktionsradius Jesu. Seine Adressaten sind unter den Fischern und Bauern in den kleinen Orten am Nordufer des Sees Gennesaret zu finden. ... Die Wiege der Jesusbewegung ist das ländliche Milieu in Galiläa."

90 Vgl. Kloppenborg, Q, 67f: „Matthew and Luke are Gospels oriented to *urban* settings." Für Lk steht die Stadtzentriertheit außer Zweifel (vgl. Hoffmann, Studien, 278–280), aber auch Mt verrät eindeutig urbane Kultur, wenn er τὰς διεξόδους τῶν ὁδῶν (22,9) erwähnt, oder die „Heilige Stadt" Jerusalem (4,5) und die „Stadt des großen Königs" (5,35).

91 Schröter, Entscheidung, 74; ebenso Kloppenborg, Q, 69: „Q presents us with a rural, Galilean Jewish gospel ..."

92 Ro, Armenfrömmigkeit, 201.

„deuteronomistisches Prophetengeschick" bezeichnet.[93] So etwa werden in 2Kön 17,7–20 die ungehörten Mahnungen der Propheten und die Halsstarrigkeit des Gottesvolkes zum generellen Deuteparameter für die Geschichte des Nord- und Südreiches. Ähnliches gilt auch für die dtr geprägten Schichten des Jeremiabuches:[94] Jeremia widerfährt das Geschick eines Propheten, der von seinem Volk nicht erhört wird (vgl. Jer 7,27; 25,3; 35,14).

Vom *gewaltsamen* Geschick der Propheten bis hin zu deren Tötung ist in deuteronomistischer Theologie noch nicht die Rede. Das Motiv der *gewaltsamen Verfolgung* aller Propheten bis hin zu deren *Ermordung* tritt erst mit Neh 9,26 ins Bild, einem nicht mehr zur dtr Theologie zählenden Text. Es empfiehlt sich hier also nicht mehr, vom *„deuteronomistischen" Prophetengeschick* zu sprechen, sondern dies als das *Motiv vom gewaltsamen Prophetengeschick*[95] zu bezeichnen. Diese Motivik war im Frühjudentum weit verbreitet: 1Hen 89,51 – 90,19; Jub 1,7–26; 1QpHab 1–5 und Ant 9,265–267; 10,38–41, aber auch Sir 49,7.[96]

In der Logienquelle wird die Vorstellung vom *gewaltsamen Prophetengeschick* zum tragenden Deutemuster: Q 6,22f; 11,47–51; 13,34f. Im NT ist diese Topik auch außerhalb der von Q abhängigen Traditionsstränge weit verbreitet: 1Thess 2,15; Mk 12,1–9; Mt 22,6 und Apg 7,51f; ähnlich auch in Röm 11,3 und Hebr 11,32–37. M. Konradt spricht hier sogar davon, dass „in Q und 1Thess 2,15f jeweils ein im frühen Christentum verbreiteter Traditionszusammenhang rezipiert wurde."[97]

3.3 Die Textpragmatik der „Armenfrömmigkeit" und des „gewaltsamen Prophetengeschicks"

Die *Armenfrömmigkeit* und das *gewaltsame Prophetengeschick* sind zwei frühjüdische Deutemuster, die von der Logienquelle übernommen und miteinander verbunden wurden, um innerhalb des frühjüdischen Diskurses die eigene Position als die von Gott gewollte zu unterstreichen. In beiden Konzepten werden dabei die Ausgrenzung durch andere frühjüdische Gruppierungen und der eigene Misserfolg bei der Missionierung dieser Gruppierungen in ihr Gegenteil verkehrt und als Zeichen einer besonderen Erwählung und Legitimation durch Gott gedeutet. Damit allerdings ist in beiden Konzepten der unmittelbare Adressat in den andersgläubigen Gruppierungen in Israel zu sehen. Die beiden Muster arbeiten textpragmatisch als *logos protreptikos* – als Werbung für die eigene Position, aber nicht im Dienste eines vermeintlichen Beziehungsabbruchs.[98] Für die Logienquelle kann aufgrund der Verwendung dieser Muster noch *kein Bruch mit Israel und mit den jüdischen Wurzeln* angenommen werden. Ganz im Gegenteil wird gerade hier die bleibende Einbindung in Deutekonzepte des Frühjudentums ersichtlich. Die Gruppierung hinter der Logienquelle wird damit zu einer

---

93 Steck, Geschick, passim. Vgl. dazu auch im Folgenden Tiwald, Logienquelle, 104–107.

94 Vgl. Steck, Geschick, 72, sowie Backhaus/Meyer, Jeremia, 420f.

95 Vgl. dazu im Folgenden Tiwald, Gott, 69–76.

96 Vgl. dazu auch Konradt, Gericht, 80.

97 Konradt, Gericht, 81; ebenso Hoppe, Thessalonikerbrief, 167.

98 Vgl. dazu Tiwald, Valeur, 122–125.

frühjüdischen Gruppierung, die mit anderen Gruppierungen des Frühjudentums in Rivalität stand – doch den endgültigen Bruch noch nicht vollzogen hat.

Exkurs 4: Apokalyptische Muster in Q

Die Logienquelle ist keine Apokalypse, auch wenn in Q apokalyptische Muster zum Tragen kommen.[99] Der für die frühjüdische Apokalyptik typische Bruch in der Heilsgeschichte, verbunden mit einen katastrophenhaften Untergang dieser Welt, wird von Q nicht geteilt, die Königsherrschaft Gottes bricht im *hic et nunc* an; sie verwandelt die Welt zwar, zerstört sie aber nicht. Q vertritt auch keinen Dualismus zwischen Gut und Böse, da der endzeitliche Kampf bereits entschieden ist (s.o. *IV: Exkurs 1: Königsherrschaft Gottes, Entmachtung des Satans, Kommen des Menschensohns*). Auch gibt es kein apokalyptisches Geheimwissen – die Botschaft von der Königsherrschaft Gottes ist allen zugänglich. Das gilt auch für Q 10,21–24 (s.o. die Auslegung im Kommentar). Auch Q 17,23–37 ist nicht als Apokalypse zu bezeichnen (s.o. die Auslegung im Kommentar).

Dennoch gehört die Logienquelle in den breiten Strom frühjüdisch-eschatologischer Texte, die mit dem unmittelbar bevorstehenden Anbruch der Endzeit rechneten.[100] Daher auch hat die Logienquelle einige apokalyptische Muster aufgenommen, die zwar das Gesamt-Genus von Q nicht beeinflussen, aber nur auf dem Hintergrund frühjüdisch-apokalyptischer Erwartungen verstanden werden können.

4.1 Das eschatologische Chaos

4.1.1 Die eschatologische Bewährung

Die Logienquelle rechnet nicht – wie ansonsten in der Apokalyptik üblich – mit *kataklystischen Endzeitszenarien*: Weder gibt es ausgefeilte *Berechnungen von Weltzyklen* (vgl. Dan 7–8; Offb 13), noch *pastos ausgemalte Gräuelszenarien* (vgl. Mk 13,8–32parr; Offb 13–16). Allerdings teilt auch die Logienquelle die Überzeugung, dass in der Endzeit vor dem anbrechenden Gottesfrieden (s.u. *IV: Exkurs 4.2*) besondere Verwerfungen als „Wehen", die die Endzeit gebären (vgl. Mk 13,8), stattfinden müssen. Erst nach dieser „Bewährung" der Frommen wird der endzeitliche Friede Gottes für die Gerechten kommen.

4.1.2 „Diese Generation"

Die in frühjüdisch-apokalyptischen Texten vorausgesagten *kataklystischen Endzeitszenarien* führten zur Erwartung einer besonders verdorbenen Endzeitgeneration, die den erwählten Frommen das Leben schwer macht. So etwa prophezeit die Zehnwochen-

99 Vgl. dazu die Diskussion bei Tiwald, Logienquelle, 159f. Dazu besonders: Tuckett, Apocalyptic, 113: „Q itself is certainly not an ‚apocalypse'", und Kloppenborg, Eschatology, 306.

100 Zur frühjüdischen Apokalyptik und zur Unterscheidung zwischen *eschatologisch* und *apokalyptisch* vgl. Tiwald, Frühjudentum, 188–190.

apokalypse des 1Hen für die siebente Woche des endzeitlichen „Fahrplans" das Auftreten eines „abtrünnigen Geschlechts":[101]

> 1Hen 93: [9] Und danach, in der siebenten Woche, wird sich ein abtrünniges Geschlecht erheben, und seine Taten (werden) zahlreich (sein), aber alle seine Taten (werden) Abfall (sein). [10] An ihrem Ende werden die erwählten Gerechten von der ewigen Pflanze der Gerechtigkeit erwählt werden, denen siebenfache Unterweisung über die ganze Schöpfung zuteil werden soll.

Die siebente Woche ist die Woche der eschatologischen Peripetie: Indem die Bosheit ihren Höhepunkt erreicht, bricht sie auch in sich zusammen und es beginnt der Aufstieg der „erwählten Gerechten". Das „abtrünnige Geschlecht" steht für die endzeitlich erwartete „time of pervasive wickedness" sowie für „unprecedented malevolence"[102]. Als *ex eventu* „vorausprophezeites" Ereignis der Endzeit (*erzählte Zeit*) deuten damit die Autoren ihre eigene Ablehnung in der Gegenwart (*Erzählzeit*) und integrieren damit auch ihr Scheitern in den „Fahrplan" der Heilsgeschichte.

Ähnlich auch die Vorstellungen im Qumrantext 1QpHab 2,1–10, der Interpretation („Pescher") zu Hab 1,5:

> [1] ... [Seine Deutung bezieht sich auf die] Verräter mit dem Mann [2] der Lüge, denn sie haben nic[ht gehört auf die Worte] des Anweisers der Gerechtigkeit aus dem Mund [3] Gottes. Und auf die Verrä[ter am Bund], dem neuen, denn sie haben sich [nic]ht [4] als gläubig bewährt im Bund Gottes [und entweihten] den Nam[en] Seiner Heiligkeit. [5] Und wahrlich – [(leer)] die Deutung des Wortes bezieht sich [auf alle die Verr]äter am Ende [6] der Tage. Sie sind Gewalttät[er am Bun]de, die nicht glauben [7], wenn sie all das hören, was da ko[mmen wird über] die letzte Generation aus dem Mund [8] des Priesters, dem Gott in [sein Herz Wisse]n gegeben hat, zu deuten all [d]ie [9] Worte Seiner Propheten, [durch d]ie Gott aufgezählt hat [10] all das, was über Sein Volk kommt und [Sein Land. ...]

Auch hier wird die „letzte Generation" als „Verräter am Bund" gebrandmarkt, „denn sie haben nicht gehört auf die Worte des Anweisers der Gerechtigkeit aus dem Mund Gottes". Genau nach diesem Muster operiert die Textpragmatik bezüglich „dieser Generation" (ἡ γενεὰ αὕτη) in der Logienquelle. Die Wortgruppe begegnet in Q siebenmal an drei unterschiedlichen Orten (Q 7,31 und 11,29–31.50f) und kann als „die entscheidende Personifikation der Antagonisten"[103] angesehen werden. Dennoch dient die Rede von „dieser Generation" nicht zur Kennzeichnung einer bestimmten Personengruppe, sondern als Muster zur Deutung der eigenen – apokalyptisch „vorausprophezeiten" – Ablehnung. Die eigene Ablehnung wird somit nicht nur aufgearbeitet, sondern regelrecht als Zeichen der Bestätigung gewertet. Deswegen verknüpft Q dieses Syntagma auch mit dem Topos vom *gewaltsamen Prophetengeschick* (s.o. *IV: Exkurs 3.2*) in Q 11,49–51: Ähnlich wie nur die wahren Propheten in Israel verfolgt wurden, gilt auch das Auftreten einer bösen und ungläubigen Generation (vgl. Q 11,29: „Diese Generation ist eine böse Generation") als „Beweis", dass die Endzeit bereits angebrochen ist und die Ablehnung der Q-Boten dem vorausprophezeiten „eschatologischen Fahrplan" Gottes geschuldet ist. Ähnliche Sprachmuster finden sich

---

101 Nach Stuckenbruck, 1Enoch, 119, liest der äthiopische Text hier für „wicked generation" *tewled 'elut*; der aramäische Text ist an dieser Stelle lakunös (a.a.O. 121 und 50–52), das koptische Fragment hingegen endet schon mit V 8 (a.a.O. 52).

102 Stuckenbruck, 1Enoch, 122f.

103 Labahn, Gekommene, 455f.

auch noch in Apg 2,40, wenn es in der Pfingstrede des Petrus heißt: „Lasst euch retten aus dieser verdorbenen Generation (ἀπὸ τῆς γενεᾶς τῆς σκολιᾶς ταύτης)!"

Dabei bedient sich die Logienquelle sowohl beim Unglauben gegen die wahren Propheten wie auch in der Rede von „dieser Generation" deuteronomistischer Topik: So beklagt das Moseslied in Dtn 32,5 eine „perverse und verdorbene Generation" (γενεὰ σκολιὰ καὶ διεστραμμένη) und in 32,20 eine „perverse Generation, Söhne, in denen kein Glaube ist" (γενεὰ ἐξεστραμμένη ἐστίν υἱοί οἷς οὐκ ἔστιν πίστις ἐν αὐτοῖς). Jes 57,4 hingegen beschreibt den Spott der Ungerechten gegen den Gerechten nach Art von ungezogenen, die Zunge herausstreckenden Kindern: „Seid ihr nicht Kinder des Untergangs, Samen der Gesetzlosigkeit (σπέρμα ἄνομον)?" fragt der Autor. Gleich zwei Q-Stellen führen diese Topik weiter fort: Erstens die launischen Kinder, mit denen Jesus nach Q 7,31f „diese Generation" vergleicht und zweitens das Stichwort „Gesetzlosigkeit", mit dem die „Täter der Gesetzlosigkeit" (ἐργαζόμενοι τὴν ἀνομίαν) in Q 13,27 beschrieben werden.

4.1.3 Krieg und das Zerbrechen der irdischen Familienbande

Die in frühjüdisch-apokalyptischen Texten vorausgesagten *kataklystischen Endzeitszenarien* führten zur Erwartung von Kriegen und universaler Entzweiung (vgl. die Kriegsrolle von Qumran; 2Bar 27,5; Sib 3,796–799; Mk 13,8–32parr; Offb 13–16). Diese globale Zerrissenheit und Entfremdung kam nicht nur auf der *Makroebene* in der Auseinandersetzung der Völker, sondern auch auf der *Mikroebene* in der Entzweiung der Familien zum Tragen: Das Zerbrechen familiärer Strukturen in eschatologischer Zeit ist ein stehendes frühjüdisch-apokalyptisches Motiv.[104] So etwa heißt es im Jubiläenbuch und im 1. Henochbuch:

> Jub 23 [19] Und sie werden kämpfen, diese mit jenen, Jünglinge mit Greisen, und Greise mit Jünglingen, der Arme mit dem Reichen und der Niedrige mit dem Großen und der Arme mit dem Herrscher wegen des Gesetzes und wegen des Bundes, denn sie haben das Gebot und den Bund vergessen und Fest und Monat und Sabbat und Jubiläum und alles Recht.

> 1Hen 99 [5] Und in jenen Tagen werden die, die in (Gebär)Nöten sind, gehen und ihre Kinder (heraus)reißen und sie von sich stoßen; ihre Kinder gehen ihnen (als Fehlgeburt) ab und während sie an der Brust trinken werden, stoßen sie ihre Kinder von sich, und sie werden sich nicht zu ihnen zurückwenden und sich ihrer Lieben nicht erbarmen.

> 1Hen 100 [2] Denn ein Mann wird seine Hand nicht von seinen Söhnen und von dem Sohn seiner Söhne zurückhalten, ihn zu töten, und der Sünder hält seine Hand nicht von seinem geachteten Bruder zurück: Vom Morgengrauen bis zum Sonnenuntergang morden sie sich.

Ganz in diesem Sinne sind die Aussagen der Logienquelle zu werten:

> Q 9 [59] Ein anderer aber sagte ihm: Herr, gestatte mir, zuvor wegzugehen und meinen Vater zu begraben. [60] Er aber sagte ihm: Folge mir, und lass die Toten ihre Toten begraben.

> Q 12 [51] Meint ihr, dass ich gekommen bin, Frieden auf die Erde zu werfen? Ich bin nicht gekommen, Frieden zu werfen, sondern das Schwert. [53] Denn ich bin gekommen zu entzweien: den Sohn gegen den Vater und die Tochter gegen ihre Mutter und die Schwiegertochter gegen ihre Schwiegermutter (Mi 7,6).

---

104 Vgl. dazu Heil, Rezeption, 211–222; ebenso Bieberstein, Jüngerinnen, 120, und Berger, Gesetzesauslegung, 508.

Q 14 [26] Wer nicht hasst den Vater und die Mutter, kann nicht mein Jünger sein.
Wer nicht hasst den Sohn und die Tochter, kann nicht mein Jünger sein.

Dabei setzt Q den *irdischen* Familienbanden nun die neue *familia Dei* gegenüber: Der Schöpfergott ist ein liebender Vater, der in der Endzeit die heile protologische Weltenordnung wiederherstellen wird – deswegen sollen auch seine Kinder einander lieben: Q 6,27–30. Das Gebot der Feindesliebe steht dabei im gleichen thematischen Zusammenhang wie die Vaterschaft Gottes (s.u. *IV: Exkurs 4.2: Der eschatologische Gottesfriede*).

Ganz auf dieser Linie liegen auch Traditionen aus dem MkEv, die keine Parallele in Q finden, z.B. Mk 3,21.31–35; 6,4; 10,28–30 (vgl. aber auch Lk 2,48–50; Joh 2,4). Auch hier wird die Ablöse der irdischen Familienbande durch die Eingebundenheit in die *familia Dei* verdeutlicht. Ähnliche Traditionen sind auch in das Thomasevangelium 15; 16; 55 eingegangen.

4.1.4 Gewalttäter für die Königsherrschaft Gottes

Die in apokalyptischen Traditionen omnipräsente Gewaltmetaphorik findet auch in Q 16,16 einen Niederschlag: „Das Gesetz und die Propheten bis Johannes. Von da an leidet die Königsherrschaft Gottes Gewalt, und Gewalttäter rauben sie." Dieser sogenannte „Stürmerspruch" gilt zu Recht als „eines der dunkelsten Worte des Evangeliums".[105] Von der Wissenschaft wird der komplizierte Vers als *ipsissima vox* Jesu gewertet.[106]

Wahrscheinlich sind das hier verwendete „Gewalt leiden" (βιάζεται) und die anschließenden „Gewalttäter" (βιασταί) beim historischen Jesus *in bonam partem* zu verstehen: Die Königsherrschaft Gottes wird sich gegen alle Widerstände mit Macht/Gewalt durchsetzen.[107] Die Vorstellung, dass sich die Königsherrschaft Gottes unaufhaltsam durchsetzt, begegnet in den Gleichnissen Jesu, etwa in Q 13,18f (Senfkorn) und 13,20f (Sauerteig). Die hinter dem Wort stehende *Gewalt- und Insistenzmetaphorik* ist für Jesus geradezu typisch[108] und zeigt sich in den Bildern vom Berauben des Starken (Q 11,21f//Mk 3,27), vom ungerechten Verwalter (Lk 16,1–8), von den frechen Raben (Q 12,24), vom unverschämt bittenden Freund (Lk 11,5–8), von der Witwe und dem Richter (Lk 18,1–8; besonders V. 5), in dem Wort vom Feuerwerfen auf die Erde (Q 12,49), in dem Wort vom Bringen des Schwertes (Q 12,51), in den Bildern von der Entzweiung in den Familien (Q 12,52), vom Hassen von Vater und Mutter (Q 14,26), im Eunuchenspruch (Mt 19,12), in den Menschenfischern (Mk 1,17), weiters in Gleichnissen wie dem Schatz im Acker und dem Perlenkaufmann (Mt 13,44–46), aber auch in den kraftvollen Exorzismen Jesu.[109]

Damit werden Jesus und seine Jünger zu den „Gewalttätern" im positiven Sinne des Wortes, die das Gottesreich „rauben". In der jesuanischen Formulierung des Stür-

105 Schmid, Matthäus, 192. Vgl. dazu im Folgenden Tiwald, Gültigkeit, 347–363.

106 So Becker, Jesus, 140; Theißen/Merz, Jesus, 123 und 502f.; Merklein, Gottesherrschaft, 95; Heil, Lukas, 125.

107 In diesem Sinne: Häfner, Gewalt, 29. Vgl. auch dort die ausführliche Diskussion.

108 Vgl. Theißen/Merz, Jesus, 503; Labahn, Gekommene, 196.

109 Vgl. Häfner, Gewalt, 47. Zu den „unmoralischen Helden" der Jesusgleichnisse s.o. *III: Q 12,22b-31* (die Auslegung zu den frechen Raben).

merspruchs kommt das unbedingte Vertrauen Jesu zum Ausdruck, dass die Macht des Satans nun gebrochen ist und damit die „Königsherrschaft des Satans" durch die Exorzismen Jesu „geraubt" wird (vgl. Q 11,14–22; s.o. *IV: Exkurs 1: Königsherrschaft Gottes, Entmachtung des Satans, Kommen des Menschensohns*).

4.2 Der eschatologische Gottesfriede

Restitution prälapsarischer Friedfertigkeit

Gemäß dem frühjüdisch weit verbreiteten Muster, dass die *Eschatologie die Protologie wiederherstellen* würde, gab es im damaligen Judentum die Erwartung, dass in eschatologischer Zeit die ursprüngliche, prälapsarische Friedlichkeit des Paradieses restituiert würde (s.o. *IV: Exkurs 1.4.5: Restitution der prälapsarischen Unversehrtheit der Menschen*). Solche Konzepte finden sich in Jes 9,5f; Sach 9,10; 1Hen 1,8; 11,2; TestLev 18,4; 2Bar 73; Sib 3,750–755; Lk 1,79; 2,14. Ganz auf dieser Linie liegen auch Erwartungen wie der *Tierfrieden* in Jes 11,6–10; 65,25 oder auch vergleichbare Konzepte in 2Bar 73,6; TestNaph 8,4–6 und im NT in Mk 1,13b; Röm 8,19–22. Im Bild der Besänftigung der wilden, animalischen Natur wird die Restitution des paradiesischen Ur-Friedens (Gen 1,26; 2,19) verdeutlicht. Das Bannen der Bedrohlichkeit wilder Tiere stellt eine Parallele zur Bannung der lebensbedrohlichen Chaosmächte im Schöpfungsakt (Gen 1,2) dar.

Die Restitution prälapsarischer Friedfertigkeit ereignet sich allerdings nicht nur auf der kosmischen Makroebene, sondern auch auf der zwischenmenschlichen Mikroebene: Die eschatologischen Gräuelszenarien von besonderer Bosheit und Gewalttätigkeit (s.o.) werden durch den – inmitten dieser Zerrissenheit aufblühenden – eschatologischen Gottesfrieden kontrastiert und überwunden.

Der dinghaft-materiell spürbare Gottesfriede

Dieser eschatologische Friede wird dabei sogar als eine Art *dinghaft-materielle* Größe imaginiert, wie Q 10,4–12 verdeutlicht: Der Friedensgruß der Missionare darf nicht beliebig bei Begegnungen unterwegs „verschwendet" werden („und niemanden grüßt unterwegs"). Umso wirkmächtiger ist der Gruß dann, wenn er beim Betreten eines Hauses gesprochen wird („sagt zuerst: Friede diesem Haus"). Wenn dort ein „Sohn des Friedens" wohnt, „kommt der Friede auf ihn", wenn nicht, „kehre euer Friede zu euch zurück". Konsequent entfaltet dieser Friede dann seine Wirkung, indem er zur Heilung der Kranken und zum Anbruch der Königsherrschaft Gottes führt.

Emblematik der Gewaltlosigkeit und des Gottvertrauens

Mitten in den kataklystischen Gewaltexzessen nimmt sich die emblematische Friedfertigkeit und Gewaltlosigkeit der Q-Missionare wie ein Zeichen einer anderen, besseren Welt aus – eine Wirkung, die bewusst intendiert ist und realprophetisch den Anbruch der Königsherrschaft Gottes unterstreicht. Zu nennen wären: Das Gebot der Feindesliebe und das Hinhalten der andern Wange (Q 6,27–30); die Aussendung „wie Schafe inmitten von Wölfen" (Q 10,3); das Verbot eines Stockes (Q 10,4), der als Waffe und nicht als Gehbehelf diente.

Die emblematische Gewaltlosigkeit passt *kontextplausibel* perfekt in den Rahmen frühjüdisch-apokalyptischer Erwartungen, da sie die Thematik des eschatologischen Gottesfriedens aufgreift. Allerdings ist die Friedfertigkeit Jesu auch Ausdruck einer *kontextplausiblen Individualität*, da im Gros der frühjüdisch-apokalyptischen Literatur häufig mit einem gewaltsamen Austilgen der Widersacher (vgl. 1Hen 95,3; 91,11; 94,9; 98,3.12; 99,6; 100,1–3.9) gerechnet wurde. Hier kann man urjesuanisches Traditionsmaterial in Q erkennen: Faszinierend ist und bleibt der Optimismus, den Jesus aufgrund seiner eschatologischen Hoffnungen entwickeln konnte (s.o. *IV: Exkurs 1: Königsherrschaft Gottes, Entmachtung des Satans, Kommen des Menschensohns*). Ganz auf der Linie dieses Heilsoptimismus rangiert auch das „unverschämte" Gottvertrauen der Kinder Gottes, das Jesus an den Tag legt.[110] Wie *freche Raben und sorglose Lilien* dürfen die Menschen angesichts des Anbruchs der Königsherrschaft Gottes nun auf die Vorsorge ihres himmlischen Vaters vertrauen!

4.3 Optimismus Jesu vs. Gericht in Q?

Die Ambivalenz der eschatologischen Vorstellungen

Der *Heilsoptimismus* Jesu ist in der Logienquelle noch allenthalben erspürbar und durchaus eine der tragenden Sinnlinien in Q: Seit die Macht des Satans gebrochen ist (s.o. *IV: Exkurs 1: Königsherrschaft Gottes, Entmachtung des Satans, Kommen des Menschensohns*) bricht sich die Königsherrschaft Gottes unaufhaltsam Bahn. Diese positive Sichtweise der Welt führt dazu, dass Jesus nun den Menschen proaktiv nachgeht, wie der Hirte dem verlorenen Schaf (Q 15,4–7), und im Zeichen der Mahlgemeinschaft (vgl. Q 7,34; 14,16–23) eine Prolepse der anbrechenden Heilszeit setzt. – Aber: Wirken hier dann die weniger optimistischen Noten der Logienquelle, wie das *gewaltsame Prophetengeschick* und die Rede von *dieser sündigen Generation* (s.o. *IV: Exkurs 4.1*), aber auch die wiederholten Gerichtsankündigungen (Q 10,13–15; 11,31f; 13,34f; 22,30) nicht wie unüberbrückbare Gegensätze dazu?

Zunächst: Auch beim historischen Jesus begegnet die Erwartung, dass der nach ihm kommende Menschensohn richten wird (Q 12,8f; s.o. *IV: Exkurs 1.4.6*). Und auch bei Jesus ist eine eigene Gewaltmetaphorik gegeben, wenn auch in positiver Konnotation (s.o. *IV: Exkurs 4.1.4: Gewalttäter für die Königsherrschaft Gottes*). Jesus wie auch die Logienquelle partizipieren dabei an einem breiten Strom frühjüdisch-eschatologischer Erwartungen. – Allerdings: Die Gewichte verschieben sich ein wenig. Der beginnende Misserfolg der Boten kondensiert bereits in einer verstärkten Gerichtserwartung, während allerdings die heilsoptimistisch-positiven Noten auch weiterhin Bestand haben. Dass beide Komponenten bisweilen recht unvermittelt nebeneinander rangieren, darf nicht verwundern – es ist ein Typikum frühjüdischer Apokalyptik. Trotzdem ist das zugrunde liegende Genus noch immer der *logos protreptikos*, die werbende Mahnrede – und noch nicht die endgültige Verteufelung[111] (s.o. *III: Q 22,28.30*).

Der Vergleich mit anderen frühjüdischen Schriften

Im Vergleich mit anderen frühjüdischen Texten nehmen sich die Drohworte der Logienquelle noch recht gelinde aus. So etwa heißt es in 1Hen an die Adresse der Frevler:

> 1Hen 94 [9] Ihr habt Blasphemie und Ungerechtigkeit begangen, und ihr seid für den Tag des Blutvergießens und den Tag der Finsternis und den Tag des Gerichts bereit.

> 1Hen 98 [12] Wisset, dass ihr in die Hände der Gerechten gegeben werdet, und sie werden euch die Köpfe abhauen und euch töten und kein Mitleid mit euch haben.

110 Vgl. dazu Tiwald, Freedom, passim.
111 Vgl. dazu den Forschungsüberblick bei Tiwald, Logienquelle, 94–116.

1Hen 99 [6] Und abermals schwöre ich euch, den Sündern, daß die Sünde reif für den Tag des unaufhörlichen Blut(vergießens) ist.

In der Darstellung von 1Hen werden die Frevler „mit dem Schwert vernichtet werden" (91,11), sie werden „kein Grab" erhalten (98,13), in den „Ofen des Feuers geworfen werden" (98,3) und „in einem Brand lodernden Feuers brennen" (100,9).

Ähnlich pastos fallen die Schmähungen der Qumrangemeinde gegen ihre Gegner aus: In 4Q169 1,2 und 2,2 sowie in CD 1,18 werden die Pharisäer als „Ausleger von glatten Dingen" gebrandmarkt und in CD 8,12f als „Tüncheschmierer", „Windwäger" und „Lügenprediger" beschimpft.[112] Auch mit der Priesterschaft des Jerusalemer Tempels, zu der die Qumraniten in Opposition standen, gehen die uns erhaltenen Texte nicht zimperlich um: CD 4,15–19 wirft den Tempelpriestern in Jerusalem vor, in die „drei Netze Belials" gegangen zu sein: Unzucht, Reichtum und Verunreinigung des Heiligtums. Das Heiligtum verunreinigt zu haben (etwa CD 5,6; 6,11–19; etc.), ist dabei ein immer wiederkehrender Vorwurf. CD 6,11–19 betont, dass der Altar Gottes in Jerusalem vergebens angezündet wird, da sich die Priester nicht an die Lehren der „Mitglieder des neuen Bundes im Lande Damaskus" halten.

Exkurs 5: Gleichnisse und Bildworte in Q

5.1 Grundsätzliches zu den Gleichnissen Jesu

5.1.1 Gleichnisse und der historische Jesus

Unter Exegeten gilt es als unumstritten, dass viele der neutestamentlichen Gleichnisse[113] auf den historischen Jesus selbst zurückgehen.[114] Gerade *Wachstumsgleichnisse* sind bei Jesus reich belegt: Mk 4,3–9 (Sämannsgleichnis), Mk 4,26–29 (selbstwachsende Saat) und

112 Vgl. hier und im Folgenden die Diskussion bei Tiwald, Valeur, passim, und Maier, Nachumpescher, passim.

113 Gemeint sind im Folgenden immer *Gleichnisse im weiteren Sinn*. Seit A. Jülicher (1857–1938) wurde in der deutschsprachigen Exegese ja zwischen *Gleichnissen im engeren Sinn*, *Parabeln* und *Beispielerzählungen* unterschieden. Unlängst (2007) hat R. Zimmermann, Leseanleitung, 17–23, für eine Aufhebung dieser Trennung geworben. Kritik an Zimmermanns Ansatz erfolgte darauf in dem 2016 publizierten Band von Ch. Heil/R. Hoppe (Hg.), *Menschenbilder - Gottesbilder. Die Gleichnisse Jesu verstehen*, wo wiederholt von unterschiedlichen Beiträgen für die Beibehaltung der Unterscheidung optiert wurde (so a.a.O. 20–23.53.114.140.173.231.252). Die von Zimmermann zu Recht monierten Schwächen des Ansatzes von Jülicher lassen sich tatsächlich auch behutsamer kurieren - vgl. dazu den konstruktiven Vorschlag von Witetschek, Gleichnisse, 20–24. Trotzdem wurde in diesem Kommentar der Einfachheit halber auf eine weitere Unterscheidung von *Gleichnissen im engeren Sinn, Parabeln und Beispielerzählungen* verzichtet.

114 Zur Diskussion, ob und wieweit die Gleichnisse „Urgestein der Jesusüberlieferung" sind, vgl. Witetschek, Gleichnisse, 27: Gleichnisse Jesu begegnen „in allen Strömungen der Jesusüberlieferung ...: Markus, Q, Matthäus-Sondergut; Lukas-Sondergut, johanneische Tradition; die in apokryphen Evangelien und Agrapha erhaltenen Gleichnisse vervollständigen das Bild." - Zu den Gleichnissen in Q vgl. Zimmermann, Parables, 211–236; Kloppenborg, Parables, 275–319; Hoppe, Bildworte, 33–68; Roth, Parables, passim.

Mk 4,31 (Senfkorngleichnis) als die mk Paralleltradition zu Q 13,18f.[115] Mit solchen Wachstumsgleichnissen wird – analog zum unumstößlichen Walten der Natur – die Sicherheit bezeugt, dass die Königsherrschaft Gottes mit Gewissheit im Wachsen begriffen ist. So sicher, wie die Saat letztendlich – trotz aller möglichen Rückschläge – doch aufgeht, so sicher ist auch der Anbruch der Königsherrschaft Gottes. Gleichnisse sind nicht „moralinsauer" – sie drohen nicht, sie belehren nicht, sie fordern nicht – sie sind zunächst einfach Erzählungen. Allerdings involvieren sie den Hörer mit der Kraft ihrer Bilder – die Gleichnisse Jesu werden somit zu einem performativen Wortereignis, bei dem der Hörer schon im bloßen Zuhören in den Anbruch der *basileia* „hineingezogen" wird.[116] Gleich seinen Wunderheilungen, Sündenvergebungen und performativen Zeichenhandlungen (Armut, Friedfertigkeit, Festmähler) werden die Gleichnisse Jesu zu realprophetischen Zeichen der bereits im Anbruch befindlichen Königsherrschaft Gottes.

5.1.2 Gleichnisse in der Logienquelle

Die Gleichnisüberlieferung der Logienquelle zählt zu den besser untersuchten Themen in Q.[117] Tatsächlich ist die Gleichnisüberlieferung in der Logienquelle ausgeprägt, „like Mark, the Sayings gospel apparently remembers that Jesus was (among other things) a parabler and seeks to incorporate parables into its discourse."[118] Allerdings fehlt in der Logienquelle die *mk Parabeltheorie*: Anders als in Mk 4,11f dienen die Gleichnisse nicht dem Zweck, die Wahrheit über das Reich Gottes zu verhüllen und nur Insidern zugänglich zu machen (obwohl solche Aspekte auch in Q 10,21 zum Tragen kommen, werden diese nicht im Blick auf Gleichnisse entfaltet). Trotz der beträchtlichen Zahl von Gleichnissen und Bildworten in Q begegnet doch nirgendwo in der Logienquelle der Ausdruck παραβολή, *parabolē*, „Gleichnis".[119] Die Logienquelle kennt insgesamt neun Gleichnisse:[120]

Q 6,47–49: Auf Fels oder Sand gebaut
Q 7,31f: Kinder auf den Dorfplätzen
Q 12,42–46: Der treue und der treulose Sklave
Q 13,18–21: *Doppelgleichnis*: Senfkorn / Sauerteig
Q 14,16–18.21.23: Gastmahlsgleichnis
Q 15,4–5a.7–10: *Doppelgleichnis*: Das verlorene Schaf / Die verlorene Drachme
Q 19,12f.15–24.26: Das Gleichnis vom anvertrauten Geld

---

115 Obwohl sowohl Mt wie auch Lk ihren Q-Text mit der Mk-Parallele verwoben haben, lässt sich dennoch mit einer gewissen Wahrscheinlichkeit ein Q-Text rekonstruieren. Dabei gibt Q in einigen Punkten die ältere Fassung des Gleichnisses wieder (Luz, Matthäus II, 327, und Fleddermann, Q, 665: „Mark lies downstream from Q").

116 Zur Frage des Konnexes von Gleichnissen mit der Botschaft vom anbrechenden Königsherrschaft Gottes, vgl. Kloppenborg, Parables, 287–289.

117 Vgl. dazu die einschlägigen Untersuchungen: Kloppenborg, Parables; Zimmermann, Parables; Zimmermann, Metaphorology; Zimmermann, Leseanleitung; Roth, Parables; Heil, Gleichnisrede. Einen Forschungsüberblick bietet Roth, Parables, 7–13.

118 Kloppenborg, Parables, 282.

119 Zumindest, wenn man vom einigermaßen gesicherten Bestand von Q ausgehen will; vgl. dazu die Analyse von Kloppenborg, Parables, 282–285, und Heil, Gleichnisrede, 180.

120 So die Auflistung bei Heil, Gleichnisrede, 179, und Kloppenborg, Parables, 301–305 (wobei Kloppenborg auch noch Lk 12,16–21 zum Q-Bestand zählt).

Wenn man allerdings – wie in der Schule von R. Zimmermann (siehe die Diskussion oben) – den Begriff „Parabel“ ausdehnt, so ergibt sich mit D. Roth ein weiteres Bild.[121] Dort werden insgesamt erwähnt (in der Reihenfolge und Klassifikation, wie Roth sie vorgegeben hat):[122]

The Q Parables of John the Baptist and of the Centurion
Parable of the Ax at the Root of the Trees (Q 3:9)
Parable of the Winnowing (Q 3,17)
Parable of an Authority under Authority (Q 7:8)

The Parables of Jesus: "Master"/"Slave" Parables
Parable of the Faithful or Unfaithful Slave (Q 12:42–46)
Parable of the Entrusted Money (Q 19:12–13,15–24,26)
Parable of the Invited Dinner Guests (Q 14:16–23)

The Parables of Jesus: "Son of Man" Parables
Parable of the Children in the Marketplace (Q 7:31–35)
Parable of the Thief in the Night (Q 12:39–40)
Parable of One Taken and One Left (Q 17,34–35)

The Parables of Jesus: "Sapiential" Parables
Parable of the Blind Leading the Blind (Q 6:39)
Parable of the Fowl and the Flowers (Q 12:24,27–28)
Parable of the Salt (Q 14:34–35)
Parable of the Vultures around a Corpse (Q 17:37)

The Parables of Jesus: "Discipleship" Parables
Parable of the Disciple and the Teacher (Q 6:40)
Parable of a Tree Being Known by Its Fruit (Q 6:43–44)
Parable of God or Mammon (Q 16:13)
Parable of the Return of the Unclean Spirit (Q 11:24–26)
Parable of a Light on a Lampstand (Q 11:33)
Parable of the Workers for the Harvest (Q 10:2)
Parable of the House on Rock or Sand (Q 6:47–49)

The Parables of Jesus: "Kingdom (of God)" Parables
Parable of the Mustard Seed (Q 13:18–19)
Parable of the Leaven (Q 13:20–21)
Parable of a Kingdom Divided against Itself (Q 11:17–18)

The Parables of Jesus: "Community" Parables
Parable of Settling Out of Court (Q 12:58–59)
Parable of the Splinter and the Beam (Q 6:41–42)
Parable of Asking of a Father (Q 11:11–12)
Parable of the Lost Sheep (Q 15:4–5a,7)

---

121 Zur genauen Definition von „Parabel“, wie sie Roth vornimmt, siehe Roth, Parables, 17, der sechs Kriterien nennt: „short narratival (1) fictional (2) text that is related in the narrated world to known reality (3) ... the meaning of that which is narrated must be differentiated form the literal words of the text (4). In its appeal dimension (5) it challenges the reader to carry out a metaphoric transfer of meaning that is steered by contextual information (6).“ – Auch Roth, Parables, 14, muss eingestehen, dass der Ausdruck παραβολή in Q fehlt, urteilt aber: „... Matthew and Luke ... employ the term ‚παραβολή‘ in Q contexts, though not in the same Q contents.“ Damit ist allerdings auch die Definition „Parabel“ die Roth für die Logienquelle verwendet eine nachträglich an den Text herangetragene Definition und kein bereits im Text vorfindlicher Terminus.

122 Roth, Parables, vii-xi, vgl. auch 20f.

Die von Zimmermann und Roth vorgenommene Klassifizierung wurde in diesem Kommentar zwar nicht übernommen (siehe die Diskussion oben) – zumal ja auch der Ausdruck παραβολή, *parabolē*, nirgendwo in der Logienquelle begegnet –, doch hat die Analyse von Roth ihren bleibenden Wert: Sie zeigt sehr schön, wie weit verbreitet in der Logienquelle bildhafte Redeweise ist und welch wichtige Funktion ihr zukommt.[123]

5.1.3 Die Botschaft der Q-Gleichnisse

J. Kloppenborg und Ch. Heil haben festgestellt, dass sich nur zwei der neun Gleichnisse direkt und unmittelbar auf die Königsherrschaft Gottes beziehen (nämlich: Senfkorn und Sauerteig).[124] Während J. Kloppenborg dafür die schriftgelehrte Editions-Tätigkeit der Q-Verfasser in Anspruch nimmt („Jesus the parabler became scribalized"[125]), vermutet Ch. Heil, „daß in der Gleichnisrede des historischen Jesus selbst das Reich Gottes nur eines unter mehreren Themen war."[126] Natürlich ist es schwer – ja letztlich unmöglich – zu rekonstruieren, wie Jesus seine Gleichnisse im Detail formuliert hat. Trotzdem vertritt dieser Kommentar, dass das *primum movens* hinter der gesamten Botschaft Jesu seine Erwartung vom Anbruch der Königsherrschaft Gottes war (s.o. *IV: Exkurs 1*) – auch wenn dies nicht immer *expressis verbis* ausformuliert ist (auch nicht in Gleichnissen). Wenn Ch. Heil die Gleichnisse von Senfkorn, Sauerteig, verlorenem Schaf und verlorener Drachme auf den historischen Jesus zurückführen möchte,[127] dann ist ohnehin schon bei der Hälfte dieser Texte (Senfkorn und Sauerteig) die Königsherrschaft Gottes explizit erwähnt. Bei den anderen beiden Gleichnissen (Schaf und Drachme) ist die Thematik aber implizit gegeben: Die Restitution der prälapsarischen Unversehrtheit in der nun anbrechenden Königsherrschaft Gottes (s.o. *IV: Exkurs 1.4.5*) verbindet sich mit Gottes liebender Vatersorge, was zur Wiedergewinnung alles Verlorenen führt![128] Ch. Heil hat zweifellos recht, wenn er die Sinnspitze der Q-Gleichnisse in der „Akzentuierung der persönlichen Nähe und universalen, bedingungslosen Sorge Gottes"[129] erkennt – doch diese Nähe und Sorge Gottes wird gerade in der anbrechenden Königsherrschaft Gottes Realität, auch wenn diese nur den Motivationshorizont darstellt ohne *expressis verbis* thematisiert zu werden. So kann man mit R. Zimmermann feststellen: „In the Q document as a whole, the eschatological perspective plays an important role in the parables."[130]

---

123 Vgl. Roth. Parables, 408, über die Erträge seiner Monographie: „... that the present work leads to the recognition of significantly more material in Q as rightly to be identified as ‚parables' along with a greater appreciation of how all of these parables function in this early document of the Jesus movement."

124 Vgl. Kloppenborg, Parables, 287–289; Heil, Gleichnisrede, 182f und 186f.

125 Kloppenborg, Parables, 319.

126 Heil, Gleichnisrede, 182f.

127 So Heil, Gleichnisrede, 187.

128 So nennt Zimmermann, Parables, als zentrale Aussagen des Gleichnisses vom verlorenen Schaf: „search for the marginalized" (233) und „God/Christ cares for the lost" (226). Beides sind Elemente, die perfekt zu den Sündenvergebungen Jesu und seiner Heimholung der Randgruppen aufgrund der restitutiven Kraft der Königsherrschaft Gottes passen.

129 Heil, Gleichnisrede, 187.

130 Zimmermann, Parables, 215 (affimativ zitiert bei Roth, Parables, 392).

Fraglich ist, ob auch schon Jesus auf die Ablehnung seiner Zeitgenossen mit Gleichnisreden reagiert hat. Falls ja, könnten auch Q 6,47–49 (Auf Fels oder Sand gebaut), Q 7,31f (Kinder auf den Dorfplätzen), Q 12,42–46 (Der treue und der treulose Sklave) und Q 14,16–23 (Gastmahlsgleichnis) Reminiszenzen an jesuanische Gleichnisse enthalten, mit denen er zum couragierten Handeln angesichts der herannahenden Königsherrschaft Gottes aufgerufen hat. Alle diese zuletzt genannten Texte sind aber auch stark durch die Ablehnungssituation, der die Q-Boten ausgesetzt waren, überformt – ein Zeichen für das von Kloppenborg erwähnte „scribalizing of the Jesus tradition".[131]

5.2 Doppelbildworte in der Logienquelle

Mann-Frau-Komplementarität …

Wiederholt wurde darauf hingewiesen, dass die Logienquelle eine „große Anzahl von Doppelbildworten und -gleichnissen, die auf einer Art ‚Mann-Frau-Komplementarität' basieren",[132] aufweist. An Beispielen im Gesamt der Logienquelle nennt S. Bieberstein:[133]

Q 7,32: Jungen: flöten, tanzen / Mädchen: klagen
Q 11,31–32: Königin des Südens / Männer von Ninive
Q 12,24–28: Raben: säen, ernten / Lilien: spinnen, weben
Q 13,19–21: Bauer: Senfkorn / Frau: Sauerteig
Q 15,4–10: Hirt: verlorenes Schaf / Frau: verlorene Münze
Q 17,34–35: Männer auf dem Acker / Frauen beim Mahlen.

… und deren Deutung in feministischer Exegese

Wie man diese Doppelbildworte bewerten soll, ist in der feministischen Exegese umstritten. L. Schottroff bemerkt dazu: „Diese Wahrnehmung von Frauenhausarbeit ist für die patriarchale Gesellschaft ungewöhnlich. ‚Normaler'weise wird Frauenhausarbeit nicht als ‚Arbeit' im Sinne von Männerarbeit ernstgenommen, in der Regel wird sie nicht erwähnt."[134] Melzer-Keller hingegen befindet, dass in Q nur stehende Geschlechterrollen festgeschrieben werden, „[d]enn die verwendete Metaphorik bewegt sich ganz im Rahmen der herrschenden Gesellschaftsordnung und greift auf die klassische Arbeitsteilung zwischen den Geschlechtern zurück."[135] T. Ilan hingegen weist darauf hin, dass in der späteren rabbinischen Überlieferung solche Mann-Frau-Doppelgleichnisse weit verbreitet waren (z.B. mNeg 2,4; bAZ 28a–b; Leviticus Rabbah 17,2). Somit dürfte es sich also bei den Q-Doppelbildworten weniger um eine gendermäßige Demarche zugunsten von Frauen handeln, sondern um eine offensichtlich im späteren Judentum weitverbreitete literarische Ausdrucksform, die hier zum ersten Mal begegnet. So urteilt T. Ilan: „All this together may make Q less feminist than some feminists would have liked us to think, but it certainly makes it more Jewish."[136]

---

131 Vgl. Kloppenborg, Parables, 319: „The Sayings Gospel's successful incorporation of the parable into a literary format was a key to step in the scribalizing of the Jesus tradition."

132 Melzer-Keller, Jesus, 331.

133 Vgl. Bieberstein, Jüngerinnen, 106. Das „Klagen" war eine weibliche Tätigkeit von „Klagefrauen". Bei Q 15,8–10 („Verlorene Münze") ist nicht sicher zu sagen, ob der Text in Q gestanden ist. Zu Q 12,24–28: Säen und Ernten war Männerarbeit, Spinnen und Weben Frauentätigkeit – daher lässt sich auch dieses Logion für die Genderparität veranschlagen. Eine ähnliche Auswahl an „Gendered Couplets" trifft Harb, Rede, 194–225 (dort wird auch noch Q 12,51–53 und Q 14,26 in die Untersuchung einbezogen).

134 Schottroff, Wanderprophetinnen, 335.

135 Melzer-Keller, Jesus, 345.

136 Ilan, Women, 209.

Anhang

Allgemeine Abkürzungen

Arist	Aristeasbrief
Art.	Artikel (zur Kennzeichnung eines Lexikonartikels)
AT	Altes Testament
atl	alttestamentlich
CEQ	The Critical Edition of Q (Leuven, 2000)
EÜ	Einheitsübersetzung
Ü.MT	eigene Übersetzung von M. Tiwald
Ev	Evangelium
FS	Festschrift
LAB	Liber Antiquitatum Biblicarum
LXX	Septuaginta
Mk, Mt, Lk, Joh	Markus, Matthäus, Lukas, Johannes
MkEv, MtEv, LkEv, JohEv	Markusevangelium, Matthäusevangelium, Lukasevangelium, Johannesevangelium
mk, mt, lk, joh	markinisch, matthäisch, lukanisch, johanneisch
MT	Masoretentext
NT	Neues Testament
ntl	neutestamentlich
par(r)	Parallelstelle(n)
Q	Logienquelle bzw. Texte der Logienquelle (s.u. Bibeltexte)
ThEv	Thomasevangelium
V	Vers(e)

Weitere Abkürzungen und Zitationsmodus

Literaturverzeichnis und Anmerkungen

Die verwendeten Abkürzungen richten sich nach Schwertner, S. (Hg.), *IATG. Internationales Abkürzungsverzeichnis für Theologie und Grenzgebiete* (TRE), Berlin ³2013. Die in die anschließende Bibliographie aufgenommene Sekundärliteratur wird in den Anmerkungen mit Verfassernamen und Kurztitel zitiert. Der Kurztitel muss dabei nicht immer das erste Wort des Titels sein. Besteht die Gefahr einer Verwechslung unterschiedlicher Kurztitel vom gleichen Autor, dann wird nach dem vollen bibliographischen Beleg im Literaturverzeichnis in eckiger Klammer auch noch ein Verweis auf die Kurzzitation hinzugefügt.

Vorsatzwörter zum Familiennamen (wie „De“ etc.) wurden bei englischen Namen (doch nicht bei deutschen) als direkter Teil des Namens zitiert (z.B.: „De Troyer“ findet sich unter „D“, nicht unter „T“ – also nicht „Troyer, De“; allerdings Bendemann, von). Umlaute werden nicht aufgelöst, d. h. „ä“ wird nicht unter „ae“, sondern gleichgestellt wie „a“ zitiert.

Hebräisch

Hebräische Wörter werden in wichtigen Fällen mit Vokal-Punktation wiedergeben, zumeist aber ohne. Die Transliteration des Hebräischen erfolgt rein phonetisch und verzichtet auf Sonderzeichen, da ohnehin das hebräische Original angeführt wird und die deutsche Umschreibung sonst zu sperrig wäre. So werden *matres lectionis* nicht als ô, û etc. gekennzeichnet und auch e und æ etc. werden nicht unterschieden.

Text der Logienquelle und Bibeltexte

Die Rekonstruktion der Logienquelle orientiert sich an der CEQ, von der aber in etlichen Fällen abgegangen wird. Solche Fälle werden im Kommentar eigens gerechtfertigt (s.o. *I.1.2*). Anhand dieser Rekonstruktion wurde vom Verfasser eine eigene deutsche Übersetzung erstellt. Die Stellenangaben jener Texte, die man für die Logienquelle reklamieren kann, erfolgen – wie in der Q-Forschung allgemein üblich – durch das vorangestellte „Q“, wobei dieses die lukanische Akoluthie übernimmt und die Angabe der beiden Referenztexte aus Mt oder Lk ersetzt (also „Q 11,2b–4“ statt „Mt 6,9–13//Lk 11,2b–4“).

Für Bibeltexte liegen das Novum Testamentum Graece von Nestle-Aland (28. Auflage) und die fünfte Auflage der Biblia Hebraica Stuttgartensia zugrunde. Für die deutsche Übersetzung wurde zumeist die Einheitsübersetzung (2016) verwendet, wenn nicht explizit auf die eigene Übersetzung des Verfassers verwiesen wird (gekennzeichnet mit „Ü.MT“).

Qumrantexte

Zählung und Zitation der deutschen Übersetzung der Qumrantexte erfolgt nach Maier, J. (Hg.), *Die Qumran-Essener: Die Texte vom Toten Meer I–II, München, 1995.* Dabei wurden die meisten textkritischen Anmerkungen zugunsten einer leichteren Lesbarkeit weggelassen. Der hebräische Text folgt Abegg, M. G. (Hg.), *Qumran Sectarian Manuscripts, Electronic Edition BibleWorks 8, 2001.*

Weitere Hinweise zu frühjüdischer Literatur und Rabbinica

Die Abkürzungen der Werke von Philon von Alexandria und Flavius Josephus richten sich nach dem TRE. Gleiches gilt für die Abkürzungen der Traktate der Rabbinica, mit vorgesetztem „m“ für Mischna, „t“ für Tosefta, „j“ für Talmud Jeruschalmi und „b“ für Talmud Bavli. Auch frühjüdische und frühchristliche Pseudepigrapha wurden nach TRE zitiert. Der Einheitlichkeit halber wurde aber 4Esr statt IV Esr, 1Makk statt I Makk etc. verwendet. Auch wurde äthHen durch 1Hen ersetzt, ebenso syrBar durch 2Bar, da die Originalfassungen dieser Bücher ja nicht „äthiopisch“ oder „syrisch“ waren.

Die deutsche Zitation der „Antiquitates“ von Flavius Josephus erfolgt – *faute de mieux* – nach der alten Übersetzung von Kaulen, da diese wesentlich näher am Original ist als die ungewöhnlich freie Wiedergabe bei Clementz. Da die Kaulen-Ausgabe jedoch noch die alte Nummerierung bietet (in der nach der Nummer des Buches noch eine Kapitelzahl vor den Versangaben eingefügt wird), wurde bei direkter Anführung der Quellentexte stets – dem derzeitigen Standard entsprechend – die neue Zählung angegeben (zur Orientierung: die griechische Ausgabe von Niese bietet beide Zählweisen nebeneinander). Die altertümliche Orthographie der Kaulen-Ausgabe wurde an die heutige Schreibweise angepasst und gelegentliche unglückliche Formulierungen vom griechischen Original her entschärft.

Die Zitation der Vita von Josephus erfolgt gemäß der Ausgabe von Clementz, doch auch hier wurde – anders als im Original – die neue Zählung übernommen (die englische Ausgabe von Manson, S., *Life of Josephus, Boston 2003,* bietet neue und alte Zählweise gemeinsam). Auch hier wurde die bisweilen altertümliche Orthographie der Clementz-Ausgabe geringfügig an die heutigen Standards angepasst.

Zitation der Quellenschriften

Die Zitation aller Quellenschriften erfolgt nach den im Literaturverzeichnis unter „Quellenschriften“ angegebenen Textausgaben. Dort wird zumeist eine Ausgabe des Werkes in Originalsprache sowie in einer deutschen oder englischen Übersetzung angeführt. Bei Texteditionen in der alten deutschen Rechtschreibung wurde diese klarerweise beibehalten.

Literatur

1. Quellentexte

1.1 Frühjüdische Apokryphen und Pseudepigraphien

1. Henochbuch *Deutsch*: Uhlig, S., Das äthiopische Henochbuch (JSHRZ 5/6), Gütersloh 1984.
2. Henochbuch *Deutsch*: Böttrich, Ch., Das slavische Henochbuch (JSHRZ V/7), Gütersloh 1995.
2. Baruchbuch *Deutsch*: Klijn, A. F., Die syrische Baruch-Apokalypse (JSHRZ 5/2), Gütersloh 1976.
4. Esrabuch *Deutsch*: Schreiner, J., Das 4. Buch Esra (JSHRZ 5/4), Gütersloh 1981.
Apokryphon Ezechiel *Deutsch*: Eckart, K.-G., Das Apokryphon Ezechiel (JSHRZ 5/1), Gütersloh 1974.
Assumptio Mosis *Deutsch*: Brandenburger, E., Himmelfahrt Moses (JSHRZ 5/2), Gütersloh 1976.
Aristeasbrief *Deutsch*: Meisner, N., Aristeasbrief (JSHRZ 2/1), Gütersloh 1973.
Psalmen Salomos *Deutsch*: Holm-Nielsen, S., Die Psalmen Salomos (JSHRZ 4/2), Gütersloh 1997.
Testament Abrahams *Deutsch*: Janssen, E., Testament Abrahams (JSHRZ 3/2), Gütersloh 1975.

1.2 Qumrantexte

Hebräisch: Abegg, M. G., Qumran Sectarian Manuscripts, Electronic Edition BibleWorks 8, 2001.
Deutsch: Maier, J., Die Qumran-Essener: Die Texte vom Toten Meer I–II, München 1995.

1.3 Philon und Josephus

Philon von Alexandria *Griechisch*: Cohn, L., Philonis Alexandrini Opera quae supersunt. Bd. 1–6, Berlin 1962.
Deutsch: Cohn, L., Philo von Alexandria. Die Werke in deutscher Übersetzung. Bd. 1–7, Berlin [2]1962–1964.
Flavius Josephus, *De Bello Judaico* *Griechisch/Deutsch*: Michel, O./Bauernfeind, O., De Bello Judaico. Der Jüdische Krieg. Griechisch und Deutsch. Bd 1–3, München [2]1962.
Flavius Josephus, *Antiquitates* *Griechisch:* Niese, B., Flavii Iosephi Opera. Bd. 1–5, Berlin 1888–1889.
Deutsch: Kaulen, F., Flavius Josephus' Jüdische Alterthümer, Köln [2]1883.
Flavius Josephus, *Vita* und Contra Apionem *Deutsch*: Clementz, H., Des Flavius Josephus kleinere Schriften (Selbstbiographie – Gegen Apion – Über die Makkabäer), Halle 1901.

1.4 Pagane Autoren

Diogenes Laertios *Griechisch*: Hicks, R. D. (Hg.), Diogenes Laertius II (Loeb Classical Library 185), London 1925.
Deutsch: Übersetzung MT
Chrysippos von Soloi *Griechisch*: Arnim, J. von, Stoicorum Veterum Fragmenta III. Chrysippi Fragmenta Moralia. Fragmenta Successorum Chrysippi, Stuttgart 1964 (Nachdruck).
Deutsch: Übersetzung MT
Epiktet, *Vom Kynismus* *Griechisch/Deutsch*: Billerbeck, M., Epiktet. Vom Kynismus, Leiden 1978.
Lukian von Samosata, *De morte Peregrini* *Griechisch*: Nestle, W. (Hg.), Lukian. Der Tod des Peregrinos, München 1925.
Deutsch: Metzler, J. B. (Hg.), Lukian von Samosata. Lucian's Werke, Stuttgart 1827–1832 (hier erfolgte eine Anpassung der Orthographie an das heutige Deutsch).
Lukian von Samosata, *Hermotimus* *Deutsch*: Pauly, A. F., (Hg.), Hermotimus oder von den philosophischen Sekten, in: Ders. (Hg.), Lucian's Werke, Fünftes Bändchen, Stuttgart 1827, 515–598.
Martial *Latein*: Barié, P./Schindler, W. (Hg.), Martial – Epigramme, Berlin 1999.

PLUTARCH, *VITAE PARALLELAE Griechisch*: Lindskog, C./Ziegler, K./Gärtner, H. (Hg.), Plutarchii Vitae Parallelae III/1, Stuttgart 1996.
Deutsch: Ziegler, K./Wuhrmann, W. (Hg.), Plutarch. Große Griechen und Römer. Bd. 6 (Bibliothek der Alten Welt), Mannheim ³2010.

SENECA, *DE BENEFICIIS Latein/Deutsch*: Rosenbach, M. (Hg.), L. Annaeus Seneca. De Clementia. De Beneficiis. Über die Milde (Philosophische Schriften 5), Darmstadt 1989.

XENOPHON, *KYRUPÄDIE Griechisch/Deutsch*: Nickel, R., (Hg.), Kyrupädie. Die Erziehung des Kyros, Griechisch-Deutsch, München 1992.

1.5 Rabbinische Schriften

MISCHNA: Correns, D., Die Mischna ins Deutsche übertragen, mit einer Einleitung und Anmerkungen, Wiesbaden 2005.

TALMUD BAVLI: Goldschmidt, L. (Hg.), Der Baylonische Talmud (Bd. 1), Berlin 1897. Goldschmidt, L. (Hg.), Der Baylonische Talmud (Bd. 7), Berlin 1903.

1.6 Frühchristliche Apokryphen und Pseudepigraphien

THOMASEVANGELIUM *Koptisch/Griechisch/Deutsch*: Aland, K. (Hg.), Synopsis Quattuor Evangeliorum, ¹⁵1996, 517–546.

1.7 Patristische Literatur

AUGUSTINUS *Latein*: Dombart, B./Kalb, A. (Hg.), De civitate Dei (CCSL XLVII/XIV, 1 et 2), Turnhout 1955.

DIDACHE *Griechisch*: Rordorf, W./Tuilier, A., La Doctrine des Douze Apôtres (Didachè). Introduction, Texte, Traduction, Notes, Appendice et Index (SC 248), Paris 1978.
Deutsch: Lindemann, A./Paulsen, H., Die Apostolischen Väter, Tübingen 1992.

2. Hilfsmittel

Billerbeck, P.(/Strack, H.), Kommentar zum Neuen Testament aus Talmud und Midrasch I. Das Evangelium nach Matthäus erläutert aus Talmud und Midrasch, München ¹⁰1994.

Billerbeck, P.(/Strack, H.), Kommentar zum Neuen Testament aus Talmud und Midrasch II. Das Evangelium nach Markus, Lukas und Johannes und die Apostelgeschichte erläutert aus Talmud und Midrasch, München ¹⁰2009.

Billerbeck, P.(/Strack, H.), Kommentar zum Neuen Testament aus Talmud und Midrasch IV. Exkurse zu einzelnen Stellen des Neuen Testaments, München ⁹1997.

Blass, F./Debrunner, A./Rehkopf F., Grammatik des neutestamentlichen Griechisch, Göttingen ¹⁷1990.

3. Ausgaben der Logienquelle

CEQ: THE CRITICAL EDITION OF Q: Robinson, J. M./Hoffmann P./Kloppenborg J. S. (managing editor: M. C. Moreland), The Critical Edition of Q. Synopsis Including the Gospels of Matthew and Luke, Mark and Thomas with English, German, and French Translations of Q and Thomas, Leuven 2000.

GRIECHISCH/DEUTSCHE STUDIENAUSGABE: Hoffmann, P./Heil, C. (Hg.), Die Spruchquelle Q. Studienausgabe Griechisch und Deutsch, Darmstadt ³2009.

4. Sekundärliteratur

Ådna, J., Jesu Stellung zum Tempel (WUNT, 2/119), Tübingen 2000.

Allison, D. C., The Intertextual Jesus. Scripture in Q, Harrisburg PA, 2000.

Arnal, W., The Q Document, in: M. Jackson-McCabe (Hg.), Jewish Christianity Reconsidered. Rethinking Ancient Groups and Texts, Minneapolis, 2007, 119–154.

Arnal, W. E., Jesus and the Village Scribes. Galilean Conflicts and the Setting of Q, Minneapolis 2001.

Backhaus, K., Art. Jesus und Johannes der Täufer, in: J. Schröter/Ch. Jacobi (Hg.), Jesus Handbuch, Tübingen 2017, 245–252.

Backhaus, K., Die Vision vom ganz Anderen. Geschichtlicher Ort und theologische Mitte der Johannes-Offenbarung, in: Ders. (Hg.), Theologie als Vision. Studien zur Johannes-Offenbarung (SBS 191), Stuttgart 2001, 10–53.

Baierl, U., „Nachkommen Abrahams" in der Predigt des Täufers. Ein Beitrag zur Theologie der Logienquelle, Diplomarbeit Univ. Wien (unpubliziert), 2011.

Bazzana, G., Village Scribes behind Q. The Social and Political Profile of the Sayings Gospel in Light of Documentary Papyri, in: Ch. Heil/G. Harb/D. A. Smith (Hg.), Built on Rock or Sand? Q Studies: Retrospects, Introspects and Prospects (BToSt 34), Leuven 2018, 99–120 [Kurzzitation: Profile].

Bazzana, G., Galilean Village Scribes as the Authors of the Sayings Gospel Q, in: M. Tiwald (Hg.), Q in Context II. Social Setting and Archeological Background of the Sayings Source (BBB 173), Bonn 2015, 133–148 [Kurzzitation: Scribes].

Bazzana, G., Q 22:28– 30. Judgment or Governance in the Sayings Gospel Q? in: M. Tiwald (Hg.), Q in Context I. The Separation between the Just and the Unjust in Early Judaism and in the Sayings Source. Die Scheidung zwischen Gerechten und Ungerechten in Frühjudentum und Logienquelle (BBB 172), Bonn 2015, 169–183.

Bazzana, G., Kingdom of Bureaucracy. The Political Theology of Village Scribes in the Sayings Gospel Q (BEThL 274), Leuven 2015.

Becker, J., Jesus von Nazaret, Berlin 1996.

Becker, A./Reed, A. Y. (Hg.), The Ways That Never Parted. Jews and Christians in Late Antiquity and the Early Middle Ages (TSAJ 95), Tübingen 2003.

Bendemann, R. von, „Vom Rückfall" (Lk 11,24–26par). Der Umgang mit Rekadenz-Phänomenen im Spannungsfeld von Wundertätigkeit, Magie und Medizin, in: J. Kamlah/R. Schäfer/M. Witte (Hg.), Zauber und Magie im antiken Palästina und in seiner Umwelt (ADPV 46), Wiesbaden 2017, 469–506.

Bieberstein, S., Verschwiegene Jüngerinnen – vergessene Zeuginnen. Gebrochene Konzepte im Lukasevangelium (NTOA 38), Göttingen 1998.

Billerbeck, M., Greek Cynicism in Imperial Rome, in: dies. (Hg.), Die Kyniker in der modernen Forschung, Amsterdam 1991, 147–166.

Black, M., An Aramaic Approach to the Gospels and Acts, Oxford ^{3}1967 (Reprint 1971).

Bourgel, J., The Jewish Christians' Move from Jerusalem as a pragmatic choice, in: Dan Jaffé (Hg.), Studies in Rabbinic Judaism and Early Christianity, Leiden 2010, 107–138.

Bovon, F., Das Evangelium nach Lukas. Bd. 1: Lk 1,1–9,50 (EKK III/1), Neukirchen-Vluyn 1989.

Bovon, F., Das Evangelium nach Lukas. Bd. 2: Lk 1,1–9,50 (EKK III/2), Neukirchen-Vluyn 1996.

Bovon, F., Das Evangelium nach Lukas. Bd. 3: Lk 1,1–9,50 (EKK III/3), Neukirchen-Vluyn 2001.

Bovon, F., Das Evangelium nach Lukas. Bd. 4: Lk 1,1–9,50 (EKK III/4), Neukirchen-Vluyn 2009.

Bork, A., Die Raumsemantik und Figurensemantik der Logienquelle (WUNT 2/404), Tübingen 2015.

Boyarin, D., Als Christen noch Juden waren. Überlegungen zu den jüdisch-christlichen Ursprüngen. In: KuI 16 (2001) 112–129.

Braulik, G., Wenn Gott versucht. Zur „Theodizee der Erprobung" im Alten Testament, in: ZKTh 141 (2019) (im Erscheinen).

Braulik, G., Deuteronomium 1–16,17 (NEB), Würzburg ^{3}2000.

Broadhead, E. K., Jewish Ways of Following Jesus. Redrawing the Religious Map of Antiquity (WUNT 266), Tübingen, 2010.

Broadhead, E. K., The Fourth Gospel and the Synoptic Sayings Source. The Relationship Reconsidered, in: R. T. Fortna/T. Thatcher (Hg.), Jesus in Johannine Tradition, London/Leiden 2001, 291–301.

Broer, I./Weidemann, H.-U., Einleitung in das Neue Testament, Würzburg ³2010.

Camponovo, O., Königtum, Königsherrschaft und Reich Gottes in den frühjüdischen Schriften (OBO 58), Göttingen 1984.

Casey, M., An Aramaic Approach to Q. Sources for the Gospels of Matthew and Luke, Cambridge 2002.

Crossan, J. D., Der historische Jesus, München 1994 [*Englisches Original:* Crossan, J. D., The Historical Jesus: The Life of a Mediterranean Jewish Peasant, San Francisco 1991].

Deines, R., Die Gerechtigkeit der Tora im Reich des Messias: Mt 5,13–20 als Schlüsseltext der matthäischen Theologie (WUNT 177), Tübingen 2004.

Delling, G., Art. τρεῖς, in: ThWANT VIII, 1969, 215–225.

Dettwiler, A., La Source Q et la Torah. In: Ders./D. Marguerat (Hg.), La source des paroles de Jésus (Q). Aux origines de christianisme (Le Monde de la Bible 62). Genève, 2008, 221–254.

Dimant, D., Use and Interpretation of Mikra in the Apocrypha and Pseudepigrapha, in: M. J. Mulder (Hg.), Mikra, Philadelphia 1988, 379–419.

Doering, L., Sabbath Laws in the New Testament Gospels, in: R. Bieringer u.a. (Hg.), The New Testament and Rabbinic Literature (JSJ.Supplements 136), Leiden/Boston 2010, 207–253.

Doering, L., Marriage and Creation in Mark 10 and CD 4–5, in: F. García Martínez (Hg.), Echoes from the Caves: Qumran and the New Testament (STDJ 85), Leiden 2009, 133–163.

Doole, A., What was Mark for Matthew? An Examination of Matthew's Relationship and Attitude to his Primary Source (WUNT 2/344), 2013.

Dormeyer, D., Narrativität und Theologie der Wunder in Q, in: Ch. Heil/G. Harb/D. A. Smith (Hg.), Built on Rock or Sand? Q Studies: Retrospects, Introspects and Prospects (BToSt 34), Leuven 2018, 213–230.

Dronsch, K., Lieber eine Leuchte als ein unscheinbares Licht (Die Lampe auf dem Leuchter / Vom Licht auf dem Leuchter) – Q 11,33, in: R. Zimmermann, u.a. (Hg.), Kompendium der Gleichnisse Jesu, Gütersloh 2007, 133–138.

Dunn, J. D. G., The Partings of the Ways. Between Christianity and Judaism and their Significance for the Character of Christianty, London 1991.

Ebner, M., Die Stadt als Lebensraum der ersten Christen. Das Urchristentum in seiner Umwelt I (GNT 1,1), Göttingen 2012.

Ebner, M., Die Spruchquelle Q, in: M. Ebner./S. Schreiber (Hg.): Einleitung in das Neue Testament (KStTh 6), Stuttgart ²2013, 86–112.

Ebner, M., Jesus von Nazaret. Was wir von ihm wissen können, Stuttgart 2007 [Kurzzitation: Jesus].

Ebner, M., Jesus von Nazaret in seiner Zeit. Sozialgeschichtliche Zugänge, Stuttgart 2003 [Kurzzitation: Zeit].

Ebner, M., Jesus – ein Weisheitslehrer? Synoptische Weisheitslogien im Traditionsprozess (HBS 15), Freiburg i. Br. 1998 [Kurzzitation: Weisheitslehrer].

Ego, B., Art. Henoch/Henochliteratur, in: WiBiLex (erstellt: April 2007). Permanenter Link zum Artikel: http://www.bibelwissenschaft.de/stichwort/20989/ (abgerufen: 2.9.2017).

Ehling, K., Vögel als Lebensmittel für Jesus und die Jünger: Anmerkungen zu Q 12,6a, in: Ch. Heil/G. Harb/D. A. Smith (Hg.), Built on Rock or Sand? Q Studies: Retrospects, Introspects and Prospects (BToSt 34), Leuven 2018, 281–288.

Evans, C., Opposition to the Temple: Jesus and the Dead Sea Scrolls, in: J. Charlesworth (Hg.), Jesus and the Dead Sea Scrolls, New York 1992, 235–253.

Fabry, H.-J., Methoden der Schriftauslegung in den Qumranschriften, in: G. Schöllgen/C. Scholten (Hg.), Stimuli: Exegese und ihre Hermeneutik in Antike und Christentum : Festschrift für Ernst Dassmann (JAC Erg. 23), Münster 1996, 18–33.

Fabry, H.-J., Der Text und seine Geschichte, in: E. Zenger u.a. (Hg.), Einleitung in das Alte Testament (KStTh 1,1), Stuttgart ⁵1995, 34–59.

Fleddermann, H. T., The Lost Coin (Luke 15,8–10), in: Ch. Heil/G. Harb/D. A. Smith (Hg.), Built on Rock or Sand? Q Studies: Retrospects, Introspects and Prospects (BToSt 34), Leuven 2018, 289–322.

Fleddermann, H. T., Q: A Reconstruction and Commentary (Biblical Tools and Studies 1), Leuven 2005.

Fleddermann, H. T., Mark and Q. A Study of the Overlap Texts. With an Assessment by Frans Neirynck (BETL 122), Leuven, 1995.
Foster, P., Is Q a „Jewish Christian" Document?, in: Bib. 94 (2013) 368–394.
Foster, P., Matthew's Use of ‚Jewish' Traditions from Q, in: M. Tiwald (Hg.), Kein Jota wird vergehen. Das Gesetzesverständnis der Logienquelle vor dem Hintergrund frühjüdischer Theologie (BWANT 200), Stuttgart 2012, 179–201.
Frankemölle, H., Frühjudentum und Urchristentum (KStTh 5), Stuttgart 2006.
Frankemölle, H., Jüdische Wurzeln christlicher Theologie. Studien zum biblischen Kontext neutestamentlicher Texte, Bodenheim 1998.
Frankemölle, H., Jahwe-Bund und Kirche Christi. Studien zur Form- und Traditionsgeschichte des „Evangeliums" nach Matthäus (NTA.NF 10), Münster [2]1974.
Frenschkowski, M., Galiläa oder Jerusalem? Die topographischen und politischen Hintergründe der Logienquelle, in: A. Lindemann (Hg.), The Sayings Source Q and the Historical Jesus (BEThL 158), Leuven 2001, 535–559.
Frey-Anthes, H., Art. Satan (AT), in: WiBiLex (erstellt: Mai 2007; letzte Änderung: Nov. 2009). Permanenter Link zum Artikel: https://www.bibelwissenschaft.de/stichwort/26113/ (abgerufen: 6.10.2017).
Freyne, S., The Revolt from a Regional Perspective, in: A. M. Berlin/J. A. Overman (Hg.), The First Jewish Revolt. Archaeology, History, and Ideology, London 2002, 43–56.
Friedl, A., Das eschatologische Gericht in Bildern aus dem Alltag (ÖBS 14), Frankfurt 1996.
Gerber, Ch., Bitten lohnt sich (Vom bittenden Kind) – Q 11,9–13, in: R. Zimmermann, u.a. (Hg.), Kompendium der Gleichnisse Jesu, Gütersloh 2007,119–125.
Gerber, Ch., Es ist stets höchste Zeit (Vom treuen und untreuen Haushalter) – Q 12,42–46, in: R. Zimmermann, u.a. (Hg.), Kompendium der Gleichnisse Jesu, Gütersloh 2007, 161–170.
Gielen, M., „Und führe uns nicht in Versuchung". Die 6. Vater-Unser Bitte – eine Anfechtung für das biblische Gottesbild?, in: ZNW 89 (1998) 201–216.
Gnilka, J., Die frühen Christen. Ursprünge und Anfang der Kirche (HThK.S 7), Freiburg 1999.
Gnilka, J., Theologie des Neuen Testaments (HThK.S 5), Freiburg i. Br. 1994 [Kurzzitation: Theologie].
Gnilka, J., Das Evangelium nach Markus I (Mk 1–8,26) (EKK II/1), Neukirchen-Vluyn [4]1994.
Gnilka, J., Das Evangelium nach Markus II (Mk 8,27–16,20) (EKK II/2), Neukirchen-Vluyn [3]1978.
Goulet-Cazé, M.-O., Kynismus und Christentum in der Antike. Aus dem Französischen übersetzt von Lena R. Seehausen (Hg. M. Frenschkowski), Göttingen 2016.
Goulet-Cazé, M.-O., Le Cynisme à l'Époque impériale, in: W. Haase (Hg.), ANRW Bd. 36/4, Berlin 1990, 2720–2833.
Häfner, G., Ehescheidung und Wiederheirat – Neutestamentliche Aspekte, in: E. Garhammer/F. Weber (Hg.), Scheidung – Wiederheirat – von der Kirche verstoßen? Für eine Praxis der Versöhnung, Würzburg 2012, 101–117.
Häfner, G., Gewalt gegen die Basileia? Zum Problem der Auslegung des „Stürmerspruches" Mt 11,12, in *ZNW* 83 (1992) 21–51.
Hauck, F., Art. θερισμός, in: ThWNT 3, Stuttgart 1938, 133.
Hausmann, J., Art. Weisheit (AT), in: WiBiLex (erstellt: April 2009). Permanenter Link zum Artikel: https://www.bibelwissenschaft.de/stichwort/34707/ (abgerufen: 19.10.2017).
Harb, G., Die eschatologische Rede des Spruchevangeliums Q. Redaktions- und traditionsgeschichtliche Studien zu Q 17,23–37 (BToSt 19), Leuven 2014.
Harb, G., Die ersten beiden Weherufe gegen die Pharisäer in der Logienquelle (Q 11,42.39b.41), in: M. Tiwald (Hg.), Kein Jota wird vergehen. Das Gesetzesverständ-nis der Logienquelle vor dem Hintergrund frühjüdischer Theologie. (BWANT 200), Stuttgart 2012.
Harl, M., La Septante aux abourds de l'ère chrétienne, in: G. Dorival/M. Harl/O. Munnich, La Bible Greque des Septante, Paris 1988, 269–288.
Harlow, D. C., Early Judaism and Early Christianity, in: J. J. Collins/D. C. Harlow (Hg.), The Eerdmans Dictionary of Early Judaism. Cambridge 2010, 257–278.
Heil, Ch., Die Q-Gruppe in Galiläa und Syrien, in: M. Labahn (Hg.), Spurensuche zur Einleitung in das Neue Testament. Eine Festschrift im Dialog mit Udo Schnelle (FRLANT 271), Göttingen 2017, 163–180.

Heil, Ch., Klugheit und Phantasie (Lk 16,1–8a.8b-13), in: ders./R. Hoppe (Hg.), Menschenbilder – Gottesbilder. Die Gleichnisse Jesu verstehen, Ostfildern 2016, 245–261.

Heil, Ch., Die Zukunft Israels in der lukanischen Redaktion von Q, in: M. Tiwald (Hg.), Q in Context I. The Separation between the Just and the Unjust in Early Judaism and in the Sayings Source. Die Scheidung zwischen Gerechten und Ungerechten in Frühjudentum und Logienquelle (BBB 172), Bonn 2015, 185–199.

Heil, Ch., „Πάντες ἐργάται ἀδικίας“ Revisited. The Reception of Ps 6,9a LXX in Q and Luke, in: ders., Das Spruchevangelium Q und der historische Jesus (SBAB 58), Stuttgart 2014, 157–175.

Heil, Ch., Beobachtungen zur theologischen Dimension der Gleichnisrede Jesu in Q, in: ders., Das Spruchevangelium Q und der historische Jesus (SBAB 58), Stuttgart 2014, 177–188.

Heil, Ch., Analphabet oder Rabbi? Zum Bildungsniveau Jesu, in: ders., Das Spruchevangelium Q und der historische Jesus (SBAB 58), Stuttgart 2014, 265–291.

Heil, Ch., Die Missionsinstruktion in Q 10,2–16. Transformationen der Jesusüberlieferung im Spruchevangelium Q, in: W. Eisele/C. Schaefer/H.-U. Weidemann (Hg.), Aneignung durch Transformation. Beiträge zur Analyse von Überlieferungsprozessen im frühen Christentum (FS M. Theobald) (HBS 74), Freiburg 2013, 25–55.

Heil, Ch., Nachfolge und Tora in Q 9,57–60, in: M. Tiwald (Hg.), Kein Jota wird vergehen. Das Gesetzesverständnis der Logienquelle vor dem Hintergrund frühjüdischer Theologie (BWANT 200), Stuttgart 2012, 111–140.

Heil, Ch., Antike Textverarbeitung. Zum Verhältnis von Mündlichkeit und Schriftlichkeit bei Homer und im Spruchevangelium Q, in: C. Wessely/A. D. Ornella (Hg.), Religion und Mediengesellschaft. Beiträge zu einem Paradoxon, Innsbruck 2010, 93–104.

Heil, Ch., Vertrauen in die Sorge Gottes (Sorgt euch nicht) – Q 12,24.26–28, in: R. Zimmermann, u.a. (Hg.), Kompendium der Gleichnisse Jesu, Gütersloh 2007, 144–153.

Heil, Ch., Lukas und Q. Studien zur lukanischen Redaktion des Spruchevangeliums Q (BZNW 111), Berlin 2003.

Heil, Ch., Die Q-Rekonstruktion des Internationalen Q-Projekts. Einführung in Methodik und Resultate, in: NT 43 (2001) 128–143.

Heil, Ch., Die Rezeption von Micha 7,6 LXX in Q und Lukas, in: ZNW 87 (1996) 211–222.

Helfmeyer, F. J., Art. אות, in: ThWAT I (1973) 182–205.

Hengel, M., Zum Problem der „Hellenisierung“ Judäas im 1. Jahrhundert nach Christus, in: ders. (Hg.), Judaica et Hellenistica, Tübingen 1996, 1–90.

Hieke, T., Am Ende der Tage wird es geschehen ... Zur Eschatologie des Alten Testaments, in: ders. u.a. (Hg.), Zeit schenken – Vollendung erhoffen. Gottes Zusage an die Welt (Theologische Module 8), Freiburg i. Br. 2013, 7–52.

Hieke, T., Art. Abraham, in: WiBiLex (erstellt: Jan. 2005). Permanenter Link zum Artikel: https://www.bibelwissenschaft.de/de/stichwort/12288/ (abgerufen: 26.3.2018).

Hieke, T., Schriftgelehrsamkeit in der Logienquelle. Die alttestamentlichen Zitate in der Versuchungsgeschichte Q 4,1–13, in: J. M. Asgeirsson/K. De Troyer/M. W. Meyer (Hg.), From Quest to Q. Festschrift für James M. Robinson (BEThL 146), Leuven, 2000, 43–71.

Hoffmann, P., Anmerkungen zur Rekonstruktion der *Critical Edition of* Q, in: Hoffmann, P./Heil, C. (Hg.), Die Spruchquelle Q. Studienausgabe Griechisch und Deutsch, Darmstadt [4]2013, 116–144.

Hoffmann, P., Mutmaßungen über Q. Zum Problem der literarischen Genese von Q, in: A. Lindemann (Hg.), The Sayings Source Q and the Historical Jesus (BEThl 158), Leuven 2001, 255–288.

Hoffmann, P., Das Recht der Frau oder „Wider die legalisierte Willkür des Mannes“, in: ders. (Hg.), Studien zur Frühgeschichte der Jesus-Bewegung (SBAB 17), Stuttgart 1994, 95–117.

Hoffmann, P., Herrscher in oder Richter über Israel? Mt 19,28/Lk 22,28–30 in der synoptischen Überlieferung, in: K. Wengst/G. Saß (Hg.), Ja und nein. Christliche Theologie im Angesicht Israels. Festschrift zum 70. Geburtstag von Wolfgang Schrage, Neukirchen 1998, 253–264.

Hoffmann, P., Studien zur Theologie der Logienquelle (NTA.NF 8), Münster [3]1983 (Erstauflage 1972).

Hoffmann, P./Heil, C. (Hg.), Die Spruchquelle Q. Studienausgabe Griechisch und Deutsch, Darmstadt [4]2013.

Hogan, K. M., The Meanings of tôrâ in 4 Ezra, in: JSJ 38 (2007) 530–552.

Hölscher, M., Matthäus liest Q. Eine Studie am Beispiel von Mt 11,2–19 und Q 7,18–35 (NTA.NF 60), 2017.

Hoppe, R., Synoptische Bildworte – eine Lebenslehre, in: ders./Ch. Heil (Hg.), Menschenbilder – Gottesbilder. Die Gleichnisse Jesu verstehen, Ostfildern 2016, 33–68.

Hoppe, R., Der erste Thessalonikerbrief. Kommentar, Freiburg i. Br. 2016.

Hoppe, R., Gerechtigkeit bei Matthäus und Philo, in: R. Kampling (Hg.), Das Matthäusevangelium. Interpretation – Rezeption – Rezeptionsgeschichte (FS H. Frankemölle), Paderborn 2004, 141–155.

Hoppe, R., Galiläa als kultureller und religiöser Lebenskontext Jesu, in: M. Gielen/J. Kügler (Hg.), Liebe, Macht und Religion. Interdisziplinäre Studien zu Grunddimensionen menschlicher Existenz. FS für Helmut Merklein, Stuttgart 2003, 185–198.

Hossfeld, F.-L./Zenger, E., Psalmen 101–150 (HThK.AT). Freiburg u.a. 2008.

Hüneburg, M., Jesus als Wundertäter in der Logienquelle: Ein Beitrag zur Christologie von Q (ABIG 4), Leipzig 2001.

Ilan, T., The Women of the Q Community within Early Judaism, in: M. Tiwald (Hg.), Q in Context II. Social Setting and Archeological Background of the Sayings Source (BBB 173), Bonn 2015, 195–209.

Jacobi, C., Jesusüberlieferung bei Paulus? Analogien zwischen den echten Paulusbriefen und den synoptischen Evangelien (BZNW 213), Berlin 2015.

Janssen, E., Testament Abrahams (JSHRZ 3,2), Gütersloh 1975, 193–256.

Jepsen, A., Art. אמן, in: ThWAT I, Stuttgart 1970, 313–348.

Jericke, D., Die Ortsangaben im Buch Genesis. Ein historisch-topographischer und literarisch-topographischer Kommentar, Göttingen 2013.

Johnson, L. T., The New Testament's Anti-Jewish Slander and the Conventions of Ancient Polemic, in: JBL 108 (1989) 419–441.

Jonas, D., Tretet ein! (Von der verschlossenen Tür) – Q 13,24–27, in: R. Zimmermann u.a. (Hg.), Kompendium der Gleichnisse Jesu, Gütersloh 2007, 193–199.

Junker, L., Rekonstruktion und Interpretation des Logions Q 16,18 vor dem Hintergrund frühjüdischer Reinheitsvorstellungen, Dissertation Univ. Duisburg-Essen 2018 (noch unpubliziert).

Karrer, M., Christliche Gemeinde und Israel. Beobachtungen zur Logienquelle, in: P. Mommer u.a. (Hg.), Gottes Recht als Lebensraum. Festschrift für Hans Jochen Boecker, Neukirchen-Vluyn 1993, 145–163.

Kern, G., Absturzgefahr (Vom Blinden als Blindenführer) – Q 6,39, in: R. Zimmermann u.a. (Hg.), Kompendium der Gleichnisse Jesu, Gütersloh 2007, 61–67.

Kern, G., Größenwahn?! (Vom Schüler und Lehrer) – Q 6,40, in: R. Zimmermann u.a. (Hg.), Kompendium der Gleichnisse Jesu, Gütersloh 2007, 68–75.

Kister, M., A Common Heritage: Biblical Interpretation at Qumran and its Implications, in: M. E. Stone/E. G. Chazon, Biblical Perspectives: Early Use of the Bible in Light of the Dead Sea Scrolls : Proceedings of the First International Symposion of the Orion Center for the Study of the Dead Sea Scrolls and Associated Literature, Leiden 1998, 101–111.

Klauck, H.-J., Apokryphe Evangelien. Eine Einführung, Stuttgart [2]2005.

Klauck, H.-J., Die Armut der Jünger in der Sicht des Lukas, in: ders., Gemeinde – Amt – Sakrament. Neutestamentliche Perspektiven, Würzburg 1989, 160–194.

Klingbeil, G. A., The *Finger of God* in the Old Testament, in: ZAW 112 (2000) 409–415.

Kloppenborg, J. S., Oral and Literate Contexts of the Sayings Gospel Q, in: Ch. Heil/G. Harb/D. A. Smith (Hg.), Built on Rock or Sand? Q Studies: Retrospects, Introspects and Prospects (BToSt 34), Leuven 2018, 49–72.

Kloppenborg, J. S., Q, Bethsaida, Khorazin and Capernaum, in: M. Tiwald (Hg.), Q in Context II. Social Setting and Archeological Background of the Sayings Source (BBB 173), Bonn 2015, 61–90 [Kurzzitation: Bethsaida].

Kloppenborg, J. S., A „Parting of the Ways" in Q? in: M. Tiwald (Hg.), Q in Context I. The Separation between the Just and the Unjust in Early Judaism and in the Sayings Source. Die Scheidung zwischen Gerechten und Ungerechten in Frühjudentum und Logienquelle (BBB 172), Bonn 2015, 123–143 [Kurzzitation: Parting].

Kloppenborg, J. S., Q, the Earliest Gospel. An Introduction to the Original Stories and Sayings of Jesus. Lousiville 2009 [Kurzzitation: Q].

Kloppenborg, J. S., The Growth and Impact of Agricultural Tenancy in Jewish Palestine (III BCE – I CE), in: JESHO 51 (2008) 33–66.

Kloppenborg, J. S., Jesus and the parables of Jesus in Q, in: R. A. Piper (Hg.), The Gospel Behind the Gospels. Current Studies on Q (NT.S 75), Leiden 1995, 275–319.

Kloppenborg, J. S., The Sayings Gospel Q. Recent Opinion on the People behind the Document, in: Currents in Research: Biblical Studies 1 (1993) 9–34 [Kurzzitation: Gospel].

Kloppenborg, J. S., Literary Convention, Self-Evidence, and the Social History of the Q People, in: Semeia 55 (1991) 77–102.

Kloppenborg, J. S., Q Parallels: Synopsis, Critical Notes & Concordance, Sonoma (CA) 1988.

Kloppenborg, J. S., Symbolic Eschatology and the Apocalypticism of Q, in: HThR 80 (1987) 287–306.

Kloppenborg Verbin, J. S., Excavating Q. The History and Setting of the Sayings Gospel, Edinburgh 2000 [Kurzzitation: Excavating].

Knibb, Michael A., The Use of Scripture in *1 Enoch* 17–19, in: F. García Martínez/G. P. Luttikhuizen, Jerusalem, Alexandria, Rome : Studies in Ancient Cultural Interaction in Honour of A. Hilhorst. Leiden 2003, 165–178.

Koch, D.-A., Geschichte des Urchristentums, Göttingen 2013.

Koch, D.-A., Die Überlieferung und Verwendung der Septuaginta im ersten nachchristlichen Jahrhundert. Aspekte der neueren Septuagintaforschung und deren Bedeutung für die neutestamentliche Exegese, in: ders./H. Lichtenberger (Hg.), Begegnung zwischen Christentum und Judentum in Antike und Mittelalter. Festschrift für Heinz Schreckenberg, Göttingen 1993, 215–244.

Kollmann, B., Einführung in die Neutestamentliche Zeitgeschichte, Darmstadt ^{2}2011.

Kollmann, B., Jesus und die Christen als Wundertäter. Studien zu Magie, Medizin und Schamanismus in Antike und Christentum (FRLANT 170), Göttingen 1996.

Konradt, M., Das Matthäusevangelium als judenchristlicher Gegenentwurf zum Markusevangelium, in: ders. (Hg. A. Euler), Studien zum Matthäusevangelium (WUNT 358), Tübingen 2016, 43–68.

Konradt, M., Das Evangelium nach Matthäus (NTD 1), Göttingen 2015.

Konradt, M., Law, Salvation and Christian Identity in Paul and Matthew, in: M. Welker/G. Etzelmüller (Hg.), Concepts of Law in the Sciences, Legal Studies, and Theology (RPT 72), Tübingen 2013, 181–204.

Konradt, M., Die vollkommene Erfüllung der Tora und der Konflikt mit den Pharisäern im Matthäusevangelium, in: ders./D. Sänger (Hg.), Das Gesetz im frühen Judentum und im Neuen Testament (NTOA 57), Göttingen 2006, 129–152.

Konradt, M., Gericht und Gemeinde. Eine Studie zur Bedeutung und Funktion von Gerichtsaussagen im Rahmen der paulinischen Ekklesiologie und Ehtik in 1Thess und 1Kor (BZNW 117), Berlin 2003.

Kosch, D., Die eschatologische Tora des Menschensohnes. Untersuchungen zur Rezeption der Stellung Jesu zur Tora in Q (NTOA 12), Göttingen 1989.

Kremer, J., Art. Sohn Gottes. In: BiLi 46 (1973) 3–71.

Kreuzer, S., The Bible in Greek. Translation, Transmission, and Theology of the Septuagint, Atlanta 2015.

Kühschelm, R., „Um zu verkünden ein willkommenes Jahr des Herrn". Jesu Antrittsrede Lk 4,16–30, in: R. Scoralick (Hg.), Damit sie das Leben haben (Joh 10,10). Festschrift für Walter Kirchschläger zum 60. Geburtstag, Zürich, 2007, 147–185.

Labahn, M., Sinn im Sinnlosen: Hermeneutische und narratologische Überlegungen zu Q, in: Ch. Heil/G. Harb/D. A. Smith (Hg.), Built on Rock or Sand? Q Studies: Retrospects, Introspects and Prospects (BToSt 34), Leuven 2018, 131–173.

Labahn, M., Der Gekommene als Wiederkommender. Die Logienquelle als erzählte Geschichte (Arbeiten zur Bibel und ihrer Geschichte 32), Leipzig 2010.

Labahn, M., Füllt den Raum aus – es kommt sonst noch schlimmer! (Beelzebulgleichnis) – Q 11,24–26, in: R. Zimmermann, u.a. (Hg.), Kompendium der Gleichnisse Jesu, Gütersloh 2007, 126–132.

Labahn, M., Achtung Menschensohn! (Vom Dieb) – Q 12,39f, in: R. Zimmermann, u.a. (Hg.), Kompendium der Gleichnisse Jesu, Gütersloh 2007, 154–160.

Labahn, M., Forderung zur außergerichtlichen Einigung (Der Gang zum Richter) – Q 12,58f, in: R. Zimmermann u.a. (Hg.), Kompendium der Gleichnisse Jesu, Gütersloh 2007, 178–184.

Labahn, M., Über die Notwendigkeit ungeteilter Leidenschaft (Vom Doppeldienst) – Q 16,13, in: R. Zimmermann, u.a. (Hg.), Kompendium der Gleichnisse Jesu, Gütersloh 2007, 220–226.

Labahn, M., Die plötzliche Alternative mitten im Alltag (Mitgenommen oder zurückgelassen) – Q 17,34f, in: R. Zimmermann, u.a. (Hg.), Kompendium der Gleichnisse Jesu, Gütersloh 2007, 227–234.

Lange, A., Weisheit und Prädestination. Weisheitliche Urordnung und Prädestination in den Textfunden von Qumran (STDJ 18), Leiden 1995.

Lehnardt, A., Art. Kaddisch-Gebet, WiBiLex (erstellt: Jan. 2012), Permanenter Link zum Artikel: http://www.bibelwissenschaft.de/stichwort/22980/ (abgerufen am 17.1.2017).

Lehnardt, A., Die Geschichte des Kaddisch-Gebets, in: W. Homolka (Hg.), Liturgie als Theologie. Das Gebet als Zentrum im jüdischen Denken, Berlin 2005, 30–46.

Leonhardt-Balzer, J., Die Behebung einer Sehschwäche (Vom Splitter und dem Balken) – Q 6,41f, in: R. Zimmermann, u.a. (Hg.), Kompendium der Gleichnisse Jesu, Gütersloh 2007, 76–80.

Leonhardt-Balzer, J., Vom Wirken des Salzes (Vom Salz) – Q 14,34f, in: R. Zimmermann, u.a. (Hg.), Kompendium der Gleichnisse Jesu, Gütersloh 2007, 200–204.

Leuenberger, M., Art. Königtum Gottes (AT), in: WiBiLex (erstellt: April 2012). Permanenter Link zum Artikel: https://www.bibelwissenschaft.de/stichwort/23808/ (abgerufen 6.10.2017).

Levine, L. I., The Ancient Synagogue in First-Century Palestine, in: M. Tiwald (Hg.), Q in Context II. Social Setting and Archeological Background of the Sayings Source (BBB 173), Bonn 2015, 23–41 [Kurzzitation: Palestine].

Lim, T. H., Holy Scripture in the Qumran Commentaries and Pauline Letters, Oxford 1997.

Lindemann, A., Neuere Literatur zur Logienquelle Q, in: ThR 80 (2015) 377–424.

Lips, H. von, Weisheitliche Traditionen im Neuen Testament (WMANT 64), Neukirchen-Vluyn 1990.

Loader, W.R.G., Jesus' Attitude Towards the Law: A Study of the Gospels (WUNT 2/97), Tübingen 1997.

Luz, U., Das Evangelium nach Matthäus. Bd. 1: Mt 1–7 (EKK I/1), Neukirchen-Vluyn u.a. ^{5}2002.

Luz, U., Das Evangelium nach Matthäus. Bd. 2: Mt 8–17 (EKK I/2), Neukirchen-Vluyn u.a. ^{6}2016.

Luz, U., Das Evangelium nach Matthäus. Bd. 3: Mt 18–25 (EKK I/3), Neukirchen-Vluyn ^{3}2016.

Luz, U., Das Evangelium nach Matthäus. Bd. 4: Mt 26–28 (EKK I/4), Neukirchen-Vluyn 2002.

Maier, J., Torah und Normensysteme in den Qumranschriften, in: M. Tiwald (Hg.), Kein Jota wird vergehen. Das Gesetzesverständnis der Logienquelle vor dem Hintergrund frühjüdischer Theologie (BWANT 200), Stuttgart 2012, 35–59.

Maier, J., Bausymbolik, Heiligtum und Gemeinde in den Qumrantexten, in: A. Vonach/R. Meßner (Hg.), Volk Gottes als Tempel (Synagoge und Kirchen 1), Wien 2008, 49–106.

Maier, J., Die Qumran-Essener: Die Texte vom Toten Meer I–II (UTB 1862/1863), München 1995.

Maier, J., Messias oder Gesalbter? Zu einem Übersetzungs- und Deutungsproblem in den Qumrantexten, in: RdQ 17 (1996) 585–612.

Maier, J., Zwischen den Testamenten. Geschichte und Religion in der Zeit des Zweiten Tempels (NEB Erg. 3), Würzburg 1990.

Maier, J., Weitere Stücke zum Nachumpescher aus der Höhle 4 von Qumran, in: Judaica 18 (1962) 215–250.

Malina, B.J./Rohrbaugh, R.L., Social-Science Commentary on the Gospel of John, Minneapolis 1998.

Marguerat, D., Le Règne, Jésus et la Loi (Q 16,16–18), in: C. Coulot/D. Fricker (Hg.), Le Jugement dans l'un et l'autre Testament II. Mélanges offerts à Jacques Schlosser (LeDiv 118), Paris 2004, 113–127.

Marshall, J., Apocalypticism and Anti-Semitism: Inner-Group Resources for Inter-group Conflicts, in: J. S. Kloppenborg/J. W. Marshall (Hg.), Apocalypticism, Anti-Semitism and the Historical Jesus. Subtexts in Criticism, London 2005, 68–82.

Mayordomo, M., „Einstürzende Neubauten“ (Hausbau auf Felsen und Sand) – Q 6,47–49, in: R. Zimmermann u.a. (Hg.), Kompendium der Gleichnisse Jesu, Gütersloh 2007, 92–99.
Melzer-Keller, H., Jesus und die Frauen. Eine Verhältnisbestimmung nach der synoptischen Überlieferung (HBS 14), Freiburg 1997.
Merklein, H., Jesu Botschaft von der Gottesherrschaft. Eine Skizze (SBS 111), Stuttgart ³1989.
Moreland, M., Provenience Studies and the Question of Q in Galilee, in: M. Tiwald (Hg.), Q in Context II. Social Setting and Archeological Background of the Sayings Source (BBB 173), Bonn 2015, 43–60.
Müller, C. G., Frühchristliche Ehepaare und paulinische Mission (SBS 215), Stuttgart 2008.
Müller, P., Vom misslingenden Spiel (Von den spielenden Kindern) – Q 7,31–35, in: R. Zimmermann u.a. (Hg.), Kompendium der Gleichnisse Jesu, Gütersloh 2007, 100–110.
Müller, P., Wetterregeln (Von der Beurteilung der Zeit) – Q 12,54–56, in: R. Zimmermann u.a. (Hg.), Kompendium der Gleichnisse Jesu, Gütersloh 2007, 171–177.
Müller, P., Schnell und unausweichlich (Vom Aas und den Geiern) – Q 17,37, in: R. Zimmermann u.a. (Hg.), Kompendium der Gleichnisse Jesu, Gütersloh 2007, 235–239.
Müller, U. B., Die Gerichtsankündigung Q 13,34f. als authentisches Wort Jesu, in: U. Busse/M. Reichardt/M. Theobald (Hg.), Erinnerung an Jesus. Kontinuität und Diskontinuität der neutestamentlichen Überlieferung (BBB 166). Bonn, 2011, 133–141.
Münch, C., Gewinnen oder Verlieren (Vom anvertrauten Geld) Q 19,12f.15–24.26, in: R. Zimmermann u.a. (Hg.), Kompendium der Gleichnisse Jesu, Gütersloh 2007, 240–254.
Myllykoski, M., The Social History of Q and the Jewish War, in: R. Uro (Hg.), Symbols and Strata. Essays on the Sayings Gospel Q, Göttingen 1996, 144–199.Nickelsburg, G. W. E., 1Enoch 1. A Commentary on the Book of 1 Enoch, Chapters 1–36; 81–108, Minneapolis 2001.
Nickelsburg, G. W. E., Revealed Wisdom as a Criterion for Inclusion and Exclusion: From Jewish Sectarianism to Early Christianity, in: J. Neusner/E. S. Frerichs (Hg.), „To See Ourselves as Others See Us“. Christians, Jews, “Others” in Late Antiquity, Chico (CA) 1985, 73–91.
Nicklas, T., Jews and Christians? Second Century ‘Christian’ Perspectives on the ‘Parting of the Ways’ (annual Deichmann Lectures 2013), Tübingen 2014.
Niebuhr, K.-W., Jesus, Paulus und die Pharisäer. Beobachtungen zu ihren historischen Zusammenhängen, zum Toraverständnis und zur Anthropologie, in: Revista Catalana de Teologia 34/2 (2009) 317–346.
Niederwimmer, K., Zur Entwicklungsgeschichte des Wanderradikalismus im Traditionsbereich der Didache, in: W. Pratscher/M. Öhler (Hg.), Quaestiones theologicae. Gesammelte Aufsätze (BZNW 90), Berlin 1998, 70–87.
Niederwimmer, K., Die Didache (KAV 1), Göttingen 1989.
Noam, V., Divorce in Qumran in Light of Early Halakhah, in: JJS 56 (2005) 206–223.
Ong, W. J., Orality and Literacy. The Technologizing of the World, New York 1982.
O'Rourke, J. J., Possible Uses of the Old Testament in the Gospels, in: C. A. Evans/W. R. Stegner (Hg.), the Gospels and the Scriptures of Israel (JSNT.S 104), Sheffield 1994, 15–25.
Ostmeyer, K.-H., Gott knetet nicht (Vom Sauerteig) – Q 13,20f, in: R. Zimmermann u.a. (Hg.), Kompendium der Gleichnisse Jesu, Gütersloh 2007, 185–192.
Oveja, A., Neunundneunzig sind nicht genug! (Vom verlorenen Schaf) – Q 15,4–5a.7, in: R. Zimmermann, u.a. (Hg.), Kompendium der Gleichnisse Jesu, Gütersloh 2007, 205–219.
Paesler, K., Das Tempelwort Jesu. Die Traditionen von Tempelzerstörung und Tempelreinigung im Neuen Testament (FRLANT 184), Göttingen 1997.
Pierce, C. T., Art. Satan and Related Figures, in: J. J. Collins/D. C. Harlow (Hg.), The Eerdmans Dictionary of Early Judaism, Michigan 2010, 1196–1200.
Pomykala, K. E., Art. Messianism, in: J. J. Collins/D. C. Harlow (Hg.), The Eerdmans Dictionary of Early Judaism, Michigan 2010, 938–942.
Popkes, E. E., Das Auge als Lampe des Körpers (Vom Auge als des Leibes Licht) – Q 11,34f, in: R. Zimmermann, u.a. (Hg.), Kompendium der Gleichnisse Jesu, Gütersloh 2007, 139–143.
Reiser, M., Numismatik und Neues Testament, in: Bib. 81 (2000) 457–488.
Ro, J., Die sogenannte „Armenfrömmigkeit“ im nachexilischen Israel (BZAW 322), Berlin 2002.

Robinson, J. M., The Sequence of Q: The Lament over Jerusalem, in: R. Hoppe/U. Busse (Hg.), Von Jesus zum Christus. Christologische Studien. Festgabe für Paul Hoffmann zum 65. Geburtstag (BZNW 93), Berlin 1998, 225–260.

Robinson, J. M./Hoffmann P./Kloppenborg J. S. (managing editor: Moreland, M. C.), The Sayings Gospel Q in Greek and English with Parallels from the Gospels of Mark and Thomas (Biblical Exegesis & Theology 30), Leuven 2001.

Robinson, J. M./Hoffmann P./Kloppenborg J. S. (managing editor: Moreland, M. C.), The Critical Edition of Q. Synopsis Including the Gospels of Matthew and Luke, Mark and Thomas with English, German, and French Translations of Q and Thomas, Leuven 2000.

Rollens, S. E., Persecution in the Social Setting of Q, in: M. Tiwald (Hg.), Q in Context II. Social Setting and Archeological Background of the Sayings Source (BBB 173), Bonn 2015, 149–164.

Roth, D., Dieter Roth, The Parables in Q (The Library of New Testament Studies 582), London 2018.

Roth, D., Die Parabeln in der Logienquelle: „Alte“ Probleme und „Neue“ Ansätze, in: Ch. Heil/G. Harb/D. A. Smith (Hg.), Built on Rock or Sand? Q Studies: Retrospects, Introspects and Prospects (BToSt 34), Leuven 2018, 193–212.

Scherer, H., Königsvolk und Gotteskinder. Der Entwurf der sozialen Welt im Material der Traditio duplex (BBB 180), Göttingen 2016.

Schmid, J., Das Evangelium nach Matthäus (RNT 1), Regensburg 1965

Schnelle, U., Einleitung in das Neue Testament (UTB 1830), Göttingen [9]2017.

Schnelle, U., Theologie des Neuen Testaments (UTB 2917), Göttingen [3]2016.

Schnelle, U., Jesus, ein Jude aus Galiläa, BZ 32 (1988), 107–113.

Schöllgen, G., Die Didache. Zwölf-Apostel-Lehre (FC 1), Freiburg 1991.

Schottroff, L., Wanderprophetinnen. Eine feministische Analyse der Logienquelle, in: EvTh 51 (1991) 332–344. *Englisch*: Dies., Itinerant Prophetesses: A Feminist Analysis of the Sayings Source Q, in: R. A. Piper (Hg.), The Gospel Behind the Gospels. Current Studies on Q (NT.S 75), Leiden 1995, 347–360.

Schramm, T./Löwenstein, K., Unmoralische Helden. Anstößige Gleichnisse Jesu, Göttingen 1986.

Schröder, B., Die „väterlichen Gesetze“. Flavius Josephus als Vermittler von Halachah an Griechen und Römer, Tübingen 1996.

Schröter, J., Der „erinnerte Jesus“: Erinnerung als geschichtshermeneutisches Paradigma der Jesusforschung, in: ders./C. Jacobi (Hg.), Jesus Handbuch, Tübingen 2017 (Kurzzitation: Jesus).

Schröter, J., Entscheidung für die Worte Jesu. Die Logienquelle in der Geschichte des frühen Christentums, in: BiKi 54 (1999) 70–74.

Schröter, J., Erwägungen zum Gesetzesverständnis in Q anhand von Q 16,16–18, in Tuckett, C. (Hg.), The Scriptures in the Gospels (BFETL 131), Leuven 1997, 441–458.

Schröter, J., Erinnerung an Jesu Worte: Studien zur Rezeption der Logienüberlieferung in Markus, Q und Thomas Gebundene Ausgabe (WMANT 76), Neukirchen 1997 (Kurzzitation: Erinnerung).

Schulz, S., Q. Die Spruchquelle der Evangelisten, Zürich 1972.

Schwemer, A. M., Studien zu den frühjüdischen Prophetenlegenden *Vitae Prophetarum* I und II (TSAJ 49 und 50), Tübingen 1995 und 1996.

Schwemer, A. M., Die Verwendung der Septuaginta in den Vitae Prophetarum, in: dies./M. Hengel (Hg.), Die Septuaginta zwischen Judentum und Christentum. Tübingen 1994, 62–91.

Schwemer, A. M., Gott als König und seine Königsherrschaft in den Sabbatliedern aus Qumran, in: dies./M. Hengel, Königsherrschaft Gottes und himmlischer Kult im Judentum, Urchristentum und in der hellenistischen Welt, Tübingen 1991, 45–118.

Sevenich-Bax, E., Israels Konfrontation mit dem letzten Boten der Weisheit. Form, Funktion und Interdependenz der Weisheitselemente in der Logienquelle (MThA 21), Münster 1993.

Smith, D., From Parable to Logion: Oral and Scribal Factors in the Composition of Q, in: Ch. Heil/G. Harb/D. A. Smith (Hg.), Built on Rock or Sand? Q Studies: Retrospects, Introspects and Prospects (BToSt 34), Leuven 2018, 73–97.

Söding, T., Vaterunser und Versuchung, Christ in der Gegenwart, Online-Ausgabe vom 13.8.2017: https://www.herder.de/cig/geistesleben/2017/07-12-2017/vaterunser-bitte-vaterunser-und-versuchung/ (abgerufen 26.6.2018).

Söding, T., Die Tempelaktion Jesu, TThZ 101 (1992), 36–64.

Starnitzke, D., Von den Früchten des Baumes und dem Sprechen des Herzens (Vom Baum und seinen Früchten) – Q 6,43–45, in: R. Zimmermann u.a. (Hg.), Kompendium der Gleichnisse Jesu, Gütersloh 2007, 81–91.

Steck, O. H., Israel und das gewaltsame Geschick der Propheten. Untersuchungen zur Überlieferung des deuteronomistischen Geschichtsbildes im Alten Testament, Spätjudentum und Urchristentum (WMANT 23), Neukirchen-Vluyn 1967.

Stegemann, E./Stegemann, W., Urchristliche Sozialgeschichte. Die Anfänge im Judentum und die Christusgemeinden in der mediterranen Welt, Stuttgart ²1997.

Stemberger, G., Pharisäer, Sadduzäer, Essener. Fragen, Fakten, Hintergründe, Stuttgart 2013 (überarbeitete Neuauflage der 1991 erschienenen gleichnamigen Publikation in SBS 144).

Stemberger, G., Grundzüge rabbinischer Hermeneutik, in: G. Schöllgen/C. Scholten (Hg.), Stimuli. Exegese und ihre Hermeneutik in Antike und Christentum. Festschrift für Ernst Dassmann (JAC Erg. 23), Münster 1996, 34–42.

Stökl Ben Ezra, D., Qumran. Die Texte vom Toten Meer und das antike Judentum (UTB Jüdische Studien 3), Tübingen 2016.

Stowasser, M., „Dies spricht für dich, dass du die Werke der Nikolaiten hasst“ (Offb 2,6) – Ein frühes Zeugnis für den Konflikt um Anpassung oder Widerstand?, in: R. Klieber/M. Stowasser (Hg.), Inkulturation. Historische Beispiele und theologische Reflexion zur Flexibilität und Widerständigkeit des Christlichen (Theologie, Forschung und Wissenschaft 10), Wien 2006, 203–227.

Stowasser, M., Ehescheidung und Wiederheirat in der neutestamentlichen Überlieferung, in: PzB 25 (2016) 73–96.

Strotmann, A., Unmoralische Helden als Vorbilder in Jesusgleichnissen? Zu einer schwierigen Hypothese, in: 418–436.

Strotmann, A./Tiwald, M., Das Matthäusevangelium – eine Paulus-Polemik? Überlegungen zum Toraverständnis des ersten Evangelisten, in: M. Ebner/G. Häfner/K. Huber (Hg.), Kontroverse Stimmen im Kanon (QD 279), Freiburg i. Br. 2016.

Stuckenbruck, L. T., 1Enoch 91 – 108 (CEJL), Berlin/New York 2007.

Theißen, G., Kynische und urchristliche Wandercharismatiker. Zu W. Stegemann: „Hinterm Horizont geht's weiter“, in: ders. (Hg.), Von Jesus zur urchristlichen Zeichenwelt. „Neutestamentliche Grenzgänge“ im Dialog, Göttingen 2011, 101–116.

Theißen, G., Die Entstehung des Neuen Testaments als literaturgeschichtliches Problem, Heidelberg ²2011.

Theißen G., Das Reinheitslogion Mk 7,15 und die Trennung von Juden und Christen, in: K. Wengst/G. Saß (Hg.), Ja und nein: Christliche Theologie im Angesicht Israels (FS W. Schrage), Neukirchen-Vluyn 1998, 235–51.

Theißen, G., Jünger als Gewalttäter (Mt 11,12f.; Lk 16,16). Der Stürmerspruch als Selbststigmatisierung einer Minorität, in StTh 49 (1995) 183–200.

Theißen, G., Wanderradikalismus. Literatursoziologische Aspekte der Überlieferung von Worten Jesu im Urchristentum (Erstpublikation 1973), in: ders. (Hg.), Studien zur Soziologie des Urchristentums (WUNT 19), Tübingen ³1989, 79–105.

Theißen, G., Gewaltverzicht und Feindesliebe (Mt 5,38–48/Lk 6,27–38) und deren sozialgeschichtlicher Hintergrund, in: ders. (Hg.), Studien zur Soziologie des Urchristentums (WUNT 19), Tübingen ³1989, 160–197.

Theißen, G., Legitimation und Lebensunterhalt: ein Beitrag zur Soziologie urchristlicher Missionare (Erstpublikation 1974/1975), in: ders. (Hg.), Studien zur Soziologie des Urchristentums (WUNT 19), Tübingen ³1989, 201–230.

Theißen, G., Lokalkolorit und Zeitgeschichte in den Evangelien. Ein Beitrag zur Geschichte der synoptischen Tradition (NTOA 8), Göttingen 1989.

Theißen, G./Merz, A., Der historische Jesus, Göttingen ²1997.

Theobald, M., Das Johannesevangelium und Q: Wie groß ist ihre gemeinsame Schnittmenge und wie erklärt sie sich? in: Ch. Heil/G. Harb/D. A. Smith (Hg.), Built on Rock or Sand? Q Studies: Retrospects, Introspects and Prospects (BToSt 34), Leuven 2018, 467–495 [Kurzzitation: Q].

Theobald, M., Das Evangelium nach Johannes. Kapitel 1 – 12 (Regensburger Neues Testament), Regensburg 2009 [Kurzzitation: Johannes].

Theobald, M., „Ich sah den Satan aus dem Himmel stürzen ...“. Überlieferungskritische Beobachtungen zu Lk 10,18–20, in: BZ 49 (2005) 174–190.
Theobald, M., „Sohn Gottes“ als christologische Grundmetapher bei Paulus, in: ders. (Hg.), Studien zum Römerbrief (WUNT 136), Tübingen 2003, 119–141.
Theobald, M., Herrenworte im Johannesevangelium (HThK 34), Freiburg 2002 [Kurzzitation: Herrenworte].
Theobald, M., Jesu Wort von der Ehescheidung. Gesetz oder Evangelium? in: ThQ 175 (1995) 109–124.
Tilly, M., Einführung in die Septuaginta, Darmstadt 2005.
Tiwald, M., Proaktive Heiligkeit: Eine jesuanische „Theologie des Scheiterns“, in: P. M. Zulehner/T. Halík (Hg.), Wir teilen diesen Traum. Theologinnen und Theologen aus aller Welt argumentieren „Pro Pope Francis“, eBook Patmos-Verlag, im Erscheinen.
Tiwald, M., Die bleibende Gültigkeit der Tora nach Q 16, in: Ch. Heil/G. Harb/D. A. Smith (Hg.), Built on Rock or Sand? Q Studies: Retrospects, Introspects and Prospects (BToSt 34), Leuven 2018, 347–363.
Tiwald, M., Art. Einzug in Jerusalem, Tempelreinigung (Jesu Stellung zum Tempel), in: J. Schröter/Ch. Jacobi (Hg.), Jesus Handbuch, Tübingen 2017, 460–467.
Tiwald, M., Die Logienquelle. Text, Kontext, Theologie, Stuttgart 2016.
Tiwald, M., Das Frühjudentum und die Anfänge des Christentums. Ein Studienbuch (BWANT 208), Stuttgart 2016.
Tiwald, M. (Hg.), Q in Context I. The Separation between the Just and the Unjust in Early Judaism and in the Sayings Source. Die Scheidung zwischen Gerechten und Ungerechten in Frühjudentum und Logienquelle (BBB 172), Bonn 2015.
Tiwald. M. (Hg.), Q in Context II. Social Setting and Archeological Background of the Sayings Source (BBB 173), Bonn 2015.
Tiwald, M., The Brazen Freedom of God’s Children: “Insolent Ravens” (Q 12:24) and “Carefree Lilies” (Q 12:27) as Response to Mass-Poverty and Social Disruption? in: M. Tiwald (Hg.), Q in Context II. Social Setting and Archeological Background of the Sayings Source (BBB 173), Bonn 2015, 111–131.
Tiwald, M., Verborgene Weisheit – Wahres Israel. Die eschatologische Scheidung zwischen Gerechten und Ungerechten in Logienquelle und frühjüdischer Apokalyptik, in: M. Tiwald (Hg.), Q in Context I. The Separation between the Just and the Unjust in Early Judaism and in the Sayings Source. Die Scheidung zwischen Gerechten und Ungerechten in Frühjudentum und Logienquelle (BBB 172), Bonn 2015, 85–106.
Tiwald, M., Art. Gesetz, in: Bormann, L. (Hg.), Neues Testament. Zentrale Themen, Neukirchen-Vluyn 2014, 295–314.
Tiwald, M., Die protreptische, konnotative und performative Valeur der Gerichts- und Abgrenzungsmetaphorik in der Logienquelle, in: D. Roth/R. Zimmermann/M. Labahn (Hg.), Metaphor, Narrative, and Parables in Q (WUNT 315), Tübingen 2014, 115–137.
Tiwald, M., „Blickt auf die Vögel des Himmels“ – Die unverschämte Freiheit der Kinder Gottes, in: Bibel heute 195 (3/2013) 7–9.
Tiwald, M., Hat Gott sein Haus verlassen (vgl. Q 13,35)? – Das Verhältnis der Logienquelle zum Frühjudentum, in: M. Tiwald (Hg.), Kein Jota wird vergehen. Das Gesetzesverständnis der Logienquelle vor dem Hintergrund frühjüdischer Theologie (BWANT 200), Stuttgart 2012, 63–88.
Tiwald, M., Frühchristliche Pluralität in Ephesus, in: R. von Bendemann/M. Tiwald (Hg.), Das frühe Christentum und die Stadt (BWANT 198), Stuttgart 2012, 128–145.
Tiwald, M., ΑΠΟ ΔΕ ΑΡΧΗΣ ΚΤΙΣΕΩΣ ... (Mk 10,6). Die Entsprechung von Protologie und Eschatologie als Schlüssel für das Tora-Verständnis Jesu, in: U. Busse/M. Reichardt/M. Theobald (Hg.), Die Memoria Jesu. Kontinuität und Diskontinuität der Überlieferung (BBB 166), Bonn 2011, 367–380.
Tiwald, M., Die vielfältigen Entwicklungslinien kirchlichen Amtes im Corpus Paulinum und ihre Relevanz für heutige Theologie, in: T. Schmeller/M. Ebner/R. Hoppe (Hg.), Neutestamentliche Ämtermodelle im Kontext (QD 239), Freiburg i. Br. 2010, 101–128.
Tiwald, M., Hebräer von Hebräern. Paulus auf dem Hintergrund frühjüdischer Argumentation und biblischer Interpretation (HBS 52), Freiburg i. Br. 2008.

Tiwald, M., Wanderradikalismus. Jesu erste Jünger – ein Anfang und was davon bleibt (ÖBS 20), Frankfurt am Main 2002 [Kurzzitation: Wanderradikalismus].

Tiwald, M., Die Nichterfüllung wanderradikaler Erwartungen als Geburt frühkirchlicher Ethik, in: Protokolle zur Bibel 10 (2001) 105–119.

Tiwald, M., Der Wanderradikalismus als Brücke zum historischen Jesus, in: A. Lindemann (Hg.), The Sayings Source Q and the Historical Jesus (BEThL 158), Leuven 2001, 523–534 [Kurzzitation: Brücke].

Tov, E., Die griechischen Bibelübersetzungen, in: W. Haase (Hg.), ANRW II 20.1, Berlin 1987, 121–189.

Trilling, W., Das wahre Israel. Studien zur Theologie des Matthäus-Evangeliums, München 1964.

Tuckett, Ch., Apocalyptic – in Q? in: M. Tiwald (Hg.), Q in Context I. The Separation between the Just and the Unjust in Early Judaism and in the Sayings Source. Die Scheidung zwischen Gerechten und Ungerechten in Frühjudentum und Logienquelle (BBB 172), Bonn 2015, 107–121 [Kurzzitation: Apocalyptic].

Tuckett, Ch., From the Sayings to the Gospels (WUNT 328), Tübingen 2014 [Kurzzitation: Sayings].

Tuckett, Ch., The Fourth Gospel and Q, in: R. T. Fortna/T. Thatcher (Hg.), Jesus in Johannine Tradition, London 2001, 281–290 [Kurzzitation: Gospel].

Tuckett, Ch., Art. Q Source, in: L. H. Schiffman/J. C. VanderKam (Hg.): Encyclopedia of the Dead Sea Scrolls, Oxford 2000, 732–733 [Kurzzitation: Art. Q].

Tuckett, Ch., Luke, Sheffield 1997.

Tuckett, Ch., Q and the History of Early Christianity. Studies on Q, Edinburgh 1996 [Kurzzitation: Q].

Tuckett, Ch., A Cynic Q?, in: Bibl 70 (1989) 349–376 [Kurzzitation: Cynic].

VanderKam, J., Recent Scholarship on the Book of Jubilees, in: CBR 6.3 (2008) 405–431.

Verheyden, J., The Violators of the Kingdom of God. Struggling with Q Polemics in Q 16, in: R. Buitenwerf/H.W. Hollander/J. Tromp (Hg.), Jesus, Paul and Early Christianity. Studies in Honour of Henk Jan de Jonge (NT.S 130), Leiden 2008, 397–415.

Verheyden, J., Le jugement d'Israël dans la source Q, in: A. Dettwiler/D. Marguerat (Hg.), La source des paroles de Jésus (Q). Aux origines de christianisme (Le Monde de la Bible 62), Genève 2008, 191–219.

Wengst, K., Didache (Apostellehre). Barnabasbrief. Zweiter Klemensbrief. Schrift an Diognet, Darmstadt 1984.

Wild, R., The Encounter between Pharisaic and Christian Judaism, in: NT 27 (1985) 105–124.

Witetschek, S., Was erzählen die Logien? Zur narrativen Dimension von Q, in: Ch. Heil/G. Harb/D. A. Smith (Hg.), Built on Rock or Sand? Q Studies: Retrospects, Introspects and Prospects (BToSt 34), Leuven 2018, 175–192.

Witetschek, S., Gleichnisse und Gleichnisauslegung, in: ders./Ch. Heil (Hg.), Menschenbilder – Gottesbilder. Die Gleichnisse Jesu verstehen, Ostfildern 2016, 12–32.

Wolter, M., Das Lukasevangelium (HNT 5), Tübingen 2008.

Zahn, M. M., Art. Rewritten Scripture, in: T. H. Lim/J. J. Collins (Hg.), The Oxford Handbook of the Dead Sea Scrolls, Oxford 2010, 323–336.

Zangenberg, J., Jesus der Galiläer und die Archäologie, in: MThZ 64 (2013) 123–156. [Kurzzitation: Galiläer].

Zangenberg, J., From the Galilean Jesus to the Galilean Silence. Early Christiantity in the Galilee until the Fourth Century CE, in: C. Rothschild/ J. Schröter (Hg.), The Rise and Expansion of Christianity in the First Three Centuries of the Common Era, Tübingen 2013, 75–108 [Kurzzitation: Silence].

Zangenberg J., Archaeological News from the Galilee: Tiberias, Magdala and Rural Galilee, in: Early Christianity 1 (2010) 3–14 [Kurzzitation: News].

Zangenberg, J., Jesus – Galiläa – Archäologie. Neue Forschungen zu einer Region im Wandel, in: C. Claußen/J. Frey (Hg.), Jesus und die Archäologie Galiläas (Biblisch-theologische Studien 87), Neukirchen-Vluyn 2008, 7–38 [Kurzzitation: Jesus].

Zeller, D., Jesus, Q und die Zukunft Israels, in: Andreas Lindemann (Hg.), The Sayings Source Q and the Historical Jesus (BEThL 158), Leuven 2001, 351–369.

Zeller, D., Kommentar zur Logienquelle (SKK 21), Stuttgart 1984.

Zeller, D., Das Logion Mt 8,11f/Lk 13,28f und das Motiv der „Völkerwallfahrt“ 1, in: BZ 15 (1971) 222–237.
Zeller, D., Das Logion Mt 8,11f/Lk 13,28f und das Motiv der „Völkerwallfahrt“ 2, in: BZ 16 (1972) 84–93.
Zeller, D., Redaktionsprozesse und wechselnder „Sitz im Leben“ beim Q-Material, in: ders. (Hg.), Jesus - Logienquelle - Evangelien (SBA 53), Stuttgart 2012, 101–117.
Zimmermann, R., Q und das Johannesevangelium: Methodische Vorüberlegungen und intertextuelle Beobachtungen, in: Ch. Heil/G. Harb/D. A. Smith (Hg.), Built on Rock or Sand? Q Studies: Retrospects, Introspects and Prospects (BToSt 34), Leuven 2018, 497–514.
Zimmermann, R., Puzzling the Parables of Jesus. Methods and Interpretation, Minneapolis 2015.
Zimmermann, R., Metaphorology and Narratology in Q Exegesis: Literary Methodology as an Aid to Understanding the Q Text, in: ders./D. T. Roth/ M. Labahn (Hg.). Metaphor, Narrative, and Parables in Q (WUNT 315), Tübingen 2014, 3–30.
Zimmermann, R., Eine Leseanleitung zum Kompendium, in: ders. u.a. (Hg.), Kompendium der Gleichnisse Jesu, Gütersloh 2007, 3–48.
Zimmermann, R., Folgenreiche Bitte! (Arbeiter für die Ernte) - Q 10,2, in: ders. u.a. (Hg.), Kompendium der Gleichnisse Jesu, Gütersloh 2007, 111–118.
Zulehner, P. M., Ordenschristen und ihr prophetischer Dienst. Menschliches im Dienst Gottes und der Menschen, in: GuL 58 (1985) 29–41.

Register

Sachregister

Stellenregister (in Auswahl)

1. Altes Testament

2. Frühjüdische Apokryphen und Pseudepigraphien

3. Qumrantexte

4. Philon von Alexandria

5. Flavius Josephus

6. Pagane Autoren

7. Neues Testament (samt Logienquelle)

8. Targumim

9. Rabbinische Literatur

10. Patristische Literatur

11. Christliche Apokryphen und Pseudepigraphien